Reinhard Klette
Piero Zamperoni

Handbuch der Operatoren für die Bildbearbeitung

Aus dem Programm Technische Informatik

System- und Signaltheorie
von O. Mildenberger

Aufgabensammlung System- und Signaltheorie
von O. Mildenberger

Informationstheorie und Codierung
von O. Mildenberger

Datenkommunikation
von D. Conrads

Bussysteme in der Automatisierungstechnik
von G. Schnell (Hrsg.)

Datenfernübertragung
von P. Welzel

Digitale Kommunikationssysteme I
von F. Kaderali

Digitale Signalverarbeitung
von A. van den Enden und N. Verhoecks

Industrielle Bildverarbeitung
von R. Schmid

Reinhard Klette
Piero Zamperoni

Handbuch der Operatoren für die Bildbearbeitung

Bildtransformationen
für die digitale Bildverarbeitung

2., überarbeitete und erweiterte Auflage

Mit 70 Bildern

CIP-Codierung angefordert

1. Auflage 1992
2., überarbeitete und erweiterte Auflage 1995

Das in diesem Buch enthaltene Programm-Material ist mit keiner Verpflichtung oder Garantie irgendeiner Art verbunden. Der Autor übernimmt infolgedessen keine Verantwortung und wird keine daraus folgende oder sonstige Haftung übernehmen, die auf irgendeine Art aus der Benutzung dieses Programm-Materials oder Teilen davon entsteht.

Der Verlag Vieweg ist ein Unternehmen der Bertelsmann Fachinformation GmbH.

Druck und buchbinderische Verarbeitung: Lengericher Handelsdruckerei, Lengerich
Gedruckt auf säurefreiem Papier
Printed in Germany

ISBN 3-528-16431-X

Bilder, die man aufhängt umgekehrt,
mit dem Kopf nach unten, Fuß nach oben,
ändern oft verwunderlich den Wert,
weil ins Reich der Phantasie erhoben.

Christian Morgenstern in „Die Galgenlieder", 1905

Vorwort zur ersten Auflage

Die Bildbearbeitung ist jene Teildisziplin der digitalen Bildverarbeitung, welche Abbildungen von Bildern auf Bildern zum Gegenstand hat. Diese Abbildungen können zum Zwecke der Bildverbesserung, Bildrestauration, Objektmarkierung u.a.m. ausgeführt werden. Bilder werden im Gebiet der Bildbearbeitung als ikonische Daten, d.h. in unmittelbar bildhafter Repräsentation, behandelt. Mit Desktop-Publishing-Systemen ist zum Beispiel ein moderner Anwendungsbereich der Bildbearbeitung gegeben.

Mit dem Oberbegriff digitale Bildverarbeitung wird im deutschsprachigen Bereich i.a. jenes Fachgebiet bezeichnet, das im englischsprachigen Bereich als Computer Vision bezeichnet wird. Es geht hierbei allgemein um die rechnerbasierte Bearbeitung, Auswertung, Klassifizierung, Interpretation von bildhaften Informationen. Dabei ist der Bereich der Bildbearbeitung, der im vorliegenden Buch behandelt wird, allgemein für eine erste Phase der digitalen Bildverarbeitung zuständig, in welcher „schönere Bilder", besser analysierbare Bilder oder Bilder mit hervorgehobenen Bildmerkmalen produziert werden. Diese Bildbearbeitung ist für eine interaktive Bildbewertung bereits ausreichend, falls die analytischen Prozesse beim Menschen ausgeführt werden. Die Bildanalyse ist eine weitere Teildisziplin der digitalen Bildverarbeitung, welche die zunehmende Ablösung des Menschen bei der Ausführung analytischer Prozesse durch rechnerbasierte Lösungen zum Gegenstand hat.

Die bildanalytischen Fragestellungen lassen sich nach der Natur der zu analysierenden Bildinformationen in den Bereich der Musteranalyse oder der Szenenanalyse einordnen. Bei der Musteranalyse werden Bildinhalte nur bezüglich ihrer zweidimensionalen Interpretierbarkeit untersucht. Typische Anwendungsbeispiele sind die Erkennung bzw. Klassifizierung von Handschriften, von gedruckten Zeichen, von Zellen in biomedizinischen Aufnahmen oder von verschiedenen Flächennutzungen in Luftaufnahmen der Erdoberfläche. Bei der Szenenanalyse werden Bildinhalte bezüglich ihrer dreidimensionalen Interpretierbarkeit untersucht. Hier sind als Anwendungsbereiche visuelle Sensoren für Roboter, die Kamera-Überwachung von Straßenkreuzungen oder das automatisierte Navigieren von Fahrzeugen zu nennen.

Diese analytischen Bereiche der digitalen Bildverarbeitung stehen nicht im Zentrum des vorliegenden Buches. Sie werden nur als Motivierung für bestimmte Abbildungen von Bildern auf neu zu berechnende Bilder mit angesprochen. Die Behandlung der Teildisziplin Bildbearbeitung erfolgt dabei im vorliegenden Buch mit der Zielrichtung, unmittelbar anwendbare Verfahren und Algorithmen für eine zügige Einarbeitung in eigene

Lösungen bereitzustellen. Das Buch ist derart für einen eigenständigen Umgang mit Bildverarbeitungssystemen als Unterstützung gedacht. Es sollte nach unseren Intentionen auch als Nachschlagwerk zu nutzen sein, um zu gewünschten Abbildungen von Bildern auf „neue Bilder“ gezielt methodische oder algorithmische Anregungen oder Anleitungen zu erhalten. Im Buch wird im wesentlichen die Bearbeitung von Grauwertbildern beschrieben.

Die Autoren bedanken sich bei Frau *P. Röttger* (Braunschweig) für die sorgfältige Zeichnung von Abbildungen, bei Frau *S. Hagedorn* (Berlin) für das Schreiben von Teilen des Manuskriptes und bei Herrn *B. Boukari* (Braunschweig) für die Programmierung des LoG-Filters. Frau *G. Teistler* (Braunschweig) sowie den Herren *G. Bellaire* (Berlin), Dr. *A. Koschan* (Berlin) und *K. Schlüns* (Berlin) gebührt Dank für teilweises Korrekturlesen des Manuskriptes. Für Abbildung 4.4 ist Herrn *G. Bellaire* und für Abbildung 7.13 ist Herrn *W. Schwanke* (Berlin) zu danken.

Berlin, Braunschweig, im November 1991

Reinhard Klette
TU Berlin

Piero Zamperoni
TU Braunschweig

Vorwort zur zweiten Auflage

Gegenüber der ersten Auflage erfolgte eine Überarbeitung der Gesamtanlage des Buches (z.B. Glossar in einen Anhang, Straffung und inhaltliche Erweiterung der einführenden Kapitel) und eine Darstellung weiterer Operatoren. Hinweise auf zu realisierende Korrekturen verdanken wir besonders Frau *G. Klette* sowie den Herren *K. Oppermann* und *W. Schimke*. Letztere erstellten zum Buch eine Diskette mit C-Quellencode (s. Bestellkarte am Ende des Buches) und auch einige Abbildungen für diese zweite Auflage. Einige Abbildungen wurden auch von Herrn *W. Schwanke* aufbereitet. Für Anmerkungen danken wir auch den Herren Prof. Dr. *H. Völz*, *G. Bellaire* und *K. Schlüns*. Für die sorgfältige Ausführung von Schreibarbeiten zur Manuskriptüberarbeitung ist Frau *S. Hagedorn* zu danken.

Berlin, Braunschweig, im Februar 1995

Reinhard Klette
Piero Zamperoni

Hinweise für den Leser

Dieses Buch ist ein *Handbuch* bzw. *Nachschlagewerk* für die selbständige Implementierung von Bildbearbeitungsoperatoren. Die Kapitel 1 bis 3 haben fundierenden Charakter. In den Kapiteln 4 bis 7 sind die Operatoren zusammengestellt. Am Ende des Buches ist ein Glossar zum schnellen Nachschlagen von Fachbegriffen beigefügt.

Die Kapitel 1 bis 3 brauchen nicht wie bei einem Lehrbuch erst sorgfältig studiert werden, um Sinn und Realisierung der in den Kapiteln 4 bis 7 zum Nachschlagen bereitgestellten Operatoren zu verstehen. Ein erstes Überfliegen der Kapitel 1 bis 3 sollte zu Beginn genügen, um sich über den Inhalt dieser drei Kapitel grob zu informieren und damit für ein eventuell gewünschtes späteres Nachschlagen eine Orientierung zu besitzen.

Die Beschreibung jedes einzelnen Operators der Kapitel 4 bis 7 ist einheitlich in die folgenden Punkte (I) bis (V) gegliedert:

(I) Charakterisierung

Hier wird der Operator kurz beschrieben (i.a. durch seine Wirkungsweise). Unter „Attribute" werden

- die Art der Eingabebilder, für welche der Operator sich eignet,
- der Operatortyp und
- (im Falle eines lokalen Operators) eine Charakterisierung des Operatorkernes

aufgelistet (vgl. hierzu Synopsen in den Abschnitten 1.1.3, 1.3.1 und 1.4). Unter „Eingaben" werden die beim Programmlauf einzugebenden Parameter des Operators (z.B. Fenstergröße, gewünschte Variante usw.) angegeben.

(II) Mathematische Definition

Hier werden die Beziehungen zwischen Originalgrauwerten bzw. Pixeln im Eingabebild und Resultatsgrauwerten bzw. Pixeln im Resultatsbild in mathematisch-formaler Form ausgedrückt.

(III) Einzelheiten

Es werden zur Wirkungsweise des Operators, zu seiner Anwendung und zum Zusammenhang zwischen den durchgeführten Operationen und dem erreichbaren Effekt Anmerkungen gemacht. Es wird ggf. auch auf algorithmische Aspekte der Durchführung und auf eventuelle Maßnahmen zur Verkürzung der Rechenzeit hingewiesen. Für einige Operatoren wird der methodische Hintergrund kurz erläutert.

(IV) Durchführung

Die praktische Realisierung des Operators ist in Form von einem Pseudo-Programm angegeben. In Anlehnung an höhere Programmiersprachen (vgl. etwa *Pascal*) wird dafür eine fiktive Sprache verwandt, in welcher bei Bedarf manche (unschwer formalisierbaren) Vorgänge auch nur informal beschrieben werden. Immer dann, wenn der Operatorkern in eine der allgemeinen Kontrollstrukturen von Abschnitt 3.3.3 zur Verwaltung der Bilddaten ohne weiteres eingefügt werden kann, wird nur der Operatorkern beschrieben (dann im Text durch eine Einrahmung gekennzeichnet) und es wird auf die passende Kontrollstruktur hingewiesen. Ansonsten wird die Kontrollstruktur explizit angegeben. Die Kontrollstrukturen berücksichtigen i.a. auch den Fall, daß mit einem Hauptspeicher gearbeitet wird, für den zeilen- oder spaltenweises Einlesen von Bilddaten als angemessen erscheint. Bei modernen Rechnern ist dies i.a. nicht erforderlich. Das angegebene Programm kann dann im direkten Zugriff auf den Bilddaten realisiert werden (diese Vorgehensweise liegt auch der angebotenen Programmdiskette zugrunde).

(V) Literaturhinweise

Beispiele relevanter Literaturstellen, teilweise mit Kommentar.

Bei der Realisierung von Operatoren gemäß Kapitel 5 oder 6 sollte die Implementierung mit der Bereitstellung von einer oder mehreren Kontrollstrukturen im Sinne von Abschnitt 3.3.3 begonnen werden, in welche dann der Operatorkern bzw. die Fensterfunktion des ausgewählten lokalen oder Punktoperators flexibel einbindbar ist.

Am Ende des Buches ist eine Bestellkarte für eine Diskette mit C-Quellencode für die angegebenen Operatoren eingebunden.

Im Glossar sind bei Begriffen, die zur Formulierung von Zielen bei der Auswahl eines zu realisierenden Operators dienen können, am Ende von Begriffserläuterungen nach dem Zeichen ◆ Verweise auf konkrete Operatoren (in Form der entsprechenden Gliederungspunkte des Buches) angegeben. Natürlich kann die Operatorauswahl auch über das Sachwortverzeichnis am Ende des Buches erfolgen.

Inhaltsverzeichnis

Oft genutzte Variablenbezeichnungen

Bilder

f Eingabebild, Default: Grauwertbild

h Resultatsbild, Default: Grauwertbild

F Fenster im Eingabebild in „Spiralen-Indizierung" $F(z)$, vgl. Abb. 3.5, oder in *ij*-Fensterkoordinaten $F(i, j)$

Bildparameter und Bildindizes

A Bildgröße, $A = M \cdot N$

M Anzahl Spalten im Bild

N Anzahl Zeilen im Bild

p, q Bildpunkte, z.B. $p = (x, y)$

x, y Spaltenindex $1 \leq x \leq M$ und Zeilenindex $1 \leq y \leq N$

G Anzahl der Grauwerte, Default: $G = 256$

u Bildwert (im Eingabebild f), Default: Grauwert zwischen 0 und $G-1$

v Bildwert (im Resultatsbild h), Default: Grauwert zwischen 0 und $G-1$

Fensterparameter und Fensterindizes

a Fenstergröße, $a = m \cdot n$

m, n Anzahl Spalten bzw. Anzahl Zeilen im Fenster, Default: $m = n$ ungerade

k für $n = m$ ist $k = \textbf{integer}\left(\frac{n}{2}\right)$

i, j Spalten- und Zeilenindex, für $n = m$:
$-k \leq i, j \leq k$ (n ungerade), $-k \leq i, j \leq k-1$ (n gerade) oder $1 \leq i, j \leq n$

1 Bilder, Fenster und Operatoren

In diesem Kapitel werden grundlegende Definitionen angegeben und erläutert. Es werden Grundbegriffe für digitale Bilder (z.B. zusammenhängende Bildpunktmengen, Richtungscode, Grauwertgradient, Farbkanäle) erläutert und Funktionen auf Bilddaten (z.B. Grauwerthistogramm, Median, Varianz, Farbmodellumrechnung) bereitgestellt.

Bilder sind die zu bearbeitenden Objekte. *Operatoren* sind die in diesem Buch vorgestellten Bearbeitungsmittel für diese Objekte. Über Bildern verschobene *Fenster* sind ein wesentliches prozedurales Hilfsmittel für die Berechnung vieler Operatoren. Für Bilder, Fenster, Fensterfunktionen (Operatorkerne) und Operatoren werden gewisse Attribute angegeben, die im Sinne einer Klassifizierung übersichtlich in Synopsen zusammengefaßt werden. Diese Attribute werden in den Kapiteln 4 bis 7 zur Kurzcharakterisierung der Operatoren genutzt.

Während der Spezifizierung eines Bildbearbeitungsoperators sind zahlreiche Entscheidungen zu treffen, z.B. ist ein Koordinatensystem auszuwählen, Parameter sind zu fixieren, der Operator ist dem Bildtyp anzupassen. Bei diesen Entscheidungen sind gewisse Standards sinnvoll, die hier angegeben werden.

1.1 Bilder

Ein *Bild* ist eine Funktion *f*, die für eine Menge von Bildpunkten definiert ist. Ein Bild *f* nimmt jeweils in einem *Bildpunkt* $p = (x, y)$ als eindeutig bestimmten Funktionswert einen *Bildwert* $f(p) = f(x, y)$[1] an, etwa einen numerischen *Grauwert* u, der einen bestimmten Grauton charakterisiert. Formal wird hierfür $f(x, y) = u$ geschrieben. Das Tripel $(x, y, f(x, y)) = (x, y, u)$ wird als *Pixel* (von: *picture element*) bezeichnet.

Ein Bild ist also eine Abbildung von *Ortskoordinaten* (x, y) in eine bestimmte *Bildwertmenge*, die oft als *Grauwertmenge* definiert ist. Die Grauwerte werden durch bestimmte *Grautöne* bzw. *Graustufen* interpretiert. Diese Interpretation ist durch die Auswahl von *Look-Up-Tabellen* für die Darstellung der Bilder auf dem Schirm oder die Veränderung von Helligkeit oder Kontrast des Schirms zu beeinflussen und zudem eine subjektive Größe, da Grautöne durch verschiedene Menschen auch verschieden wahrgenommen

[1] Vereinfachend wird für $p = (x, y)$ anstelle von $f(p) = f((x, y))$ bei der Koordinatenschreibweise auf die doppelte Klammerung verzichtet.

werden können. Im allgemeinen kann ein Mensch auch nur etwa 30 verschiedene Grautöne – von Weiß bis zu Schwarz – visuell unterscheiden. Diese Unterscheidbarkeit von Graustufen kann in bestimmten Situationen bzw. durch spezielle Bilder verstärkt werden, z.B. kann ein kleines Quadrat mit dem Grauwert 187 i.a. auf einem Hintergrund mit dem konstanten Grauwert 188 visuell erkannt werden. Diese physiologische Bildwahrnehmung wird hier nicht weiter behandelt. Bilder werden als *numerische Objekte* betrachtet.

Für Bilder wird vorausgesetzt, daß sie prinzipiell auf dem jeweils verfügbaren Rechnersystem während der Bildbearbeitung (zeitweise) auf einem Schirm bzw. in einem Window angezeigt werden können. Bei Diskussionen von Bildpunktanordnungen wird von einer entsprechenden *ikonischen Bildrepräsentation* ausgegangen, bei der die Bilddaten nicht irgendwie codiert, sondern in unmittelbar bildhafter Form z.B. in einem zweidimensionalen Array gegeben sind. Begriffe wie „quadratischer Bildausschnitt" oder „isolierter Bildpunkt" sind damit intuitiv verständlich einführbar.

1.1.1 Diskrete Bildkoordinaten und digitale Geometrie

Die in diesem Buch durchgängig vorausgesetzte Orientierung des *xy-Koordinatensystems* wird in Abb. 1.1 dargestellt. Der Koordinatenursprungspunkt befindet sich in der linken unteren Ecke. Das Koordinatensystem ist (auf kürzestem Wege von der x-Achse zur y-Achse) linksdrehend, d.h. mathematisch-positiv orientiert. Für die Koordinatenachsen wird eine identische Skalierung angenommen.

Achtung: Falls ein Bildanalyse-System mit bereits vorgegebenen Bildanalyse-Prozeduren erweitert werden soll, so kann hier bereits eine andere Festlegung verwendet worden sein. Wichtig ist in jedem Fall, innerhalb eines Bildanalyse-Systems das Koordinatensystem einheitlich zu fixieren, um eine Fehlerquelle zu vermeiden. Die hier im Buch angegebenen Programme gehen vom xy-Koordinatensystem (wie in Abb. 1.1 dargestellt) aus und sind gegebenenfalls an das jeweils verwendete System durch eine generelle Koordinatenumrechnung anzupassen. Die folgenden Festlegungen der Indexbereiche für Koordinaten x, y und des Wertebereiches für Grauwerte u sind noch stärker zu beachten, da hier durch falsche Indizierung Programmabstürze erfolgen können.

Durch optische Systeme werden *analoge Bilder* generiert, für welche die Ortskoordinaten (x, y) und die Grauwerte u als kontinuierlich verteilte Meßgrößen angenommen werden können. In der Bildbearbeitung mittels Rechner sind Bilder dagegen als speicherintern manipulierbare Daten vorauszusetzen, wofür eine Beschränkung auf endlich viele Ortskoordinaten und endlich viele Grauwerte erforderlich ist. Hier sind *digitale Bilder* bzw. *diskrete Bilder* zu betrachten.

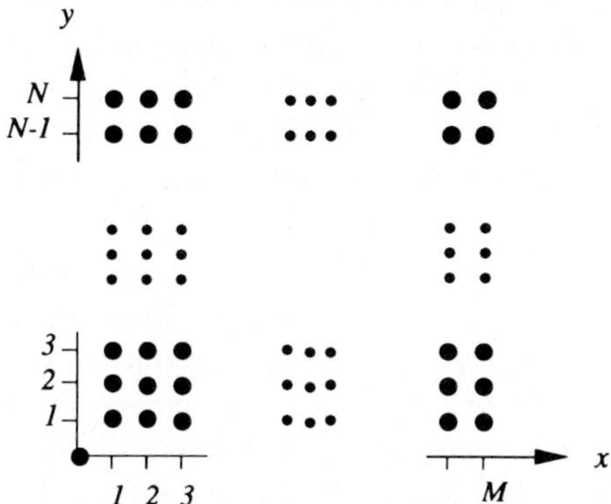

Abbildung 1.1 Im Buch verwendete Orientierung eines kartesischen *xy*-Koordinatensystems für $A = M \cdot N$ Bildpunkte. Für einen Bildpunkt $p = (x, y)$ ist x der Spaltenindex und y der Zeilenindex. Die Spalten werden also von links nach rechts und die Zeilen von unten nach oben aufsteigend numeriert.

Für Bildpunkte (x, y) digitaler Bilder werden x und y als ganzzahlig angenommen (*diskrete Rasterung*). Es werden die Indexbereiche $1 \le x \le M$ und $1 \le y \le N$ vorausgesetzt. Die Werte M und N kennzeichnen die *Bildauflösung*. Der Wert $A = M \cdot N$ kennzeichnet die *Bildgröße*. Ein digitales Bild f ist also eine gleichförmige Anordnung von $A = M \cdot N$ Funktionswerten $f(x, y)$ über einem $M \times N$-Bildraster[2]

$$\mathbf{R} = \{(x, y): 1 \le x \le M \wedge 1 \le y \le N\}.$$

Anstelle eines Rasters mit *Rasterdistanz* 1 könnte natürlich auch eine andere Rasterdistanz verwendet werden, z.B. die Rasterdistanz 0,1 und entsprechend die *x*- oder *y*-Werte 0,1; 0,2; 0,3; ... . Die Rasterdistanz 1 ist aber besonders einfach zu behandeln. Ferner könnte x auch von 0 bis $M-1$ und y von 0 bis $N-1$ laufen. Hier gilt wie im Falle des Koordinatensystems, daß eine einheitliche Festlegung zu empfehlen ist. Es ist üblich, für Bilder die Situation $N = M$ (quadratische Bilder) mit N als Zweierpotenz anzunehmen. Auf der am Ende des Buches angebotenen Programmdiskette wird die Bildgröße durch die jeweils eingelesene Bilddatei festgelegt.

Achtung: Ein einzelnes Bild ist bereits eine recht umfangreiche Datenmenge. Operationen über Bildern sind oft mit einem beträchtlichen Zeitaufwand verbunden. Es ist zu raten, für Programmentwicklungen zunächst mit möglichst kleinen Testbildern zu arbeiten.

Die Bildpunkte (x, y) des Bildrasters sind *Gitterpunkte* eines äquidistanten Orthogonalgitters mit identischer Skalierung in *x*- und *y*-Richtung. Praktisch kann diese identische Skalierung durch die Schirmgeometrie verletzt werden. Für Bildvisualisierungen sind dann gewisse Skalierungsfaktoren von Interesse, um z.B. Kreise tatsächlich als Kreise darzustellen und nicht als Ellipsen.

---

[2] Mit $A = M \cdot N$ wird (nur) die Zahl A angegeben. Die Schreibweise $M \times N$ soll dagegen auf ein zweidimensionales Feld von M Spalten und N Zeilen hindeuten.

Die Begriffsbestimmung des Bildrasters als Menge von Punkten stellt eine mathematische Abstraktion dar, da geometrisch gesehen ein Punkt eine Größe der Dimension 0 ist, d.h. als „beliebig klein“ anzusehen ist. Die Bildwerte $f(x, y)$ werden hier also als Werte in isolierten Gitterpunkten betrachtet. Gegenüber dem physikalischen Meßprozeß bei der Erzeugung von digitalen Bildern stellt dies natürlich eine Idealisierung dar. Alternativ kann das Bildraster auch als Menge von $M \times N$ quadratischen *Gitterzellen* (x, y) mit der Seitenlänge 1 definiert werden und $f(x, y)$ als ein in der Gitterzelle (x, y) konstant vorliegender Wert angenommen werden. Diese flächenorientierte Definition von Bildraster und Bildwert entspricht in etwa der grafischen Darstellung von Bildern auf dem Schirm, wo jeweils ein flächiges Schirmelement (Kreis, Quadrat oder in geometrischer Verzerrung nur als Rechteck) mit einem Bildwert „eingefärbt“ wird, z.B. 800×600 Schirmelemente eines VGA-Schirms. In diesem Buch soll jedoch bei den Bildelementen (den Pixeln) von Grauwerten in Bildpunkten (und nicht: in Bildzellen) ausgegangen werden.

Die Werte eines digitalen Bildes *f* im Bildraster sind zunächst nur isolierte Einzelereignisse. Um im digitalen Bild zu arbeiten, sind bestimmte Festlegungen von Nachbarschaften sinnvoll. Die Betrachtung der acht nächstliegenden Bildpunkte

$(x-1, y+1)$	$(x, y+1)$	$(x+1, y+1)$
$(x-1, y)$	(x, y)	$(x+1, y)$
$(x-1, y-1)$	$(x, y-1)$	$(x+1, y-1)$

als *8-Nachbarschaft*

$$\begin{aligned}\mathbf{N_8}(p) &= \{(x, y-1), (x, y+1), (x-1, y), (x+1, y), (x-1, y-1), (x-1, y+1), (x+1, y-1), (x+1, y+1)\} \\ &= \{(i, j)\colon \mathbf{max}\{|i-x|, |j-y|\} = 1\}\end{aligned}$$

eines Bildpunktes $p = (x, y)$ ist naheliegend. Ein anderer Standpunkt kann sein, die *4-Nachbarschaft*

$$\begin{aligned}\mathbf{N_4}(p) &= \{(x, y-1), (x, y+1), (x-1, y), (x+1, y)\} \\ &= \{(i, j)\colon |i-x| + |j-y| = 1\}\end{aligned}$$

des Punktes $p = (x, y)$ zu wählen. Die Wahl scheint hier zunächst willkürlich möglich zu sein, hat aber für die Nutzung der Nachbarschaftsdefinition in Algorithmen einschneidende Konsequenzen.

Für digitale Bilder kann bei Bildbearbeitungen z.B. die Aufgabe bestehen, die Bildpunkte in gewissen „Objektbereichen“ dargestellter Bildobjekte als „zusammenhängende Bildpunktmenge“ zu betrachten. Eine solche Bildpunktmenge ist formal eine gewisse Teilmenge **Q** des Bildrasters **R**. Die in den Bildpunkten in **Q** oder außerhalb von **Q** eingetragenen Werte (Grauwerte, Farbwerte u.ä.) sind für Betrachtungen des „Zusammenhanges von **Q**“ zu vernachlässigen. Das betrachtete digitale Bild kann hierzu einfach als sogenanntes *Binärbild f* angenommen werden mit $f(x, y) = 1$, falls der Punkt (x, y) in der betrachteten Bildpunktmenge **Q** liegt, und mit $f(x, y)=0$, falls der Punkt (x, y) nicht in der betrachteten Bildpunktmenge **Q** liegt.

Zwei Bildpunkte p und q des Bildrasters **R** sind genau dann *4-benachbart*, falls p in der 4-Nachbarschaft $\mathbf{N_4}(q)$ von q liegt (bzw. äquivalent: q aus $\mathbf{N_4}(q)$ ist). Ein *4-Weg* ist eine endliche Folge $p_1, p_2, \ldots, p_n$ von Bildpunkten, für die p_i und p_{i+1} 4-benachbart sind für $i=1,2,\ldots,n-1$. Eine Menge **G** von Bildpunkten ist *4-zusammenhängend*, falls für zwei beliebige Punkte p, q aus **G** stets mindestens ein 4-Weg existiert, der von p nach q führt und nur Bildpunkte aus **G** enthält. Eine beliebige Menge von Bildpunkten **Q** zerfällt i.a. in mehrere maximale 4-zusammenhängende Teilmengen, die *4-Komponenten* von **Q**. Die Begriffe „*8-benachbart, 8-Weg, 8-zusammenhängend, 8-Komponenten*“ seien analog für die 8-Nachbarschaft definiert.

In Abb. 1.2 ist ein analoges Binärbild angegeben, welches aus vier Quadraten besteht, zwei weiß ($f(x, y)=1$) und zwei schwarz ($f(x, y)=0$). Im digitalen Binärbild sind bezüglich der 8-Nachbarschaft sowohl die beiden schwarzen als auch die beiden weißen Quadrate jeweils 8-zusammenhängend. Dies widerspricht der topologischen Erfahrung, daß über einen Zusammenhang auch eine Trennung hergestellt wird. Bezüglich der 4-Nachbarschaft sind dagegen weder die beiden weißen noch die beiden schwarzen Quadrate 4-zusammenhängend. Dies widerspricht der topologischen Erfahrung, daß über eine Trennung auch ein Zusammenhang hergestellt wird. Die Analyse zusammenhängender Bildpunktmengen ist aber ein wichtiges Thema der Analyse digitaler Bilder.

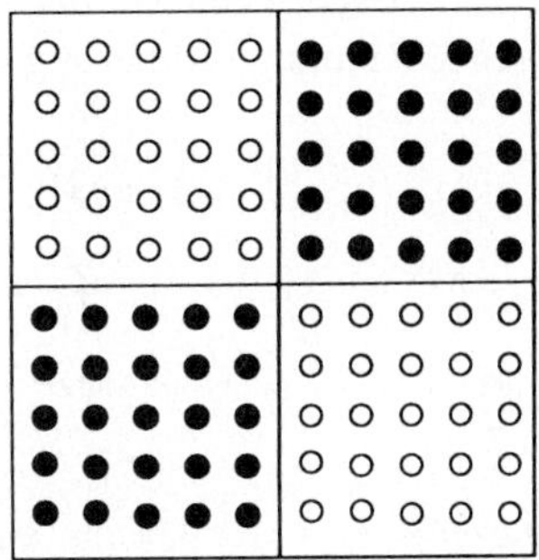

Abbildung 1.2 Sind die schwarzen Quadrate oder/und die weißen Quadrate topologisch zusammenhängend? Im analogen Bild ist der Punkt in der Mitte zu betrachten, der im digitalen Bild nicht existiert.

Für Binärbilder kann man für alle weißen Bildpunkte (z.B.) die 4-Nachbarschaft und für alle schwarzen Bildpunkte die 8-Nachbarschaft annehmen. Damit wären in der Abbildung die schwarzen Quadrate zusammenhängend und die weißen Quadrate nicht zusammenhängend. Diese topologischen Probleme sind bei den in Kapitel 7 (in 7.1 und 7.2) angegebenen Operatoren zu beachten.

Durch die Betrachtung der Bildpunkte als Punkte der euklidischen Ebene sind für die Bearbeitung von Bildpunktmengen auch Verfahren naheliegend, für deren Herleitung auch Begriffe wie Winkel, Länge, Kongruenz, Fläche usw. der euklidischen Geometrie heranzuziehen sind. Das ist bedeutsam, da Bildobjekte auch bezüglich Ausdehnung, Fläche, Orientierung u.a.m. vermessen werden.

Für die Betrachtung möglicher Abstandsdefinitionen für Bildpunkte seien Bildpunkte $p_i = (x_i, y_i)$ für $i = 1, 2, 3, \ldots$ angenommen. Die *Manhattan-Metrik* (in der mathematischen Analysis l_1*-Metrik* genannt)

$$d_1(p_1, p_2) = |x_1 - x_2| + |y_1 - y_2|$$

entspricht der Längenmessung eines kürzesten verbindenden 4-Weges (*4-way-stepping).* Die *euklidische Metrik* (l_2*-Metrik*)

$$d_2(p_1, p_2) = \sqrt{(x_1 - x_2)^2 + (y_1 - y_2)^2}$$

kann natürlich auch speziell für Gitterpunkte genutzt werden. Die *Maximum-Metrik* (l_∞*-Metrik*)

$$d_\infty(p_1, p_2) = \mathbf{max}\left\{|x_1 - x_2|, |y_1 - y_2|\right\}$$

entspricht der Längenmessung eines kürzesten 8-Weges (*8-way-stepping*).

Für die Beschreibung von Bildpunktmengen (Bildobjekte) werden zur Charakterisierung ihrer *Kontur* gewisse Codierungen für elementare Schritte während eines Konturumlaufes eingesetzt. Die Kontur eines Bildobjektes kann durch eine Folge von Richtungscodezahlen 0, 1, 2,... beschrieben werden. Für Schrittfolgen im Sinne der 8-Nachbarschaft wird i.a. folgende Richtungscodierung verwendet:

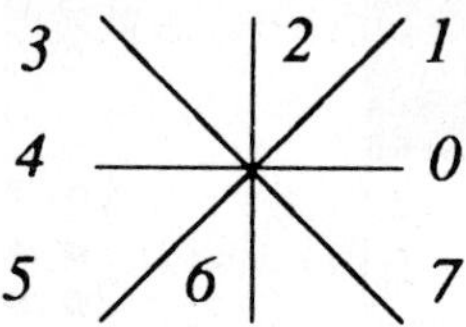

Jede Richtungscodezahl c entspricht eineindeutig einem Richtungsvektor *(a, b)*, der den entsprechenden Schritt im xy-Koordinatensystem beschreibt:

Richtungs-code c	0	1	2	3	4	5	6	7
Richtungs-vektor (a,b)	(1,0)	(1,1)	(0,1)	(-1,1)	(-1,0)	(-1,-1)	(0,-1)	(1,-1)

Der *Richtungscode einer Kontur* besteht aus den Anfangskoordinaten (x, y) des *Initialpunktes* und der Folge der Richtungscodezahlen, vgl. Abb. 1.3. Zusätzlich können nach Wunsch auch codierte Begleitinformationen im Richtungscode eingefügt werden (z.B. durch geometrisch unmögliche Codezahlenfolgen markiert).

Für die Summen über alle a_i bzw. b_i der Richtungsvektoren (a_i, b_i) einer geschlossenen Kontur gilt stets

$$\sum a_i = \sum b_i = 0.$$

Diese Gesätzmäßigkeit kann als Korrektheitstest (z.B. Operator in Abschnitt 7.2.1) genutzt werden. Als Schätzwert für die *Konturlänge* wird oft die Anzahl der Richtungscodezahlen (Anzahl Pixel auf der Kontur) verwendet. Im Orthogonalgitter ist die Konturlänge gleich

$$\text{card}\{\text{gerade Richtungscodes}\} + \sqrt{2} \cdot \text{card}\{\text{ungerade Richtungscodes}\}.$$

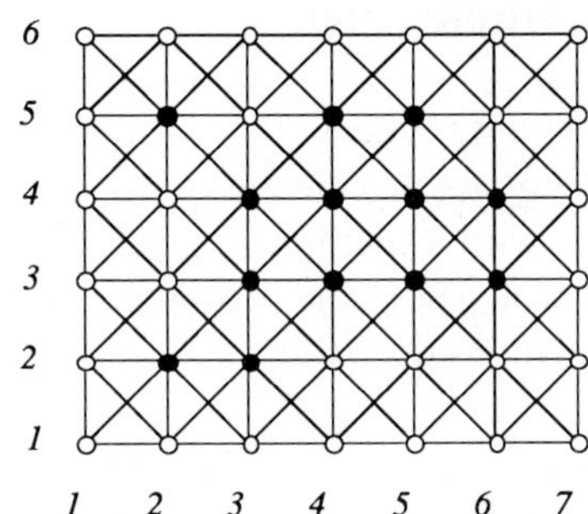

Initialpunkt: *(2, 5)*

Richtungscodefolge:

c: *7, 1, 0, 7, 6, 4, 4, 5, 4, 1, 2, 3*

Folge der Richtungsvektoren:

a: *1, 1, 1, 1, 0, -1, -1, -1, -1, 1, 0, -1*

b: *-1, 1, 0, -1, -1, 0, 0, -1, 0, 1, 1, 1*

Abbildung 1.3 Eine 8-zusammenhängende Bildpunktmenge und eine Richtungscodierung der Kontur.

Für die Flächenberechnung ist die folgende *Richtungscode-Flächenformel* einsetzbar. Die Fläche des durch die geschlossene Kontur definierten Polygons ist gleich dem Absolutbetrag der Summe

$$\sum_{i=1}^{n} a_i \cdot \left(y_{i-1} + \frac{b_i}{2} \right)$$

mit $y_0 = 0$ und $y_i = y_{i-1} + b_i$. Allgemein ist diese Richtungscode-Flächenformel aus der *Flächenformel für kreuzungsfreie geschlossene Polygonzüge* abzuleiten. Für ein solches Polygon mit der Extremalpunktfolge $p_1, p_2, \dots, p_n$ mit $p_i = (x_i, y_i)$, ist der Flächeninhalt gleich dem halben Absolutbetrag der Summe

$$\sum_{i=1}^{n} x_i \cdot (y_{i-1} - y_{i+1})$$

mit $y_0 := y_n$ und $y_{n+1} := y_1$. Die Werte der *x-Breite* und *y-Breite* eines Gitterpunktpolygons,

$$x\text{-Breite} = \mathbf{max}\{x_i : 1 \le i \le n\} - \mathbf{min}\{x_i : 1 \le i \le n\} \text{ und}$$
$$y\text{-Breite} = \mathbf{max}\{y_i : 1 \le i \le n\} - \mathbf{min}\{y_i : 1 \le i \le n\},$$

sind über die schrittweise Berechnung der Werte

$$x_i = \sum_{j=1}^{i} a_j + x_0 \quad \text{und} \quad y_i = \sum_{j=1}^{i} b_j + y_0 , \quad i = 1, 2, \ldots, n$$

zu bestimmen, wobei hier (x_0, y_0) der Initialpunkt der Kontur sei. Diese Formmerkmale (Fläche, Breite etc.) sind im Gebiet der Musteranalyse für die Beschreibung von Bildobjekten von Bedeutung.

1.1.2 Diskrete Bildwerte und Bildwertfunktionen

Für die möglichen Bildwerte $f(x, y)$ eines digitalen Bildes f werden üblicherweise G Grauwerte, $G \geq 2$, vorausgesetzt. Die Abbildung von (kontinuierlich verteilten) Grautönen in eine endliche Menge von Grauwerten wird *Quantisierung* genannt. Für die G Grauwerte wird als Wertemenge ein zusammenhängendes Intervall nichtnegativer ganzer Zahlen angenommen. Für einen ganzzahligen Grauwert u gelte

$$0 \leq u \leq G - 1 .$$

Für die Praxis der Bildbearbeitung sind die Werte $G > 2$ (*Grauwertbild*) oder $G = 2$ (*Binärbild*) üblich. Der Default für Grauwertbilder ist $G = 256$. Die für einen Grauwert erforderlichen 8 Bit (wegen $2^8 = 256$) sichern hierbei eine effiziente Bildspeicherung und Bildbearbeitung, da jeder Grauwert genau durch ein Byte repräsentiert wird. Der Datentyp *byte* umfaßt meistens die Werte von −128 bis +127. Je nach der verwendeten Programmiersprache ist hier eine Anpassung in den Definitionsbereich 0...255 notwendig. Mit 256 Grauwertstufen ist auch in etwa der Grenzbereich visuell trennbarer Graustufen erreicht. Bei *Zweipegelbildern* werden nur zwei Graustufen als mögliche Grauwerte zugelassen. Beispielsweise können 0 und 255 die beiden zugelassenen Grauwerte eines Zweipegelbildes sein.

Bezüglich der Grauwertinterpretation wird der Grauwert 0 dem Grauton Schwarz und der Grauwert $G - 1$ dem Grauton Weiß zugeordnet:

Grauwertbild f (skalares Bild)
zweidimensionale Bildmatrix mit Bildwerten $f(x, y) = u$
Grauwertmenge $\{0, 1, \ldots, G - 1\}$ mit $G > 2$

Grauwert $u = 0$ entspricht dem Grauton Schwarz
Grauwert $u = (G - 1)/2$ entspricht dem Grauton "Mittelgrau"
Grauwert $u = G - 1$ entspricht dem Grauton Weiß

Binärbild b
zweidimensionale Bildmatrix mit Bildwerten $b(x, y) = u$
Grauwertmenge $\{0, 1\}$

Grauwert $u = 0$ entspricht dem Grauton Schwarz
Grauwert $u = 1$ entspricht dem Grauton Weiß

Für die Bildbearbeitung kann man sich bei der speicherinternen Bildrepräsentation auf Matrizen (Bildmatrizen) beschränken. Gemäß Abb. 1.1 ist mit x der Spaltenindex und mit y der Zeilenindex gegeben.

Ein Binärbild kann als Grenzfall der Grauwertbilder angesehen werden. Für Bilddarstellungen kann eine Binarisierung, d.h. eine Abbildung von ursprünglich mehreren Grauwerten auf zwei Grautöne Schwarz und Weiß, sehr sinnvoll sein (z.B. *halftoning*). Hierbei ist eine höhere Grauwertauflösung durch eine höhere Ortsauflösung zu ersetzen, um ansprechende Darstellungen zu erreichen. Bei gleichbleibender Ortsauflösung kann eine Binarisierung eines Grauwertbildes auch ein interessanter grafischer Effekt oder ein wichtiger Schritt innerhalb eines Bildanalyseprozesses sein. Allerdings sollte bei Bildanalysen der Schritt zum Binärbild möglichst spät erfolgen, um die „reiche Informationsstruktur" im Grauwertbild möglichst lange verfügbar zu halten.

139	140	136	140	172	221	217	222	219	217
136	137	137	143	169	219	212	218	222	209
139	140	139	138	171	218	217	219	222	213
141	145	145	145	172	219	214	222	217	205
138	139	147	147	172	217	218	219	224	203
143	146	143	143	170	219	220	224	225	201
150	144	144	146	172	217	222	221	222	210
137	132	138	137	166	221	219	224	229	210
138	143	141	146	171	222	221	225	223	196
146	145	141	142	169	221	222	223	218	189
142	141	141	147	172	217	223	225	223	215
150	143	145	147	170	225	225	222	226	220
149	140	144	139	169	223	225	223	227	223
142	139	143	144	172	224	224	225	229	224
147	144	145	147	171	227	229	228	233	225
142	141	140	147	173	226	227	227	233	228

118	122	118	118	121	119	118	118	116	116
119	117	118	118	116	117	115	117	119	112
119	116	119	116	117	118	117	115	119	113
120	121	120	120	116	117	115	117	117	116
117	122	116	118	120	116	114	115	114	120
119	118	117	117	121	118	118	116	116	117
118	118	119	116	118	119	119	115	116	113
118	121	117	119	117	115	118	112	118	116
117	119	115	117	120	117	115	118	116	118
118	119	116	119	116	116	117	118	114	115
118	117	119	119	118	119	118	119	118	118
117	120	117	119	117	117	119	115	119	120
120	117	119	119	115	119	119	119	119	116
119	118	118	121	121	118	116	120	119	119
120	122	118	123	119	121	121	124	118	120
118	118	118	120	120	120	119	120	119	122

Abbildung 1.4 Für das Grauwertbild *BUREAU* ist für zwei 10×16-Bildfenster der numerische Grauwertverlauf dargestellt. Das untere Bildfenster $\mathbf{F}(BUREAU, (141{,}56))$ charakterisiert einen relativ homogenen Bildbereich. Das obere Bildfenster $\mathbf{F}(BUREAU, (133{,}175))$ stellt einen Ausschnitt einer Grauwertkante dar.

In Abb. 1.4 ist das Grauwertbild *BUREAU* des französischen Testbild-Datensatzes des *Greco-CNRS* dargestellt [3], in welches zwei Fenster eingezeichnet wurden. Die Fensterinhalte (numerische Grauwerte) sind rechts angegeben. In die Grauwertstruktur des Grauwertbildes wird wie mit einer Lupe hineingeschaut. Das untere Bildfenster ist durch einen relativ homogenen Grauwertverlauf ausgezeichnet. Durch das obere Bildfenster verläuft eine starke Diskontinuität. Das Grauwertmuster zeigt einen deutlichen Anstieg der Grauwerte. Orthogonal zu diesem Anstieg verläuft eine *Grauwertkante* im Bild.

Für die Bewertung des Grauwertverlaufes können z.B. statistische Schätzgrößen wie *AVERAGE* und *VARIANCE* für den Erwartungswert oder für die Streuung berechnet werden. Es gilt

$$AVERAGE = \frac{1}{a}\sum f(p) \quad \text{und} \quad VARIANCE = \frac{1}{a}\sum\left[f(p) - AVERAGE\right]^2 ,$$

wobei die Summation über alle Punkte p des plazierten Fensters bzw. des jeweils interessanten Bildausschnittes erfolgt und a die Anzahl der beteiligten Punkte p ist. Für Abb. 1.4 gilt $AVERAGE = 117.9$ und $VARIANCE = 4.1$ für das untere (homogene) Bildfenster sowie $AVERAGE = 184.0$ und $VARIANCE = 1403.8$ für das obere (inhomogene) Bildfenster.

Durch die in Abb. 1.5 dargestellten *3D*-Plots von Grauwertverläufen soll der Begriff des *Grauwertgebirges* illustriert werden. Mit diesem intuitiven Begriff wird die Annahme umschrieben, daß Grauwerte im digitalen Bild in lokalen Umgebungen „nicht zu stark voneinander abweichen“ und somit *Plateaus*, *Hänge* oder *Täler* bilden. Mathematisch präzise ist hier von *Bildwertfunktionen* zu sprechen, die einzelne (diskrete) „Höhenangaben einer dreidimensionalen Oberfläche“ repräsentieren.

Durch eine stetige Interpolation dieser diskreten Bildwerte ist ein digitales Grauwertbild in einen stetigen Bildwertverlauf zu überführen. Für die stetige Funktion $z = f(x, y)$ in zwei Variablen x und y charakterisiert der *Gradient* **grad** f von f,

$$\mathbf{grad}\, f = \left(\frac{\partial f}{\partial x}, \frac{\partial f}{\partial y}\right),$$

den „Höhenwechsel“ dieser Funktion im xyz-Raum. In einem Punkt $(x, y, f(x, y))$ der Bildwertfunktion ist jeweils eine Tangentialebene definiert, auf der der *Normalenvektor*

$$\mathbf{n} = \left(\frac{\partial f}{\partial x}, \frac{\partial f}{\partial y}, 1\right)$$

[3] Testbild-Datensätze werden genutzt, um Ergebnisse der Bildverarbeitung auf identischen Bilddaten bewerten zu können. Hier wird auf einen Datensatz mehrerer 256×256 Grauwertbilder (256 Grauwerte) Bezug genommen, der durch *Greco CNRS TDSI, ENST Direction Scientifique, 46, rue Barrault, F-75634 PARIS Cedex 13* bereitgestellt wird.

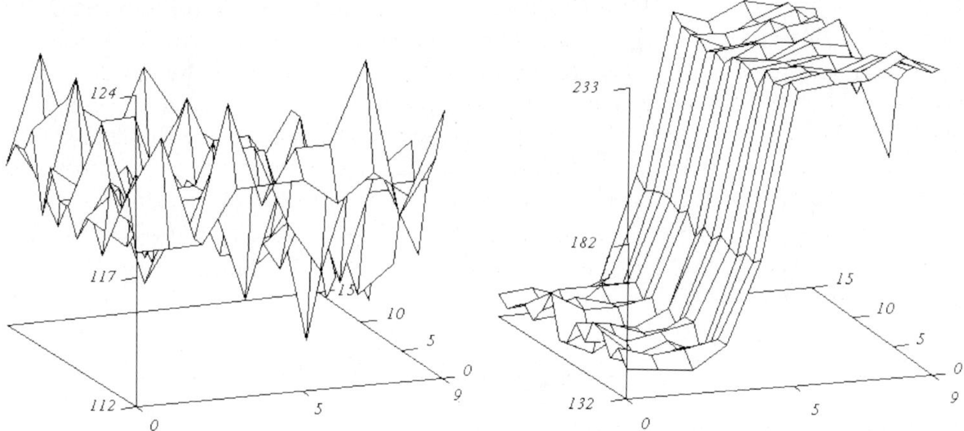

Abbildung 1.5 *3D*-Plots der beiden in Abb. 1.4 hervorgehobenen Bildfenster (untere: links, obere: rechts).

senkrecht steht. Die Richtung dieses Vektors ist durch Winkel α, β, γ festgelegt, die er mit den *xyz*-Koordinatenachsen bildet. Der Richtungswinkel γ zur *z*-Achse (vgl. Abb. 1.6) charakterisiert jeweils die Neigung der Bildwertfunktion im Punkt $(x, y, f(x, y))$ relativ zur *xy*-Ebene. Dieser Richtungswinkel ist also besonders geeignet, um Übergänge zwischen konstanten Grauwertplateaus und Grauwerthängen (z.B. Grauwertkanten) zu beschreiben. Der Betrag des Gradienten,

$$|\mathbf{grad}\ f| = \sqrt{\left(\frac{\partial f}{\partial x}\right)^2 + \left(\frac{\partial f}{\partial y}\right)^2}$$

bzw. des Normalenvektors,

$$|\mathbf{n}| = \sqrt{\left(\frac{\partial f}{\partial x}\right)^2 + \left(\frac{\partial f}{\partial y}\right)^2 + 1}$$

nimmt für ein konstantes Grauwertplateau (im idealen Fall $f(x, y) = const$ in einer Umgebung von (x, y)) den Extremalwert Null an und kann den Verlauf der Bildwertfunktion charakterisieren.

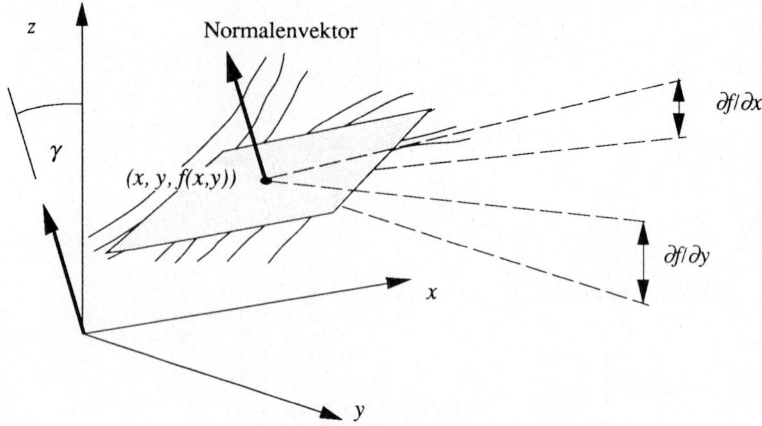

Abbildung 1.6 Darstellung einer Bildwertfunktion, einer Tangentialebene zu einem Punkt $(x, y, f(x, y))$, des zugehörigen Normalenvektors und des Richtungswinkels γ mit der z-Achse.

Für die Richtungswinkel α, β, γ des Vektors **n** mit den Koordinatenachsen gilt

$$\mathbf{cos}\alpha = \frac{\frac{\partial f}{\partial x}}{|\mathbf{n}|}, \ \mathbf{cos}\beta = \frac{\frac{\partial f}{\partial y}}{|\mathbf{n}|} \ \text{ und } \ \mathbf{cos}\gamma = \frac{1}{|\mathbf{n}|} \ .$$

Für den besonders interessanten Neigungswinkel $\gamma = \mathbf{Arccos}\frac{1}{|\mathbf{n}|}$ folgt hieraus

$$\gamma = \mathbf{Arctan}(|\mathbf{grad}\, f|).$$ [4]

Grauwertkanten können z.B. durch starke lokale Änderungen von γ modelliert werden. Für die Modellierung von Grauwertkanten können einfacher zu berechnende Werte wie die Verhältnisse der Richtungsänderungen der Bildwertfunktion in x- und y-Richtung genutzt werden, die durch die Quotienten

$$\frac{\frac{\partial f}{\partial x}}{\frac{\partial f}{\partial y}} \ \text{ und } \ \frac{\frac{\partial f}{\partial y}}{\frac{\partial f}{\partial x}}$$

repräsentiert werden.

Der Betrag des Gradienten einer Bildwertfunktion ist invariant bezüglich Rotation und Translation des xy-Koordinatensystems. Dasselbe gilt für das Quadrat dieses Betrages

4 $\mathbf{Arccos}\frac{1}{|\mathbf{n}|} = \mathbf{Arccot}\frac{1}{\sqrt{|\mathbf{n}|^2 - 1}} = \mathbf{Arccot}\frac{1}{|\mathbf{grad}\, f|} = \mathbf{Arctan}(|\mathbf{grad}\, f|)$

$$\left(\frac{\partial f}{\partial x}\right)^2+\left(\frac{\partial f}{\partial y}\right)^2,$$

für die *Laplace-Ableitung des Bildes f (Laplacian of picture f)*

$$\frac{\partial^2 f}{\partial x^2}+\frac{\partial^2 f}{\partial y^2}$$

und die *quadratische Variation (quadratic variation)*

$$\left(\frac{\partial^2 f}{\partial x^2}\right)^2+2\left(\frac{\partial^2 f}{\partial x\,\partial y}\right)\left(\frac{\partial^2 f}{\partial y\,\partial x}\right)+\left(\frac{\partial^2 f}{\partial y^2}\right)^2.$$

In digitalen Bildern sind die Ableitungen $\partial f/\partial x$ und $\partial f/\partial y$ approximativ diskret zu bestimmen. Über mehrfache Ableitungen einer gegebenen Bildwertfunktion und entsprechende arithmetische Kombinationen sind neue Bildwertfunktionen zu berechnen, die bestimmte lokale Grauwertsituationen repräsentieren können.

1.1.3 Farbbilder, Bildfolgen und mehrkanalige Bilder

Mehrere Binär- oder Grauwertbilder können zu mehrkanaligen Bildern zusammengefaßt werden. Diese Zusammenfassung kann dem Prozeß der Bilderzeugung entsprechen oder für Vergleiche von Bilddaten gezielt herbeigeführt werden.

Bei der Zusammenfassung von Bildern $f_1, f_2,\ldots, f_n$ zu einem mehrkanaligen Bild *f* wird im Bild *f* einem Bildpunkt (x, y) ein vektorieller Bildwert

$$f(x,y)=(f_1(x\ y), f_2(x,y),\ldots, f_n(x,y))=(u_1,u_2,\ldots,u_n)$$

zugeordnet. Für ein mehrkanaliges Bild *f* bezeichnet $f_i(x,y)$ den Bildwert u_i im *Kanal i* für $i=1,\ldots,n$.

Ein mehrkanaliges Bild ist als dreidimensionale Bildmatrix $f(x,y,i), 1\le i\le n$, zu repräsentieren, indem $f(x,y,i)=f_i(x,y)$ gesetzt wird:

Mehrkanaliges Bild *f* (vektorwertiges Bild)

dreidimensionale Bildmatrix mit Bildwerten $f(x,y,i)=u_i$

$u_1,u_2,\ldots,u_n$ aus Bildwertmenge $\{0,1,\ldots,G-1\}, G\ge 2$

Kanalwert	$u_i=0$	entspricht dem Grauton Schwarz im Kanal *i*
Kanalwert	$u_i=(G-1)/2$	entspricht dem mittleren Grauton im Kanal *i*
Kanalwert	$u_i=G-1$	entspricht dem Grauton Weiß im Kanal *i*

Solche mehrkanaligen Bilder werden z.B. bei der Aufnahme von *Farbbildern* oder von *multispektralen Aufnahmen* erzeugt.

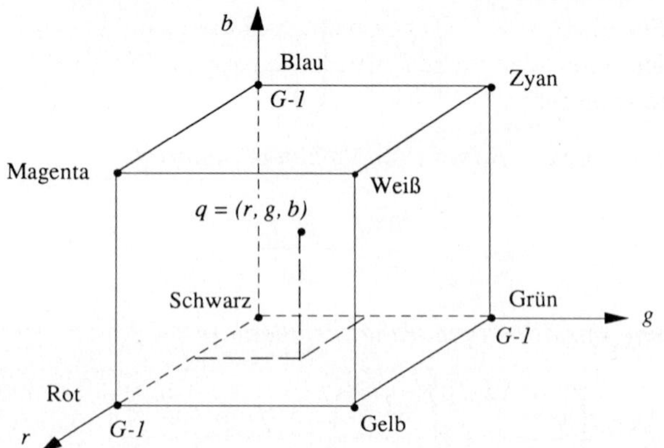

Abbildung 1.7 Im RGB-Modell charakterisiert jeder Punkt $q = (r, g, b)$ innerhalb des Farbenwürfels genau eine Farbe, wobei $0 \leq r, g, b \leq G-1$ und r, g, b ganzzahlig sind. Hier können G^3 Farben durch Punkte q repräsentiert werden. Für $G = 256$ sind das z.B. 16 777 216 Farben.

Bei Farbbildern wird für Displaydarstellungen eine additive Farbmischung zugrundegelegt. Fast alle Farben sind durch eine gewichtete Summe von drei Hauptfarben darstellbar. Als Hauptfarben werden im allgemeinen die Farben Rot, Grün und Blau gewählt. Für das derart angenommene *RGB-Modell* wird die rechentechnische Behandlung von Farbbildern mittels drei Grauwertbildern für den Rot-, Grün- und Blauauszug realisiert. Für ein (dreikanaliges) Farbbild f sind für einen Bildpunkt (x, y) drei Grauwerte r, g, b anzugeben,

$$f(x, y) = (r, g, b),$$

welche auch *Tristimulus-Werte* genannt werden. Die durch konkrete Wertekombinationen r, g, b repräsentierten Farben sind relative (psychologisch abhängige) Größen:

RGB-Farbbild f

Bildwerte $f(x, y, 1) = r$, $f(x, y, 2) = g$ und $f(x, y, 3) = b$

r, g, b aus Bildwertmenge $\{0, 1, \ldots, G-1\}$, $G \geq 2$

Bildwert	0	entspricht dem Grauton Schwarz
Bildwert	$(G-1)/2$	entspricht dem mittleren Farbanteil
Bildwert	$G-1$	entspricht der Färbung Rot, bzw. Grün bzw. Blau

Die Hauptfarben Rot $(G-1, 0, 0)$, Grün $(0, G-1, 0)$, Blau $(0, 0, G-1)$ und die Mischfarben Schwarz $(0, 0, 0)$, Gelb $(G-1, G-1, 0)$, Magenta $(G-1, 0, G-1)$, Zyan $(0, G-1, G-1)$ sowie Weiß $(G-1, G-1, G-1)$ bilden die Eckpunkte des Farbenwürfels, der durch die möglichen Wertekombinationen von r, g, b gebildet wird. Alle ganzzahligen Tripel (r, g, b) mit $0 \leq r, g, b \leq G-1$ charakterisieren jeweils eine Farbe im RGB-Modell. Dieser Farbenwürfel ist in Abb. 1.7 dargestellt. Auf der Hauptdiagonalen (u, u, u), $0 \leq u \leq G-1$, liegen alle unbunten Farben. In Abb. 1.8 ist ein Beispiel eines RGB-Bildes dargestellt. Das RGB-Modell ist die übliche rechnerinterne Repräsentation von Farbbildern. Für identische Vorlagen werden mit verschiedenen Kameras oder Scannern im allgemeinen unterschiedliche Farbwerte erzeugt, da deren Primärfarben im allgemeinen nicht übereinstimmen.

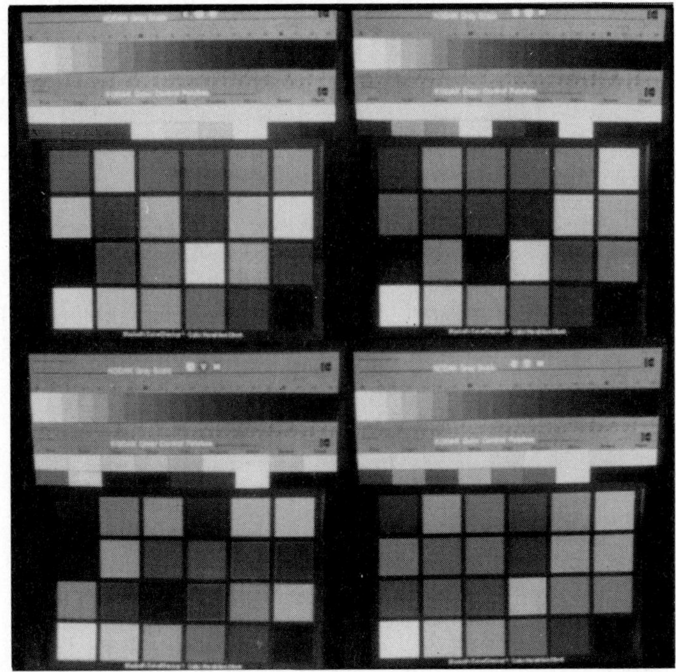

Abbildung 1.8 Darstellung der drei Farbkanäle eines RGB-Bildes als Grauwertbilder, rot: oben links, grün: oben rechts, blau: unten links. Unten rechts wird mit dem Intensitätswert (vgl. Wert *i* des HSI-Modells) ein Eindruck von der Kombination der drei Farbkanäle vermittelt (vgl. *Farbdiagramm* im Glossar im Anhang A).

Für die Bildbearbeitung und Computergrafik sind weitere Repräsentationsmodelle von Interesse, die am menschlichen Farbwahrnehmungsverhalten orientiert sind. Im *HSI-Modell* werden Färbung (***h**ue*), Sättigung (***s**aturation*) und Helligkeit (***i**ntensity*) als Koordinatenachsen verwendet. Diese Koordinatenachsen sind gut geeignet für Bearbeitungen von Farbbildern, um visuell interpretierbare lokale Merkmale zu definieren.

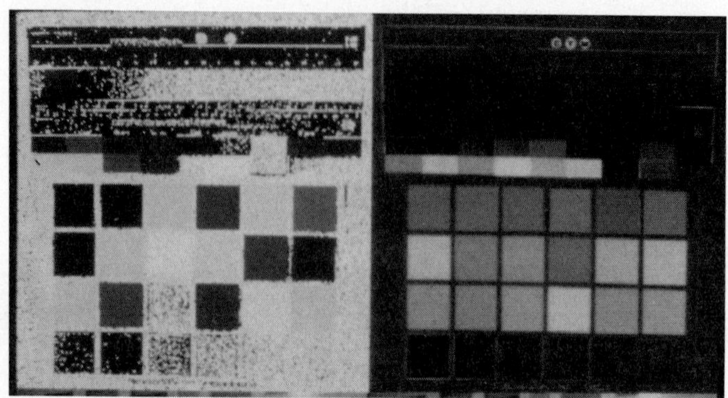

Abbildung 1.9 Darstellung der Kanäle für Färbung h (links) und Sättigung s (rechts) für das in Abb. 1.8 dargestellte RGB-Bild.

Es sei eine Farbe $q=(r,g,b)$ im RGB-Modell gegeben. Die Färbung H der Farbe q charakterisiert die in q dominant enthaltene Farbe. Es wird Rot als „Richtfarbe" fixiert. Damit entsprechen $H = 0°$ bzw. $H = 360°$ der Farbe Rot. Formal ist H gegeben durch

$$H = \begin{cases} \delta, & \text{falls } b \le g \\ 360° - \delta, & \text{falls } b > g \end{cases}$$

mit

$$\delta = \mathbf{arccos} \frac{\dfrac{(r-g)+(r-b)}{2}}{\sqrt{(r-g)^2 + (r-b)(g-b)}} .$$

Für $g=b=0$ und $r \neq 0$ folgt zum Beispiel $\delta = \mathbf{arccos} 1$, d.h. es ist $H=\delta=0°$. Es sei h der in die Werteskala $0,1,\ldots,G-1$ umgerechnete Färbungswert H.

Die Sättigung S der Farbe q ist ein Maß für die Verdünnung der Farbe q mit Weiß. Der Extremalfall $S=1$ gilt für eine unverdünnte Farbe und der Extremalfall $S=0$ für die Farbe Weiß. Formal ist S gegeben durch

$$S = 1 - 3 \cdot \frac{\mathbf{min}\{r,g,b\}}{r+g+b} .$$

Für $r=g=b \neq 0$ ist zum Beispiel stets $S=0$. Für $r=0$ oder $g=0$ oder $b=0$, jedoch $r+g+b \neq 0$ folgt stets $S=1$. Es sei s der in die Werteskala $0,1,\ldots,G-1$ umgerechnete Sättigungswert S.

Die Intensität i der Farbe q entspricht der relativen Helligkeit (im Sinne des monochromatischen Grauwertes). Der Extremalfall $i=0$ entspricht der Farbe Schwarz. Die Intensität ist gemäß

$$i = \frac{r+g+b}{3}$$

gleich für den Wertebereich 0 bis $G-1$ definiert. Für die Farbe $q=(r,g,b)$ im RGB-Modell ist damit eine Darstellung (h,s,i) dieser Farbe im HSI-Modell gegeben. Diese Umrechnung ist eineindeutig:

HSI-Farbbild f

Bildwerte $f(x,y,1)=h,\ f(x,y,2)=s$ und $f(x,y,3)=i$

h, s, i aus Bildwertmenge $\{0,1,\ldots,G-1\}, G \geq 2$

Färbung	h	gibt die dominante Farbe an
Färbung	s	Grad der Nicht - Verdünnung mit Weiß
Färbung	i	bewertet die relative Helligkeit

Es existieren Bildverarbeitungskarten für PC bzw. Workstation, die ein PAL-Videobild oder ein RGB-Bild in Echtzeit in ein HSI-Bild überführen.

Neben Farbbildern sind allgemein multispektrale Bilder Beispiele für mehrkanalige Bilddaten. In diesem Fall werden aus (nahezu) identischer Aufnahmeposition mehrere Grauwertbilder für verschiedene Spektralbereiche gleichzeitig aufgenommen. Im Fall von LANDSAT sind dies zum Beispiel vier Kanäle mit den jeweiligen Spektralbereichen von 500 – 600 nm (Blau-Grün), 600 – 700 nm (Gelb-Rot), 700 – 800 nm (Rot-Infrarot) und 800 – 1100 nm (Infrarot). Ein LANDSAT-Bild f mit $f(x,y)=(u_1,u_2,u_3,u_4)$ ist derart ein Satz von vier Grauwertbildern.

Bei thematischen Mehrkanalbildern werden in den einzelnen Kanälen eines Bildes f thematisch speziell ausgerichtete Grauwertbilder zusammengefaßt. Für ein Grauwertbild f_1 kann z.B. f_2 ein aus f_1 abgeleitetes Kantenbild sein, f_3 kann ein aus f_1 abgeleitetes Segmentbild (Zusammenfassung „ähnlich texturierter" Flächen) sein, f_4 kann in Grauwertcodierung Tiefeninformationen (Abstand Kamera – Objekt) über die in f_1 dargestellten Objekte enthalten, f_5 kann als Binärbild all jene Gebiete in f_1 mit dem Wert 1 „markieren", die einem bestimmten Bildobjekt zugeordnet werden usw.

Ein *komplexwertiges Grauwertbild* f besteht aus zwei Kanälen, einem Kanal für den Realteil und einem Kanal für den Imaginärteil. Für einen komplexen Bildwert $u = u_1 + u_2\sqrt{-1}$ werden hier die u_1-Werte im ersten Kanal und die u_2-Werte im zweiten Kanal dargestellt:

Komplexwertiges Bild f

Bildwerte $f(x,y,1)=u_1$ und $f(x,y,2)=u_2$

u_1, u_2 aus Grauwertmenge $\{0,1,\ldots,G-1\},\ G \geq 2$

Grauwert	0	entspricht dem Grauton Schwarz
Grauwert	$(G-1)/2$	entspricht dem Grauton "Mittelgrau"
Grauwert	$G-1$	entspricht dem Grauton Weiß

Komplexwertige Bilder treten bei signaltheoretischen Transformationen auf, welche auf der Fouriertransformation beruhen.

Neben den mehrkanaligen Bildern sind *Bildfolgen* weitere Zusammenfassungen von Grauwertbildern, wobei das einzelne Element einer Bildfolge durchaus auch bereits ein mehrkanaliges Bild (z.B. ein RGB-Bild) sein kann. Für Bildfolgen f_t mit $t = 1, 2, 3, \ldots$ kann i.a. ein bestimmtes Zeitintervall vorausgesetzt werden, d.h. es kann eine Schranke T angenommen werden, die die zu betrachtenden t-Werte beschränkt. Eine Bildfolge von Grauwertbildern kann als dreidimensionale Bildmatrix mit den Bildwerten $f(x, y, t)$, für $1 \leq t \leq T$, repräsentiert werden.

Mehrkanalige Bilder können für die Bildbearbeitung bedingt auf den Fall der skalaren Bilder zurückgeführt werden, falls die spezielle Zielstellung der Bildverarbeitung dem nicht widerspricht. Hierzu sei angenommen, daß für ein mehrkanaliges Bild mittels gewisser Bildbearbeitung jeweils ein skalares Bild als Resultat zu berechnen ist. Hierzu kann für das gegebene mehrkanalige Bild entweder

(A) zunächst für alle Kanäle eine Bildbearbeitung im Sinne skalarer Bilder realisiert werden; anschließend werden die erhaltenen skalaren Resultatsbilder in ein skalares Resultatsbild überführt, oder

(B) zunächst die Kombination aller Kanäle des mehrkanaligen Bildes erfolgen und dann das resultierende skalare Bild bearbeitet werden.

Für die Kombination mehrerer skalarer Bilder $f_1, f_2, \ldots, f_n$ können verschiedene naheliegende analytische Verknüpfungen definiert werden, wie sie z.B. in den Abschnitten 5.4 und 5.6.1 betrachtet werden. Im vorliegenden Buch liegt der Schwerpunkt der angegebenen Operatoren allerdings eindeutig bei Grauwertbildern.

Die genannten Bildarten seien in der unten stehenden Übersicht im Sinne einer Gliederung zusammengestellt:

SYNOPSE DER BILDER

- Grauwertbilder (skalar)
  - Zweipegelbilder
  - Binärbilder
- mehrkanalig (vektorwertig)
  - zweikanalig
    - komplexwertig
  - dreikanalig
    - RGB-Bilder
    - HSI-Bilder
  - multispektral
  - thematische Mehrkanalbilder
  - Bildfolgen
    - von Grauwertbildern
    - von mehrkanaligen Bildern

Ausführungen, die für beliebige Grauwertbilder gültig sind, sind im Sinne dieser Gliederung zum Beispiel also auch speziell für Binärbilder oder Zweipegelbilder gültig.

1.2 Bildausschnitte

Bei der Neubestimmung von Bildwerten in bestimmten Bildpunkten werden im allgemeinen nicht alle Pixel des Eingabebildes als Argumente verwendet, sondern nur bestimmte Teilmengen der Menge aller Pixel. Die Ursachen sind sowohl inhaltlicher (entfernt liegende Bildbereiche sind „inhaltlich kaum korreliert") als auch algorithmischer (Zeiteffizienz!) Natur. Diese Teilmengen der Menge aller Pixel $(x, y, f(x, y))$ sind als *Bildausschnitte* zu definieren, wobei die Bildausschnittform durch ein *Fenster* und die im Bildausschnitt eingetragenen Werte durch die jeweils betrachtete Bildfunktion bestimmt sind.

1.2.1 Fenster

Ein Fenster kann prinzipiell eine beliebige Teilmenge von Bildpunkten sein, vgl. Abb. 1.10. Die Festlegung der Fensterform wird von den Bildbearbeitungszielen abhängen. In der Bildbearbeitung ist im allgemeinen eine Richtungsunabhängigkeit gewünscht. Entsprechend müßten kreisförmige Fenster bevorzugt werden. Aus Gründen der einfacheren Indizierung der Fensterelemente werden jedoch üblicherweise quadratische bzw. rechteckförmige Punktmengen als Fenster eingesetzt. Das entsprechende Fenster **F** besteht aus $a = m \cdot n$ Bildpunkten,

$$\mathbf{F} = \{(i, j): 1 \le i \le m \wedge 1 \le j \le n\},$$

welche in m Spalten und in n Zeilen angeordnet sind. Dabei ist $m < M$ und $n < N$ vorausgesetzt. Mit $a = m \cdot n$ ist die *Fenstergröße* gegeben.

Praktisch übliche Werte für m und n sind in der Bildbearbeitung i.a. sehr klein, etwa 3, 5 oder 7. Falls nicht anders hervorgehoben, kann bei den behandelten Verfahren auf Fenstern von der Vorstellung ausgegangen werden, daß m wesentlich kleiner als M ist und n wesentlich kleiner als N ist.

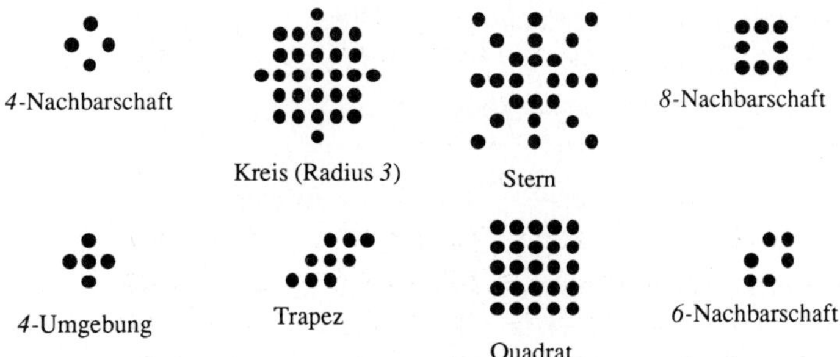

Abbildung 1.10 Beispiele verschiedener Fensterformen.

Im vorliegenden Buch werden Algorithmen für rechteckige Fenster (mit n, m ungerade) dargelegt. Modifizierungen für andere Fenster sind denkbar und i.a. naheliegend.

Für ein quadratisches Fenster mit $n = m$ ist es sinnvoll, daß n ungerade ist, um eine symmetrische Mittelpunktslage zu sichern. Es sei allgemein

$$k = \textbf{integer}\left(\frac{n}{2}\right).$$

Im quadratischen Fenster mit ungerader Seitenlänge liegen also alle Bildpunkte (i, j) mit $1 \leq i, j \leq 2k+1$. Bei gerader Seitenlänge würde $1 \leq i, j \leq 2k$ gelten.

Für Fenster können gemäß der Form oder des topologischen Zusammenhanges verschiedene Spezialfälle unterschieden werden:

SYNOPSE DER FENSTER

- rechteckig
  - quadratisch
    - symmetrisch (n ungerade, $I = J = (n+1)/2 = k+1$)
  - nicht-quadratisch
    - mit n, m ungerade
- nicht-rechteckig
  - zusammenhängend
  - nicht zusammenhängend

Ein Fenster wird durch eine Menge von Bildpunkten in einer fixierten Ausgangslage bezüglich des Bildrasters vorgegeben. Diese Menge ist während einer Bildbearbeitung (ohne Verdrehung) über das Bildraster zu verschieben. Die Bewegung des Fensters ist durch eine Bewegung eines Bezugspunktes zu beschreiben.

Der *Bezugspunkt (I, J)* eines Fensters **F** in Ausgangslage ist ein ausgewählter Bildpunkt innerhalb von **F** bzw. im durch **F** „umschriebenen" Bildgebiet. Für achsensymmetrische Fenster wird dieser Bezugspunkt i.a. das Symmetriezentrum sein, welches bei der 4- oder 8-Nachbarschaft z.B. nicht in der Punktmenge **F** liegt.

In *nicht-zentrierter Ausgangslage*, vgl. Abb. 1.11, werden für ein rechteckiges Fenster für den Bezugspunkt die Mittelpunktskoordinaten

$$I = \textbf{integer}\left(\frac{m+1}{2}\right) \quad \text{und} \quad J = \textbf{integer}\left(\frac{n+1}{2}\right)$$

verwendet. Für diese Werte von I und J liegen für ungerade Werte n und m genau alle Bildpunkte (i, j) mit $1 \leq i \leq 2I-1$ und $1 \leq j \leq 2J-1$ im rechteckigen Fenster. Für ein quadratisches Fenster mit ungerader Seitenlänge gilt $I = J = k+1$. In diesem Fall liegt ein *symmetrisches Fenster* mit dem *Mittelpunkt* (I, I) vor.

Die *Positionierung* eines Fensters **F** entspricht einer Bewegung des Bezugspunktes (I, J). Eine Positionierung von **F** auf den *relativen Bezugspunkt* $p = (r, s)$ entspricht einer Verschiebung von **F** um den Vektor $(r-I, s-J)$. Es entsteht ein *plaziertes Fenster*

$\mathbf{F}(p)$. Für das rechteckige Fenster $\mathbf{F} = \{(i, j): 1 \le i \le m \wedge 1 \le j \le n\}$ entsteht das plazierte Fenster [5]

$$\mathbf{F}(p) = \mathbf{F}(r, s) = \{(r - I + i, s - J + j): 1 \le i \le m \wedge 1 \le j \le n\} \tag{1.1}$$

mit dem relativen Bezugspunkt $p = (r, s)$. Dabei sind *i, j* die relativen Fensterkoordinaten des *nicht-zentrierten ij-Koordinatensystems*.

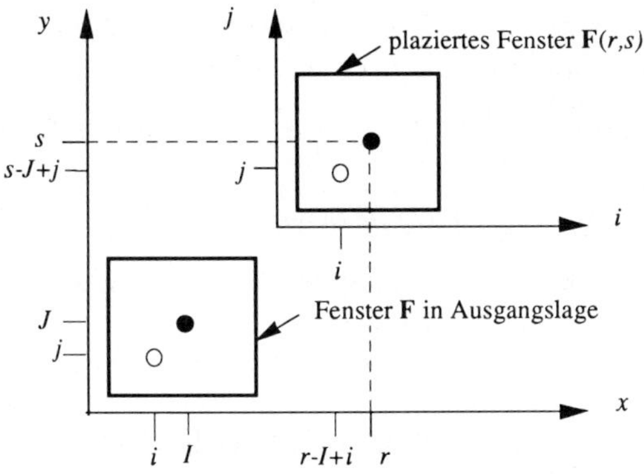

Abbildung 1.11 Im nicht-zentrierten *ij*-Koordinatensystem für plazierte rechteckige Fenster $\mathbf{F}(p)$ mit $p = (r, s)$ geht bei der Verschiebung um den Vektor $(r - I, s - J)$ ein Punkt (i, j) in den Punkt $(r - I + i, s - J + j)$ über.

Ein anderer Zugang zu einem relativen *ij*-Koordinatensystem besteht darin, für ein rechteckiges Fenster **F** eine *zentrierte Ausgangslage* mit dem Bezugspunkt (0, 0) anzunehmen, vgl. Abb. 1.12. Eine Positionierung des rechteckigen Fensters

$$\mathbf{F}(0, 0) = \{(i, j): -I + 1 \le i \le -I + m \wedge -J + 1 \le j \le -J + n\}$$

(mit Mittelpunktskoordinaten *I, J*) auf den relativen Bezugspunkt $p = (r, s)$ entspricht hier einer Verschiebung von $\mathbf{F}(0, 0)$ um den Vektor (r, s). Es entsteht das plazierte Fenster

$$\mathbf{F}(p) = \mathbf{F}(r, s) = \{(r + i, s + j): -I + 1 \le i \le -I + m \wedge -J + 1 \le j \le -J + n\} \tag{1.2}$$

mit dem relativen Bezugspunkt $p = (r, s)$. Die relativen Fensterkoordinaten *i, j* sind hier auf das in Abb. 1.12 dargestellte *zentrierte ij-Koordinatensystem* bezogen.

---

[5] Vereinfachend wird für $p = (r, s)$ anstelle von $\mathbf{F}(p) = \mathbf{F}((r, s))$ bei der Koordinatenschreibweise auf die doppelte Klammerung verzichtet.

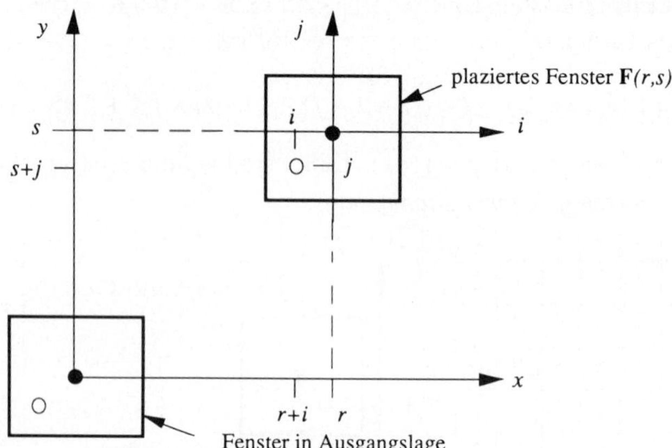

Abbildung 1.12 Im zentrierten *ij*-Koordinatensystem können die relativen Fensterkoordinaten *i, j* auch negative Werte annehmen.

Die Darstellungen (1.1) und (1.2) für $\mathbf{F}(r, s)$ bezeichnen also jeweils die selbe Punktmenge. Die Koordinatentransformation vom nicht-zentrierten *ij*-Koordinatensystem in das zentrierte *ij*-Koordinatensystem ist eine Verschiebung des nicht-zentrierten *ij*-Koordinatensystems um den Vektor (I, J).

In Abb. 1.4 wurde ein rechteckiges Fenster $\mathbf{F}_0$ der Größe 10×16 verwendet. Für die beiden dargestellten Bildfenster wurde dieses Fenster auf die Bezugspunkte (141, 56) bzw. (133, 175) positioniert. In Abb. 1.4 sind also links im Bild die Positionen der plazierten Fenster $\mathbf{F}_0(141, 56)$ und $\mathbf{F}_0(133, 175)$ dargestellt,

Im vorliegenden Buch wird das zentrierte *ij*-Koordinatensystem bevorzugt, da hier u.E. ein einfacherer Zugriff auf den Resultatspunkt einer Fensteroperation erfolgen kann. Im Standardfall ($n = m =$ ungerade) ist in (1.2) der Indexbereich

$$-k \leq i, j \leq k$$

zu betrachten. Allgemein ist wieder zu raten, für Fensteroperationen eine feste Koordinatensystemauswahl zu treffen.

1.2.2 Bildfenster

Ein *Bildelement* oder *Pixel* eines skalaren Bildes *f* bzw. eines mehrkanaligen Bildes *f* ist ein Tripel (x, y, u) bzw. $(x, y, (u_1, u_2, ..., u_n))$, bestehend aus einem Bildpunkt (x, y) und seinem im Bild *f* zugeordneten skalaren Wert $u = f(x, y)$ bzw. vektoriellen Wert $(u_1, u_2, ..., u_n) = f(x, y)$. Ein *Bildausschnitt* ist eine Menge von Bildelementen oder Pixeln eines gegebenen Bildes *f*.

Ein Bildfenster $\mathbf{F}(f,p)$ ist – anschaulich gesprochen – jener Bildausschnitt, der bei Überlagerung des Bildrasters mit einem plazierten Fenster $\mathbf{F}(p)$ aus dem Bild f ausgeblendet wird, vgl. Abb. 1.13. In Abb. 1.4 sind rechts für das rechteckige Fenster $\mathbf{F}_0$ der Größe 10×16 die Bildfenster $\mathbf{F}_0(BUREAU,(141,56))$ und $\mathbf{F}_0(BUREAU,(133,175))$ dargestellt.

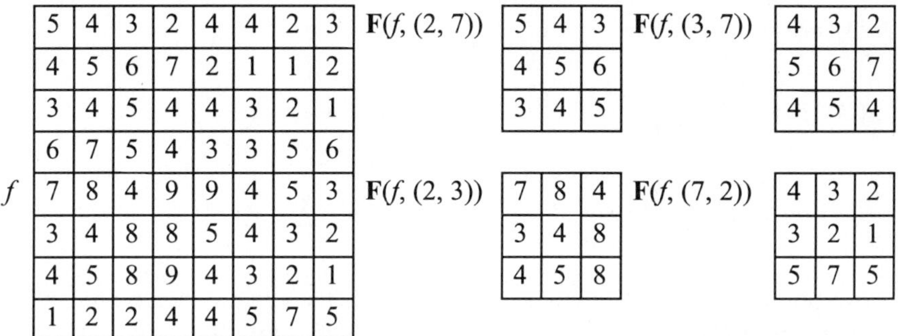

f
5 4 3 2 4 4 2 3
4 5 6 7 2 1 1 2
3 4 5 4 4 3 2 1
6 7 5 4 3 3 5 6
7 8 4 9 9 4 5 3
3 4 8 8 5 4 3 2
4 5 8 9 4 3 2 1
1 2 2 4 4 5 7 5
F(f, (2, 7))
5 4 3
4 5 6
3 4 5
F(f, (3, 7))
4 3 2
5 6 7
4 5 4
F(f, (2, 3))
7 8 4
3 4 8
4 5 8
F(f, (7, 2))
4 3 2
3 2 1
5 7 5

Abbildung 1.13 Zum quadratischen Fenster mit den Werten $n=3$ und $I=2$ sind für ein 8×8-Beispielbild f die in vier plazierten Bildfenstern „sichtbaren" Werte von f dargestellt.

Für ein rechteckiges $m\times n$-Fenster $\mathbf{F}$ ist für das nicht-zentrierte ij-Koordinatensystem

$$\mathbf{F}(f,p)=\{(r-I+i,\, s-J+j,\, f(r-I+i,\, s-J+j)) : 1\le i\le m \wedge 1\le j\le n\}$$

das Bildfenster für den relativen Bezugspunkt $p=(r,s)$ [6]. Im Falle des zentrierten ij-Koordinatensystems und $p=(r,s)$ ist

$$\mathbf{F}(f,p)=\{(r+i,\, s+j,\, f(r+i,\, s+j)) : -I+1\le i\le I-1 \wedge -J+1\le j\le J-1\}\,.$$

Ein Bildfenster ist also ein Bildausschnitt mit fixiertem Bezugspunkt.

Im Falle n-kanaliger Bilder $f=(f_1,f_2,\ldots,f_n)$ sind in $\mathbf{F}(f,p)$ entsprechend $n+2$-Tupel

$$(r+i,\, s+j,\, f_1(r+i,\, s+i),\, f_2(r+i,\, s+i),\ldots,\, f_n(r+i,\, s+i))$$

enthalten. Bei Farbbildern (etwa RGB oder HSI) besteht also $\mathbf{F}(f,p)$ aus 5-Tupeln.

Für die Adressierung der Elemente in einem Bildfenster kann wahlweise das nicht-zentrierte ij-Koordinatensystem oder das zentrierte ij-Koordinatensystem verwendet werden.

Beispiel 1.1: Es sind alle Grauwerte im rechteckigen Bildfenster $\mathbf{F}(f,p)$ zu addieren, mit $p=(r,s)$. Hier ist

---

6 Hier wird für $p=(r,s)$ formal korrekt $\mathbf{F}(f,p)=\mathbf{F}(f,(r,s))$ geschrieben, da die verkürzende Schreibweise $\mathbf{F}(f,r,s)$ nicht so eindeutig zwischen Bild und Bildpunkt trennt.

$$SUM(\mathbf{F},(f,p)) = \sum_{i=1}^{m}\sum_{j=1}^{n} f(r-I+i, s-J+j) = \sum_{i=-I+1}^{I-1}\sum_{j=-J+1}^{J-1} f(r+i, s+j),$$

wobei die erste Summenbildung dem nicht-zentrierten *ij*-Koordinatensystem entspricht und die zweite Summenbildung dem zentrierten *ij*-Koordinatensystem.

Für das Standard-Bildfenster (quadratisch mit ungerader Seitenlänge) ist $k = I-1$ bzw. $I = k+1$ und somit

$$\begin{aligned} SUM(\mathbf{F},(f,p)) &= \sum_{i=1}^{m}\sum_{j=1}^{n} f(r-k-1+i, s-k-1+j) \\ &= \sum_{i=0}^{n-1}\sum_{j=0}^{n-1} f(r-k+i, s-k+j) = \sum_{i=-k}^{k}\sum_{j=-k}^{k} f(r+i, s+j). \end{aligned}$$

Für die erste Summe entspricht die angegebene arithmetisch vereinfachte Summe einer Verschiebung des nicht-zentrierten *ij*-Koordinatensystems um den Vektor (1,1). Die zweite Summe entspricht der Standard-Indizierung, wie sie im Buch (fast durchgängig) angewandt wird.

Beispiel 1.2: Der Punkt „links oben" im Bildfenster $\mathbf{F}(f,p)$, mit $p=(r,s)$, hat die Koordinaten $(r-I+1, s-J+n)$ gemäß $i=1$ und $j=n$ im Falle des nicht-zentrierten *ij*-Koordinatensystems bzw. gemäß $i=-I+1$ *und* $j=-J+n$ im Falle des zentrierten *ij*-Koordinatensystems.

Ein Bildpunkt p im Bildraster **R** ist ein *Randpunkt* bezüglich eines betrachteten Fensters **F**, falls das plazierte Fenster $\mathbf{F}(p)$ nicht vollständig im Bildraster

$$\mathbf{R} = \{1, 2, \ldots, M\} \times \{1, 2, \ldots, N\}$$

enthalten ist. Falls für die Berechnung eines neuen Bildwertes im Bildpunkt p jeweils alle Pixel im Bildfenster $\mathbf{F}(f,p)$ herangezogen werden, so ist für Randpunkte eine besondere Situation zu verzeichnen. Da hier nur einige Gitterpunkte q des plazierten Fensters $\mathbf{F}(p)$ im Raster **R** liegen, für welche der Bildwert $f(q)$ bekannt ist, können für die restlichen Gitterpunkte q des plazierten Fensters $\mathbf{F}(p)$ außerhalb des Rasters **R** keine unmittelbaren Aussagen über (sinnvolle) Bildwerte $f(q)$ getroffen werden.

Die Festlegung der Behandlung von Randpunkten kann bei konkreten fensterbasierten Bildoperationen durch die vorliegenden Bildinhalte und die Bildverarbeitungsaufgabe bestimmt sein. Hier gibt es kein universelles „Rezept".

Im vorliegenden Buch werden in Ausnahmefällen bei einzelnen Operatoren zu Randpunkten Behandlungsmethoden empfohlen. Dies sind besonders jene Fälle mit sehr großem Fenster (relativ zur Bildgröße A), wo die Gesamtheit der Randpunkte einen nicht vernachlässigbaren Anteil des Bildes darstellt.

Allgemein können folgende Varianten für Bildwertfestlegungen außerhalb des Rasters **R** für eine Behandlung von Randpunkten zugrunde gelegt werden:

(1) *f* wird außerhalb des Bildrasters **R** identisch einer fixierten Konstante angenommen, etwa $f(x, y) = 0$ für alle Gitterpunkte $p = (x, y)$ außerhalb von **R**, oder $f(x, y)$ gleich dem mittleren Grauwert des Bildes *f* für Gitterpunkte $p = (x, y)$ außerhalb von **R**.

(2) *f* wird außerhalb des Bildrasters **R** periodisch fortgesetzt, z.B. ist dann $f(x+M, y) = f(x, y)$ und $f(x, y+N) = f(x, y)$ unter dieser Annahme.

(3) *f* wird an den „Rändern" von **R** nach außen gespiegelt, z.B. ist dann $f(M+c, y) = f(M-c, y)$ und $f(x, N+b) = f(x, N-b)$, wobei die Bedingungen $0 < c < M/2$ und $0 < b < N/2$ sinnvollerweise aufzustellen sind.

Für ein Bildfenster $\mathbf{F}(f, p)$ wird also im weiteren vorausgesetzt, daß das plazierte Fenster $\mathbf{F}(p)$ vollständig im Bildraster **R** enthalten ist, soweit kein anderer Fall explizit vermerkt ist.

1.3 Fensterfunktionen

Mittels Fensterfunktionen wird für ein Bildfenster $\mathbf{F}(f, p)$ ein Wert bestimmt, der im Sinne der Erzeugung „neuer" Bilder wieder ein Grauwert aus der Menge $\{0, 1, \ldots, G-1\}$ sein sollte, i.a. aber eine beliebige reelle oder sogar komplexe Zahl sein kann. Fensterfunktionen werden auch als *Operatorkerne* bezeichnet, da sie i.a. die wesentliche Charakterisierung eines Bildoperators darstellen.

Eine *Fensterfunktion* ϕ ist eine Funktion, die auf Bildfenstern $\mathbf{F}(f, p)$ definiert ist und in die Menge der ganzen, reellen oder komplexen Zahlen abbildet. Für Fenster **F**, relative Bezugspunkte p und Bilder *f* ist also $\phi(\mathbf{F}(f, p))$ eine ganze, reelle oder komplexe Zahl. Fensterfunktionen der Bildbearbeitung bleiben i.a. auf den Fall der ganzen oder reellen Zahlen beschränkt. Komplexe Zahlen sind Ausnahmen und im vorliegenden Buch nur bei der Fourier-Transformation von Fenstern zu betrachten. Für eine Fensterfunktion ϕ wird also jeweils ein eindeutig zugeordnetes Fenster **F** vorausgesetzt, das über das Raster als plaziertes Fenster verschoben werden kann.

1.3.1 Klassen von Fensterfunktionen

Bei der Auswahl oder Definition einer Fensterfunktion ist es angebracht, sich zunächst einmal die prinzipielle Einordnung der Fensterfunktion zu überlegen. Bei Fensterfunktionen kann folgende Gliederung verwendet werden:

SYNOPSE DER FENSTERFUNKTIONEN (OPERATORKERNE)

anordnungsunabhängig oder anordnungsabhängig
ortsunabhängig oder ortsabhängig
kombinatorisch
    ordnungsstatistisch
analytisch
    polynomial
        linear (Faltungen)
            separierbar
    exponentiell
    trigonometrisch
    logisch strukturiert

Der Wert einer Fensterfunktion ϕ braucht nicht nur von den Bildwerten $f(x,y)$ abhängen, sondern kann auch durch Positionen (x,y) im plazierten Fenster $\mathbf{F}(p)$ beeinflußt werden, da ein Bildfenster $\mathbf{F}(f,p)$ Tripel und nicht nur Bildwerte $f(x,y)$ enthält.[7]

Eine *ortsunabhängige Fensterfunktion* bildet die $a = n \cdot m$ Bildwerte $f(x,y)$ aus $\mathbf{F}(f,p)$, örtlich nur evtl. bezogen auf ihre relativen *ij*-Koordinaten innerhalb des plazierten Fensters $\mathbf{F}(p)$, eindeutig auf einen Funktionswert ab. Bei einer ortsunabhängigen Fensterfunktion ist es ohne Bedeutung, wo sich das plazierte Fenster $\mathbf{F}(p)$ im Bildraster $\mathbf{R}$ befindet. Zum Beispiel ist die Summenbildung der vier „Eck-Werte" eines plazierten Fensters eine ortsunabhängige Fensterfunktion, bei der allerdings die relativen *ij*-Koordinaten zu beachten sind.

Bei einer *anordnungsunabhängigen Fensterfunktion* sind die Funktionswerte unabhängig von der relativen (i,j)-Position der einzelnen Bildwerte innerhalb des Fensters, d.h. wo die einzelnen $a = n \cdot m$ Bildwerte im Bildfenster $\mathbf{F}(f,p)$ eingetragen sind. Bei einer beliebigen Permutation der Bildwerte im plazierten Fenster liefert eine anordnungsunabhängige Fensterfunktion jeweils den selben Funktionswert. Zum Beispiel ist die Minimum-Berechnung eine anordnungsunabhängige Fensterfunktion (und auch eine ortsunabhängige Fensterfunktion). Allgemein braucht eine anordnungsunabhängige Fensterfunktion jedoch nicht notwendig ortsunabhängig zu sein.

Die Werte einer ortsabhängigen Fensterfunktion sind auch von der Position des plazierten Fensters $\mathbf{F}(p)$ im Bildraster abhängig. Zum Beispiel kann eine ortsabhängige Fensterfunktion so definiert sein, daß nur für plazierte Fenster „dicht am Bildrand" ein neuer Grauwert berechnet wird, und ansonsten der Grauwert beibehalten wird.

Bei einer anordnungsabhängigen Fensterfunktion sind die Funktionswerte von den relativen Positionen (i,j) der Bildwerte innerhalb des Bildfensters abhängig. Zum Beispiel

---

7 Ein Bildwert kann dabei skalar (Grauwertbild, Binärbild) oder vektoriell (mehrkanaliges Bild, Bildfolge) sein. Entsprechend enthält die Menge $\mathbf{F}(f,p)$ z.B. für n-kanalige Bilder $(n+2)$-Tupel. Den Bemerkungen am Ende von Abschnitt 1.1.3 folgend werden Fensterfunktionen jedoch nur für skalare Bilder angegeben.

können durch die Fensterfunktion Bildwerte „im linken Fensterbereich“ von Bildwerten „im rechten Fensterbereich“ subtrahiert werden, wodurch eine Richtungsableitung angenähert werden kann.

Eine anordnungsabhängige Fensterfunktion braucht nicht ortsabhängig sein, da bei der anordnungsabhängigen Funktion nur die relativen Positionen der Bildpunkte zueinander innerhalb des Bildfensters berücksichtigt werden, und nicht notwendig die absoluten Koordinatenwerte innerhalb des Bildrasters. Die sowohl anordnungsabhängigen als auch ortsunabhängigen Fensterfunktionen sind ein besonders typischer Fall von Fensterfunktionen für Bildbearbeitungen.

Fensterfunktionen sind auch bezüglich ihrer funktionalen Komplexität charakterisierbar. *Lineare Fensterfunktionen* sind durch Linearkombinationen der in $\mathbf{F}(f,p)$ enthaltenen Bildwerte definiert. Komplexere Fensterfunktionen sind durch polynomiale, trigonometrische oder exponentielle Abbildungen dieser Bildwerte definiert. Kombinatorische Analysen, wie z.B. die Bestimmung des Minimums der Bildwerte, sind *nicht-linear* (und auch nicht-polynomial, nicht-trigonometrisch oder nicht-exponentiell).

Analytisch sind Fensterfunktionen, die durch eine analytische Funktion allgemein definiert sind, z.B. durch den arithmetischen Mittelwert (anordnungsunabhängig), die Varianz (anordnungsunabhängig) oder die mit dem (inversen) Abstand zum relativen Bezugspunkt gewichtete Summe aller Bildwerte im plazierten Fenster (anordnungsabhängig).

Eine Fensterfunktion kann auch als Entscheidungsbaum realisiert werden. In den Blattknoten des Entscheidungsbaumes werden bestimmte auszuführende Operationen eingetragen, in den restlichen Knoten (*Entscheidungsknoten*) des Entscheidungsbaumes werden logische Entscheidungen getroffen, die von den konkreten Daten des Bildfensters abhängig sind. Bei einer derartigen Realisierung einer Fensterfunktion wird von einer *logisch strukturierten Fensterfunktion* gesprochen.

1.3.2 Hilfsfunktionen auf Fenstern oder Bildern

Histogramme sind wichtige Hilfsfunktionen für die Definition von Fensterfunktionen. In Histogrammen werden Häufigkeiten von Einzelereignissen dargestellt bzw. zusammengefaßt. Diese Einzelereignisse werden im gesamten Bild f oder in Bildfenstern $\mathbf{F}(f,p)$ betrachtet.

Ein Einzelereignis kann z.B. sein: „Ein Bildpunkt besitzt im Bildfenster den Grauwert u“. Diese speziellen Einzelereignisse werden in *Grauwerthistogrammen* dargestellt, welche die Histogramme der Grauwertanzahl sind. Für $0 \le u \le G-1$ und $p=(r,s)$ ist

$$hist(\mathbf{F}(f,p),u) = \mathbf{card}\{(i,j): 1 \le i \le m \wedge 1 \le j \le n \wedge f(r-I+i, s-J+j) = u\}$$

die absolute Häufigkeit des Auftretens des Grauwertes u im Bildfenster $\mathbf{F}(f,p)$ und

$$HIST(\mathbf{F}(f,p),u) = \frac{1}{a} \cdot hist(\mathbf{F}(f,p),u)$$

die relative Häufigkeit, wobei $a = m \cdot n$ die Fenstergröße ist. Die mengentheoretische Funktion **card** bezeichnet die Mächtigkeit (Kardinalzahl) einer Menge. Die relativen Häufigkeiten $HIST(\mathbf{F}(f,p),u)$ liegen im Intervall [0, 1].

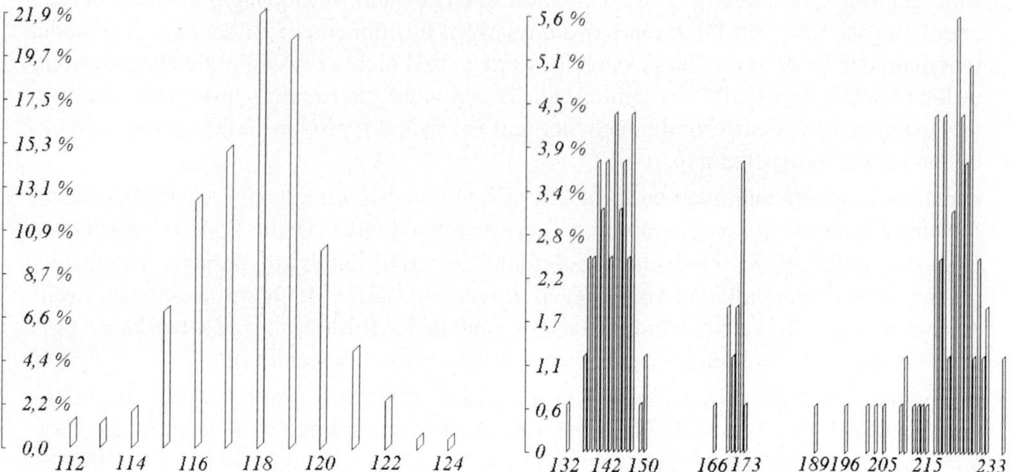

Abbildung 1.14 Balkendiagramm-Darstellung der Grauwerthistogramme für die beiden Bildfenster aus Abb. 1.4, links: unteres (homogenes) Bildfenster, rechts: oberes Bildfenster (Kante).

Falls über alle Grauwerte u summiert wird, so ergeben die Werte des Grauwerthistogrammes gerade den Wert 1:

$$\sum_{u=0}^{G-1} HIST(\mathbf{F}(f,p),u) = 1 .$$

Für ein skalares Bild f kann ein Grauwerthistogramm gut durch ein Balkendiagramm (Abb. 1.14) dargestellt werden. Im Balkendiagramm ist eine prozentuale Angabe günstig, wobei zu beachten ist, daß für den einzelnen Grauwert u i.a. nur sehr kleine Werte resultieren werden.

Histogramme für mehrkanalige Bilder sind formal komplizierter zu handhaben. Für ein zweikanaliges Bild $f = (f_1, f_2)$ ist beispielsweise das absolute Grauwerthistogramm gemäß

$$hist(\mathbf{F}(f,p),u_1,u_2) = \mathbf{card}\{(i,j): 1 \le i \le m \wedge 1 \le j \le n \wedge f(r-I+i, s-J+j) = (u_1,u_2)\}$$

für $0 \le u_1, u_2 \le G-1$ und $p = (r, s)$ definiert.

Abbildung 1.15 Beispiele zweidimensionaler Histogramme, links: originale Grauwertbilder, rechts: dazugehörige Histogramme für die Merkmale „Grauwert" und „Ergebnis des Sobel-Kantenoperators" (oben) bzw. „Grauwert" und „mittlerer Betrag der Grauwertdifferenzen zwischen 4-benachbarten Bildpunkten" in einem 3×3-Fenster (unten). Die x-Achse jedes Histogramms entspricht den Grauwerten 0 bis 255, auf der y-Achse sind jeweils die Merkmalswerte aufgetragen. Die Häufigkeit wird durch die Helligkeit dargestellt.

Für zweikanalige Bilder können Histogramme als Grauwertbilder der Größe $G \times G$ dargestellt werden, indem im Bildpunkt (u_1, u_2) ein Grauwert berechnet wird, der zum Wert $HIST(\mathbf{F}(f,p), u_1, u_2)$ proportional ist. Falls beide Bilder f_1 und f_2 im plazierten Fenster $\mathbf{F}(p)$ völlig identisch sind, so werden nur in der Hauptdiagonale Werte ungleich Null erscheinen. Die „Intensität der Ausprägung einer Hauptdiagonalen" kann als Kriterium für die Bewertung der Korrelation der beiden Bilder f_1 und f_2 dienen.

Für ein skalares Bild f kann das Resultat einer Bildbearbeitung als zweiter Kanal betrachtet werden, vgl. Abb. 1.15. Anstelle eines zweiten Kanals f_2 wird hier zum Eingabebild f jeweils ein lokales Merkmal berechnet und als zweites Bild betrachtet. Abb. 1.15 zeigt links zwei Grauwertbilder, deren zweidimensionale Histogramme für die Merkmale „Grauwert" und „Ergebnis des Sobel-Kantenoperators" (oben) bzw. „Grauwert" und „mittlerer Betrag der Grauwertdifferenzen zwischen 4-benachbarten Bildpunkten in einem 3×3-Fenster" (unten) jeweils rechts abgebildet sind. „Anhäufungen" im Histogramm (hellere Gebiete) entsprechen besonders häufig auftretenden Merkmalskombinationen.

Ein anderes Einzelereignis für die Definition eines Histogramms kann z.B. sein: „Ein Bildpunkt besitzt im Bildfenster einen Grauwert kleiner oder gleich u“. Für diese Ereignisse erhält man die relativen oder absoluten *Summenhistogramme*

$$SUMHIST(\mathbf{F}(f,p),u) = \sum_{v=0}^{u} HIST(\mathbf{F}(f,p),v) \text{ bzw.}$$

$$sumhist(\mathbf{F}(f,p),u) = \sum_{v=0}^{u} hist(\mathbf{F}(f,p),v)$$

für $0 \le u \le G-1$. Diese Summenhistogramme sind für beliebige Bildfenster monoton wachsende Funktionen. Es gilt stets

$$SUMHIST(\mathbf{F}(f,p),u) \le SUMHIST(\mathbf{F}(f,p),v) \quad \text{für } u \le v.$$

Da das relative Grauwerthistogramm in der Summe 1 ergibt, ist das relative Summenhistogramm insgesamt von 0 nach 1 monoton wachsend (Abb. 1.16).

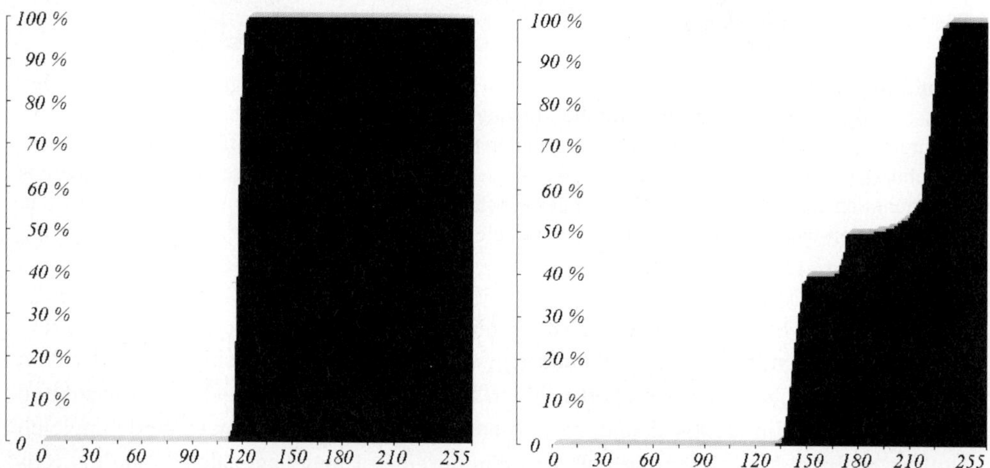

Abbildung 1.16 Summenhistogramme für die beiden Bildfenster aus Abb. 1.4, links: unteres (homogenes) Bildfenster, rechts: oberes Bildfenster (Kante).

Das Histogramm *HIST* ist für $a \to \infty$ eine Abschätzung der Dichtefunktion der Grauwerte; *SUMHIST* ist eine Abschätzung der Verteilungsfunktion der Grauwerte.

Neben der Bereitstellung von Histogrammen kann auch mit der Berechnung der Mittelwert-Funktion *AVERAGE* oder der mittleren quadratischen Abweichung *VARIANCE* die in einem Bildfenster vorliegende Grauwertstatistik bewertet werden. Für ein plaziertes Fenster $\mathbf{F}(p)$ mit Bezugspunkt $p = (r, s)$ und der Fenstergröße $a = m \cdot n$ wird

$$AVERAGE(\mathbf{F}(f,p)) = \frac{1}{a}\sum_{i=1}^{m}\sum_{j=1}^{n} f(r-I+i,\, s-J+j)$$

und

$$VARIANCE(\mathbf{F}(f,p)) = \frac{1}{a}\sum_{i=1}^{m}\sum_{j=1}^{n}\left[f(r-I+i,\, s-J+j) - AVERAGE(\mathbf{F}(f,p))\right]^2$$

definiert. Mit *AVERAGE* wird die mittlere Helligkeit im Bildfenster berechnet und mit *VARIANCE* die mittlere quadratische Abweichung von dieser mittleren Helligkeit.

Durch elementare Umformungen der Definitionsgleichung für *VARIANCE* erhält man, daß[8]

$$VARIANCE(\mathbf{F}(f,p)) = \frac{1}{a}\sum_{i=1}^{m}\sum_{j=1}^{n} f(r-I+i,\, s-J+j)^2 - \left[AVERAGE(\mathbf{F}(f,p))\right]^2.$$

Es genügt also ein Durchlauf durch das Bildfenster, um sowohl *AVERAGE* als auch *VARIANCE* zu berechnen. Es gilt

$$AVERAGE(\mathbf{F}(f,p)) = \sum_{u=0}^{G-1} u \cdot HIST(\mathbf{F}(f,p),u)$$

und

$$VARIANCE(\mathbf{F}(f,p)) = \sum_{u=0}^{G-1}\left[u - AVERAGE(\mathbf{F}(f,p))\right]^2 \cdot HIST(\mathbf{F}(f,p),u).$$

In Bildverarbeitungssystemen wird oft für die Funktionen *HIST*, *AVERAGE* und *VARIANCE* mittels Spezialprozessor-Technik eine besonders schnelle Berechnung gesichert.

Ein Histogramm wird *bimodal* genannt, falls die Histogrammkurve „im wesentlichen" durch zwei stark ausgeprägte lokale Maxima und ein dazwischen liegendes lokales Minimum zu charakterisieren ist („ein Tal zwischen zwei Gipfeln"). Das Minimum definiert einen Grauwert, der als Schwellenwert zur Separierung der beiden Modes geeignet ist. Für ein Bildfenster $\mathbf{F}(f,p)$ kann auf der Grundlage einer Funktion *ENTROPY* ein Symmetriekoeffizient *SYMMETRY* definiert werden, der als Maß für die Bimodalität eines Grauwerthistogramms einzusetzen ist. Durch die Funktion *ENTROPY*,

$$ENTROPY(\mathbf{F}(f,p)) = -\sum_{u=0}^{G-1}\left[HIST(\mathbf{F}(f,p),u)\cdot \log_2 HIST(\mathbf{F}(f,p),u)\right],$$

---

[8] Für eine Funktion *f* ist $f(x)^2$ das Quadrat des Wertes $f(x)$. Dagegen ist $f^2 = f \cdot f$ die zweifache Anwendung der Funktion *f*, d.h. $f^2(x) = f(f(x))$.

wird für ein Bildfenster $\mathbf{F}(f,p)$ die mittlere Anzahl Bit pro Bildwert berechnet, die für eine eindeutige Speicherung der Statistik erster Ordnung im Bildfenster erforderlich ist. Für ein Bildfenster mit konstantem Grauwert würde beispielsweise der Wert Null resultieren.

Für ein Bildfenster $\mathbf{F}(f,p)$ sei nun mit

$$v = \mathbf{min}\{u\colon u = 0,1,\ldots,G-1 \wedge SUMHIST(\mathbf{F}(f,p),u) \geq 0.5\}$$

ein „mittlerer Grauwert“ von $\mathbf{F}(f,p)$ gegeben. Dann ist mittels

$$SYMMETRY(\mathbf{F}(f,p)) = \frac{-\sum\limits_{u=0}^{v}\left[HIST(\mathbf{F}(f,p),u)\cdot \log_2 HIST(\mathbf{F}(f,p),u)\right]}{ENTROPY(\mathbf{F}(f,p))}$$

der genannte Symmetriekoeffizient definiert, der z.B. für ein *symmetrisches Histogramm*, welches bei Spiegelung an der Mittelachse bei $G/2$ wieder in sich übergeht, den Wert 0.5 liefert. Für Abb. 1.4 gilt *ENTROPY* = 3.039 und *SYMMETRY* = 0.591 für das untere (homogene) Bildfenster sowie *ENTROPY* = 5.188 und *SYMMETRY* = 0.498 für das obere (inhomogene) Bildfenster.

1.3.3 Einige Fensterfunktionen

In diesem Abschnitt werden einige elementare Fensterfunktionen für die Bildbearbeitung bereitgestellt. Im einfachsten Fall eines einelementigen Fensters wird durch eine Fensterfunktion jeweils ein Pixel in einen neuen Bildwert überführt. Falls auch Ortsunabhängigkeit vorliegt, so wird jeweils ein Bildwert auf einen neuen Bildwert abgebildet. Eine solche Grauwerttransformation wird durch eine *Gradationsfunktion* $t(u)$ definiert, deren Diagramm *Grauwertkennlinie* oder *Gradationskurve* genannt wird.

In Abb. 1.17 ist eine solche Grauwertkennlinie dargestellt, durch deren Anwendung alle Bildpunkte im Eingabebild, deren Grauwert größer als $G/2$ ist, auf den Grauwert $G/2$ abgebildet werden. Gemäß der Vereinbarung über die Grautonzuordnung werden helle Bildbereiche auf den konstanten Grauwert $G/2$ „abgedunkelt“.

Gradationsfunktionen $t(u)$ sind spezielle Operatorkerne für einelementige Fenster. Sie werden in Kapitel 5 behandelt, z.B. für Schwellenwertbildungen, Punktstörungen oder für (bei Desktop-Publishing-Systemen übliche) Grauwerttransformationen. Oft wird mit ihnen gezielt eine gewisse *Histogrammtransformation* angestrebt.

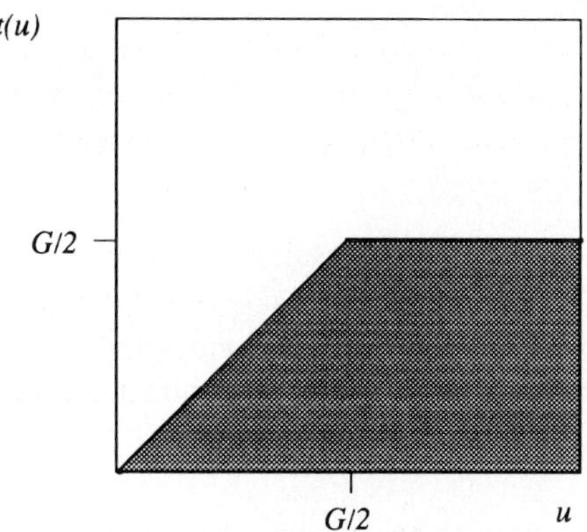

Abbildung 1.17 Grauwertkennlinie für die Gradationsfunktion $t(u) = u$ für $0 \leq u \leq G/2$ und $t(u) = G/2$ für $G/2 \leq u \leq G-1$.

Eine Histogrammtransformation T ist allgemein eine Abbildung eines digitalen Bildes f auf ein digitales Bild $h = T(f)$. Dabei geht das Histogramm $HIST(f,\_)$ des Bildes f in ein Histogramm $HIST(h,\_)$ des Bildes h über, wobei i.a. eine Zielvorstellung über das Histogramm $HIST(h,\_)$ als Orientierung für die Transformation T vorgegeben wird. Für eine Histogrammtransformation ist eine entsprechende Gradationsfunktion t,

$$h(x,y) = t(f(x,y)) \quad \text{für} \quad T(f) = h \quad \text{und} \quad 0 \leq f(x,y) \leq G-1\,,$$

zu definieren bzw. eine Kennlinie anzugeben. Es seien hier drei Beispiele angegeben:

(1) *Allgemeine Skalierung*: Für das Bild f seien im Histogramm nur in einem begrenzten Intervall Werte ungleich Null. Im Resultatsbild h sollen möglichst alle Grauwerte genutzt werden. Für das Eingabebild f ist der minimale und maximale Grauwert zu bestimmen,

$$u_{\min} = \mathbf{min}\{f(x,y): 1 \leq x \leq M \wedge 1 \leq y \leq N\} \quad \text{und}$$
$$u_{\max} = \mathbf{max}\{f(x,y): 1 \leq x \leq M \wedge 1 \leq y \leq N\}.$$

Für $\alpha = -u_{\min}$ und $\beta = \dfrac{G-1}{u_{\max} - u_{\min}}$ sei die Gradationsfunktion t gemäß

$$t(u) = \begin{cases} (u+\alpha)\cdot\beta & \text{falls } 0 \leq (u+\alpha)\cdot\beta \leq G-1 \\ 0 & \text{falls } 0 \leq (u+\alpha)\cdot\beta < 0 \\ G-1 & \text{falls } 0 \leq (u+\alpha)\cdot\beta \geq G \end{cases}$$

definiert. Bei dieser Skalierung erfolgt kein Verlust an Bildinformation und eine volle Nutzung der Grauwertskala im Bild h.

(2) *Skalierung mit Vorgabe:* Für das Eingabebild f sind die Werte $a_f = AVERAGE(f)$ und $v_f = VARIANCE(f)$ zu berechnen. Für das Resultatsbild werden die Werte $a_h = AVERAGE(h)$ und $v_h = VARIANCE(h)$ vorgegeben. Zum Beispiel seien verschiedene Bilder in Kontrast und Helligkeit einander anzugleichen. Es kann die in (1) angegebene lineare Gradationsfunktion, allerdings mit den Parametern

$$\alpha = a_h \cdot \frac{\sqrt{v_f}}{\sqrt{v_h}} - a_f \quad \text{und} \quad \beta = \frac{\sqrt{v_h}}{\sqrt{v_f}},$$

genutzt werden.

(3) *Egalisierung des Histogramms:* Im Resultatsbild h sollen die Grauwerte gleichverteilt sein, d.h. es soll „möglichst gut" $HIST(h, u) = 1/G$ für $u = 0, 1, \ldots, G-1$ erreicht werden. Für das Eingabebild f sind die relativen Summenhäufigkeiten $SUMHIST$ zu berechnen. Die Histogrammegalisierung erfolgt mit der Gradationsfunktion

$$t(u) = (G-1) \cdot SUMHIST(f, u).$$

Die Gleichverteilung in h wird dabei diskret approximiert. Die ideale Gleichverteilung würde einem relativen Grauwerthistogramm entsprechen, das konstant gleich $1/G$ ist. Für diskrete Bildinformationen kann dieser Idealfall aber praktisch kaum eintreten, da das Originalhistogramm i.a. nicht „dicht besetzt" ist bzw. allein schon aus dem Grunde, daß i.a. $M \cdot N$ nicht durch G teilbar zu sein braucht.

Die ideale Gleichverteilung entspricht im relativen Summenhistogramm dem Fall, daß die Histogrammkurve genau die Strecke vom Punkt $(0, 0)$ zum Punkt $(G-1, 1)$ ist. Im (diskreten) Summenhistogramm $SUMHIST(\mathbf{F}(f, p))$ können also z.B. die Abstände aller Punkte $(u, SUMHIST(\mathbf{F}(f, p), u))$ von dieser Geraden für die Definition eines Maßes der Gleichverteilung herangezogen werden.

Im Falle von Fenstern, die mehr als einen Punkt enthalten, können durch Fensterfunktionen lokale Bildbereiche „eingesehen" und für die Berechnung eines „angepaßten" Bildwertes herangezogen werden. Drei Beispiele mögen hier zur Illustrierung genügen. In Kapitel 6 wird eine breite Vielfalt möglicher Fensterfunktionen vorgestellt.

(4) *AVERAGE:* Der Wert $SUM(\mathbf{F}(f, p))$ in Beispiel 1.1 wird i.a. größer als $G-1$ sein. Falls $SUM(\mathbf{F}(f, p))$ durch das arithmetische Mittel

$$\frac{1}{a} SUM(\mathbf{F}(f, p)) = \frac{1}{a} \sum_{i=-I+1}^{I-1} \sum_{j=-J+1}^{J-1} f(r+i, s+j)$$

ersetzt wird, für $p = (r, s)$ und die Fenstergröße $a = n \cdot m$, so kann diese rationale Zahl mittels

$$AVERAGE(\mathbf{F}(f, p)) = \mathbf{integer}\left(\frac{1}{a} SUM(\mathbf{F}(f, p)) + 0.5 \right)$$

auf die nächstliegende ganze Zahl der Menge $\{0, 1, \ldots, G-1\}$ abgebildet werden. Diese lineare Fensterfunktion ist ortsunabhängig und anordnungsunabhängig. Der Wert dieser Fensterfunktion wird durch alle Grauwerte im Bildfenster beeinflußt, also auch durch einzelne „Ausreißer" („*outliers*") bzw. Impulsstörungen.

(5) *MEDIAN:* Für a Werte $u_1, u_2, \ldots, u_a$ ist der Median jener Wert, der bei einer sortierten Reihenfolge dieser Werte die mittlere Position einnehmen würde. Zum Beispiel ist für die 15 Werte 3, 8, 5, 2, 6, 7, 8, 1, 2, 2, 3, 8, 2, 5, 1 der Median gleich 3, da bei einer

sortierten Reihenfolge dieser Werte (1, 1, 2, 2, 2, 2, 3, 3, 5, 5, 6, 7, 8, 8, 8) die Zahl *3* in der Position 8 steht.

Eine Fensterfunktion *MEDIAN*, die für ein Bildfenster

$$\mathbf{F}(f,p)=\left\{(r-I+i,\, s-J+j,\, u_{r-I+i,s-J+j}): 1\le i\le m \wedge 1\le j\le n\right\}$$

den Median der Werte $u_{r-I+i,s-J+j}$ mit $p=(r,s)$, $1\le i\le m$ und $1\le j\le n$, als Funktionswert $MEDIAN(\mathbf{F}(f,p))$ liefert, ist ortsunabhängig und anordnungsunabhängig. Diese Fensterfunktion ist von einzelnen Ausreißern im Bildfenster unbeeinflußt.

(6) *SOBEL:* Für die diskrete Fassung der ersten Ableitung sind für ein Grauwertbild *f* die Differenzen der Werte benachbarter Pixel in Spalten- oder Zeilenrichtung zu betrachten. Im einfachsten Fall wäre eine „Ableitungsberechnung" nach y durch die Transformation

$$h(x,y)=\frac{f(x,y)-f(x,y+1)}{\delta y}=\frac{f(x,y)-f(x,y+1)}{1}=f(x,y)-f(x,y+1)$$

definiert. Arithmetische Fensterfunktionen sind durch *Masken* (Koeffizienten für Addition/Subtraktion in den entsprechenden Fensterpositionen) zu repräsentieren. Obige einfache y-Ableitung (Koeffizient 1 für (x,y) und Koeffizient -1 für $(x,y+1)$ entspricht der Maske

0	−1	0
0	1	0
0	0	0

Dabei ist der Punkt (x,y) als Bezugspunkt im Zentrum der Maske. Diese einfache Näherung der Ableitung von *f* in y-Richtung ist i.a. zu anfällig gegenüber Punktrauschen. Eine größere „Stabilität" wird durch die Beachtung der Werte eines 3×3-Bildfensters erreicht. Die Koeffizienten der arithmetischen *SOBEL_X*- (z.B. Koeffizient –2 für $f(x+1,y)$) und *SOBEL_Y*-Fensterfunktionen sind durch die Masken

1	0	−1
2	0	−2
1	0	−1

−1	−2	−1
0	0	0
1	2	1

definiert. Für die „diskrete Ableitungsberechnung" werden hier also Fensterfunktionen auf plazierten 3×3-Fenstern eingesetzt.

1.4 Operatoren

Ein *Bildbearbeitungsoperator* ist eine Funktion, die ein oder mehrere Bilder in ein Resultatsbild überführt. Dabei kann diese Funktion auf spezielle Bilder im Definitionsbereich beschränkt sein, z.B. nur für Binärbilder oder nur für dreikanalige Bilder definiert sein. Bildbearbeitungsoperatoren sollen im weiteren kurz *Operator* genannt werden. Für Operatoren kann allgemein die folgende Gliederung zugrunde gelegt werden:

SYNOPSE DER OPERATOREN

geometrisch
- kontrahierend
- expandierend
- Bewegung
  - Verschiebung
  - Drehung
  - Spiegelung

lokal (parallel oder sequentiell)
- homogen
  - Punktoperator
  - Fensteroperator
- inhomogen
  - prozeßgesteuert

global
- topologisch
- geometrisch-konstruktiv
- signaltheoretisch
  - Faltung
    - Filterung

Diese Gliederung entspricht in etwa der Gliederung des Buches in den Kapiteln 4, 6 und 7. Die Punktoperatoren werden in Kapitel 5 gesondert behandelt. Lokale Operatoren können auch bezüglich der eingesetzten Fensterfunktion weiter klassifiziert werden. Zum Beispiel kann ein Fensteroperator, dessen Fensterfunktion logisch strukturiert realisiert wird, auch kurz als *logisch strukturierter Operator* bezeichnet werden.

1.4.1 Geometrische Operatoren

Geometrische Operatoren wie Rotation (Drehung), Translation (Verschiebung) oder Inversion (Spiegelung an fixierten Geraden) bilden Bildfenster im Eingabebild f gemäß einer allgemeinen Koordinatentransformation K auf Bildfenster im Resultatsbild h ab. Geometrische Operatoren sind (im wesentlichen) durch die Abbildung K der Koordinatentransformation charakterisiert. Auf den Bildfenstern auszuführende Fensterfunktionen werden bei einer Definition eines geometrischen Operators bewußt einfach gehalten. Ein Pixel $(K(x, y), f(K(x, y))) = (r, s, f(r, s))$ wird gemäß der gewählten Koordinatentransformation K auf ein Pixel $(x, y, h(x, y))$ abgebildet, d.h. der Bildpunkt $K(x, y) = (r, s)$ ist im Eingabebild die Position des Bildwertes $f(r, s)$, der im Resultatsbild h in der Position (x, y) einzutragen ist. Falls K eineindeutig ist, so steht im Punkt (x, y) im Resultatsbild h der eindeutig festgelegte Wert $f(K(x, y))$. Es gilt dann also $h(x, y) = f(K(x, y))$. Geometrische Operatoren werden in Kapitel 4 dargestellt.

Eine eineindeutige Koordinatentransformation K entspricht dem „traditionellen Fall" in der analytischen Geometrie. Beispielsweise definiert im Falle von (quadratischen) Bildern f der Größe $N \times N$ die Koordinatentransformation

$$K(x, y) = (y, x)$$

einen geometrischen Operator, der ein Eingabebild *f* an der Hauptdiagonalen spiegelt (es gilt $h(x, y) = f(y, x)$), und die Koordinatentransformation

$$K(x, y) = (y, N+1-x)$$

eine Drehung des Bildes *f* um 90° (es gilt $h(x, y) = f(y, N+1-x)$).

Da die Koordinatentransformation *K* für diskrete Bildpunktkoordinaten definiert wird, kann im allgemeinen für *K* keine Eineindeutigkeit erwartet werden. Bei einer *eindeutigen Abbildung K* können mehrere Bildpunkte auf einen Bildpunkt abgebildet werden. Dies ist zum Beispiel für einen *expandierenden* Operator der Fall, bei dem das Resultatsbild *h* größer ist als das Eingabebild *f*. Beispielsweise ist ein geometrischer Operator mit der Koordinatentransformation

$$K(2x, 2y) = K(2x+1, 2y) = K(2x, 2y+1) = K(2x+1, 2y+1) = (x, y)$$

für $x = 1, 2, \ldots, M$ und $y = 1, 2, \ldots, N$, expandierend. Es entsteht ein Resultatsbild *h* der Größe $2M \times 2N$. Die Bildwerte in *h* können in den Bildpunkten $(2x, 2y), (2x+1, 2y)$, $(2x, 2y+1), (2x+1, 2y+1)$ alle gleich $f(x, y)$ gesetzt werden, womit allerdings für h eine gewisse Blockbildung zu beobachten ist. Eine Verbesserung hierzu wird in Abschnitt 4.2.2 betrachtet..

Bei einer *umkehrbar eindeutigen Abbildung K* können Bildpunkte auf Mengen von Bildpunkten abgebildet werden. Dies ist zum Beispiel für einen *kontrahierenden* Operator der Fall, bei dem das Resultatsbild *h* kleiner als das Eingabebild *f* ist. Beispielsweise ist ein geometrischer Operator, der jeweils ein Bildfenster $\mathbf{F}(f, (2x, 2y))$, bestehend aus 2×2 Bildpunkten $(2x, 2y), (2x+1, 2y), (2x, 2y+1), (2x+1, 2y+1)$ und den zugehörigen Bildwerten von *f* auf einen Bildpunkt (x, y) in *h* abbildet, mit

$$K(x, y) = \{(2x, 2y), (2x+1, 2y), (2x, 2y+1), (2x+1, 2y+1)\}$$

für $x = 1, 2, \ldots, M/2$ und $y = 1, 2, \ldots, N/2$ ein kontrahierender Operator. Hier ist es im Sinne von $h(x, y) = f(K(x, y))$ angebracht, eine Fensterfunktion ϕ festzulegen, so daß $h(x, y) = \phi(\mathbf{F}(f, (2x, 2y)))$ gilt, vgl. Abschnitt 4.2.1.

1.4.2 Punktoperatoren

Für einen *Punktoperator T,* mit $T(f) = h$, ist ein im Bildpunkt (x, y) neu zu berechnender Wert allein vom Bildelement $(x, y, f(x, y))$ abhängig, d.h. es ist ein neu zu berechnender Wert $h(x, y) = T(f)(x, y)$ im ortsunabhängigen Fall (d.h., die Koordinaten (x, y) beeinflussen nicht das Resultat) allein ein Funktionswert des Bildwertes $f(x, y)$. Für einen ortsunabhängigen Punktoperator kann diese funktionale Abhängigkeit durch eine Gradationsfunktion t dargestellt werden. Die Funktion t ist auf der Menge $\{0, 1, \ldots, G-1\}$ aller Grauwerte definiert. Diese Funktion wird i.a. wieder in diese Grauwertmenge abbilden, kann aber zunächst einmal allgemein als reellwertige Funktion angenommen werden. Dann wird mittels

$$h(x, y) = T(f)(x, y) = t(f(x, y))$$

der Punktoperator T eindeutig durch die Gradationsfunktion t definiert, wobei die Menge aller Bildpunkte vorzugeben ist, für die ein neuer Bildwert zu berechnen ist. Ortsabhängige Punktoperatoren können z.B. in die Ausführung der Grauwerttransformation den Abstand des aktuellen Bildpunktes vom Bildrand einfließen lassen.

Ein Punktoperator T bildet das Eingabebild f auf das Resultatsbild $h = T(f)$ ab. Die Gradationsfunktionen t werden durch Grauwertkennlinien (vgl. Abb. 1.17) dargestellt.

Für einen Punktoperator wird im Normalfall angenommen, daß die Gradationsfunktion t in allen Bildpunkten (x, y) des Bildrasters $\mathbf{R}$ angewendet wird, um ein Bild $h = T(f)$ zu erzeugen. Punktoperatoren werden in Kapitel 5 angegeben. Punktoperatoren sind der Grenzfall lokaler Operatoren für einelementige Fenster.

1.4.3 Lokale Operatoren

Ein *lokaler Operator* Z bildet ein Eingabebild f auf ein Resultatsbild $h = Z(f)$ ab, indem in das Resultatsbild h

- teilweise Grauwerte aus f unmittelbar übernommen werden (z.B. für Randpunkte: $h(p) = f(p)$) bzw.
- neue Grauwerte $h(p')$ durch eine fixierte Fensterfunktion ϕ auf Bildfenstern $\mathbf{F}(f, p)$ bestimmt werden.

Bei einem lokalen Operator wird also für ausgewählte Bildpunkte p' in h ein bestimmtes Fenster $\mathbf{F}$ in einer jeweils entsprechenden Position p des Bildrasters im Eingabebild f plaziert und für das entstehende Bildfenster $\mathbf{F}(f, p)$ mittels vorgegebener Fensterfunktion ϕ ein neuer Bildwert $h(p')$ berechnet. Bei der Definition eines lokalen Operators ist festzulegen,

(i) welches Fenster $\mathbf{F}$ (inklusive Lage des Bezugspunktes) verwendet wird,

(ii) welche Fensterfunktion ϕ eingesetzt wird,

(iii) für welche Bildpunkte (x, y) in f die Fensterfunktion ϕ auf $\mathbf{F}(f, (x, y))$ angewendet wird, in welcher Reihenfolge diese einzelnen Anwendungen erfolgen und in welchen Bildpunkten p' von h die Resultate $\phi(\mathbf{F}(f, (x, y)))$ einzutragen sind, sowie

(iv) ob die berechneten Werte $\phi(\mathbf{F}(f, (x, y)))$ gleich nach ihrer Verfügbarkeit direkt in f eingetragen werden (und damit weitere Berechnungen beeinflussen können) oder das Bild f immer unverändert als Eingabebild für die Berechnungen vorliegt.

Ein lokaler Operator heißt *parallel*, falls die Resultate $\phi(\mathbf{F}(f, p))$ in ein von f verschiedenes Resultatsbild h eingetragen werden. Diese Begriffsbildung entspricht der Vorgehensweise eines Parallelrechners, der für alle im Bild f zu betrachtenden Bildfenster $\mathbf{F}(f, p)$ gleichzeitig und unabhängig voneinander die Resultate $\phi(\mathbf{F}(f, p))$ bestimmt und im Resultatsbild h als neue Bildwerte einträgt. Mit einem derartigen Parallelrechner könnte das Resultatsbild h in einem Paralleldurchlauf ermittelt werden. Das ursprüngliche Bild f würde bei der angenommenen Arbeit im Eingabebild unverändert erhalten bleiben. Derartige Parallelrechner existieren in verschiedenen technischen Spezifizierungen (parallel zu verarbeitende Bildgröße $N \times M$, Leistungsfähigkeit in einem Paralleldurchlauf u.a.m.) und sind oft auch als Spezialprozessoren auf Bildverarbeitungskarten integriert. Bei der Realisierung eines parallelen lokalen Operators mittels eines normal seriell arbeitenden Prozessors besteht die wesentliche Eigenschaft dieses Operators darin, daß für jede Berechnung eines Wertes $\phi(\mathbf{F}(f,p))$ das ungeänderte Eingabebild f als Vorlage bereit steht.

Ein lokaler Operator heißt *nicht-parallel* bzw. *sequentiell*, falls während der Ausführung des Operators einzelne Resultate $\phi(\mathbf{F}(f,p))$ in das Eingabebild f eingetragen werden, womit das Resultatsbild h aus f über eine Folge von Zwischenbildern entsteht und das Originalbild f schrittweise „verloren geht". Diese sequentiellen Operatoren sind für eine Berechnung des Resultatsbildes h „am Ort" typisch, hier werden alle schrittweise zu bestimmenden Resultate $\phi(\mathbf{F}(f,p))$ jeweils sofort in das vorliegende Bild eingetragen, was derart vom Eingabebild f in das Resultatsbild h übergeht. Dabei können mittels ϕ zu bestimmende Bildwerte bereits als Argument von Bildwerten abhängig sein, die zuvor mittels Z neu bestimmt wurden. Es tritt hier also ein gewisser „gleitender Übergang" bei den Resultaten ein. Allerdings kann diese Berechnung „am Ort" sowohl aus Gründen der Speicherplatzbeschränkung als auch gemäß der „tragenden Idee" bei der Definition des konkreten lokalen Operators sinnvoll sein.

Bei dem oben genannten Punkt (iii) wird bei Operatorangaben i.a. die Vereinbarung verwendet, daß nur Nicht-Randpunkte als relevante Kandidaten zu betrachten sind, um aufwendige Diskussionen der Behandlung von Randpunkten auszuschließen. Ein lokaler Operator Z heißt *homogen*, falls die Fensterfunktion ϕ für alle Nicht-Randpunkte (x,y) von f auf dem Bildfenster $\mathbf{F}(f,(x,y))$ ausgeführt wird und das Resultat $\phi(\mathbf{F}(f,(x,y)))$ im Bildpunkt (x,y) eingetragen wird. Andernfalls heißt Z *inhomogen*. Bei einem homogenen Operator wird insbesondere der aktuelle Punkt p' mit dem relativen Bezugspunkt p des plazierten Fensters $\mathbf{F}(p)$ identifiziert.

Lokale Operatoren werden i.a. als homogen angenommen, wobei ein Eingabebild f wieder in ein gleichgroßes Bild h überführt wird.

Homogene parallele lokale Operatoren können durch Array-Prozessoren realisiert werden, die als spezielle Parrallelrechner-Architektur in allen $N \times M$ Bildpunkten einheitlich gemäß Fensterdefinition $\mathbf{F}$ eine fixierte Umgebung eines jeden Bildpunktes für die Berechnung der $N \times M$ neuen Bildpunkte zugrunde legen.

Punktoperatoren können als Spezialfall homogener (paralleler oder sequentieller) lokaler Operatoren betrachtet werden, indem ein Fenster $\mathbf{F}$ mit $n = M = 1$ verwendet wird, bei (ii) die Gradationsfunktion t spezifiziert wird und bei (iii) alle Bildpunkte des Rasters angenommen werden (die Reihenfolge ist hier ohne Bedeutung). Bezüglich (iv) kann bei Punktoperatoren auch stets die unmittelbare Eintragung der Resultate $t(u)$ in f akzeptiert werden, da keine Beeinflussung der anderen zu berechnenden Werte erfolgen kann (wobei natürlich vorauszusetzen ist, daß das Eingabebild f nicht weiter unverändert aufbewahrt werden muß).

Ein inhomogener lokaler Operator heißt *prozeßgesteuert*, falls die Fensterfunktion ϕ für jene Bildpunkte (x, y) von f auf dem Bildauschnitt $\mathbf{F}(f,(x, y))$ zur Berechnung des neuen Wertes $h(x, y)$ ausgeführt wird, die durch einen auf f ablaufenden Prozeß schrittweise bezeichnet werden. Dieser Prozeß kann z.B. so definiert sein, das jede zehnte Bildzeile von links nach rechts Bildpunkt für Bildpunkt zu durchlaufen ist, oder daß im Bild f zunächst flächenförmige Bildobjekte zu suchen sind und der Prozeß durch ein wiederholungsfreies Umfahren (*Konturfolgeverfahren*) dieser Bildobjekte definiert ist, vgl. Abschnitt 7.2.1.

Lokale Operatoren stellen den Schwerpunkt des vorliegenden Buches dar. Sie werden in dem umfangreichen Kapitel 6 behandelt. Die Spezifizierung von (iii) bei der Definition lokaler Operatoren führt zur Festlegung einer bestimmten *Kontrollstruktur*, innerhalb welcher die Fensterfunktion Φ als *Operatorkern* wiederholt angewandt wird. Kontrollstrukturen homogener lokaler Operatoren werden in Kapitel 3 angegeben.

1.4.4 Globale Operatoren

Die dritte, allgemein interessante Klasse von Bildbearbeitungsoperatoren bilden die *globalen Operatoren*, welche durch funktionale Abhängigkeiten der Bildwerte $h(p)$ von Bildwerten in potentiell beliebiger Punktposition im Eingabebild f definiert sind: Für einen Bildpunkt p ist hier a priori nicht bekannt, welche lokale Umgebung im Eingabebild f für die Berechnung des Wertes $h(p)$ ausreichend ist bzw. es ist bekannt, daß (im Prinzip) alle Positionen im Eingabebild f zu jeder Position p im Resultatsbild h einen Einfluß auf den Wert von $h(p)$ ausüben können.

Typische Vertreter dieser Operatorklasse sind die Fourier- oder Walsh-Transformation, vgl. Abschnitt 7.3. Aber auch geometrische Konstruktionen, wie die bildhafte Repräsentation von Voronoi-Diagrammen in einem Grauwertbild h, ausgehend von Punktmustern im Bild f, sind globale Operatoren, vgl. Abschnitt 7.2.

Globale Operatoren können nicht als „lokale Operatoren mit einer besonders großen Fenstergröße" definiert werden, da Bildpunkte dann entweder als Randpunkte einzuordnen sind (mit den entsprechenden Sonderfall-Regelungen bei der Definition der Fensterfunktion ϕ) oder das Bildfenster mit Bezugspunkt p nicht das gesamte Eingabebild f enthalten würde (mit Ausnahme eines einzigen Bildpunktes p im Sonderfall $m = M$ und $n = N$). Globale Operatoren werden in Kapitel 7 behandelt. Sie zeichnen sich oft durch besonders hohe Anforderungen an die zur Verfügung stehende Technik aus (hoher Rechenzeit- und Speicherbedarf). Dies trifft zum Beispiel für die signaltheoretischen Operatoren aus Abschnitt 7.3 zu, falls diese für ganze Bilder (etwa 512×512) ausgeführt werden. Allerdings können diese globalen Transformationen auch auf Bildfenster eingeschränkt werden, d.h. als Fensterfunktionen ϕ betrachtet werden (z.B. Fourier-Transformation des Bildfensters $\mathbf{F}(f,p)$ und Bewertung des hochfrequenten Anteils im Bildwert $h(p)$, um mit h ein „Kantenbild" für f zu bestimmen). Andererseits können globale Operatoren auch rechenzeitgünstig sein, jedoch einen relativ (etwa im Vergleich zu lokalen Operatoren) hohen Programmieraufwand erfordern. Dies trifft in etwa für die Verfahren in den Abschnitten 7.1 und 7.2 zu.

Für die individuell ausgerichtete Entwicklung einer Bildbearbeitungsbibliothek sind globale Operatoren als etwas anspruchsvollere Aufgaben anzusehen. Hier ist auch ein vertiefendes Literaturstudium zu den methodischen Grundlagen zu empfehlen.

Ohne auf Einzelfälle einzugehen, soll hier auch erwähnt werden, daß man oft versucht, globale Operatoren durch Folgen von lokalen Operatoren näherungsweise zu realisieren. Dabei soll die „Kurzsichtigkeit“ der lokalen Operatoren durch spezielle Maßnahmen überwunden werden, wie z.B. durch die Anwendung von sequentiellen (rekursiven) Operatoren, die Durchführung von mehreren Bilddurchläufen oder die Abarbeitung des Bildes mit unterschiedlichen Abtastreihenfolgen in den sukzessiven Durchläufen.

1.5 Literaturhinweise

Für die Bereiche der Bildbearbeitung und Bildanalyse existieren seit einigen Jahren gute Lehrbücher, vgl. zum Beispiel

Ballard, D.H., Brown, C.M.: *Computer Vision*, Prentice-Hall, Englewood Cliffs, 1982.

Bässmann, H., Besslich, P.W.: *Konturorientierte Verfahren in der digitalen Bildverarbeitung.* Springer, Berlin, 1989.

Jain, A.K.: *Fundamentals of Digital Image Processing*, Prentice-Hall, Englewood Cliffs, 1989.

Marion, A.: *An Introduction to Image Processing.* Chapman and Hall, London, 1987.

Niblack, W.: *An Introduction to Digital Image Processing.* Prentice-Hall, Hemel Hempstead, 1986.

Rosenfeld, A., Kak, A.C.: *Digital Picture Processing, Vol. I and Vol. II.* Academic Press, New York, 1982.

Shirai, Y.: *Three-dimensional Computer Vision*, Springer, Berlin, 1989.

Wahl, F.M.: *Digitale Bildsignalverarbeitung.* Springer, Berlin, 1984.

Im folgenden werden einige Lehrbücher, Monographien und Handbücher genannt, die seit 1990 erschienen sind. Themen aus dem Gebiet Computer Vision (Bildbearbeitung, Musteranalyse und Szenenanalyse) werden behandelt in:

Ernst, H.: Einführung in die digitale Bildverarbeitung - Grundlagen und industrieller Einsatz mit zahlreichen Beispielen. Franzis-Verlag, München 1991.

Galbiati, L.: *Machine Vision and Digital Image Processing Fundamentals.* Prentice-Hall, Englewood Cliffs , 1990.

Haralick, R.M., Shapiro, L.G.: *Computer Vision, Volume I.* Addison-Wesley, Reading, 1992.

Haralick, R.M., Shapiro, L.G.: *Computer Vision, Volume II.* Addison-Wesley, Reading, 1993.

Jähne, B.: *Digitale Bildverarbeitung.* 2. Auflage. Springer-Verlag, Berlin, 1991 (engl. Übersetzung: Jähne, B.: Digital Image Processing. Concepts, Algorithms and Scientific Applications. Springer, New York, 1991).

Sonka, M., Hlavac, V., Boyle, R.: *Image Processing, Analysis and Machine Vision.* Chapman & Hall, London, 1993.

Speziell auf den Teilbereich Bildbearbeitung sind die Bücher

Baeseler, F., Bovill, B.: *Scanning and Image Processing for the PC.* McGraw-Hill, New York, 1992.

Jaroslavskij, L.P.: *Einführung in die digitale Bildverarbeitung*, Hüthig, Heidelberg, 1990.

Lagendijk, R.L., Biemond, J.: *Iterative Identification and Restoration of Images.* Kluwer, Dordrecht, 1991.

Lindley, C.: *Practical Image Processing in C. Acquisition, Manipulation, Storage.* Wiley, New York, 1991.

Pitas, I., Venetsanopoulos, A.N.: *Nonlinear Digital Filters*, Kluwer Academic Publishers, Boston, 1990.

Pitas, I.: *Digital Image Processing Algorithms.* Prentice Hall, Hemel Hempstead, 1993.

ausgerichtet. Bildbearbeitung und Musteranalyse sind die Themen der Lehr- oder Handbücher

Bässmann, H., Besslich, P.W.: *Bildverarbeitung Ad Oculos*, Springer, Berlin, 1991.

Gonzalez, R.C., Woods, R.E.: *Digital Image Processing, 3rd ed.*, Addison-Wesley, Reading 1992.

Haberäcker, P.: *Digitale Bildverarbeitung.* 4. Auflage, Carl Hanser Verlag, München, 1991.

Jain, A.K.: *Fundamentals of Digital Image Processing.* Prentice-Hall, Englewood Cliffs, 1989.

Pavlidis, T.: *Algorithmen zur Grafik und Bildverarbeitung*, Verlag Heise, Hannover, 1990.

Pratt, W.K.: *Digital Image Processing.* Second Edition, Wiley, New York 1991.

Russ, J.C.: *The Image Processing Handbook.* CRC Press, Boca Raton, 1992.

Voss, K., Süsse, H.: *Praktische Bildverarbeitung.* Carl Hanser Verlag, München, 1991.

Zamperoni, P.: *Methoden der digitalen Bildsignalverarbeitung*, Vieweg, Wiesbaden, 2. Auflage, 1991.

Für diese beiden Teilbereiche sind auch die Monographien

Gauch, J.M.: *Multiresolution Image Shape Description.* Springer, New York, 1992.

Leavers, V.F.: *Shape Detection in Computer Vision using the Hough Transform.* Springer, Berlin, 1992.

Osten, W.: *Digitale Verarbeitung und Auswertung von Interferenzbildern.* Akademie Verlag, Berlin 1991.

Rao, A.R.: *A Taxonomy for Texture Description and Identification*. Springer, New York, 1990.

Voss, K.: *Discrete Images, Objects, and Functions in* Z^n. Springer, Berlin, 1993.

zu nennen. Themen der Signalverarbeitung werden in

Besslich, P.W., Tian, L.: *Diskrete Orthogonaltransformationen*. Springer, Berlin 1990.

dargestellt. Farbmodelle werden behandelt in

Davidoff, J.: *Cognition Through Color*. The MIT Press, Cambridge 1991.

2 Methodische Grundlagen

In diesem Kapitel sollen im wesentlichen Anregungen gegeben werden, mit welchen Zielstellungen die später dargelegten Operatoren einzusetzen sind. Es werden einige Aufgabenstellungen und methodische Grundprinzipien des Gebietes der digitalen Bildbearbeitung (für Bildsegmentierungen, Bildverbesserungen, Bildrestaurationen u.a.m.) dargestellt. Bei den Operatoren werden in den Kapiteln 4 bis 7 spezielle Zielstellungen oder Eigenschaften genannt, die oft im Kontext von komplexeren Lösungen (z.B. für Bildverbesserung oder Bildsegmentierung) einzuordnen sind.

Durch die Vielzahl bildhafter Informationen in den verschiedenen Bereichen des täglichen Lebens (Technik, Medizin, Wissenschaft, Kunst, Verlagswesen u.a.m.) ist für die digitale Bildbearbeitung ein breites Aufgabenspektrum gegeben. Die Teildisziplin Bildbearbeitung der digitalen Bildverarbeitung ist oft als Vorstufe für analytische Problemlösungen der Bildverarbeitung zu betrachten. Allerdings sind die analytischen Prozesse oft so kompliziert, daß sie noch weitgehend durch den Menschen realisiert werden müssen. Die Bildbearbeitung liefert hier das angepaßte Bildmaterial für eine möglichst effiziente interaktive Bildanalyse.

Zur Verdeutlichung dieses Sachverhaltes werden in den Abschnitten 2.3 bis 2.8 einige Beispiele der Anwendung von Bildbearbeitungsvorgängen zur Lösung von typischen Aufgaben gegeben. Dadurch soll verdeutlicht werden, daß die Lösung von konkreten Problemen meistens die Anwendung einer „maßgeschneiderten“ Folge elementarer Operationen erfordert. Die in diesem Buch gesammelten Operatoren bieten einen Grundbestand an Methoden zur Durchführung dieser Operationen. Die zur Auswahl der jeweils einzusetzenden Operatoren und ihrer Reihenfolge notwendige Heuristik läßt sich kaum systematisch vermitteln und muß mit der Arbeitspraxis erworben werden. Umso wichtiger ist es, daß die Eigenschaften und die Wirkungsweise der einzelnen „Werkzeuge“, d.h. der einzelnen Bildbearbeitungsoperatoren, systematisch durchleuchtet werden, wozu die Kapitel 4 bis 7 beitragen sollen.

Bildbearbeitungen besitzen allerdings auch als eigenständige Lösungen, z.B. im Sinne von Bildeditierungen, einen großen praktischen Wert. Die Transformation von Bildern für die Editierung und Erlangung spezieller Effekte (Falschfärbung, Kontrastverstärkung, Solarisationseffekt, Postereffekt u.a.m.) ist im Verlagswesen, für den Grafik-Entwurf oder im Heimbereich von Bedeutung (z.B. als Möglichkeit, Video-Bilder zu modifizieren und zu kombinieren).

2.1 Bildsynthese

Für die Bildeingabe in den Rechner sind spezielle Kamera-Systeme (z.B. CCD-Matrix-Kamera mit Bildspeicher) oder bildgebende Verfahren (z.B. Computertomografie in der Medizin oder für die Materialprüfung) üblich. Einfachere Bildeingaben können auch über Handscanner oder Video-Standkameras realisiert werden. Falls keine spezielle Bildeingabe verfügbar ist, so sind auch computergrafische Lösungen für Bildsynthesen nutzbar, um Ausgangsdaten in Bildform für die Überprüfung oder Anwendung von Bildbearbeitungsoperatoren bereitzustellen.

Die Bildsynthese ist thematisch nicht der Bildbearbeitung, sondern der Computergrafik zuzuordnen. Da jedoch recht häufig Texturen für die angegebenen Bildbearbeitungsoperatoren als Eingabedaten von Interesse sind, soll hier ein spezielles (schnell zu implementierendes) Verfahren für die Texturerzeugung angegeben werden, welches parametergesteuert die Synthese vielfältiger Texturen erlaubt.

Die Texturen werden im $M \times N$-Bild f homogen erzeugt. Falls nur bestimmte Bildbereiche texturiert werden sollen, so können diese z.B. aus einem homogen texturierten Bild f „ausgeschnitten“ werden (s. 5.1.1).

Die folgende Verfahrensbeschreibung ist gemäß der allgemeinen Vorgabe im Abschnitt „Hinweise für den Leser“ gegliedert:

(I) In einem $M \times N$-Grauwertbild f (G Grauwerte) ist eine homogene Textur zu erzeugen. Es sind bei Programmstart Texturparameter a_{lu}, a_u, a_{ru} und a_l einzugeben („lu“ für links unten, analog sind „u“, „ru“ und „l“ zu lesen) mit Werten im Intervall [-50, +50] sowie ein Parameter *noise* mit einem Wert im Intervall [50, 200] für einen Rauschanteil festzulegen.

(II) Es sei $H := (G-1)/2$. In Abtastreihenfolge[1] wird jeweils im Bildpunkt (x, y), für $2 \leq x \leq M-1$ und $2 \leq y \leq N$, zunächst der Wert

$$\begin{aligned} q = {} & (f(x-1, y-1) - H) \cdot \frac{a_{lu}}{100} + (f(x, y-1) - H) \cdot \frac{a_u}{100} \\ & + (f(x+1, y-1) - H) \cdot \frac{a_{ru}}{100} + (f(x-1, y) - H) \cdot \frac{a_l}{100} \\ & + r(x, y) \end{aligned}$$

erzeugt, der dann gemäß

$$f(x, y) = \begin{cases} H + q, & \text{falls } 0 \leq H + q \leq G-1 \\ 0 & \text{falls } H + q < 0 \\ G-1 & \text{falls } H + q > G-1 \end{cases}$$

[1] vgl. Glossar am Ende des Buches

auf einen Grauwert abzubilden ist. Der ortsunabhängige Rauschanteil $r(x, y)$ ist eine durch den Parameter *noise* beeinflußte Zufallsgröße mit dem Erwartungswert Null. Es sei Z eine gleichverteilte Zufallsgröße mit Werten im Intervall [0, G-1]. Dann wird

$$r(x, y) = (Z - H) \cdot \frac{noise}{200}$$

gesetzt.

(III) Bei Programmstart ist in f in allen Bildpunkten der Wert Null eingetragen. Für den Rauschanteil kann (bei Bedarf) als Zufallsgenerator die in 3.4.1 angegebene Funktion *RND_EQU* genutzt werden. Die Parametereingaben wurden zur einfacheren Eingabe ganzzahlig skaliert. Für die abschließende Justierung des Wertes $H + u$ kann eine allgemeine (für Bildbearbeitungsoperatoren oft nutzbare) Prozedur

$$ADJUST(q\text{: } number; u\text{: } grey\_value)$$

bereitgestellt werden, die zu einer ganzen oder reellen Zahl q zunächst (für *real*) eine Rundung von q auf die nächstliegende ganze Zahl ausführt,

$$q := \mathbf{integer}(q + 0.5),$$

und dann den Wert

$$u := \mathbf{min}\{G - 1, \mathbf{max}\{0, q\}\}$$

bereitstellt. Die Initialisierung von Zeilen oder Spalten mit einem konstanten Wert kann mittels einer Prozedur für Streckendarstellungen (z.B. Prozedur *BRESENHAM* in Abschnitt 3.4.10) erfolgen.

(IV)
```
procedure TEXTURE(f: grey_level_picture);
var z: real; a_lu, a_u, a_ru, a_l, noise, q, r, H, Z: integer;
begin {TEXTURE}
   Eingabe der Parameter a_lu, a_u, a_ru, a_l und noise in den in (I) angegebenen
         Grenzen;
   initialisiere Zeile y = 1, Spalte x = 1 und Spalte x = M konstant mit dem Wert
         H := (G-1)/2;
   for y := 2 to N do
         for x = 2 to M - 1 do
         begin
               z := RND_EQU(); {z gleichverteilt zwischen 0 und 1}
               Z := integer(z·(G-1)+0.5);
               r = (Z-H)·noise/200;
               q := (f(x-1, y-1)-H)·a_lu + (f(x, y-1)-H)·a_u
                    +(f(x+1, y-1)-H)·a_ru + (f(x-1, y)-H)·a_l
               q := q/100+r;
               call ADJUST(q+H; f(x, y))
         end {for}
end {TEXTURE}
```

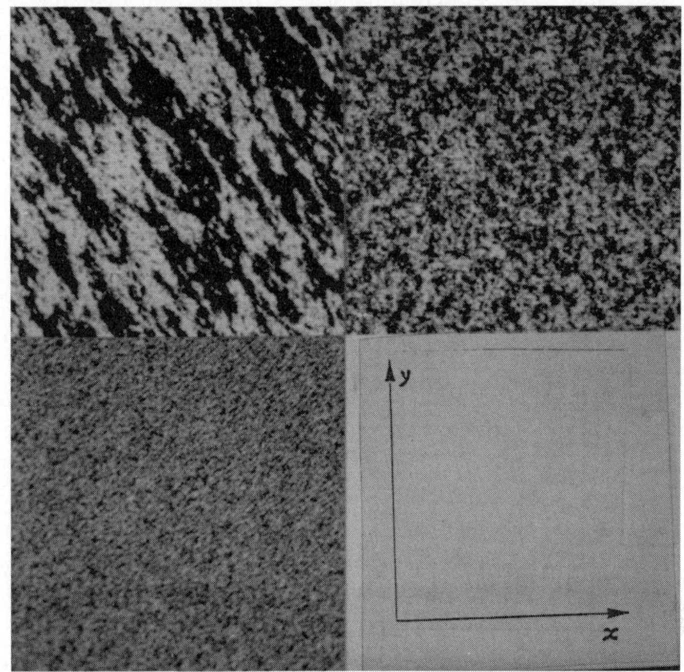

Abbildung 2.1: Drei Beispiele erzeugter Texturen, für die Parameter $a_{lu} = 50$, $a_u = 40$, $a_{ru} = 30$, $a_l = 50$ und $noise = 300$ (oben links), $a_{lu} = 10$, $a_u = 20$, $a_{ru} = 30$, $a_l = 50$ und $noise = 250$ (oben rechts), $a_{lu} = -10$, $a_u = 2$, $a_{ru} = 30$, $a_l = 1$ und $noise = 200$ (unten links).

(V) Das diesem Verfahren zugrundeliegende, ursprünglich für Zeitreihen entwickelte autoregressive Modell wurde in

Chen, C. H.: *On Two-dimensional ARMA Models for Image Analysis*. Proceed. ICPR´80, Miami Beach 1980, pp. *1128 - 1131*.

und in einigen nachfolgenden Arbeiten im Kontext der Bildverarbeitung betrachtet. Eine umfangreiche Illustrierung des angegebenen Verfahrens für Textursynthesen (Verfahrensangabe und Nutzung der erzeugten Bilder für verschiedene Demonstrationen) ist in

Voss, K., Süsse, H.: *Praktische Bildverarbeitung*. Carl Hanser Verlag, München, 1991.

enthalten.

In Abb. 2.1 werden drei Beispiele für erzeugte Texturen dargestellt. Für die Eingabeparameter-Wahl sind einige Programmläufe erforderlich, um ein „Gefühl" für „günstige oder gewünschte" Eingaben zu entwickeln.

Neben Texturen sind auch (synthetische) Punktmuster für Programmtests von Interesse. Die in Abschnitt 5.2 betrachteten Operatoren können unschwer so modifiziert werden, daß in einem ursprünglich „leeren" Bild (z.B. konstant Null) ein Punktmuster über einen

Zufallsprozeß erzeugt wird. Punktmuster sind z.B. als Eingaben für die in den Abschnitten 7.2.2 und 7.2.3 betrachteten Operatoren (etwa für Laufzeitanalysen oder Testläufe) zu nutzen.

2.2 Halbton-Bilddarstellung

Für die Verfolgung der Wirkungen von Bildbearbeitungsoperatoren ist eine interaktive Arbeit am Display oder eine Druckerausgabe erforderlich. Hochauflösende Binärdisplays oder Laserdrucker erlauben zwar nur eine *Halbton-Bilddarstellung* (Schwarz /Weiß-Darstellung) von Grauwertbildern; durch eine gut überlegte Verteilung von schwarz oder weiß gefärbten Bildpunkten kann jedoch der visuelle Eindruck von (fast) kontinuierlich verteilten Grauwerten erreicht werden. Die technische Voraussetzung für ideale Halbton-Bilddarstellung ist eine gegenüber dem Auge bessere Auflösung. Die methodische Grundlage bilden sogenannte *Halbtonverfahren* (*halftoning*), die in breiter thematischer Vielfalt entwickelt wurden.

Im weiteren sei angenommen, daß die Farbwerte Weiß und Schwarz den Werten 1 und 0 entsprechen. Allgemeiner könnte man auch von Zweipegel-Bildern ausgehen. Für die Halbton-Bilddarstellung ist also eine spezielle Klasse von Operatoren zu betrachten, die jeweils ein Grauwertbild auf ein Binärbild abbilden.

In Abschnitt 5.3 werden einige Operatoren für diese Binarisierung von Grauwertbildern angegeben. Dabei sind die in 5.3.1 bis 5.3.3 angegebenen Operatoren bildanalytisch orientiert. Eine *Schwellenwert-Binarisierung* (*thresholding*) eines Grauwertbildes *f*,

$$b(x\ y) = \begin{cases} 0, & \text{falls } f(x,y) \le T(x,y) \\ 1, & \text{falls } f(x,y) > T(x,y) \end{cases}$$

für eine (lokal oder global definierte) Schwellenwertfunktion $T(x, y)$, kann bei hoher Ortsauflösung zu einem visuellen Eindruck führen, der der Grautonvorlage entspricht. Hier liegt allerdings im Gebiet Bildbearbeitung i.a. die Zielstellung zugrunde, „Hintergrund“ und „Objekt“ im Bild zu markieren bzw. in Übergangsbereichen der Grauwerte (z.B. breite Grauwertkanten) keine zu starke Streuung der Werte 0 und 1 zuzulassen, um möglichst „klare“ Grenzen zwischen schwarzen und weißen Bereichen zu erhalten. Im einfachsten Fall ist die Schwellenwertfunktion $T(x, y)$ konstant T anzunehmen, mit $0 \le T < G-1$. Eine andere einfache Möglichkeit ist, die Schwelle $T(x, y)$ jeweils punktweise (ortsunabhängig) über einen Zufallsgenerator im Intervall [0, *G*-2] zu erzeugen (*dithering*).

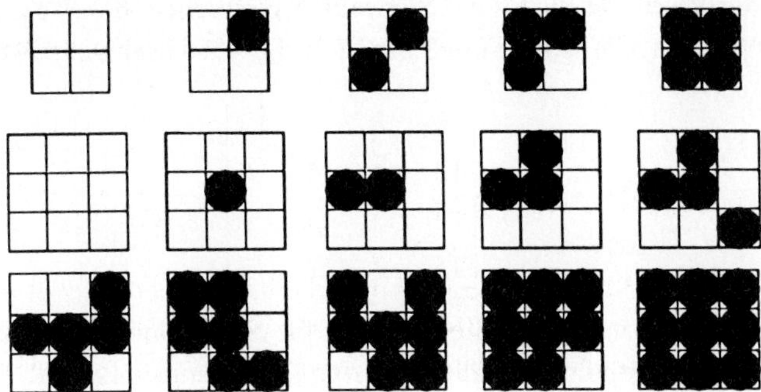

Abbildung 2.2: Ein 2×2-Satz und ein 3×3-Satz lokaler Binärmuster für Halbton-Bilddarstellungen.

Verfahren der Halbton-Bilddarstellung sind traditionell mehr dem computergrafischen Bereich als der digitalen Bildverarbeitung zuzuordnen. Nach der diesem Buch zugrundegelegten Gebietsdefinition der Bildbearbeitung (Bild-in-Bild-Transformationen) ist die Halbton-Bilddarstellung aber auch eindeutig hier einzuordnen. In Abschnitt 5.3.4 wird ein Operator für Halbton-Bilddarstellungen angegeben (mittels Schwellenwertmatrix, s. auch dieser Abschnitt weiter unten), der besonders für Druckerausgaben zu empfehlen ist. Der in Abschnitt 6.1.8 angegebene Operator (auf der Grundlage des *Floyd-Steinberg-Algorithmus*), der parametergesteuert verschiedene Möglichkeiten bietet und der oft zu zufriedenstellenden Ergebnissen führt, ist besonders für Displayausgaben zu empfehlen.

Eine einfache Realisierung der Halbton-Bilddarstellung kann auch auf der Nutzung von *lokalen Binärmustern* (*patterning*) beruhen. Hier wird allerdings im Resultatsbild *b* eine gegenüber dem Eingabebild *f* höhere Ortsauflösung vorausgesetzt, um die fehlende Grauwert-Auflösung visuell auszugleichen. In Abb. 2.2 werden zwei Muster-Sätze dargestellt. Mit dem oberen 2×2-Satz ist ein $M \times N$-Grauwertbild in ein $2M \times 2N$-Binärbild zu überführen. Die Grauwerte sind auf 5 Muster abzubilden. Dabei sind nicht alle Muster geeignet, da die Erzeugung periodischer Streifen möglichst ausgeschlossen werden sollte. Das mittlere Muster kann zum Beispiel in Bildgebieten zu einer diagonalen Streifenbildung führen. Mit dem unteren 3×3 - Satz sind Grauwerte auf 10 Muster abzubilden.

Die Nutzung lokaler Binärmuster kann auch für Farbbilder (drei Kanäle einzeln bearbeiten) und auch bei gleichbleibender Ortsauflösung erfolgen (allerdings mit Qualitätsverlust). Für den Fall einer konstanten Bildgröße ist es aber besser, die folgende Schwellenwert-Binarisierung zu empfehlen (vgl. auch 5.3.4 für eine spezielle Variante), die gegenüber der Nutzung von völlig zufälligen Schwellenwerten (*dithering*) auf einer systematischen Schwellenwertänderung beruht (*ordered dithering*). Diese vorgegebenen Schwellenwerte werden für $G_n = n^2 + 1$ Grauwerte in einer $n \times n$-Schwellenwertmatrix $\mathbf{D}_n$ (*dither matrix*) bereitgestellt, die fortgesetzt nichtüberlagernd auf dem Bildraster $\mathbf{R}$ in periodischer Wiederholung betrachtet wird. Zum Beispiel würde für eine initial vorgegebene 2×2-Schwellenwertmatrix

$$\mathbf{D}_2 = \begin{bmatrix} 0 & 2 \\ 3 & 1 \end{bmatrix}$$

und für $G_2 = 5$ der Wert $f(1, 1)$ mit der Schwelle 3 verglichen, der Wert $f(2, 1)$ mit der Schwelle 1, der Wert $f(3, 1)$ wieder mit 3 usw. Für die 4×4-Schwellenwertmatrix

$$\mathbf{D}_4 = \begin{bmatrix} 0 & 8 & 2 & 10 \\ 12 & 4 & 14 & 6 \\ 3 & 11 & 1 & 9 \\ 15 & 7 & 13 & 5 \end{bmatrix}$$

sind $G_4 = 17$ Grauwerte adäquat. Allgemein ist für Schwellenwertmatrizen der Größe $n \times n$, wobei n eine Zweierpotenz ist, die rekursive Erzeugungsvorschrift

$$\mathbf{D}_n = \begin{bmatrix} 4\mathbf{D}_{n/2} & 4\mathbf{D}_{n/2} + 2\mathbf{U}_{n/2} \\ 4\mathbf{D}_{n/2} + 3\mathbf{U}_{n/2} & 4\mathbf{D}_{n/2} + \mathbf{U}_{n/2} \end{bmatrix}$$

zu empfehlen, wobei die $n \times n$-Matrix $\mathbf{U}_n$ in allen Positionen mit dem Wert 1 besetzt sei. Die aktuelle Grauwertanzahl G für das Eingabebild f kann dabei jeweils auf G_n skaliert werden bzw. können die Werte der Schwellenwertmatrix der aktuellen Grauwertanzahl angepaßt werden. Für $G = 256$ ist zum Beispiel unmittelbar die mit dem Faktor $G / (G_n - 1) = 256 / (17 - 1) = 16$ skalierte 4×4-Schwellenwertmatrix

$$\mathbf{T}_4 = \begin{bmatrix} 0 & 128 & 32 & 160 \\ 192 & 64 & 224 & 96 \\ 48 & 176 & 16 & 144 \\ 240 & 122 & 208 & 80 \end{bmatrix}$$

einzusetzen. Allgemein sei $\mathbf{T}_n$ die für den aktuellen Grauwertbereich G skalierte $n \times n$-Schwellenwertmatrix. Dann werden zu den aktuellen Ortskoordinaten x, y des betrachteten Bildpunktes zunächst Matrix-Koordinaten

$$i = x \ \mathbf{mod}\ n \quad \text{und} \quad j = y \ \mathbf{mod}\ n$$

berechnet[2] und dann der Resultatswert des Binärbildes gemäß

$$b(x\ y) = \begin{cases} 0, & \text{falls } f(x, y) \le \mathbf{T}_4(i, j) \\ 1, & \text{falls } f(x, y) > \mathbf{T}_4(i, j) \end{cases}$$

bestimmt. Diese Halbton-Realisierung ist ein Beispiel für einen Punktoperator: Der Wert im Bildpunkt (x, y) wird jeweils nur durch den Wert $f(x, y)$ und (!) die Ortskoordinaten (x, y) bestimmt. Genauer muß man hier also von einem ortsabhängigen Punktoperator sprechen. Das Verfahren ist entsprechend sehr gut mittels Parallelprozessor-Technik hardwaregestützt zu beschleunigen.

---

2 Da die Koordinaten x, y bei 1 beginnen und das xy-Koordinatensystem gegenüber dem Matrix-Koordinatensystem um 90° (Gegenuhrzeigersinn) gedreht ist, müßte hier eigentlich eine andere Umrechnung erfolgen. Da mit der Schwellenwertmatrix aber eine systematische Änderung des Schwellenwertes beabsichtigt ist, kann auch diese formal einfachere Umrechnung genutzt werden.

2.3 Geometrische Anpassung

Bilder sind oft in ihrer Größe zu verändern, eventuell auch in verschiedenen Richtungen unterschiedlich „zu strecken oder zu stauchen“ (*geometrische Entzerrung*), zu drehen, zu spiegeln u.a.m. Zum Beispiel werden verschiedene Satellitenbilder zu großen Bildern, den *Kartenblättern*, kombiniert, wobei i.a. jeweils mehrere Satellitenbilder unterschiedlicher Ortsauflösung, unterschiedlicher Rotationslage (vgl. Abb. 2.3) und mit spezifischen Grauwertverteilungen (z.B. unterschiedliche Beleuchtungsverhältnisse während der Aufnahmen) für ein Kartenblatt zu verrechnen sind. Die durchgängig digitale Erstellung von Kartenblättern ist heute das umfangreichste Einsatzgebiet der Bildbearbeitung im Bereich der Photogrammetrie. Analoge Techniken wurden hier durch digitale Verfahren abgelöst.

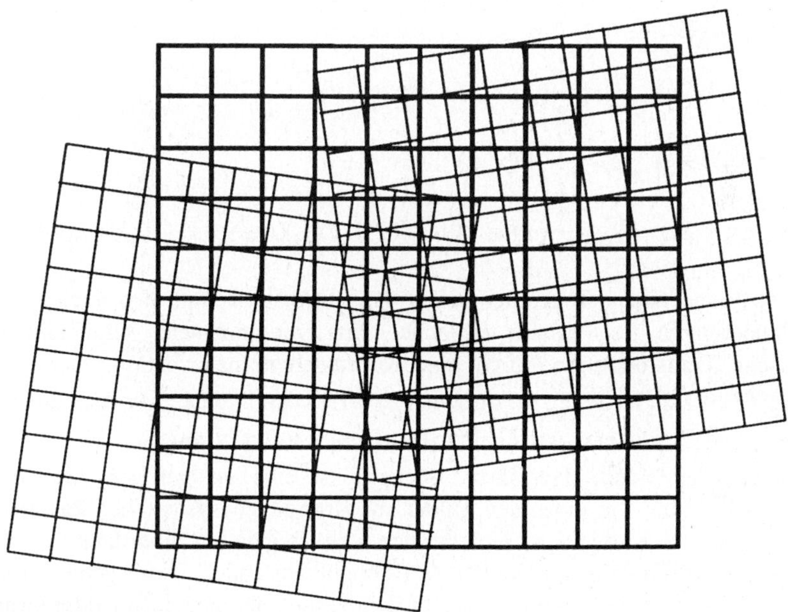

Abbildung 2.3: Wenn mehrere Bilder (dünne Gitterlinien) auf ein Bildraster abzubilden sind, so sind oft mehrere Bildwerte, zum Teil auch aus verschiedenen Bildern, zu einem neuen Bildwert zu kombinieren.

Bei geometrischen Anpassungen kann prinzipiell zwischen Verfahren, die jeweils auf ein Einzelbild orientiert sind (*geometrische Einzelbildverfahren*, z.B. Layout-Gestaltung bei Druckvorlagen, Bildvorbereitung für nachfolgende Bildanalysen), und zwischen Verfahren, die auf eine Integration mehrerer Aufnahmen bei der Gestaltung einer größeren Aufnahme ausgerichtet sind (*geometrische Mehrbildverfahren* wie die erwähnte Kartenblatt-Herstellung oder die Zusammenfügung einzelner medizinischer Aufnahmen zu Ganzkörperdarstellungen), unterschieden werden.

Die Bearbeitung von Einzelbildern (z.B. Kontrasterhöhung, Angleichung der Grauwertverteilung in mehreren Bildvorlagen oder Beseitigung von Störmustern) wird in den weiteren Abschnitten dieses Kapitels anhand von Beispielen geschildert. Ohne Korrekturen würde bei einem geometrischen Mehrbildverfahren die Vereinigung von Bildern i.a. zu deutlich sichtbaren Inhomogeniäten (Übergänge bzw. Kanten) führen. Vor einer Auswahl einer geometrischen Transformation im Sinne von Kapitel 4 sollte das Bildmaterial also zunächst radiometrisch vorbereitet werden.

Für ein geometrisches Einzelbildverfahren sei als einfaches Beispiel die Vergrößerung eines $M \times N$-Bildes f auf ein $2M \times 2N$-Bild h betrachtet. Wenn hierbei jeder Bildwert $f(x, y)$ auf ein 2×2-Quadrat identischer Bildwerte $h(2x, 2y)$, $h(2x+1, 2y)$, $h(2x, 2y+1)$, $h(2x+1, 2y+1)$ abgebildet wird, so entsteht eine (i.a. sichtbare) Rasterung des Bildes. Um eine Ausgleichung der erzeugten Bildwerte im großen Bild zu erreichen, können zum Beispiel im Resultatsbild h die Werte

$$
\begin{aligned}
h(2x, 2y) &= f(x, y), \\
h(2x+1, 2y) &= \frac{1}{2}(f(x, y) + f(x+1, y)), \\
h(2x, 2y+1) &= \frac{1}{2}(f(x, y) + f(x, y+1)), \\
h(2x+1, 2y+1) &= \frac{1}{4}(f(x, y) + f(x+1, y) + f(x, y+1) + f(x+1, y+1))
\end{aligned}
$$

berechnet werden. Bei der geometrischen Transformation sind also auch gleichzeitig Bildwertänderungen (i.a. relativ einfacher Art) vorzunehmen. Allgemein ist eine geometrische Transformation durch eine Koordinatentransformation, hier (x, y) auf $\{(2x, 2y), (2x+1, 2y), (2x, 2y+1), (2x+1, 2y+1)\}$, und eine gewisse lokale Ausgleichsrechnung für die erzeugten Bildwerte charakterisiert (s. auch 4.2.2).

Für geometrische Mehrbildverfahren ist zunächst eine *geometrische Mosaikbildung* vorzunehmen, wobei die einzelnen Bilder im Koordinatensystem des zu erstellenden großen Bildes (z.B. Kartenblatt) einzuordnen sind. Bei dieser Einordnung erfolgen i.a. gewisse Fehler (etwa Toleranzen um 1-2 Bildpunktabstände). Diese geometrische Mosaikbildung kann dann der radiometrischen Bearbeitung der einzelnen Bilder (Anpassung des Kontrastes usw.) zugrunde gelegt werden, indem zum Beispiel ein in etwa in der Mitte des Mosaiks eingeordnetes Bild „mittleren Kontrastes" als Referenzbild definiert wird und schrittweise benachbarte Bilder bezüglich der Grauwertverteilung (z. B. Histogrammangleichung) angepaßt werden. Hierzu wurden z.B. im Gebiet der Photogrammetrie unterschiedliche Verfahren entwickelt, die jedoch im vorliegenden Buch (da sehr anwendungsspezifisch) nicht behandelt werden. Die Operatoren in Kapitel 4 sind auf geometrische Einzelbildverfahren ausgerichtet.

2.4 Bildrestauration und Bildverbesserung

In diesem Abschnitt werden einige Beispiele von Aufgaben aus dem Bereich der Bildrestauration und der Bildverbesserung gegeben.

Die Bildrestauration hat die möglichst originalgetreue Wiederherstellung eines gestörten Originalbildes als Ziel. Ursache der Qualitätsverschlechterung können strukturbehaftete Störungen oder zufällig verteiltes additives, multiplikatives oder Impulsrauschen sein, die ihren Ursprung im Sensor, in der Bildübertragungskette oder in der Bildwiedergabe haben. Die Bildverbesserung kann dagegen auch auf eine Überbetonung von schwach ausgeprägten Mustern oder Bildstrukturen, sozusagen über eine originalgetreue Wiedergabe hinaus, zielen. Das ist z.B. bei der Analyse von Mikroskopbildern aus der Medizin und aus der Werkstoffkunde oder von Fernerkundungsbildern der Fall, wenn für visuelle Bildauswertungen die Sichtbarkeit von signifikanten Bildstrukturen hervorzuheben ist.

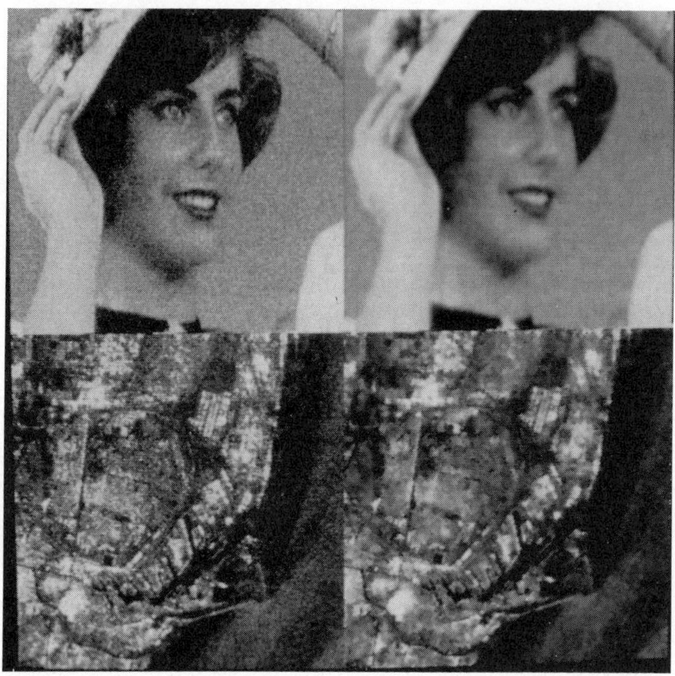

Abbildung 2.4: Bildrestauration durch Glättung, oben Unterdrückung von additivem Rauschen durch Mittelwertbildung von adaptiv ausgesuchten Untermengen der Fenstergrauwerte, unten: Agglomeration von homogenen Bildregionen eines Radar-Fernerkundungsbildes durch ein adaptives Rangordnungsfilter.

Abb. 2.4 zeigt zwei Beispiele von Bildrestaurationen durch Glättung. Die obere Bildhälfte zeigt links ein Porträtbild mit hinzugefügtem additivem normalverteiltem Rauschen, mit einer Streuung von 20 Graustufen (mit dem Programm von Abschnitt 5.2.2 hergestellt). Die Aufgabe, dieses Rauschen so weit wie möglich herabzusetzen ohne eine gravierende Bildunschärfe einzuführen, kann z.B. mit Hilfe eines Operators zur Glättung in einer ausgesuchten Nachbarschaft (s. Abschnitt 6.1.4) gelöst werden. Das Ergebnis dieses Operators ist der mittlere Grauwert einer ausgesuchten Untermenge aller Pixel im Operatorfenster, nämlich nur derjenigen Pixel, die schätzungsweise zur gleichen Region wie der Bezugspunkt gehören. Im einfachsten Fall kann diese Abschätzung unmittelbar auf der Basis der Grauwerte der einzelnen Pixel im Vergleich mit dem Grauwert des aktuellen Pixels erfolgen. Auf diese Weise versucht man, nicht über Kanten hinweg zu mitteln, und dadurch die Steilheit der Kantenanstiege zu erhalten, was bei einer ungewichteten Mittelwertbildung über das gesamte Operatorfenster nicht möglich wäre. Das Ergebnis dieser selektiven Glättung ist in Abb. 2.4 oben rechts wiedergegeben.

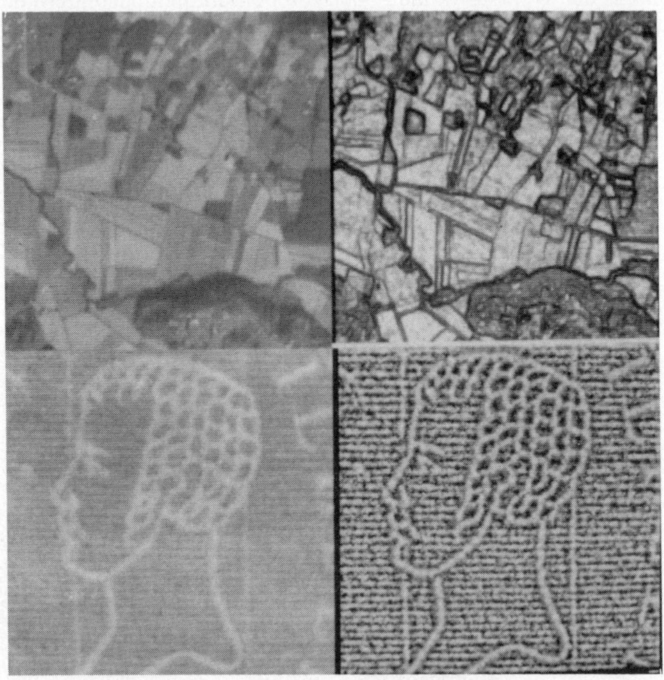

Abbildung 2.5: Hervorhebung des Details und des lokalen Kontrastes, oben links: Originalbild; oben rechts: Ergebnis der Anwendung des „*inverse contrast ratio mapping*"-Operators; unten links: Originalbild; unten rechts: Ergebnis er Durchführung einer Kontraststreckung mit Hilfe der Rangordnungstransformation.

Das originale Radar-Fernerkundungsbild unten links in Abb. 2.4 ist von einer besonderen Art multiplikativen Rauschens (*speckle noise*) gestört, das durch die Bildaufnahme bedingt ist. Die Wiederherstellung der homogenen Regionen des ungestörten Bildes als kompakte Flächen erfordert eine Glättung der texturbedingten Grauwertschwankungen, jedoch ohne Tilgung der etwas stärker ausgeprägten, zum Bildinhalt gehörenden Strukturen. Um dieses Ziel zu erreichen, werden die Glättungseigenschaften eines adaptiven

Rangordnungsfilters (s. Abschnitt 6.1.6) durch die lokale Grauwertstreuung gesteuert. Dabei ist die kantenerhaltende Glättungswirkung umso stärker, je höher die lokale Grauwertstreuung ist. Im Resultatsbild von Abb. 2.4 unten rechts ist die Störtextur in den homogenen Regionen weitgehend unterdrückt, wobei Kanten und linienhafte Strukturen, die zur Wiedergabe des Bildinhalts wesentlich sind, gut erhalten bleiben.

Eine spezielle Bildverbesserung stellt die Hervorhebung von Details dar. Hier steht oft nicht die Wiedergabetreue sondern die Sichtbarmachung von bestimmten Bildmustern an erster Stelle. Wenn das Bilddetail (Textur, Muster mit hohen Ortsfrequenzen usw.) schwach kontrastiert ist, so kann es z.B. für eine visuelle Bildauswertung wichtig sein, seine Sichtbarkeit zu erhöhen.

Das Beispiel der Abb. 2.5 oben links zeigt ein kontrastschwaches Luftbild. Das Originalbild der Abb. 2.5 unten links zeigt dagegen eine gestreifte Hintergrundtextur, die zuerst erfaßt werden soll, um sie dann getrennt vom restlichen Bildinhalt auszuwerten.

Die Detailhervorhebung wird hier für das obere Bild dadurch erreicht, indem der Grauwert jedes Bildpunktes proportional zum Verhältnis zwischen dem lokalen mittleren Grauwert und der lokalen Grauwertstreuung verstärkt wird (*inverse contrast ratio mapping*, s. Abschnitt 6.3.3).

Beim unteren Bild der Abb. 2.5 wird zum gleichen Ziel eine lokale ortsabhängige Kontraststreckung mit Hilfe der Rangordnungstransformation (s. Abschnitt 6.5.8) durchgeführt. Dieser Operator bewirkt eine Egalisierung der Grauwertverteilung innerhalb des jeweiligen Operatorfensters. Innerhalb des Operatorfensters werden die Grauwerte auf die volle Grauwertskala gespreizt. Das Detail wird umso stärker hervorgehoben, je kleiner die Fenstergröße gewählt wird.

2.5 Bildsegmentierung

Ziel der Bildsegmentierung ist die Einteilung des Bildes in homogene und disjunkte Bildsegmente, wobei das herangezogene Homogenitätskriterium zunächst keiner Einschränkung zu genügen braucht und oft subjektiver, anwendungsspezifischer Natur ist.

Bei der Bildsegmentierung kann man grob zwischen zwei entgegengesetzten Ansätzen unterscheiden, nämlich zwischen einem konturorientierten und einem regionenorientierten Ansatz. Nach dem ersten ist man bestrebt, Unterschiede, von welcher Natur auch immer, zwischen benachbarten Bildpunkten zu erkennen und dort, wo diese Unterschiede relevant sind, Konturen zwischen Bildsegmenten zu ziehen. Im regionenorientierten Ansatz versucht man dagegen (bei einem MERGE-Verfahren), Ähnlichkeiten zwischen benachbarten Bildpunkten zu erkennen, und ähnliche Bildpunkte solange zu Bildsegmenten zusammenzufügen, bis das zugrundegelegte Homogenitätskriterium nicht mehr erfüllt ist und das Wachstum eines Bildsegmentes abgebrochen werden muß. Im Kapitel 6 sind diese Ansätze beide vertreten, etwa in den Abschnitten 6.2 bzw. 6.4. Im Idealfall sollten die beiden Ansätze zur gleichen Segmentierung führen. In der Praxis gibt es jedoch viele Faktoren, die zu einer höheren Leistungsfähigkeit des einen oder des anderen Ansatzes führen, wie z.B. Rauschen, Schwierigkeit, ein Homogenitätskriterium analytisch zu formulieren, Interpretation der Textur usw.

Abbildung 2.6: Bildsegmentierung in drei sukzessiven Bearbeitungsvorgängen, oben links: Originalbild; oben rechts: nach Durchführung einer Grauwertagglomeration; unten links: nach der Anwendung eines Mehrschwellenverfahrens; unten rechts: Endergebnis nach der Erzeugung eines Kantenbildes.

Die Abb. 2.6 oben links zeigt ein Luftbild eines landwirtschaftlichen Gebiets, das in homogene Bodenregionen eingeteilt werden soll (Anbauflächen, Wiese, Wald, Bodenschäden usw.), z.B. um Ausdehnung und Form dieser Regionen zu erfassen. Ein einheitliches Homogenitätskriterium für die auftretenden Bodenregionen läßt sich hier nicht analytisch formulieren, weil einige von ihnen gleichmäßig, andere mehr oder weniger texturhaltig sind. Insgesamt kann man jedoch in diesem Fall die Bodenregionen in erster Näherung anhand des Modes charakterisieren (Grauwert, bei dem die lokale Dichtefunktion das Maximum erreicht); Dichtefunktion und Mode können mit Hilfe des lokalen Grauwerthistogramms abgeschätzt werden.

Durch Agglomeration von Grauwerten (s. Abschnitte 6.4.1 und 6.4.3) wird ein Bild wie in Abb. 2.6 oben rechts erhalten. Hierbei wird eine erste Konzentration der Grauwerte hin zu stärker ausgeprägten unimodalen lokalen Histogrammen mit regionentypischen Modes erreicht. Dieser Effekt soll durch die sukzessive Anwendung eines Mehrschwellenoperators (Abschnitte 5.5.2 und 5.5.3) gesteigert werden. Durch diesen Operator wird allen Pixeln, deren Grauwerte zwischen zwei benachbarten lokalen Minima („Täler der Histogrammkurve“) des globalen Histogramms liegen (und die schätzungsweise zur gleichen Bodenregion gehören), der Grauwert des dazwischenliegenden lokalen Maximums zugewiesen. Auf diese Weise versucht man, alle Bildpunkte einer gleichen Bodenregion mit einem konstanten Grauwert zu kennzeichnen, der somit als Etikett eines Bildgebietes (*region label*) fungiert. Es wird angestrebt, nach diesem Schritt (s. Abb. 2.6 unten links) einen terrassenförmigen Verlauf der Grauwertfunktion zu erhalten, wobei jede Terrasse einen konstanten Grauwert hat und einer Bodenregion entspricht. Ein solches Zwischenergebnis ist insofern erstrebenswert, weil daraus mit Hilfe eines einfachen Kantenoperators (s. Abschnitt 6.2, hier speziell 6.2.1) ein Kantenbild mit lückenlosen Kanten einheitlicher Breite, die das Segmentierungsergebnis darstellen, gewonnen werden kann (s. Abb. 2.6 unten rechts).

In diesem Bearbeitungsbeispiel kommt sowohl der kantenorientierte als auch der regionenorientierte Ansatz zur Geltung.

2.6 Ikonische Abbildungen von lokalen Merkmalen

Bei der Bildrestauration oder bei der Bildverbesserung erhält man als Resultatsbild eine Matrix von modifizierten Grauwerten. Falls das Eingabebild für einen Betrachter offensichtlich eine gewisse Szene darstellt, so trifft dies auch (i.a. „noch besser") für das Resultatsbild zu. Man kann aber auch in jedem Bildpunkt mittels eines lokalen Operators den Wert eines skalaren Merkmals bestimmen und diesen Wert jeweils im selben Bildpunkt als symbolischen Grauwert darstellen. Somit erhält man eine Art Kartierung der Werte des betrachteten Merkmals und ihrer räumlichen Verteilung auf dem Bildträger, etwa mit einer physischen Landkarte vergleichbar. Eine solche ikonische Bildrepräsentation von Merkmalen wird i.a. für einen Betrachter zum ursprünglichen Eingabebild stark differieren, die dargestellte Szene wird i.a. nicht mehr (voll) erkennbar sein.

Ein typisches Beispiel hierfür ist die Erzeugung eines Kantenbildes, eine der in der Bildbearbeitung am häufigsten auftretenden Aufgaben. Die berechneten Kantenwerte stellen die Intensität des Merkmals „Kantenelement" für den betrachteten Bildpunkt dar. Weil die Eingabebilder sich in ihrer Beschaffenheit, Rauschcharakteristik usw. stark unterscheiden können, findet man in der Literatur keinen für alle Anwendungsfälle optimalen Kantenoperator. Im Gegenteil, neue, „wirksamere" Kantenoperatoren werden in der Literatur immer wieder vorgeschlagen.

An einen Kantenoperator werden i.a. zwei widersprüchliche Anforderungen gestellt:

(a) die hohen Ortsfrequenzen, die bei Kanten auftreten, sind hervorzuheben;

(b) das Rauschen, das im Ortsfrequenzspektrum gleichverteilt ist, ist möglichst wenig zu verstärken.

Aus diesem Grund bestehen viele Kantenoperatoren aus der Kombination eines Hochpasses und eines Tiefpasses (beide meistens nichtlinear).

Ein Kantenoperator dieser Art ist der sogenannte „morphologische Kantendetektor" (s. Abschnitt 6.2.3), dessen Auswirkung auf dem Originalbild von Abb. 2.7 oben links in der gleichen Abbildung oben rechts gezeigt wird. Das Ergebnis läßt erkennen, daß für diese Anwendung beide o.g. Anforderungen befriedigend erfüllt sind.

Abbildung 2.7: Kantenextraktion (oben) und ikonische Abbildung des lokalen Anisotropiemaßes (unten). Links: Originalbilder einer Szene und einer Luftaufnahme. Oben rechts: Kantenextraktion mit dem morphologischen Kantendetektor; unten rechts: Abbildung des lokalen Anisotropiemaßes durch den Grauwert.

Das somit erhaltene Kantenbild ist noch nicht das Endergebnis, das im Idealfall i.a. nur aus geschlossenen Konturlinien einheitlicher Stärke bestehen und keine Artefakte in Form von Einzelpunkten und Verzweigungen enthalten sollte. Im vorliegenden Beispiel ist die Qualität des Kantenbildes – in Anbetracht des nicht gerade sehr leicht zu bearbeiteden Eingabebildes – bereits gut genug, um dieses Kantenbild mit einem einfachen Binarisierungsoperator (s. Abschnitt 5.3.1) in das erwünschte Linienbild zu überführen.

Das in der unteren Hälfte der Abb. 2.7 gezeigte Beispiel ist die Abbildung des Merkmals „lokales Anisotropiemaß" für das Eingabebild links, das eine Luftaufnahme eines städtischen Gebiets mit geraden Straßen darstellt. Diese Abbildung ist hier deshalb interessant, weil die Hervorhebung der Bildpunkte mit hohem Anisotropiewert zugleich die Erkennung und die Extraktion der Straßenzüge ermöglicht.

Im Resultatsbild der Abb. 2.7 unten rechts bedeutet ein hoher Grauwert eine starke lokale Anisotropie. Bei der hier gewählten Definition der Anisotropie erreicht diese Größe ein Maximum bei schmalen Linien. Sie ist gleich Null in Zonen konstanten Grauwertes.

2.7 Extraktion von Mustern

In manchen Anwendungsfällen stellt sich die Aufgabe, in komplexen Grauwertbildern nur Bildsegmente mit bestimmten, vom Nutzer vorgegebenen Eigenschaften der Form oder des Grauwertverlaufs zu extrahieren. Im Idealfall enthält das Resultatsbild alle und nur die Bildsegmente der gesuchten Art. Ein Beispiel der Musterextraktion ist die Selektion von Mustern vorgegebener Größe, wobei die Größe als die kleinste Abmessung des Bildsegmentes, wie etwa die kleinere der zwei Seitenlängen eines Vierecks in einem Zweipegelbild, definiert werden kann. Das Eingabebild ist i.a. jedoch ein Grauwertbild, das oft eine komplexe Szene, wie z.B. das Luftbild von Abb. 2.8 oben links, darstellt.

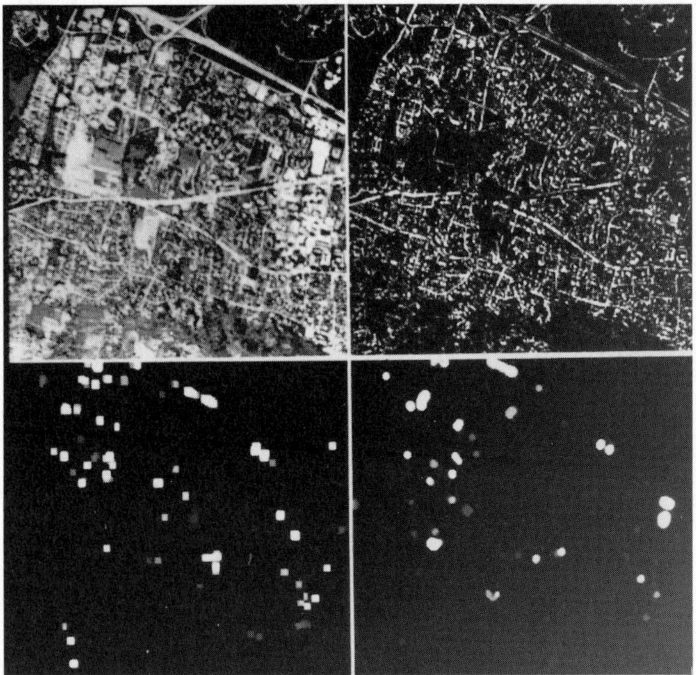

Abbildung 2.8: Selektion von Mustern unterschiedlicher Größe mit Hilfe der Zylinderhut-Transformation. Original-Luftbild (oben links) und Auszüge mit Bildsegmenten mit einer vorgegebenen Mindestabmessung t. Oben rechts: $t = 2$; unten links: $t = 4$; unten rechts: $t = 5$.

Die Aufgabe kann hier mit Hilfe der sogenannten „Zylinderhut-Transformation" gelöst werden, die zuerst die Durchführung einer Folge von Minimum- und Maximum-Operatoren (s. Abschnitt 6.5.2) und dann einer punktweisen Bilddifferenz (s. Abschnitt 5.4.3) erfordert. Es sei angenommen, daß die zu extrahierenden Konfigurationen, wie in Abb. 2.8, hell auf dunklem Hintergrund sind. Dann bewirkt eine Folge von zuerst k Iterationen des Minimum-Operators und von anschließend k Iterationen des Maximum-Operators die Tilgung aller Objekte, die, im oben spezifizierten Sinne, kleiner als $2k+1$ Bildpunkte sind. Die Bildsubtraktion zwischen dem Originalbild und dem aus dieser

Operatorenfolge resultierenden Bild ergibt dann genau jene Bildsegmente, die im resultierenden Bild gegenüber dem Originalbild getilgt worden waren. Durch die Wahl des Parameters k kann man somit aus dem Bild Objekte unterschiedlicher Größe „heraussieben".

Auf diese Weise wurden in Abb. 2.8 aus dem Originalbild mit $k = 1$ das Bild oben rechts, mit $k = 2$ und $k = 3$ die Bilder unten links bzw. unten rechts erhalten.

2.8 Ikonische Darstellung geometrischer Relationen

Nach der ikonischen Abbildung von lokalen Merkmalen oder der Extraktion von Mustern kann es wünschenswert sein, für gewisse geometrische Analysen der Merkmale (im Bildraster verteilte Punkte, Strecken u.a.m.) oder der Muster (bezüglich der Form und Topologie isoliert liegende Bildsegmente u.a.m.) die Resultate bildhaft darzustellen.

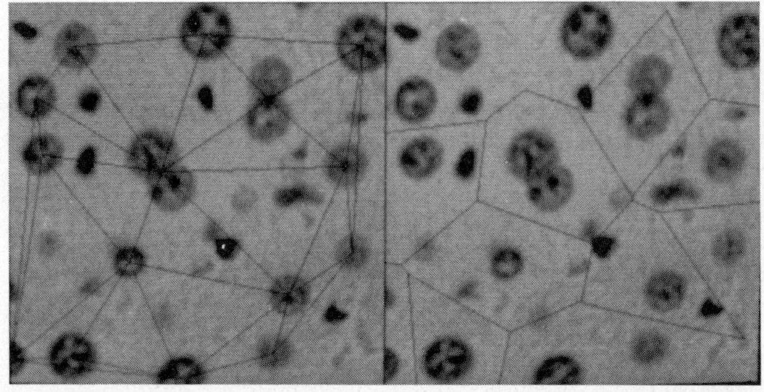

Abbildung 2.9: Mikroskopbild eines Leberpräparates. Links ist die Delaunay-Triangulation und rechts das für die Zellkerne berechnete Voronoi-Diagramm eingezeichnet.

In Abb. 2.9 ist zum Beispiel ein Mikroskopbild eines Leberpräparates zu sehen. Die Präparationstechnik erlaubt die gute visuelle Erkennung verschiedener Klassen von Zellkernen, jedoch nicht der Zellgrenzen. Die Zellkerne können über eine Binarisierung (Abschnitt 5.3), gefolgt von einer fortgesetzten Konturverfolgung (Abschnitt 7.2.1) als Bildgebiete umfahren werden, wobei jeweils ein zentraler Punkt im Bildgebiet zu berechnen ist (z.B. das Zentroid des Bildgebietes oder der Mittelpunkt des kleinsten umschreibenden, achsenparallelen Rechtecks). Diese zentralen Punkte der Zellkerne repräsentieren die geometrische Anordnung der Zellkerne im Bildraster.

Für eine Punktmenge **P**, z.B. aller zentralen Punkte von Zellkernen eines Bildes, kann jeweils das Voronoi-Diagramm (Abschnitt 7.2.2) berechnet werden. Die Voronoizelle eines Punktes *p* der Menge **P** besteht aus allen Bildpunkten, die zu keinem anderen Punkt der Menge **P** einen geringeren Abstand haben als zum Punkt *p*. Die Ränder dieser Voronoizellen liegen jeweils auf Mittelsenkrechten von Punktpaaren der Menge **P**. Die Ränder der Voronoizellen bilden das Voronoi-Diagramm.

In Abb. 2.9 ist das Voronoi-Diagramm für die Menge der berechneten zentralen Punkte der Zellkerne grafisch im Bild „eingeblendet". Für Streckenerzeugungen ist die Prozedur *BRESENHAM* (Abschnitt 3.4.12) zu nutzen. Die Voronoizellen können (statistisch) als Approximationen der visuell nicht wahrnehmbaren Zellgrenzen gewertet werden. Auf dieser Grundlage sind diagnostische Untersuchungen für Zellgewebe zu unterstützen.

Die in Abschnitt 7.2.2 behandelten Operatoren der Erzeugung von Darstellungen von Voronoi-Diagrammen und Delaunay-Triangulationen können für visuelle Bewertungen von Punktverteilungen, für Gruppierungen von Punkten oder für grafische Entwürfe (z.B. unterschiedliche Einfärbung der verschiedenen Voronoi-Zellen) genutzt werden. In der Bildanalyse sind diese Graphen sehr vielfältig einsetzbar, da hierdurch Lagebeziehungen quantifizierbar werden.

2.9 Kunst- und Spezialeffekte

Mit dem Computer sind ästhetisch oder künstlerisch interessante Bilder zu gestalten. In der Computergrafik wird die Computerkunst bereits als fest etablierter Anwendungsbereich behandelt. Die Computeranimation und die Computermusik sind zwei weitere Beispiele für den Einsatz des Computers in der Kunst. In der Bildbearbeitung können reale Bilder als Vorlagen dienen, auf welche Operatoren gemäß verschiedener künstlerischer Zielstellungen (z.B. Verfremdung im Grau- oder Farbton) anzuwenden sind. Die Bildbearbeitung kann damit ein vierter Bereich der jungen Kunstrichtung werden, die auf der Anwendung des Digitalrechners beruht.

In Abb. 2.10 ist ein Originalbild und das Resultat nach Anwendung des in 6.5.2 dargelegten lokalen Operators (in der Spezifizierung: erst zweimal Dilatation, dann zweimal Erosion, wobei die Oktagon-Nachbarschaft gewählt wurde) dargestellt. Das bearbeitete Bild erinnert an ein impressionistisches Gemälde, das aus „getupften" Flecken besteht.

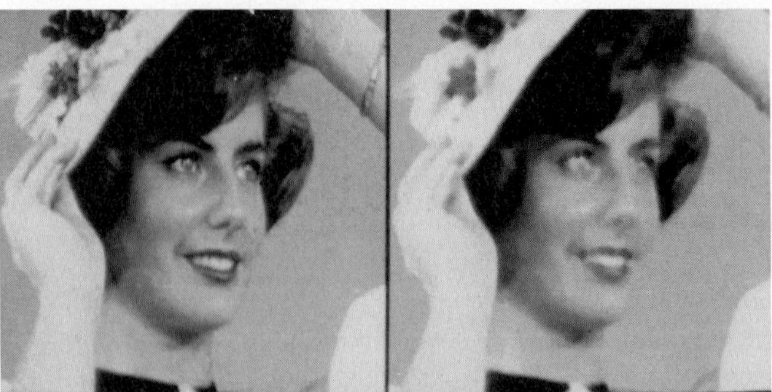

Abbildung 2.10: Das links dargestellte Originalbild wurde mit zweimaliger Dilatation und anschließender zweimaliger Erosion bearbeitet.

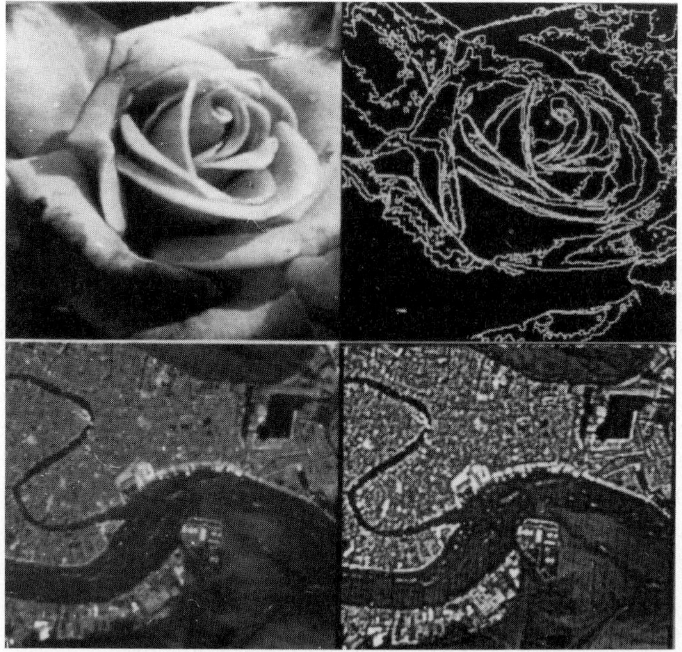

Abbildung 2.11: Beispiele von Spezialeffekten. Links: Originalbilder. Rechts oben: Darstellung der Höhenlinien des Grauwertgebirges mit einem Äquidensitenbild. Rechts unten: plastischer Effekt, erreicht durch adaptive Kontrasterhöhung.

Die Abb. 2.11 zeigt zwei Beispiele möglicher Bildmanipulationen, um Sondereffekte mit Hilfe vom Bildbearbeitungsverfahren, die in DTP-Systeme integriert werden können, zu erzielen. In der oberen Hälfte ist rechts ein Äquidensitenbild (s. Abschnitt 5.5.1) des linken Originalbildes wiedergegeben. Die Äquidensitenlinien sind die Höhenlinien im Grauwertgebirge (zu Bildwertfunktionen und Grauwertgebirgen vgl. 1.1.2). Die untere Hälfte der Abb. 2.11 zeigt rechts das Ergebnis einer Kontrasterhöhung des linken Luftbildes, wodurch ein plastischer Effekt erreicht wird. Die Verarbeitung erfolgte hier mit Hilfe des in Abschnitt 6.3.4 beschriebenen Kontrasterhöhungsverfahrens.

Während der Anwendung von Bildbearbeitungsoperatoren können ab und zu solche interessanten grafischen Effekte (oft noch per Zufall) auf Bildvorlagen beobachtet werden. Für eine gezielte künstlerische Bearbeitung der Bildvorlagen sind natürlich die einzusetzenden Operatoren methodisch aufzuarbeiten. Hier ist noch ein großes Feld für zukünftige Studien. Mit *Morphing* (zu vorgegebenen Bildern Zwischenbilder für einen „gleitenden Übergang" berechnen) ist ein interessanter Spezialfall bereits breit bekannt. Für einige einfache Spezialeffekte (Solarisation, Postereffekt u.ä.) sind über das Glossar relevante Operatoren zu finden, wobei hier schon erste inhaltliche Begründungen für den Zusammenhang zwischen Effekt und Gradationsfunktion zugrunde liegen.

2.10 Literaturhinweise

Für die in Abschnitt 2.1 angesprochene Bildsynthese ist allgemein auf die Literatur der Computergrafik zu verweisen. Stellvertretend sei

Foley, J. D., van Dam, A., Feiner, S. K., Hughes, J. F.: *Computer Graphics - Principles and Practice (Second Edition).* Addison-Wesley, Reading, 1990.

genannt. In Abschnitt 2.2 wurden für Halbton-Bilddarstellungen einige Standardverfahren genannt, vgl. zum Beispiel

Ulichney, R. A.: *Digital Halftoning.* MIT Press, Cambridge, MA, 1987.

Die Halbton-Bilddarstellung durch Isolinien des Grauwertgebirges wird in

Pnueli, Y., Bruckstein, A. M.: **Dig^i***Dürer - A Digital Engraving System.* The Visual Computer , **10** (1994), pp. 277-292.

als neue Methode entwickelt und demonstriert. Zu geometrischen Mehrbildverfahren (Abschnitt 2.3) ist besonders auf die Literatur im Gebiet Photogrammetrie zu verweisen. Ein kompaktes (4-sprachiges) Nachschlagwerk und eine allgemeine Einführung in die Fernerkundung sind

Albertz, J., Kreiling, W.: *Photogrammetrisches Taschenbuch. 4.* Auflage, Herbert Wichmann Verlag, Karlsruhe, 1989.

Albertz, J.: *Grundlagen der Interpretation von Luft- und Satellitenbildern.* Wissenschaftliche Buchgesellschaft, 1991.

Die Berechnung eines Kartenblattes für Berlin wird in

Kähler, M., Milkus, I: *Berlin from Space - A Digitally Produced Satellite Image Map.* Int. Archives of Photogrammetry and Remote Sensing, **26** (1986), pp. *85 - 92.*

dargestellt. Zur Bildrestauration und Bildverbesserung (Abschnitt 2.4) existieren viele Verfahrensvorschläge, die auf signaltheoretischen Transformationen beruhen. Eine kleine Auswahl hierzu ist in 7.3 gegeben. Umfangreiche Behandlungen sind zum Beispiel in

Besslich, P.W., Tian, L.: *Diskrete Orthogonaltransformationen*. Springer, Berlin, 1991.

Pratt, W.K.: *Digital Image Processing:* Second Edition, Wiley, New York 1991.

zu finden. Für die Bildsegmentierung (Abschnitt 2.5) existieren zahlreiche Verfahrensvorschläge, die bezüglich der algorithmischen Komplexität weit über die hier betrachteten Verfahren hinausgehen (s. in 1.5 angegebene Literatur). Allerdings ist der inhaltliche Gewinn oft begrenzt.

Für eine Diskussion über die Definition der Anisotropie (Abschnitt 2.6) sei auf

Zamperoni, P.: *Adaptive rank order filters for image processing based on local anisotropy measures.* Digital Signal Processing, July 1992, pp. 174-182.

verwiesen. Der Zylinderhutoperator (Abschnitt 2.7) wird in

Haralick, R.M., Sternberg, S.R., Zhuang, X.: *Image analysis using mathematical morphology*, IEEE Trans., Vol. PAMI-**9**, July 1987, pp. 532-550.

Pitas, I., Venetsanopoulos, A.N.: *Nonlinear Digital Filters*, Kluwer Academic Publishers, Boston, 1990.

Zamperoni, P.: *Methoden der digitalen Bildsignalverarbeitung*, Vieweg Verlag, Wiesbaden, 2. Auflage, 1991.

behandelt. Mit Abschnitt 2.8 wird ein Gebiet der Informatik angesprochen, das relativ jung ist und sich in den letzten Jahren stürmisch entwickelt hat. Im Gebiet der geometrischen Algorithmen wird die (effiziente) rechentechnische Realisierung geometrischer Objekte oder Konstruktionen betrachtet, vgl. zum Beispiel

Preparata, F.P., Shamos, M.I.: *Computational Geometry*, Springer, New York, 1985.

Zu den vielfältigen Möglichkeiten, künstlerische Ambitionen mittels Rechentechnik zu verfolgen, werden in

Franke, H.W.: *Computergrafik - Computerkunst*, 2. Auflage, Springer, Berlin, 1985.

Nake, F.: *Ästhetik als Informationsverarbeitung.* Springer, Wien, 1974.

Willim, B.: *Leitfaden der Computergrafik.* Drei-R-Verlag, Berlin, 1989.

Völz, H.: *Computer und Kunst, 2. Auflage.* Urania-Verlag, Leipzig, 1990.

interessante Wege aufgezeigt. Anregungen sind auch dem Photobuch

Krug, W., Weide, G.: *Wissenschaftliche Photographie in der Anwendung.* Akademische Verlagsgesellschaft Geest und Portig K.-G., Leipzig, 1972.

zu entnehmen. Methodische Prinzipien der Bildbearbeitung werden i.a. auch in den in 1.5 angegebenen Lehrbüchern behandelt. Bei einer zunehmenden Flut visueller Informationen, die auch rechentechnisch zu erfassen und zu bearbeiten sind, werden Datenbasen von bildhafter Information benötigt, vgl. zum Beispiel

Chang, S.K.: *Principles of Pictorial Information Systems Design*, Prentice-Hall, Englewood Cliffs, 1989.

Kunii, T.L. (Hrsg.): *Visual Database Systems*, North-Holland, Amsterdam, 1989.

In speziellen Anwendungsbereichen der Bildbearbeitung, wie der oben bereits genannten Photogrammmetrie, werden die gegenwärtigen und zukünftigen Möglichkeiten der Bildbearbeitung im konkreten Fachkontext dargestellt. Die Aufbereitung von Bildmaterial für Publikationen ist eine Aufgabe von DTP-Systemen (desktop publishing), vgl. zum Beispiel

Zischke, J.: *Das Desktop Publishing Buch*, Markt & Technik Verlag, München, 1987.

Pape, U. (Hrsg.): *Desktop Publishing - Anwendungen, Erfahrungen, Prognosen*, Springer, Heidelberg, 1988.

Die Kombination und Überarbeitung von Bilddaten im medizinischen Bereich ist ein wichtiges Arbeitsmittel, anatomische Strukturen, Gewebeschnitte, Krankheitszustände und -verläufe u.a.m. gezielt zu visualisieren, vgl. zum Beispiel

Collins, S.M., Skorton, D.J.: *Cardiac Imaging and Image Processing*, McGraw-Hill, New York, 1986.

Lemke, H.U., Inamura, K., Jaffe, C.C., Felix R. (Hrsg.): *Computer Assisted Radiology*, Proc. Intern. Symp. CAR'93, Berlin, 1993. Springer, Berlin, 1993

Dies sind zwei weitere Beispiele für Anwendungsbereiche der Bildbearbeitung.

3 Algorithmische Grundlagen

Für die Realisierung der Operatoren wird eine zügige Implementierung gewünscht.[1] Effizienz ist aber auch ein wichtiges Thema für die implementierten Operatoren (bzgl. Bilddatenzugriff, Speicherbedarf oder Rechenzeit).

In diesem Kapitel wird zunächst für Bildbearbeitungsoperatoren allgemein auf die Bewertung der Zeiteffizienz eingegangen. Bei der Bilddaten-Speicherung kann gemäß der thematischen Abgrenzung des Gebietes Bildbearbeitung eine Konzentration auf Matrix-Repräsentationen erfolgen. Für die wichtigen Operatorklassen der Punkt- bzw. lokalen Operatoren werden allgemein einsetzbare Kontrollstrukturen angeboten, die z.B. im Sinne von vorgefertigten Rahmenprogrammen vor einer Auswahl von Operatoren aus den Kapiteln 5 oder 6 bereitgestellt werden können. Im Abschnitt 3.4 werden einige Algorithmen angegeben, die als Teilprozesse bei der Realisierung von Operatoren relevant sein können.

3.1 Algorithmische Effizienz

Vor der Darstellung von Kontrollstrukturen und Programmen für Operatoren auf Bildern soll hier darauf hingewiesen werden, daß für Bilddaten auf Grund ihres Umfanges eine zeiteffiziente Programmierung stets sehr wichtig ist. Für diesen wichtigen Gesichtspunkt sollen hier einige Anregungen zur Operatoranalyse dargestellt werden. Die Bedeutung der Zeiteffizienz wird spätestens dann bewußt, wenn zum ersten Mal mehrere Minuten auf das Ergebnis einer Bildbearbeitung gewartet wird.

Es ist allgemein zu empfehlen, für einen realisierten Operator „grob" den Rechenzeitbedarf abzuschätzen, um dem ersten Testlauf mit realistischen Erwartungen zu begegnen. Moderne Rechentechnik erlaubt interaktive Bildbearbeitungen in Echtzeit, wobei die Komplexität der hierbei einsetzbaren Operatoren mit den technischen Möglichkeiten wächst. Es ist aber auch kein Problem, selbst modernste Rechentechnik mit Bildbearbeitungsaufgaben an Leistungsgrenzen zu führen.

[1] Zur Unterstützung können mit der am Ende des Buches beigefügten Bestellkarte die C-Quellen der angegebenen Programme angefordert werden.

3.1.1 Abschätzung der Rechenzeit

Charakterisierungen des Laufzeitverhaltens eines Programms für eine Fensterfunktion oder einen Operator können durch absolute Angaben (z.B. welche Problemgröße in welcher Zeit bearbeitbar ist) oder im Sinne einer allgemeinen Orientierung durch asymptotische Angaben erfolgen. Beide Arten der Effizienzbeschreibung sind bei den Operatoren in den späteren Kapiteln zu finden. In diesem Abschnitt werden in kurzer Form als Beschreibungsmittel für die algorithmische Effizienz absolute und asymptotische Rechenzeitangaben charakterisiert. Absolute Angaben sind zwar sehr konkret, jedoch schwer zu berechnen und oft nicht besonders sinnvoll, da sie von der konkreten Implementierung (Sprache, Compiler, mit oder ohne Laufzeitoptimierung u.ä.) und dem Rechnertyp (Prozessor, Frame Grabber, Mehrbenutzerbetrieb, spezielle Bildbearbeitungsunterstützung, Bildausgabe u.a.m.) abhängen. Die asymptotische Effizienzbeschreibung ist dagegen einfacher zu bestimmen und allgemeingültiger für die Charakterisierung von Operatoren einzusetzen.

Ein *Berechnungsproblem* ist eine mittels Rechner zu lösende Aufgabenstellung, etwa a Grauwerte eines Bildfensters zu sortieren oder ein texturiertes Bild der Größe $M \times N$ zu erzeugen. *Problemparameter* charakterisieren den Umfang der Eingaben für ein bestimmtes Berechnungsproblem. Diese Charakterisierung kann oft durch einen einzelnen Parameter a geschehen, der z.B. gleich der Anzahl der Bildpunkte eines quadratischen Bildfensters, der Konturlänge eines Bildgebietes oder der Kardinalzahl einer Menge ist. In den weiteren Ausführungen wird dieser Fall angenommen, daß für das zu betrachtende Berechnungsproblem ein Problemparameter ausreicht. Falls mehrere Parameter (z.B. Anzahl von Iterationen, Fenstergröße und Schwellenwert) für die Charakterisierung der Eingaben relevant sind, so kann die folgende Definition der Asymptotikklassen $\mathbf{O}(F)$ entsprechend erweitert werden.

Für Vergleiche von Rechenzeiten über asymptotische Angaben ist es üblich, ein allgemeines serielles Rechnermodell (von-Neumann-Architektur) zugrunde zu legen. Als Orientierung der Leistungsfähigkeit dieses Modells können Sprachen wie C, FORTRAN oder Pascal dienen. Für den Zeitbedarf zur Ausführung einer Instruktion wird vereinfachend einheitlich *eine Zeiteinheit* angenommen.

Beispiel 3.1: Für die Ausführung der Instruktionen $x := x+1$, $w := \mathbf{sin}(\beta)$, $z := x \cdot y$ etc. wird bei asymptotischen Betrachtungen als Zeitbedarf jeweils eine Zeiteinheit angenommen. Für eine Schleife

$$\textbf{for } i := 1 \textbf{ to } a \textbf{ do begin } x := x+1;\ \ y := y \cdot x \textbf{ end } \{for\}$$

sind $3a+1$ Zeiteinheiten (jeweils eine Addition für i und x und eine Multiplikation für y in der Schleife sowie eine abschließende Addition für i) erforderlich.

Die Angabe der Zeitkomplexität eines Programms mit dem Problemparameter a kann durch eine Funktion *time(a)* erfolgen. Damit kann gesagt werden, daß ein bestimmter Algorithmus die *Zeitkomplexität time(a)* besitzt, falls für beliebige Eingaben mit dem Problemparameter a dieser Algorithmus in *time(a)* Zeiteinheiten zu einem Ergebnis kommt. Bei dieser Definition werden alle Eingaben mit dem Problemparameter a als gleichberechtigt betrachtet. Eine besonders „ungünstige" Eingabe kann besonders hohe Werte *time(a)* erzeugen. Die Komplexitätsfunktion *time* wird deshalb auch als *worst-case-Komplexitätsfunktion* bezeichnet.

Beispiel 3.2: Es sei eine Liste $\mathbf{L} = [u_1, u_2, \ldots, u_a]$ von a Zahlen (z.B. a Grauwerte) gegeben, welche bereits aufsteigend sortiert sei, d.h.

$$u_i \leq u_{i+1} \quad \text{für } i = 1, \ldots, a-1 .$$

Es sind ein (evtl. nicht eindeutig bestimmter) *Mode* v von **L** zu bestimmen, d.h. ein Element von **L**, welches in **L** maximal oft enthalten ist (etwa: „der dominant vorliegende Grauwert im Bildfenster, der im Bezugspunkt im Resultatsbild h einzutragen ist"), sowie die Anzahl w (*Frequenz*), wie oft ein solcher Mode v in **L** enthalten ist (für die Bewertung der Grauwertverteilung könnte in h auch die Frequenz dargestellt werden).

In einer „naheliegenden" Lösung wird zu Beginn u_1 als Mode angenommen und die Frequenz mit $w := 1$ initialisiert. In *temp* wird die Anzahl der Wiederholungen des aktuell betrachteten Elements aus **L** zum Vergleich mit w bereitgestellt. Falls *temp* den Wert w überschreitet, wird v das aktuelle Element und $w := temp$. Etwas formalisiert bedeutet dies:

```
v := u_1; w := 1; temp := 1;
for i := 2 to a do
   if (u_i = u_{i-1}) then begin
            temp := temp + 1;
            if (temp > w) then begin v := u_i; w := temp end {if};
            end {if};
   else temp := 1
```

Für diesen Algorithmus 1 ist die Zeitkompliziertheit $time_1(a)$ durch die Ungleichungen

$$3 + 3(a-1) + 1 \leq time_1(a) \leq 3 + 6(a-1) + 1$$

abzuschätzen, wobei alle Instruktionen mit einer Zeiteinheit bewertet werden.

In diesem Algorithmus werden allerdings die Operationen „$temp := temp + 1$" und „$temp > w?$" im Falle einer mehrfachen Wiederholung des Elementes u_i öfter als nötig ausgeführt. Tatsächlich sind diese Operationen nur erforderlich, falls der alte Wert von w erstmalig überschritten wird:

```
v := u_1; w := 1;
for i := 2 to a do
   if (u_i = u_{i-w}) then begin v := u_i; w := w + 1 end {if}
```

Für diesen Algorithmus 2 mit der Zeitkomplexität $time_2(a)$ gilt

$$2 + 2(a-1) + 1 \leq time_2(a) \leq 2 + 4(a-1) + 1.$$

Dieser verbesserte Algorithmus berechnet korrekt Mode v und Frequenz w.

Aufgrund der Streuung der Grauwerte in „normalen" Grauwertbildern sind die im Beispiel 3.2 vorgeschlagenen Fensterfunktionen (Bestimmung des Mode v oder der Frequenz *w*) i.a. nicht zu empfehlen. Diese Funktionen können sinnvoll sein, wenn im Bild bereits weitgehend Segmente konstanten Grauwertes erzeugt wurden.

In den Beispielen 3.1 und 3.2 wurden die Komplexitätsfunktionen exakt bestimmt bzw. durch Ungleichungen abgeschätzt. Derartig genaue Bestimmungen der Komplexitätsfunktionen sind aber i.a. kaum möglich und auch oft nicht sinnvoll, da komplizierte Kontrollstrukturen ein Auszählen der Instruktionen praktisch unmöglich machen und diese Anzahl von auszuführenden Instruktionen sowieso nur eine Abstraktion vom realen Zeitbedarf ist.

Um die worst-case-Komplexitätsfunktion *time(a)* „in der Größenordnung" anzugeben, werden ihre asymptotischen Verläufe für wachsende Problemparameter *a* betrachtet. Die Asymptotikklassen **O**(*F*) sind für Funktionen *F* und *G*, welche natürliche Zahlen in reelle Zahlen abbilden, formal wie folgt definiert:

$$G \in \mathbf{O}(F) \leftrightarrow \exists\, c\, \exists\, q(c > 0 \wedge \forall\, a(a \geq q \rightarrow G(a) \leq c \cdot F(a))).$$

Eine Funktion *G* liegt also genau dann in der Klasse **O**(*F*), falls für eine gewisse positive Konstante *c* für fast alle *a* (d.h., bis auf endlich viele *a*, die alle kleiner als *q* sind) die Ungleichung $G(a) \leq c \cdot F(a)$ gilt, d.h. *G* nach oben durch *F* abgeschätzt werden kann. Die Klassen **O**(*F*) (lies: „groß O von F") werden für die Angabe von *oberen Schranken* der algorithmischen Komplexität verwendet. Die in der Definition der Klasse **O**(*F*) verwendete Konstante $c = c(q)$ wird *Asymptotikkonstante* genannt.

Beispiel 3.3: Die Funktion $G(n) = \alpha_t \cdot a^t + \alpha_{t-1} \cdot a^{t-1} + \cdots + \alpha_0$ liegt in der Klasse $\mathbf{O}(a^t)$ für $t \geq 0$ und beliebige reelle Zahlen $\alpha_t, a_{t-1}, \ldots, \alpha_0$.

Die Funktion $H(a) = 5000 \cdot a + 1000 \cdot a^2 + 0{,}0005 \cdot a^3$ liegt in der Klasse $\mathbf{O}(a^3)$ mit Asymptotikkonstanten $c(q) \geq 6000{,}005$ für $q \geq 1$ oder $c(q) \geq 1125{,}0005$ für $q \geq 2$.

Im weiteren kann $\log a$ als Abkürzung für den Logarithmus $\log_2 a$ zur Basis *2* gelesen werden. Wegen

$$\log_b a = \frac{\log_2 a}{\log_2 b}$$

für *b* > 1 kann bei asymptotischen Angaben nämlich auf die Angabe der Basis verzichtet werden. Folgende Sprechweisen sind bei der Verwendung von Asymptotikklassen für die Charakterisierung des Zeitverhaltens eines Programms gebräuchlich:

$\mathbf{O}(a)$	lineare Laufzeit (optimal, falls alle *a* Eingaben einzulesen sind),
$\mathbf{O}(a \cdot \log a)$	„*a-log-a*"-Laufzeit (verhält sich praktisch „fast linear"),
$\mathbf{O}(a^2), \mathbf{O}(a^3)$	quadratische bzw. kubische Laufzeit,
$\mathbf{O}(a^t)$	polynomiale Laufzeit $(t \geq 0)$,
$\mathbf{O}(b^a)$	exponentielle Laufzeit $(b > 1)$.

Laufzeitverhalten bis etwa $\mathbf{O}(a^3)$ kann i.a. als „praktisch akzeptabel" eingeschätzt werden. Exponentielle Laufzeit ist bei beliebiger Implementierung als „praktisch völlig unakzeptabel" einzuschätzen.

3.1.2 Absolute und asymptotische Bewertungen

Die Relevanz oder Nicht-Relevanz der asymptotischen Komplexität für Fensterfunktionen bzw. Bildtransformationen soll am Beispiel des Berechnungsproblems der Sortierung von a Grauwerten diskutiert werden. Die Sortierung der Grauwerte eines Bildfensters ist bei kombinatorischen Fensterfunktionen oft als Hilfsfunktion einzusetzen. Bei einem homogenen lokalen Operator sind dabei in $\mathbf{O}(M \cdot N)$ Positionen Sortierungen für jeweils $a = m \cdot n$ Zahlen u (mit $0 \leq u \leq G-1$) auszuführen. Hierzu werden in 3.4.5 bis 3.4.7 drei Sortierprozeduren bereitgestellt, die für gewisse Werte von $a = m \cdot n$ zu empfehlen sind:

QUICKSORT als asymptotisch schnelles $\mathbf{O}(a \log a)$-Verfahren (nicht im worst-case-Sinn, sondern im Sinne des Erwartungswertes) für „große“ Werte von a,

BUBBLESORT als asymptotisch langsames $\mathbf{O}(a^2)$-Verfahren, das allerdings für „kleine“ Werte von a zu guten Ergebnissen führen kann, und

BUCKETSORT als Verfahren für Zahlen mit beschränktem Wertebereich, hier $0 \ldots G-1$, für „sehr große“ Werte von a.

Zu Sortierprogrammen existiert eine vielfältige Literatur, in der weitere Verfahren unter Standard-Bezeichnungen bekannt sind, von denen in Tab. 3.1 *MERGESORT* (ein $\mathbf{O}(a \log a)$-Verfahren im worst-case-Sinn) und *SELECTIONSORT* (ein weiteres $\mathbf{O}(a^2)$-Verfahren) zum Vergleich mit herangezogen wurde.

	3 x 3	5 x 5	7 x 7	9 x 9	11 x 11
SELECTIONSORT	17	90	298	757	1620
BUBBLESORT	16	120	454	1399	2952
MERGESORT	45	153	332	603	936
QUICKSORT	20	86	171	351	513
BUCKETSORT	137	151	175	207	247

Tabelle 3.1: Gemitteltes Zeitverhalten (in μs) von mehreren Sortierroutinen bei der Sortierung von $a = n \times n$ Grauwerten für $G = 256$. Der Zeitanalyse liegt eine Implementierung in C auf SUN *4/50* zugrunde.

Die Ergebnisse der Zeitanalyse sind von der konkreten Implementierung (Sprache, Compiler, Rechner usw.) abhängig. In Abb. 3.1 werden für die hier im Buch bereitgestellten Verfahren *QUICKSORT*, *BUBBLESORT* und *BUCKETSORT* die Rechenzeiten für eine Implementierung auf SUN *4/30* grafisch dargestellt, wobei die weiter unten angegebenen Prozeduren (s. 3.4.5 bis 3.4.7) in C-Quelltexte überführt wurden. Bei unterschiedlichen Implementierungen derselben Quelltexte auf verschiedenen Rechnern konnte eine gewisse Variation der Ergebnisse festgestellt werden, wobei aber das „typische Verhalten“ im Sinne der Asymptotik immer deutlich wurde.

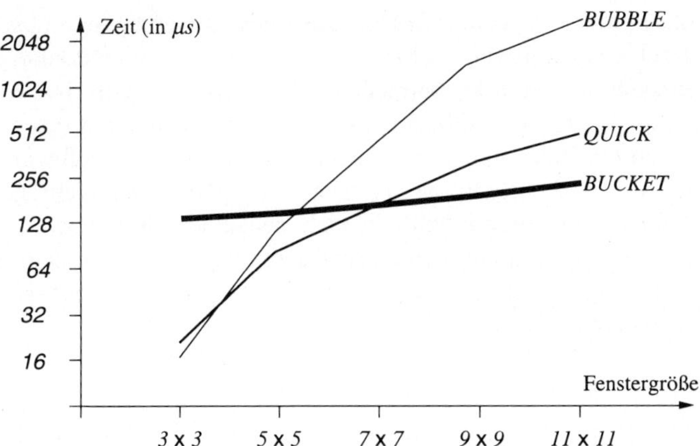

Abbildung 3.1: Grafische Darstellung des mittleren Zeitbedarfs der Sortierroutinen *QUICKSORT*, *BUBBLESORT* und *BUCKETSORT*: Die Zeitachse (in μs) ist logarithmisch (zur Basis 2) skaliert; die Achse für die Anzahl a der zu sortierenden Grauwerte eines Bildfensters ist ebenfalls nicht linear skaliert. Es liegt eine Implementierung auf SUN *4/30* mit maximaler Optimierung zugrunde.

Falls ein Operator sehr häufig eingesetzt wird, so sollten die beteiligten Prozeduren (z.B. für Fensterfunktionen bei lokalen Operatoren) gründlich auf eventuell zeiteffizientere algorithmische Alternativen hin betrachtet werden. Eine asymptotische Bewertung ist zwar richtungsweisend, ersetzt jedoch nicht die konkrete Zeitanalyse gerade für kleine Werte der Problemparameter. Die Auswahl eines Algorithmus sollte bei einer Rechenzeitoptimierung sowohl von den Werten der jeweils relevanten Problemparameter als auch von der konkreten Implementierung abhängig sein.

3.1.3 Dekomposition homogener lokaler Operatoren

Für einen homogenen lokalen Operator sei allgemein für die jeweils gleichartig auszuführende Fensterfunktion ein Zeitbedarf $time(a)$ angenommen. Der Operator benötigt dann für ein Bild in etwa $M \times N \times time(a)$ Rechenzeit.

Eine allgemeine Beschleunigungsmöglichkeit der Ausführung homogener lokaler Operatoren besteht in der *Dekomposition von Fensterfunktionen*. Bezüglich der Zeiteffizienz ist es günstiger, anstelle eines $n \times n$-Fensteroperators mit relativ großem Wert für n mehrere $m \times m$-Fensteroperatoren mit kleinem Wert für m anzuwenden. Zum Beispiel ist die Anwendung von drei 3×3-Fensteroperatoren günstiger als die Anwendung von einem 7×7-Fensteroperator: Für $N \times N$ Bildpunkte ist der Aufwand

im ersten Fall durch	$3 \cdot (3 \times 3) \cdot (N \times N) = 27N^2$
und im zweiten Fall durch	$(7 \times 7) \cdot (N \times N) = 49N^2$

abzuschätzen, falls für jeden beteiligten Bildpunkt ein konstanter Anteil an der benötigten Rechenzeit angenommen wird. Nach einer 3×3-Fensteroperation kann der Wert in einem Bildpunkt p von $3 \cdot 3$ Werten des Eingabebildes abhängig sein (*Einflußgebiet* der Größe 3×3). Nach einer weiteren 3×3-Fensteroperation für alle 9 Punkte des bisherigen Einflußgebietes kann der Wert des betrachteten Bildpunktes p von $5 \cdot 5$ Werten des Eingabebildes abhängig sein, vgl. Abb. 3.2. Nach drei Anwendungen eines 3×3-Fensteroperators entstehen Einflußgebiete der Größe $7 \cdot 7$, also genau so groß wie bei einmaliger Anwendung eines 7×7-Fensteroperators. Damit ist aber noch nicht gesagt, daß ein spezieller 7×7-Fensteroperator inhaltlich auch genau identisch über dreimalige Ausführungen von 3×3-Fensteroperatoren zu realisieren ist. Rein kombinatorisch kann man sich überlegen, daß nur ein kleiner Anteil aller 7×7-Operatoren über derartige *Dekompositionen* zu realisieren ist.

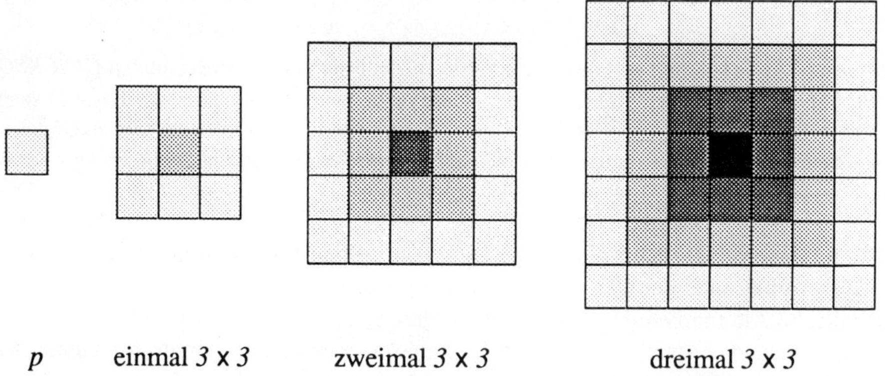

Abbildung 3.2: Einflußgebiete für einen Bildpunkt p nach einmaliger, zweimaliger bzw. dreimaliger Anwendung eines 3×3-Fensteroperators.

Beispiel 3.4: Für die 3×3-Fensteroperation *AVERAGE*,

$$AVERAGE(\mathbf{F}(f,p)) = \frac{1}{9} \cdot \sum_{i=1}^{3} \sum_{j=1}^{3} f(r-2+i, s-2+j),$$

ist nach einmaliger (paralleler) Anwendung in jedem Bildpunkt $p = (r, s)$ der Wert

$$f_1(p) = AVERAGE(\mathbf{F}(f,p))$$

erzeugt worden, also für einen speziellen Bildpunkt $q = (x, y)$ auch für alle seine acht 8-Nachbarn $p_1, \ldots, p_8$. Bei nochmaliger Anwendung der 3×3-Fensteroperation *AVERAGE* wird in q der Mittelwert über die bereits berechneten Mittelwerte in den Punkten q, $p_1, \ldots, p_8$ berechnet. Damit ist in q jetzt der Wert

$$f_2(q) = AVERAGE(\mathbf{F}(f_1,q)) = \frac{1}{9} \cdot \sum_{i=1}^{3} \sum_{j=1}^{3} f_1(x-2+i, y-2+j)$$

eingetragen. Eine zweifache Anwendung der Mittelwertberechnung führt also insgesamt auf einen 5×5-Fensteroperator

$$AVERAGE^2(\mathbf{F}(f,p)) = \frac{1}{81} \cdot \sum_{i=1}^{5} \sum_{j=1}^{5} a_{ij} \cdot f(r-3+i, s-3+j)$$

mit Gewichtskoeffizienten a_{ij}, die in der folgenden Maske (vgl. 1.3.3) eingetragen sind:

1	2	3	2	1
2	4	6	4	2
3	6	9	6	3
2	4	6	4	2
1	2	3	2	1

Für den durch diesen Faltungskern definierten linearen 5×5-Fensteroperator ist also durch zweimalige 3×3-Mittelwertberechnung eine Dekomposition angegeben.

Falls ein $n \times m$-Fensteroperator durch Hintereinanderausführung mehrerer Fensteroperatoren zu realisieren ist, so heißt er *dekomponierbar*. Eine Dekomposition arithmetischer Fensteroperatoren kann übersichtlich durch Masken dargestellt werden, wie zum Beispiel

$$\begin{array}{|c|c|c|}\hline 1&1&1\\\hline 1&1&1\\\hline 1&1&1\\\hline\end{array} \cdot \begin{array}{|c|c|c|}\hline 0&1&0\\\hline 1&0&1\\\hline 0&1&0\\\hline\end{array} = \begin{array}{|c|c|c|c|c|}\hline 0&1&1&1&0\\\hline 1&2&3&2&1\\\hline 1&3&4&3&1\\\hline 1&2&3&2&1\\\hline 0&1&1&1&0\\\hline\end{array}$$

Für zwei lineare 3×3-Fensteroperatoren

$$\begin{array}{|c|c|c|}\hline a&b&c\\\hline d&e&f\\\hline g&h&i\\\hline\end{array} \quad \text{und} \quad \begin{array}{|c|c|c|}\hline j&k&l\\\hline m&n&o\\\hline p&q&r\\\hline\end{array}$$

kann jener *5* x *5*-Fensteroperator

a_{15}	a_{25}	a_{35}	a_{45}	a_{55}
a_{14}	a_{24}	a_{34}	a_{44}	a_{54}
a_{13}	a_{23}	a_{33}	a_{43}	a_{53}
a_{12}	a_{22}	a_{32}	a_{42}	a_{52}
a_{11}	a_{21}	a_{31}	a_{41}	a_{51}

allgemein angegeben werden, der durch Hintereinanderausführung der beiden 3×3-Fensteroperatoren realisiert wird. Es gilt:

$$a_{15} = a \cdot j$$
$$a_{14} = d \cdot j + a \cdot m$$
$$a_{13} = g \cdot j + d \cdot m + a \cdot p$$
$$a_{12} = g \cdot m + d \cdot p$$
$$a_{11} = g \cdot p$$

$$a_{25} = a \cdot k + b \cdot j$$
$$a_{24} = d \cdot k + e \cdot j + a \cdot n + b \cdot m$$
$$a_{23} = g \cdot k + h \cdot j + d \cdot n + e \cdot m + a \cdot q + b \cdot p$$
$$a_{22} = g \cdot n + h \cdot m + d \cdot q + e \cdot p$$
$$a_{21} = g \cdot q + h \cdot p$$

$$a_{35} = a \cdot l + b \cdot k + c \cdot j$$
$$a_{34} = d \cdot l + e \cdot k + f \cdot j + a \cdot o + b \cdot n + c \cdot m$$
$$a_{33} = g \cdot l + h \cdot k + i \cdot j + d \cdot o + e \cdot n + f \cdot m + a \cdot r + b \cdot q + c \cdot p$$
$$a_{32} = g \cdot o + h \cdot n + i \cdot m + d \cdot r + e \cdot q + f \cdot p$$
$$a_{31} = g \cdot r + h \cdot q + i \cdot p$$

$$a_{45} = b \cdot l + c \cdot k$$
$$a_{44} = e \cdot l + f \cdot k + b \cdot o + c \cdot n$$
$$a_{43} = h \cdot l + i \cdot k + e \cdot o + f \cdot n + b \cdot r + c \cdot q$$
$$a_{42} = h \cdot o + i \cdot n + e \cdot r + f \cdot q$$
$$a_{41} = h \cdot r + i \cdot q$$

$$a_{55} = c \cdot l$$
$$a_{54} = f \cdot l + c \cdot o$$
$$a_{53} = i \cdot l + f \cdot o + c \cdot r$$
$$a_{52} = i \cdot o + f \cdot r$$
$$a_{51} = i \cdot r$$

Damit sind allgemeine Bestimmungsgleichungen gegeben, anhand derer entschieden werden kann, ob ein linearer 5×5-Fensteroperator dekomponierbar ist oder nicht. Prinzipiell können überhaupt nur solche 5×5-Fensteroperatoren dekomponierbar sein, deren Koeffizientenmatrizen jeweils einen Rang kleiner oder gleich *3* besitzen.

Ein Spezialfall dekomponierbarer Fensterfunktionen ist algorithmisch besonders interessant, da hier eine Beschränkung auf eindimensionale Fenster (d.h. nur Zeilen- oder Spaltenausschnitte) möglich ist. Falls ein $n \times n$-Fensteroperator völlig identisch durch die

Hintereinanderausführung eines $n \times 1$-Fensteroperators und eines $1 \times n$-Fensteroperators zu realisieren ist, so heißt er *separierbar*.

Als Beispiele seien zwei Hintereinanderausführungen eines linearen 3×1-Fensteroperators und eines linearen 1×3-Fensteroperators dargestellt, die auf die angegebenen (separierbaren) 3×3-Fensteroperatoren führen:

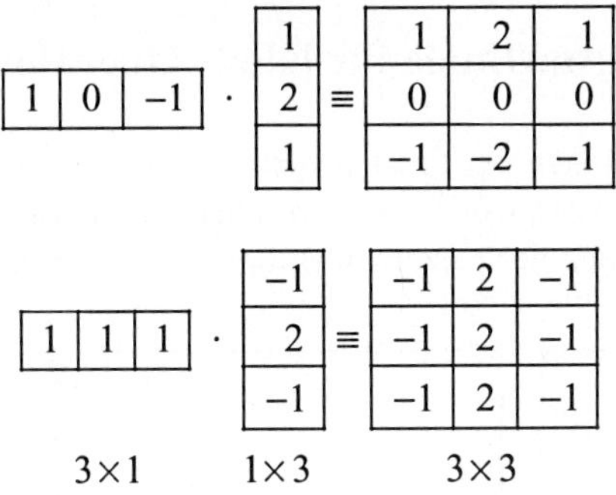

Falls im allgemeinen Fall zwei Operatoren

0	0	0
a	b	c
0	0	0

und

0	d	0
0	e	0
0	f	0

hintereinander ausgeführt werden, so wird der (separierbare) Operator

ad	ae	af
bd	be	bf
cd	ce	cf

realisiert. Allgemein ist ein linearer 3×3-Fensteroperator also genau dann separierbar, falls der Rang der Koeffizientenmatrix gleich 1 ist. Zum Beispiel ist der *Laplace-Operator*

0	−1	0
−1	4	−1
0	−1	0

nicht separierbar, da seine Koeffizientenmatrix den Rang 2 besitzt. Der Fensteroperator

0	+1	−2
0	0	0
0	−1	+2

ist separierbar, da die Koeffizientenmatrix den Rang 1 besitzt. Aus $ae = +1$, $af = -2$, $ce = -1$ und $cf = +2$ folgt $a = 1$, $c = -1$, $e = 1$ und $f = -2$ als mögliche Lösung.

Dekomposition und speziell Separierung können zur beschleunigten Realisierung paralleler linearer lokaler Operatoren eingesetzt werden.

3.1.4 Aktualisierungsmethode für lokale Operatoren

Bei Fensteroperatoren können oft (Teil-)Ergebnisse der vorangegangenen Fensterposition für die folgende Fensterposition genutzt werden (*update-Methode*). Dabei ist die Reihenfolge der Betrachtung der einzelnen Bildpunkte von Bedeutung, vgl. Abb. 3.3.

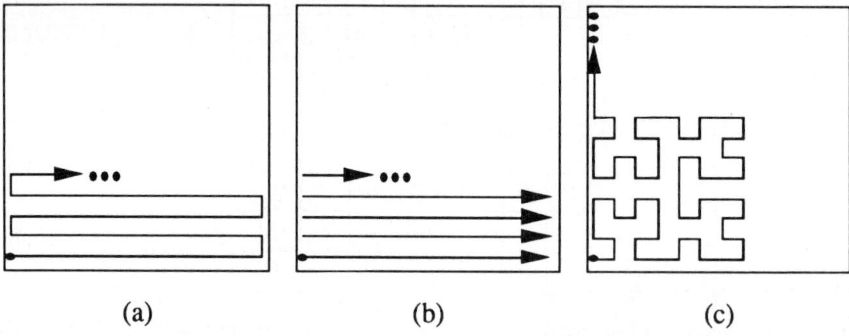

Abbildung 3.3: Mäanderförmige Bildabtastung (a), Abtastung in Abtastreihenfolge (b) bzw. Abtastung als Hilbert-Kurve (c), die der Aktualisierungsmethode wahlweise zugrunde gelegt werden können.

Es sei ein $n \times n$-Fenster **F** vorausgesetzt. Es sei eine mäanderförmige Bewegung des Fensters in der Bildebene angenommen. Die *Aktualisierungsmethode* kann sich hier auf die Tatsache stützen, daß beim Übergang von einem Bildpunkt p (Bezugspunkt des Fensters) zum nächsten Bildpunkt q das neu plazierte Fenster $\mathbf{F}(q)$ mit dem unmittelbar vorhergehenden Fenster $\mathbf{F}(p)$ genau $n(n-1)$ Bildpunkte gemeinsam hat, n Bildpunkte neu hinzugekommen sind und n Bildpunkte aus $\mathbf{F}(p)$ nicht mehr betrachtet werden. Für die Berechnung einer Fensterfunktion auf einem Bildfenster $\mathbf{F}(f,q)$ können evtl. Teilergebnisse der Berechnung dieser Funktion auf dem vorhergehenden Bildfenster $\mathbf{F}(f,p)$ wieder verwendet werden.

Beispiel 3.5: Die Fensterfunktion *MEDIAN* wurde in 1.3.3 eingeführt. Für ein Bildfenster $\mathbf{F}(f,p)$ kann der Wert $MEDIAN(\mathbf{F}(f,p))$ über ein lokales Grauwerthistogramm

$$HIST(\mathbf{F}(f,p),u), \quad 0 \le u \le G-1,$$

berechnet werden. Die Funktion *HIST* wurde in Abschnitt 1.3.2 definiert. Ein Verfahren der fortlaufenden *MEDIAN*-Berechnung nach der Aktualisierungsmethode kann wie folgt gestaltet werden:

Es war *hist(u)* die absolute Häufigkeit des Grauwertes u im aktuellen Fenster $\mathbf{F}(f,p)$. Es gilt $HIST(\mathbf{F}(f,p),u) = hist(u) / a$, mit a als Anzahl der Pixel im Fenster. Beim Weiterrücken des Fensters in die neue Position $\mathbf{F}(q)$ sind für die Funktion *hist* genau n Grauwerte „herauszunehmen", d.h. für jeden nicht mehr in $\mathbf{F}(q)$ befindlichen Bildpunkt (x, y) aus $\mathbf{F}(p)$ ist der Wert $hist(f(x, y))$ um 1 zu verringern und n Grauwerte sind „hineinzunehmen", d.h. für jeden Bildpunkt (x, y) aus $\mathbf{F}(q)$, der nicht in $\mathbf{F}(p)$ lag, wird $hist(f(x, y))$ um 1 erhöht. Nun sei u_m der Median der Grauwerte im alten Bildfenster $\mathbf{F}(f,p)$. Gemäß der Positionen der n „herausgenommenen" und der n „hineingenommenen" Grauwerte zu u_m wird für $\mathbf{F}(f,q)$ der neue Median bestimmt.

Bei den „herausgenommenen" Grauwerten sei L_p die Anzahl der Grauwerte kleiner oder gleich u_m und R_p die Anzahl der Grauwerte größer als u_m, also $L_p + R_p = n$. Entsprechend seien die Werte L_q und R_q für die „hineingenommenen" Grauwerte definiert, ebenfalls mit $L_q + R_q = n$. Falls $L_q < L_p$, so ist der Median in $\mathbf{F}(f,q)$ gegenüber u_m größer, für $L_q > L_p$ kann der neue Median gegenüber u_m nur kleiner sein. Die Verschiebung des neuen Medians wird nun im aktualisierten Histogramm *hist*, von u_m beginnend und in Ein-Grauwert-Schritten, mit Hilfe der Größe $|L_q - L_p|$ berechnet. Dabei bestimmt das Vorzeichen von $L_q - L_p$ die Richtung dieser Verschiebung.

Die mäanderförmige Bewegung des Fensters ist für die Aktualisierungsmethode besonders einfach zu nutzen.

3.2 Bilddaten

Die gewählte Repräsentation der Bilddaten hat auch Auswirkungen auf die erreichbare Effizienz algorithmischer Lösungen im Gebiet der digitalen Bildverarbeitung. Für Bildbearbeitungen kann allerdings generell auf ikonische Datenrepräsentationen orientiert werden.

3.2.1 Dateipositionen

Ein Bild sei jeweils in einem *Bildspeicherbereich* eingetragen. Für Textverarbeitungssysteme, die auch die Integration von Bildern erlauben, bzw. für Desktop-Publishing-Systeme wurden industrielle Standards für Bild-Datenformate formuliert, die i.a. nicht mit den durch kommerzielle Bildverarbeitungssysteme genutzten Bild-Datenformaten übereinstimmen. Hier ist zu empfehlen, für gewünschte Datenformate wie TIFF (*Tag Image File Format*[2]) oder DDES (*Digital Data Exchange Specifications*, Komitee „Image Technology" oder ANSI) Unterlagen anzufordern, die im Bedarfsfall eigene Formatanpassung erlauben. Allerdings wird durch Bildverarbeitungssysteme zunehmend die

[2] TIFF ist ein eingetragenes Warenzeichen der Firmen Aldus und Microsoft.

Kompatibilität mit dem TIFF-Format gesichert. Hier soll nur auf die (allgemein als „Rohformat" im Bildspeicherbereich nutzbare) Linearisierung der Bildmatrizen eingegangen werden.

(A) Skalare Bilder (Grauwertbilder) sind linearisiert in Abtastreihenfolge abzuspeichern. Für ein Bild f der Größe $M \times N = A$ ist der Bildwert $f(x, y)$ in der Matrizenposition (x, y) in der Dateiposition

$$(y-1) \cdot M + x$$

einzutragen, wobei x der Spaltenindex (von links nach rechts) und y der Zeilenindex (von unten nach oben) ist[3]. Eine Bildzeile entspricht hierbei üblicherweise einem Datensatz (*record*) einer Datei. Für $M = N = 512$ und $G = 256$ ist für ein Grauwertbild hierbei mindestens *256 Kbyte* Speicherplatz erforderlich.

In einigen Bildverarbeitungssystemen ist das Bildformat so spezifiziert, daß der erste Datensatz (oder: die ersten Datensätze) für allgemeine Informationen über das Bild reserviert ist und erst im zweiten Datensatz die erste Bildzeile steht.

(B) Vektorwertige Bilder $f(x, y) = (u_1, \ldots, u_n)$ können eineindeutig durch eine Folge $f_1(x, y) = u_1, \ldots, f_n(x, y) = u_n$ von skalaren Bildern $f_1, \ldots, f_n$ repräsentiert werden. Die einzelnen Bildmatrizen für die Bilder $f_1, \ldots, f_n$ bilden insgesamt eine dreidimensionale Bildmatrix der Dimension $M \times N \times n$, in der der Bildwert $f_i(x, y)$ in der Position (x, y, i) eingetragen ist. Für die Linearisierung der dreidimensionalen Bildmatrix sind verschiedene Formate möglich.

Beim *zeilenverschränkten* Format besteht ein Datensatz des vektorwertigen Bildes f aus M Bildwerten einer Bildzeile eines skalaren Bildes f_i. Es stehen jeweils n aufeinanderfolgende Datensätze für eine Bildzeile des vektorwertigen Bildes. Der Bildwert $f_i(x, y)$ steht in der Position

$$(y-1) \cdot nM + (i-1) \cdot M + x .$$

Beim *bildverschränkten* Format werden die einzelnen Bilder $f_1, \ldots, f_n$ sequentiell abgelegt. Der Bildwert $f_i(x, y)$ steht in der Position

$$(i-1) \cdot MN + (y-1) \cdot M + x .$$

Beim *bildpunktverschränkten* Format besteht ein Datensatz aus M Bildwerten einer Bildzeile des vektorwertigen Bildes f. Die n Werte $f_1(x, y), f_2(x, y), \ldots, f_n(x, y)$ stehen jeweils unmittelbar hintereinander. Der Bildwert $f_i(x, y)$ steht in der Position

$$(y-1) \cdot nM + (x-1) \cdot n + i .$$

---

[3] Diese im Buch einheitlich zugrundegelegte Orientierung der Indizes entspricht nicht der in der mathematischen Algebra üblichen Orientierung von Matrizenindizes (dort: x als Zeilenindex von oben nach unten und y als Spaltenindex von links nach rechts).

Beim bildpunktverschränkten Format ist es üblich, Datensätze mit $n \cdot M$ Bildwerten zu betrachten, in denen jeweils eine Bildzeile des vektorwertigen Bildes f repräsentiert ist. Das bildpunktverschränkte Format ist z.B. für Punktoperatoren auf vektorwertigen Bildern günstig.

3.2.2 Überschreiben oder Sichern der Originalbilder

Es ist eine praxisnahe Annahme, daß die Originalbilder nach einer Bearbeitung nicht verlorengehen dürfen. Grundsätzlich kann zwischen einer Arbeit mit einem oder mit mehreren Bildspeicherbereichen unterschieden werden.

(A) Originalbild und Resultatsbild sollen den selben Speicherbereich einnehmen. Vor dem Bearbeitungsvorgang werden die Originalbilddaten in diesen Speicherbereich kopiert, in welchem sie dann vom Resultatsbild überschrieben werden sollen. In diesem Fall sind Eingabebildspeicher und Resultatsbildspeicher identisch. Werden zum Beispiel bei homogenen lokalen Operatoren Resultatsgrauwerte jeweils in den Bezugspunkten des in Abtastreihenfolge „wandernden" Fensters abgespeichert, so ergibt sich dadurch eine sequentielle Bildbearbeitung.
Um die häufiger verwendete parallele Bildbearbeitung ohne zusätzlichen Bildspeicherbereich zu realisieren, kann das Ergebnis eines lokalen Operators für den Bezugspunkt $p=(r,s)$ bzw. für das plazierte Fenster $\mathbf{F}(p)$ außerhalb von $\mathbf{F}(p)$ in das Bildraster versetzt geschrieben werden, z.B. für $k = \mathbf{integer}((n-1)/2)$ in den Punkt $q_1 = (r, s-k-1)$, vgl. Abb. 3.4. Auch der Bildpunkt $q_2 = (r-k, s-k)$, der in $\mathbf{F}(p)$ liegt, kann überschrieben werden, weil er nach der nächsten Verschiebung des Fensters von $\mathbf{F}(r,s)$ auf $\mathbf{F}(r+1,s)$ in Abtastreihenfolge oder in der nachfolgenden Zeile in keinem noch zu betrachtenden Fenster mehr enthalten ist. Wie für die Parallelverarbeitung erforderlich, ist hierdurch gewährleistet, daß alle Argumente der Fensterfunktionen stets Originalgrauwerte sind. Durch diese Maßnahme verschiebt sich allerdings das Resultatsbild gegenüber dem Originalbild um $\Delta x = 0,\ \Delta y = -k-1$ (im Fall q_1) oder um $\Delta x = \Delta y = -k$ Bildpunkte (im Fall q_2). Man darf nicht vergessen, daß diese Verschiebung rückgängig gemacht werden muß (s. dazu Operator im Kapitel 4.1.2), wenn z.B. anschließend das Resultatsbild mit dem Originalbild punktweise verknüpft werden soll (s. Abschnitt 5.4).

(B) Falls zwei Bildspeicherbereiche genutzt werden, so brauchen in der Originalbilddatei die Bilddaten nur gelesen zu werden. Zum Aufbau des Resultatsbildes wird eine feste, dafür eingerichtete Bilddatei (im folgenden mit dem Dateinamen 'OUT' gekennzeichnet) verwendet. Diese Lösung hat den Vorteil, keine Bildverschiebung hervorzurufen und dadurch schnellere und weniger fehleranfällige punktweise Bildvergleiche zu ermöglichen. Die in diesem Buch verwendeten Kontrollstrukturen gehen von diesem zweiten Fall aus, weil er anschaulicher ist und sonst keine Nachteile gegenüber dem Fall **(A)** aufweist. Dieser zweite Fall gestattet zum Beispiel die parallele Bildbearbeitung mittels homogener lokaler Operatoren, bei welcher stets nur auf Originalbilddaten zugegriffen wird.

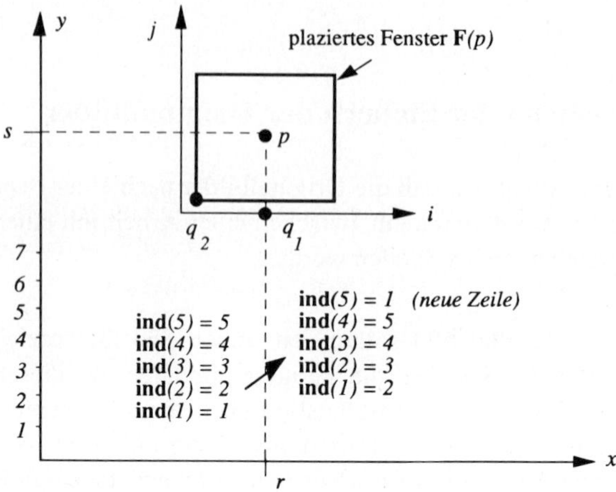

Abbildung 3.4: Geometrische Struktur einer Bildmatrix, in der ein plaziertes $n \times n$ Fenster $\mathbf{F}(p)$ mit Bezugspunkt $p=(r,s)$ eingetragen ist. Unten: Erläuterung der Indexpermutation bei Zeilenwechsel (vgl. Abschnitt 3.2.3).

3.2.3 Einlesen, Zwischenspeichern und Zurückschreiben

Bei der Verarbeitung von Bilddaten, ob skalar oder vektorwertig, können in einigen Fällen nur Bildausschnitte aus dem Bildspeicher (Hintergrundspeicher) in den Arbeitsspeicher übernommen werden, um nach der Bearbeitung wieder zurück in den Bildspeicher geschrieben zu werden. Gründe können ein zu kleiner Arbeitsspeicher (etwa ältere PC's) bzw. zu große Bilder (z.B. in der Fernerkundung 4096×4096 in mehreren Kanälen) sein, die eine vollständige Übertragung von Bildern in den Arbeitsspeicher und eine Arbeit im direkten Zugriff (*random access*) auf diesen Daten unmöglich machen oder erschweren. Dieses Problem ist wegen der Verfügbarkeit billiger und großer Arbeitsspeicher zunehmend zu vernachlässigen, aber immer noch nicht völlig ausgeschlossen. In dieser Ausgabe des Buches soll deshalb die ausschnittsweise Bearbeitung von Bilddaten noch als Variante mit behandelt werden.

Allgemein gesagt ist die Größe und Form solcher Ausschnitte mit dem Algorithmus abzustimmen. Durch die gewählten Formate im Bildspeicher ist es aber naheliegend, die Datensätze (*records*) als elementare Dateneinheiten für Übertragungen zwischen Bildspeicher und Hauptspeicher zu betrachten. Für lokale Operatoren auf Grauwertbildern sind zum Beispiel datensatzweise Bildzeilen zu übertragen, so daß jeweils für das zu betrachtende Bildfenster $\mathbf{F}(f,p)$ alle relevanten Bildwerte im Hauptspeicher stehen.

In einer zunehmenden Anzahl von Anwendungssituationen wird man allerdings (auf der Basis moderner Rechentechnik) auf diese (unten bei **(A)** behandelten) Übertragungen von Bildzeilen verzichten können und im direkten Zugriff arbeiten. Im Falle globaler Operatoren ist dieser wahlfreie Zugriff zu beliebig positionierten Bildpunkten stets wünschenswert (z.B. bei der Berechnung des Voronoi-Diagramms oder der Ausführung einer globalen Fourier-Filterung). Hier sollten die Bilddaten als zweidimensionales Array im Arbeitsspeicher vorhanden sein, wodurch sich eine getrennte Kontrollstruktur für die Behandlung von Bildausschnitten, die in den Arbeitsspeicher zu übernehmen sind, erübrigt.

Auch bei ausreichend verfügbarem Arbeitsspeicher kann eine Zwischenspeicherung von Bildfenstern algorithmisch von Nutzen sein. Hierzu wird unten bei **(B)** eine Linearisierung der Bildfenster-Inhalte in Spiralenform bereitgestellt.

(A) In den in 3.3 folgenden Kontrollstrukturen für Punkt- oder lokale Operatoren ist die Übertragung von Bildzeilen zwischen Bildspeicher und Arbeitsspeicher mit berücksichtigt worden. Beim üblichen Bildformat eines Grauwertbildes von 512×512 Bildpunkten mit 8 Bit/Bildpunkt (256 Graustufen) und bei einer Länge eines Datensatzes von 256 mal 16-Bit-Worte beansprucht eine Bildzeile genau einen Datensatz. Werden Bilddateien, wie üblich, satzweise aus dem Hintergrundspeicher ausgelesen und in ihn zurückgeschrieben, so bietet ein zeilenweiser Bilddatenaustausch zwischen Arbeitsspeicher und Bilddatei eine einfache und schnelle Lösung für die Organisation des gesamten Bildbearbeitungsvorgangs.

Die für Operatoren verwendeten Fenster erfassen i.a. in der Höhe mehrere Zeilen. Beim Übergang von einer Zeile zur nächsten muß also für einen schnellen und korrekten Nachschub der erforderlichen Daten gesorgt werden. Am Ende jeder Zeile müssen außerdem die bearbeiteten Grauwerte dieser Zeile in das Resultatsbild eingeschrieben werden. Für eine Fensterhöhe von n (n ungerade) Zeilen und einen Bezugspunkt in der Fenstermitte werden am Anfang die n ersten Zeilen, d.h. $y = 1, \ldots, n$ in n Pufferspeicherbereiche $BUF(1 \ldots N, j)$ des Arbeitsspeichers, den sogenannten *Zeilenspeicher*, mit $j = 1, \ldots, n$, eingelesen.

In Abb. 3.4 ist ein Beispiel mit n = 5 gezeigt. Am Ende der ersten Zeile erhöht sich die y-Koordinate des Bezugspunktes von 3 auf 4, die Zeile mit y = 2 wird zur untersten Zeile und die neu einzulesende Zeile mit y = 6 wird zur obersten Zeile von $\mathbf{F}(f, p)$. Um diesen Wechsel möglichst schnell mit einem Minimum an Datentransfer durchzuführen, ist es vorteilhaft, die Zeilenkoordinate über die Indizes $\mathbf{ind}(1), \ldots, \mathbf{ind}(n)$ indirekt zu adressieren und beim Zeilenwechsel so weit wie möglich nur die Wertzuweisungen dieser Indizes zu permutieren, d.h. die Zeilennummern modulo n zu behandeln.

Für diese *zyklische Permutation der Zeilenindizes* wird am Anfang zunächst $\mathbf{ind}(j) = j$, $j = 1, \ldots, n,$ gesetzt. Danach werden an jedem Zeilenwechsel lediglich den Indizes $\mathbf{ind}(1)$ bis $\mathbf{ind}(n-1)$ die alten Werte der Indizes $\mathbf{ind}(2)$ bis $\mathbf{ind}(n)$ zugewiesen, so daß jede Zeile nun die Rolle der vorhin um einen Bildpunkt tiefer liegenden Zeile übernimmt. Die neu hinzugekommene Zeile mit $n+1$ als y-Koordinate wird vor der o.g. Permutation der Indizes in den Arbeitsspeicher mit Index $\mathbf{ind}(1)$ eingelesen, wobei die alten Daten überschrieben werden. Nach der Permutation wird der Wert dieses Index dem übriggebliebenen Index **ind**(n) zugewiesen. In dieser Weise ist im Arbeitsspeicher mit dem Index **ind**(1) immer die unterste Zeile von $\mathbf{F}(f,p)$ enthalten, im Arbeitsspeicher mit dem Index **ind**(2) die zweituntersten usw., obwohl, bis auf das Einlesen der neuen Zeile, keine Bilddaten physisch umgespeichert worden sind.

Die *Wahlmöglichkeit zwischen paralleler und sequentieller Bildbearbeitung* führt bei der zeilenweisen Übertragung der Bilddaten zu Konsequenzen. Bei der parallelen Verarbeitung werden die Resultatsgrauwerte einer Bildzeile zunächst in einen *Zeilenpufferspeicher* $BUFOUT(1...M)$ des Arbeitsspeichers geschrieben. Dieser wird dann an jedem Zeilenende in die entsprechende Zeile des Resultats-Bildfiles „OUT" geschrieben. Bei der sequentiellen Verarbeitung werden dagegen die Resultatsgrauwerte direkt in die Zeile $BUF(1...N, k+1)$ des Zeilenspeichers geschrieben, aus der die Eingabewerte derjenigen Zeile (der $(k+1)$-sten Zeile) entnommen werden, in der sich der Bezugspunkt p von $\mathbf{F}(f,p)$ befindet. Am Zeilenende wird dann diese Zeile in die Resultatsbilddatei „OUT" geschrieben.

(B) Unabhängig davon, ob eine zeilenweise Übertragung mit eingeschaltet wird oder nicht, ist es für lokale Operatoren oft algorithmisch sinnvoll, die Grauwerte $f(i, j)$ des aktuellen Bildfensters $\mathbf{F}(f,p)$ in einem Array oder in einer Liste bereitzustellen. Eine Erfassung der Grauwerte $f(i, j)$ des auf dem jeweils aktuellen Bildpunkt p zentrierten Bildfensters $\mathbf{F}(f,p)$ in eine gesonderte ein- oder zweidimensionale Datenstruktur vereinfacht ihre Adressierung und macht die Algorithmen übersichtlicher.

Im Buch werden für das zentrierte *ij* - Koordinatensystem die Grauwerte von $\mathbf{F}(f,p)$ mit der in Abb. 3.5 gezeigten räumlichen Anordnung für die Indizes $z = 1,..., a$, für $a = n^2$ und n ungerade, in einen eindimensionalen Speicherbereich $F(z)$ abgelegt. Unabhängig vom Wert des Parameters n wird an der letzten (a-ten) Stelle des Speicherbereiches der Grauwert $f(p)$ des Bezugspunktes p abgelegt. Die Korrespondenz zwischen dem zentrierten *ij*-Koordinatensystem und Indizes z ist durch eine allgemein vorzugebende Tabelle $\mathbf{xind}(z) = i$, $\mathbf{yind}(z) = j$, für $z = 1,..., a$, bereitzustellen.

Diese Tabelle für das zentrierte *ij*-Koordinatensystem wird in der Kontrollstruktur in Abschnitt 3.3.1 durch entsprechende Datenfelder angegeben.

Für das nicht-zentrierte *ij*-Koordinatensystem ist es dagegen naheliegend, die Grauwerte eines Bildfensters $\mathbf{F}(f,p)$ in einen zweidimensionalen Array $F(i, j)$ abzulegen, dessen Indizes identisch mit den relativen Spalten- und Zeilenkoordinaten $i = 1,..., n$ (von links nach rechts) bzw. $j = 1,..., n$ (von unten nach oben) des Fensters **F** sind.

34	33	32	31	30	29	28
35	15	14	13	12	11	27
36	16	4	3	2	10	26
37	17	5	*a*	1	9	25
38	18	6	7	8	24	48
39	19	20	21	22	23	47
40	41	42	43	44	45	46

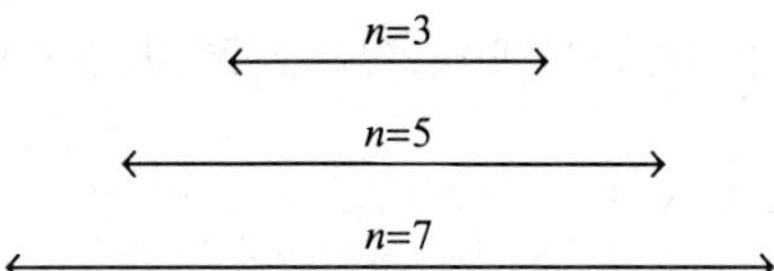

Abbildung 3.5: Dem zentrierten *ij*-Koordinatensystem entsprechende räumliche Anordnung der Indizes der Grauwerte $F(z)$ für $z = 1,\ldots,a$, mit $a = n^2$, im plazierten Fenster $\mathbf{F}(p)$. Die Spirale kann für größere Fenster fortgesetzt werden.

3.3 Kontrollstrukturen

Beim Algorithmenentwurf werden allgemeine Entwurfs-Schemata wie „Teile und Herrsche", Backtracking, dynamische Programmierung u.a.m. betrachtet. Solche Schemata können oft als allgemeine „Rahmenprogramme" definiert werden, in denen nur mit einem allgemeinen Bezeichner versehene Prozeduren zu spezifizieren sind, um ein konkretes Verfahren zu implementieren. Solche Rahmenprogramme sind *Kontrollstrukturen* der Programme. Für einige Klassen von Bildbearbeitungsoperatoren sind spezielle Kontrollstrukturen möglich, wie zum Beispiel für die Klassen der Punkt- oder Fensteroperatoren. Auch manche Operatoren globaler Natur (Kapitel 7) lassen sich mit praktischen Vorteilen auf standardisierte Kontrollstrukturen abbilden.

3.3.1 Lokale Operatoren (zentriert)

Die in Kapitel 6 beschriebenen Fensterfunktionen bzw. Operatorkerne von lokalen Operatoren werden erst dann lauffähig, wenn sie in eine Kontrollstruktur eingebettet sind, die das Verschieben eines Fensters $\mathbf{F}(p)$ über alle Bildpunkte p des Bildes in einer vorgegebenen Reihenfolge steuert und dadurch die Abarbeitung der gesamten Bildfläche bewirkt (*Bildpunkt-Programmschleife*). Eine solche Kontrollstruktur ist variabel mit evtl. geringen Änderungen für verschiedene lokale Operatoren einsetzbar. Die datenabhängigen und/oder ortsabhängigen Entscheidungen, die z.B. die logisch strukturierten Operatorkerne kennzeichnen, werden innerhalb der Bildpunkt-Programmschleife vorgenommen und beeinflussen nicht den Kontrollfluß des Programms. Durch die Vorgabe von Kontrollstrukturen braucht in Kapitel 6 oft nur die Struktur des jeweiligen Operatorkerns beschrieben zu werden, der in der Bildpunkt-Schleife realisiert wird. Die Kontrollstruktur braucht in diesem Kapitel nur dann explizit angegeben zu werden, wenn sie von der hier aufgeführten Standard-Kontrollstruktur (d.h. für zentriertes *ij*-Koordinatensystem) abweicht. Das ist z.B. bei Operatoren mit mehreren Bilddurchläufen der Fall.

Die allgemeine Kontrollstruktur für Fensteroperatoren ermöglicht die Auswahl zwischen verschiedenen quadratischen Fenstern von $n \times n$ Bildpunkten (mit n ungerade) und zwischen einer parallelen oder einer sequentiellen Bearbeitungsweise (s. Kapitel 1 bzw. Glossar). Zur Spezifizierung sind daher entsprechende Eingaben erforderlich, die zu Beginn der Kontrollstruktur, d.h. am Programmanfang abgefragt werden.

Die Wahl zwischen paralleler oder sequentieller Bildbearbeitung mittels eines lokalen Operators erfolgt durch die Eingabe eines Parameters (*PARSEQ* = 0 bzw. 1). In allen Fällen, in denen nur die Parallelverarbeitung in Frage kommt, können aus der allgemeinen Kontrollstruktur einige Programmzeilen eliminiert werden. Diese Zeilen sind in der Kontrollstruktur mit ⊕ gekennzeichnet.

Es sind die folgenden Datenfelder erforderlich:

- **ind**(1...*n*): Die Initialisierungswerte der indirekt adressierten Zeilenindizes sind z.B. für $n = 5$ durch das Datenfeld **DATA ind**(1, 2, 3, 4, 5) gegeben.
- **xind**(1...*a*), **yind**(1...*a*): Felder mit den *ij*-Koordinaten der Bildpunkte eines aktuellen plazierten Fensters **F**(*p*), deren Grauwerte in den Speicherbereich *F*(1...*a*) zu schreiben sind und die als Operatorargumente auftreten (s. Abb. 3.5). Für $n = 5$ ergeben sich beispielsweise die folgenden Datenfelder:

  DATA xind(1, 1, 0, -1, -1, -1, 0, 1, 2, 2, 2, 1, 0, -1, -2, -2, -2, -2, -2, -1, 0, 1, 2, 2, 0);

  DATA yind(0, 1, 1, 1, 0, -1, -1, -1, 0, 1, 2, 2, 2, 2, 2, 1, 0, -1, -2, -2, -2, -2, -2, -1, 0).

Es sind die folgenden Parameter zu initialisieren und die folgenden Bilddateien zu eröffnen:

- Die Fenstergröße n (ungerade) ist einzugeben. Es wird $k := (n-1)/2$ bereitgestellt.
- ⊕ Es ist einzugeben, ob Parallelverarbeitung (*PARSEQ* = 0) oder sequentielle Verarbeitung (*PARSEQ* = 1) gewünscht wird (zu ⊕ vgl. oben).
- Die Bilddateien des Originalbildes *f* (bzw. der Originalbilder, wenn mehrere Bilder bearbeitet werden sollen) und des Resultatsbildes *h* ('OUT') sind zu öffnen.

Die Abarbeitung erfolgt dann nach dem in Abb. 3.6 angegebenen Schema. Anschließend sind alle geöffneten Bilddateien zu schließen.

Die einzelnen Operatorkerne im Kapitel 6 sind in der Kontrollstruktur in Abb. 3.6 an der Stelle „Verarbeitung des Fensters ..." einzusetzen. Die Kontrollstruktur wird in Kapitel 6 bei der Vorstellung einzelner Operatoren jeweils unter dem Punkt (IV) *Durchführung* nur genannt (Standard, d.h. zentriert, oder evtl. nicht-zentriert), aber nicht nochmals explizit aufgelistet. Überall dort, wo eine spezielle Kontrollstruktur vorgeschlagen wird, wird sie jedoch explizit angegeben.

```
        Eingabe der Operator-Parameter und Initialisierungen
        for z := 1 to n do
            Zeile z von f in den Zeilenpufferspeicher BUF(1...M, ind(z)) einlesen;
        for y := k + 1 to N - k do begin
            for x := k + 1 to M - k do begin
                        for z := 1 to a do
                                    F(z) := BUF(x + xind(z), ind(k + 1 + yind(z)));

        Verarbeitung des Bildfensters F(f, (x, y)) mit dem jeweiligen Operatorkern
        Argumente:  F(z) mit 1 ≤ z ≤ a  (oder: F(i, j) mit −k ≤ i, j ≤ k)
        Ergebnis:   Grauwert v

⊕                       if (PARSEQ = 0) then
                                    BUFOUT(x) := v
⊕                       else BUF(x, ind(k + 1)) := v
                        end {for};
⊕           if (PARSEQ = 0) then
                        Zeilenpufferspeicher BUFOUT(1...M) in das Resultatsbildfile 'OUT' in
                                    Zeile y schreiben
⊕           else
⊕                       Zeilenspeicher BUF(1...M, ind(k + 1)) in das Resultatsbildfile 'OUT' in
⊕                                   Zeile y schreiben;
            if (y < N - k) then begin
                        Zeile y + k + 1 aus dem Originalbildfile in den Zeilenspeicher
                                    BUF(1...M, ind(1)) einlesen;
                        LINK := ind(1);
                        for z := 1 to n - 1 do ind(z) := ind(z + 1) ;
                        ind(n) := LINK
                        end {if}
            end {for}
```

Abbildung 3.6: Kontrollstruktur für die Berechnung lokaler Operatoren, wobei eine Zeilen-Zwischenspeicherung, das zentrierte *ij*-Koordinatensystem und die räumliche Zuordnung von Abb. 3.5 für die Fensterinhalte verwendet werden. Die mit ⊕ markierten Zeilen entfallen, falls nur parallele Operatoren realisiert werden sollen.

Aus der Kontrollstruktur sind jene Operationen ausgeklammert, die zur Bereitstellung der Eingabebilddaten für die Operatoren notwendig sind (z.B. Einlesen von einer Videokamera).

Die Kontrollstruktur berücksichtigt den Fall, daß mit einem Hauptspeicher gearbeitet wird, für den ein zeilen- oder spaltenweises Einlesen von Bilddaten als angemessen erscheint. Ohne diese Annahme, d.h. bei der Arbeit in Bilddateien im direkten Zugriff, vereinfacht sich die Konrollstruktur wesentlich, vgl. Abb. 3.7. Das Datenfeld **ind** wird nicht benötigt.

```
Eingabe der Operator-Parameter
for y := k + 1 to N - k do
    for x := k + 1 to M - k do begin
        for z := 1 to a do
            F(z) := f(x + xind(z), y + yind(z));
        Verarbeitung des Bildfensters F(f, (x, y)) mit dem jeweiligen Operatorkern
        Argumente: F(z) mit 1 ≤ z ≤ a (oder: F(i, j) mit −k ≤ i, j ≤ k)
        Ergebnis:  Grauwert v
⊕       if (PARSEQ = 0) then
            h(x, y) := v
⊕       else f(x, y) := v
        end {for}
```

Abbildung 3.7: Kontrollstruktur für die Berechnung lokaler Operatoren (zentriertes *ij*-Koordinatensystem und entsprechende räumliche Anordnung der Fensterinhalte), wobei keine Zeilen-Zwischenspeicherung verwendet wird. Die mit ⊕ markierten Zeilen entfallen, falls nur parallele Operatoren realisiert werden sollen.

3.3.2 Lokale Operatoren (nicht zentriert)

Es ist möglich und i.a. auch empfehlenswert, sich prinzipiell nur für eine Standard-Kontrollstruktur für Fensteroperatoren zu entscheiden (vgl. Kapitel 1: Diskussion der *ij*-Koordinatensysteme). Hier im Buch wurde überwiegend das zentrierte *ij*-Koordinatensystem gewählt. Zur Vollständigkeit soll auch eine Kontrollstruktur für das nicht-zentrierte *ij*-Koordinatensystem (mit der vereinbarten Zwischenspeicherung im zweidimensionalen Feld $F(1...m, 1...n)$ angegeben werden.

In diesem Falle ist zunächst nur folgendes Datenfeld erforderlich:

- **ind**$(1...n)$. Die Initialisierungswerte der indirekt adressierten Zeilenindizes sind z.B. für $n = 5$ durch **DATA ind** = (1, 2, 3, 4, 5) gegeben.

Es sind folgende Parameter zu initialisieren und folgende Bildfiles zu öffnen:

- Die Fenstergröße n (ungerade) ist einzugeben und $k := (n-1)/2$ bereitzustellen.
- ⊕ Es ist einzugeben, ob Parallelverarbeitung ($PARSEQ = 0$) oder sequentielle Verarbeitung ($PARSEQ = 1$) gewünscht wird.
- Die Bilddateien des Originalbildes f (bzw. der Originalbilder, wenn mehrere Bilder bearbeitet werden sollen) und des Resultatsbildes h ('OUT') sind zu öffnen.

```
    Eingabe der Operator-Parameter
    for z := 1 to n do
       Zeile z in den Zeilenspeicher BUF(1...M, ind(z)) einlesen;
    for y := k + 1 to N - k do begin
       for x := k + 1 to M - k do begin
             for j := 1 to n do
                   for i := 1 to n do
                         F(i, j) := BUF(x - k - 1 + i, ind(j));
    Verarbeitung des Bildfensters F(f, (x, y)) mit dem jeweiligen Operatorkern
    Argumente: F(i, j) mit 1 ≤ i, j ≤ n
    Ergebnis:  Grauwert v
⊕            if (PARSEQ = 0) then
                   BUFOUT(x) := v
⊕            else BUF(x, ind(k + 1)) := v
             end {for};
⊕      if (PARSEQ = 0) then
             Zeilenpufferspeicher BUFOUT(1...M) in der Resultatsbilddatei
                   'OUT' in Zeile y schreiben
⊕      else
⊕            Zeilenspeicher BUF(1...M, ind(k+1)) in der Resultatsbilddatei
⊕                  'OUT' in Zeile y schreiben ;
       if (y < N - k) then begin
             Zeile y + k + 1 des Originalbildes in den Zeilenspeicher
                   BUF(1...M, ind(1)) einlesen;
             LINK := ind(1);
             for z := 1 to n - 1 do ind(z) := ind(z + 1);
             ind(n) := LINK
             end {if}
       end {for}
```

Abbildung 3.8: Kontrollstruktur für die Berechnung lokaler Operatoren, wobei eine Zeilen-Zwischenspeicherung und das nicht-zentrierte *ij*-Koordinatensystem verwendet wird. Die mit ⊕ markierten Zeilen entfallen, falls nur parallele Operatoren realisiert werden sollen.

Es ist nach der in Abb. 3.8 angegebenen Kontrollstruktur zu verfahren. Anschließend sind alle geöffneten Bilddateien zu schließen.

Für den Fall, daß keine zeilenweise Zwischenspeicherung erforderlich ist, kann die Vereinfachung der Kontrollstruktur analog zum zentrierten Fall erfolgen.

3.3.3 Punktoperatoren

Für Punktoperatoren ist das plazierte Fenster **F**(p) mit dem Punkt p identisch. Eine Unterscheidung zwischen paralleler und sequentieller Verarbeitung wird damit gegenstandslos und die Kontrollstruktur kann zum Beispiel aus derjenigen des zentrierten ij-Koordinatensystems abgeleitet werden, wenn man dort $n = 1$ und $k = 0$ setzt. Damit kann für lokale und Punktoperatoren einheitlich eine Kontrollstruktur genutzt werden.

Aus Gründen der Zeiteffizienz bzw. der Übersichtlichkeit ist es jedoch zu empfehlen, Punktoperatoren gesondert zu behandeln. Die Bilddateien des Originalbildes f (bzw. der Originalbilder, wenn mehrere Bilder bearbeitet werden sollen) und des Resultatsbildes h ('OUT') sind am Anfang zu öffnen. Für eine Zeilen-Zwischenspeicherung genügt der Zeilenpufferspeicher. In Abb. 3.9 wird eine Kontrollstruktur für Punktoperatoren angegeben, wobei das Einlesen von Bildzeilen einheitlich vor dem jeweiligen Zeilenanfang stattfindet. Anschließend sind die geöffneten Bildfiles zu schließen.

```
Eingabe der Operator-Parameter
for y := 1 to N do begin
    Zeile y aus dem Originalbildfile in den Zeilenpufferspeicher
            BUF(1...M) einlesen;
    for x := 1 to M do begin
Verarbeitung des Grauwertes u := BUF(x) gemäß Transformationsfunktion
Ergebnis:    Grauwert v
            BUFOUT(x) := v
            end {for};
    Zeilenpufferspeicher BUFOUT(1...M) in die Zeile y der Resultatsbilddatei
            'OUT' schreiben
    end {for}
```

Abbildung 3.9: Spezielle Kontrollstruktur für die Berechnung von Punktoperatoren, wobei eine Zeilen-Zwischenspeicherung verwendet wird.

3.4 Prozeduren

In diesem Abschnitt sind Hilfsfunktionen zusammengestellt, die für die Bildbearbeitung (z.B. innerhalb der Definition eines Operators als Unterprozeß) von Interesse sind. Für die einzelnen Prozeduren bzw. Funktionen wird die Gliederung verwendet, die im einleitenden Abschnitt *Hinweise an den Leser* vereinbart wurde.

3.4.1 Prozedur *RND_EQU*

(I) In vielen Programmiersprachen wird eine Funktion für die Generierung von Zufallszahlen angeboten (z.B. *RANDOM* genannt). Falls diese nicht verfügbar ist bzw. falls ein eigener Zufallsgenerator programmiert werden soll, so ist die hier beschriebene Prozedur *RND_EQU* einsetzbar. Dabei sollen als Ausgaben „möglichst gleichverteilte" reelle Zufallszahlen zwischen 0 und 1 erzeugt werden.

Es wird keine Eingabe benötigt bzw. die zuletzt erzeugte Zufallszahl als Eingabe verwendet.

(II) Zufallsgeneratoren werden i.a. über Kongruenzen

$$r_{n+1} := \mathbf{mod}(a \cdot r_n + b, p)$$

realisiert, wobei *a, b* und *p* Konstanten sind, die den Pseudo-Zufallsprozeß charakterisieren, und *mod(z, n)* den Rest der Division *z/n* darstellt. Es wird mit einem Startwert $r_0 = c$ begonnen (*c* wird *seed* genannt). Um Werte *z* zwischen 0 und 1 zu erhalten, wird jeweils

$$z = \frac{r_{n+1}}{p}$$

ausgegeben. Empfehlungen für *a, b, c* und *p*:

- *p* sollte möglichst groß sein, günstig sind Potenzen von 10 oder von 2, z.B. *p = 100.000.000*,
- *a* sollte etwa eine Dezimalstelle weniger als *p* haben, kein spezielles Zahlenmuster (Wiederholungen u.ä.) besitzen und auf ...*k*21 enden, wobei *k* gerade ist, z.B. *a* = 31.415.821,
- *b* sollte zu *p* relativ prim sein, z.B. *b* = 1 (so in der unten angegebenen Prozedur),
- *c* kann beliebig gewählt werden, z.B. kann *c* über die aktuelle Zeitangabe („zufällig") initialisiert werden. Ein gleiches *c* erzeugt natürlich die gleiche Folge von Pseudo-Zufallszahlen.

(III) Bei der Berechnung der Zahl $a \cdot r + b$ kann bereits ein Überlauf erfolgen, selbst wenn *a, r* und *b* im repräsentierbaren Zahlenbereich liegen. Hierzu sei $q = \sqrt{p}$. Dann ist die Summe

$$a \cdot r + 1 (modulo\ p)$$

wie folgt auszuführen: Für $a = q \cdot a_{mult} + a_{rem}$ und $r = q \cdot r_{mult} + r_{rem}$ ist

$$a \cdot r = p \cdot a_{mult} \cdot r_{mult} + q \cdot (a_{mult} \cdot r_{rem} + a_{rem} \cdot r_{mult}) + a_{rem} \cdot r_{rem}$$

und somit

$$\begin{aligned}\mathbf{mod}(a \cdot r + 1, p) &= \mathbf{mod}(q \cdot (a_{mult} \cdot r_{rem} + a_{rem} \cdot r_{mult}) + a_{rem} \cdot r_{rem} + 1, p) \\ &= \mathbf{mod}(q \cdot \mathbf{mod}(a_{mult} \cdot r_{rem} + a_{rem} \cdot r_{mult}, q) + a_{rem} \cdot r_{rem} + 1, p).\end{aligned}$$

(IV) **function** *RND_EQU() : real;*
var *rand: integer;* { globale Variable, mit *c* initialisiert }
begin
a_{mult} := **integer**(a / q); a_{rem} := **mod**(a, q);
r_{mult} := **integer**($rand / q$); r_{rem} := **mod**($rand, q$);
s := $q \cdot$ **mod**($a_{mult} \cdot r_{rem} + a_{rem} \cdot r_{mult}, q$) $+ a_{rem} \cdot r_{rem}$;
$rand$:= **mod**($s + 1, p$); $RAND\_EQU := rand / p$
end *{RND_EQU}*

(V) Schroeder, M. R.: *Number Theory in Science and Communication*, Second enlarged ed., Springer, Berlin, 1986.

3.4.2 Prozedur *RND_NORM*

(I) Es sollen Paare (*x, y*) „möglichst normalverteilter", unkorrelierter reeller Zufallszahlen *x, y* mit Erwartungswert 0 und Streuung 1 erzeugt werden. Dabei wird die Prozedur *RND_EQU* (vgl. Abschnitt 3.4.1) für die Generierung „möglichst gleichverteilter" Zufallszahlen zwischen 0 und 1 vorausgesetzt. Es werden keine Eingaben bzw. die zuletzt mit *RND_EQU* erzeugten Zufallszahlen *r, s* als Eingaben genutzt.

(II) Eine reelle Variable *z*, die *normal-* oder *Gauß-verteilt* ist,

$$\Phi(z) = \frac{1}{\sigma \cdot \sqrt{2\pi}} \cdot \exp\left(-\frac{(z-\mu)^2}{2\sigma^2} \right)$$

mit Erwartungswert μ und Streuung σ^2, kann näherungsweise durch die Summation von gleichverteilten Zufallszahlen (z.B. mindestens sechs) realisiert werden (zentraler Grenzwertsatz).

(III) Für die Generierung von Paaren (x, y) normalverteilter unabhängiger Zahlen x, y kann man bei zwei zentrierten gleichverteilten Zahlen r, s beginnen:

$$r = 2 \cdot RND\_EQU() - 1, \qquad s = 2 \cdot RND\_EQU() - 1.$$

Falls $t = r^2 + s^2 > 1$ oder $t = 0$ ist, so werden neue Werte für r und s bereitgestellt. Für $t \le 1$ sind dann

$$x = \frac{\left(-\frac{2}{t}\ln t\right)^{\frac{1}{2}}}{2} \cdot r \quad \text{und} \quad y = \frac{\left(-\frac{2}{t}\ln t\right)^{\frac{1}{2}}}{2} \cdot s$$

zwei Näherungswerte für normalverteilte Zahlen mit Erwartungswert 0 und Streuung 1. Korrelierte Werte können durch lineare Kombinationen von x und y erhalten werden.

(IV) **procedure** *RND_NORM(x, y: real)*;
```
begin
   repeat
         r := 2·RND_EQU() - 1;      s := 2·RND_EQU() - 1;
         t := r² + s²
   until  ( t ≤ 1 und t > 0);
   temp := (√((-2)ln(t)/t)) / 2;
   x := temp·r;   y := temp·s
end {RND_NORM}
```

(V) Press, W. H., Flannery, B. P., Teukolsky, S. A., Vetterling, W. T.: *Numerical Recipes*, Cambridge University Press, Cambridge, USA, 1988.

3.4.3 Prozedur *MAXMIN*

(I) Für eine Liste von n Zahlen $[u_1, u_2, \ldots, u_n]$ ist das Minimum a und das Maximum b zu berechnen.

Zum Beispiel ist für **L** = [3, 5, 7, 2, 1, 8, 4, 3, 5] das Minimum a = 1 und das Maximum b = 8.

Die Eingaben sind eine Liste **L** von Zahlen und die Anzahl n der Zahlen.

(II) $a = \mathbf{min}\{u_1, \ldots, u_n\}$ und $b = \mathbf{max}\{u_1, \ldots, u_n\}$

(III) Das folgende Programm benötigt für n Zahlen nur $\lceil 3n/2 \rceil - 2$ Vergleiche. Bei einem fortgesetzten Vergleich der nächsten Zahl mit dem bisherigen Maximum und mit dem bisherigen Minimum würden dagegen $2n-2$ Vergleiche erforderlich sein. Falls diese Berechnung wiederholt in Bildfenstern auszuführen ist, kann das angegebene schnelle Verfahren bereits zu einem spürbaren Zeitvorteil führen.
Es wird für **L** angenommen, daß $\mathbf{L}(i) = u_i$. In i_1 und i_2 werden die Positionen von a und b in **L** berechnet, es ist also $\mathbf{L}(i_1) = a$ und $\mathbf{L}(i_2) = b$.

(IV)
```
procedure MAXMIN (L: list_of_numbers; n, i1, i2: integer);
begin
    i1 := 1;  i2 := 1;  a := L(1);  b := L(1);  j1 := 1;
    if (mod(n, 2) ≠ 0) then j1 := 2;
    for i := j1 to n step 2 do
        begin
            k1 := i;  k2 := i + 1;  x1 := L(k1);  x2 := L(k2);
            if (x1 > x2) then
                begin
                    k1 := k2;  k2 := i;
                    x1 := x2;  x2 := L(k2);
                end {if};
            if (x1 < a) then
                begin
                    a := x1;  i1 := k1;
                end {if};
            if (x2 > b) then
                begin
                    b := x2;  i2 := k2;
                end {if}
        end {for}
    end {MAXMIN}
```

(V) Aho, A. V., Hopcroft, J. E., Ullman, J. D.: *The Design and Analysis of Computer Algorithms*, Addison-Wesley, Reading, 1974.

3.4.4 Prozedur *SELECT*

(I) In einer Liste $\mathbf{L} = [u_1, u_2, \ldots, u_n]$ seien n ungeordnete Zahlen gegeben, unter welchen bezüglich der Größe das k-te kleinste Element zu bestimmen ist, $1 \le k \le n$. Für k = 1 ist der gesuchte Wert z.B. das Minimum in **L**, für $k = n$ das Maximum und für $k = [n/2]$ der

Median. Die gesuchte Zahl $ord_k(\mathbf{L})$ soll in der Position k von **L** eingetragen werden. Die Zahlen in **L** können während des Lösungsprozesses permutiert (aber nicht im Wert verändert) werden.
Zum Beispiel folgt für **L** = [5, 2, 3, 7, 2, 5, 4, 8, 5] mit n = 9 dann $ord_1(\mathbf{L}) = 2$, $ord_2(\mathbf{L}) = 2$, $ord_3(\mathbf{L}) = 3$, $\cdot\cdot$, $ord_9(\mathbf{L}) = 8$.
Die Eingaben sind eine Liste **L** von Zahlen, die Anzahl n der Zahlen und die Position k mit $1 \leq k \leq n$.

(II) Zu $\mathbf{L} = [u_1, u_2, \ldots, u_n]$ und $1 \leq k \leq n$ sei genau dann $ord_k(\mathbf{L}) = u$, falls $u \in \mathbf{L}$,

$$\mathbf{card}\{i\colon u_i < u \wedge 1 \leq i \leq n\} < k \quad \text{und} \quad \mathbf{card}\{i\colon u_i > u \wedge 1 \leq i \leq n\} \leq n - k$$

Es ist $ord_k(\mathbf{L})$ zu berechnen.

(III) Falls für eine Berechnung von $ord_k(\mathbf{L})$ erst sortiert wird, so werden i.a. viele unnötige Rechenschritte ausgeführt, falls die sortierte Reihenfolge der Werte in **L** nicht anderweitig von Interesse ist. Im folgenden Verfahren wird keine sortierte Liste **L** erzeugt. Vor der Position k werden nur Elemente von **L** stehen, die kleiner oder gleich $ord_k(\mathbf{L})$ sind; nach der Position k werden Elemente von **L** stehen, die größer oder gleich $ord_k(\mathbf{L})$ sind. Die gesuchte Zahl wird in der Position k von **L** eingetragen.
Der „Suchraum" in der Liste **L** wird nach links durch den Index *left* und nach rechts durch den Index *right* begrenzt. Das gesuchte Element aus **L** befindet sich im Bereich u_{left} bis u_{right}. Falls der Fall $right \leq left$ eintritt, so ist der Suchraum auf ein Element eingeschränkt, welches als Resultat ausgegeben wird. Andernfalls wird im Suchraum (willkürlich) ein Vergleichselement gewählt. Dieses Vergleichselement sei o.B.d.A. jeweils zu Beginn der Betrachtung des Suchraumes das Element u_{right}.

(IV)
```
procedure SELECT(L: list_of_numbers; n, k: integer);
begin
    if (n ≤ 1) then
            return                                   { L ist bereits sortiert }
    else    begin
            left := 1;   right := n;
            while (right > left) do
                    begin
                        v := u_right;  i := left − 1;  j := right + 1;
                        repeat
                                repeat i := i + 1 until u_i ≥ v;
                                repeat j := j − 1 until u_j ≤ v;
                                temp := u_i;  u_i := u_j;  u_j := temp
                        until j ≤ i;
                        u_j := u_i;  u_i := u_right;  u_right := temp;
```

```
                    if (i ≥ k) then right := i − 1;
                    if (i ≤ k) then left := i + 1
            end {while}
      end {else}
end {SELECT}
```

(V) Die Originalarbeit zu *SELECT* ist

Hoare, C. A. R.: *Partition (Algorithm 63), Quicksort (Algorithm 64), and Find (Algorithm 65)*. Comm. ACM **4** (1961), pp. 321 - 322.

Varianten werden behandelt in

Knuth, D. E.: *The Art of Computer Programming. Vol. 3: Sorting and Searching*, Addison-Wesley, Reading, USA, 1975.

Press, W. H., Flannery, B. P., Teukolsky, S. A., Vetterling, W. T.: *Numerical Recipes*, Cambridge University Press, Cambridge, USA, 1988.

3.4.5 Prozedur *QUICKSORT*

(I) Es sind n Zahlen $u_1, u_2, \ldots, u_n$ nach einem asymptotisch schnellen Verfahren zu sortieren (n kann auch große Werte annehmen). Zum Beispiel ist für **L** = [5, 2, 3, 7, 2, 5, 4, 8, 5] mit $n = 9$ die aufsteigend sortierte Liste **L** = [2, 2, 3, 4, 5, 5, 5, 7, 8] auszugeben. Die Eingaben sind eine Liste **L** der n Zahlen und die Anzahl n der Zahlen.

(II) Es ist eine Permutation π der n Zahlen $u_1, u_2, \ldots, u_n$ zu erreichen, so daß

$$u_{\pi(1)} \leq u_{\pi(2)} \leq \ldots \leq u_{\pi(n)}$$

gilt.

(III) Im Sinne der maximal erforderlichen Zeit ist *QUICKSORT* von der Zeitkomplexität $\mathbf{O}(n^2)$, im Sinne des Erwartungswertes (gleiche Wichtung aller möglichen Eingaben von n Zahlen) jedoch $\mathbf{O}(n \log n)$. Der Algorithmus von *QUICKSORT* beruht im wesentlichen auf einer mehrfachen Wiederholung der *SELECT*-Prozedur. Durch die Auswahl des Vergleichselementes v wird die Liste zunächst in eine Liste mit einem linken Teil mit Zahlen kleiner oder gleich Vergleichselement und mit einem rechten Teil mit Zahlen größer Vergleichselement überführt. Dieser Prozeß wird dann rekursiv für linken und rechten Teil wiederholt, bis eine vollständig sortierte Liste erreicht ist. Zur Auflösung der Rekursion wird ein Stack **S** verwendet. Die im Algorithmus angegebene Größe 50 (Stack-Tiefe) dürfte für Aufgabenstellungen im Rahmen der Bildbearbeitung ausreichend sein.

(IV)
```
procedure QUICKSORT(L: list_of_numbers; n: integer);
var       S(1...50): list_of_integers;
begin
   if (n > 1) then begin
   left := 1;  right := n;  p := 2;
   repeat
            if (right > left) then begin
                     v := u_right;  i := left – 1;  j := right + 1;
                     repeat
                              repeat i := i + 1 until u_i ≥ v;
                              repeat j := j - 1 until u_j ≤ v;
                              temp := u_i;  u_i := u_j;  u_j := temp
                     until j ≤ i;
                     u_j := u_i;  u_i := u_right;  u_right := temp;
                     if ((i - left ) > (right - i)) then begin
                              S(p) := left;  S(p+1) := i – 1;  left := i + 1;
                              end {then}
                     else begin
                              S(p) := i + 1;  S(p+1) := right;  right := i - 1;
                              end {else};
                     p := p + 2
                     end {then}
            else begin
                     p := p - 2;
                     if (p > 0) then begin
                              left := S(p);  right := S(p+1)
                              end {if}
                     end {else};
   until p = 0
   end {if}
end {QUICKSORT}
```

(V) Die Originalarbeit zu *QUICKSORT* ist

Hoare, C. A. R.: *Partition (Algorithm 63), Quicksort (Algorithm 64), and Find (Algorithm 65)*. Comm. ACM **4** (1961), pp. 321 - 322.

Variationen (z.B. Auswahl des Vergleichselementes) werden behandelt in

Knuth, D. E.: *The Art of Computer Programming. Vol. 3: Sorting and Searching*, Addison-Wesley, Reading, USA, 1975.

Press, W. H., Flannery, B. P., Teukolsky, S. A., Vetterling, W. T.: *Numerical Recipes*, Cambridge University Press, Cambridge, USA, 1988.

3.4.6 Prozedur *BUBBLESORT*

(I) Es sind n Zahlen $u_1, u_2, \ldots, u_n$ nach einem methodisch einfachen Verfahren zu sortieren (n als klein angenommen). Die Eingaben sind eine Liste **L** von Zahlen und die Anzahl n der Zahlen.

(II) Es ist eine Permutation π der n Zahlen $u_1, u_2, \ldots, u_n$ zu erreichen, so daß

$$u_{\pi(1)} \leq u_{\pi(2)} \leq \ldots \leq u_{\pi(n)}$$

gilt.

(III) Das Verfahren *BUBBLESORT* besitzt die Zeitkomplexität $\mathbf{O}(n^2)$ und ist für kleine Werte von n, etwa $n \leq 16$, zu empfehlen.

(IV)
```
procedure BUBBLESORT(L: list_of_numbers; n: integer);
begin
   for j := n-1 to 1 step -1 do
         for i := 1 to j do
               if (u_{i+1} < u_i) then vertausche u_i und u_{i+1}
end {BUBBLESORT}
```

(V) Aho, A. V., Hopcroft, J. E., Ullman, J. D.: *The Design and Analysis of Computer Algorithms*, Addison-Wesley, Reading, 1974.

3.4.7 Prozedur *BUCKETSORT*

(I) Es sind $a = n \cdot n$ Zahlen (z.B. Grauwerte eines plaziertes Fensters **F**(p)) $w_1, w_2, \ldots, w_a$ zu sortieren, wobei für die Zahlen ein im Verhältnis zu a relativ nicht sehr großer Wertebereich angenommen sei. Für den Wertebereich sei o.B.d.A die Menge $\{0, 1, ..., G-1\}$ vorausgesetzt, $G \geq 2$. Als Eingaben seien a Zahlen $w_1, w_2, \ldots, w_a$ in einem Feld $f(1...n, 1...n)$ und der Feldparameter n angenommen.

(II) Es ist in einer Liste **W** eine Permutation π der a Zahlen $w_1, w_2, \ldots, w_a$ so bereitzustellen, daß

$$0 \leq w_{\pi(1)} \leq w_{\pi(2)} \leq \ldots \leq w_{\pi(a)} \leq G-1$$

gilt.

(III) Dieses Sortierverfahren ist besonders dann von Vorteil, wenn der Wertebereich der zu sortierenden Zahlen (hier die *G* Graustufen) nicht groß ist. Die Anzahl der benötigten Operationen ist $2a + G$, steigt also linear mit a. Zum Beispiel für $G = 256$ sind für $a = 9$, 25 und 49 jeweils 274, 306 und 354 statt 81, 625 und 2401 Operationen wie bei einem n^2-Verfahren (z.B. *BUBBLESORT*), erforderlich. Ein Vorteil ergibt sich also hier im Vergleich zu *BUBBLESORT* ab einer Fenstergröße von 5×5 Bildpunkten.

Zur Durchführung des Ordnungsvorgangs braucht man für das Grauwerthistogramm einen Speicherbereich *hist*(1...*G*) von *G* Speicherplätzen, die nur einmal, am Anfang des Hauptprogramms, auf 0 rückgesetzt werden müssen. Ferner ist ein anderer Speicherbereich *W*(1...*a*) von *a* Speicherplätzen erforderlich, in dem sich am Ende die geordneten Grauwerte $W(1) \leq W(2) \leq \ldots \leq W(a)$ befinden sollen. Zuerst wird z.B. ein Operatorfenster **F**(*p*) abgetastet. Die daraus abgelesenen Grauwerte $u = f(i, j), (i, j) \in \mathbf{F}(p)$, werden als Adressen verwendet, um den Inhalt des jeweils adressierten Speicherplatzes *hist*(*u*) zu inkrementieren. Dann werden im Speicherbereich *hist*( ) systematisch von *hist*(1) bis *hist*(*G*) alle Speicherplätze *hist*(*u*) mit Inhalt ungleich 0 gesucht. Für jeden solchen Speicherplatz wird die Adresse *u* in den Speicherbereich *W*(*r*), angefangen von *W*(1), *W*(2), ... usw., abgelegt. Dann wird *hist*(*u*) dekrementiert und der Vorgang wiederholt bis *hist*(*u*) gleich 0 wird. Dann wird zu *hist*(*u* + 1) übergegangen. Auf diese Weise ist am Ende der Speicherbereich *W* mit den *a* nach steigender Größe geordneten Grauwerten belegt, der Speicherbereich *hist*(*u*) ganz auf 0 rückgestellt und somit für den nächsten Ordnungsvorgang (z.B. für den nächsten Bildpunkt) initialisiert.

(IV)
```
procedure BUCKETSORT(f(1...n, 1...n): array_of_integers;
                              W(1...a): list_of_integers; n: integer);
var hist(1...G): list_of_integers;
begin
                     {Teil 1: Berechnung des Grauwerthistogramms hist}
   for j := 1 to n do                                       {a = n · n}
         for i := 1 to n do
               hist(1 + f(i, j)) := hist(1 + f(i, j)) + 1;
               {hist(u) ist der dem Grauwert u - 1 zugeordnete Speicherplatz}
                     {Teil 2: Auslesen der Grauwerte in die „buckets" W(z)}
   z := 1;
   for u := 1 to G do
         while (hist(u) > 0 ) do begin
               W(z) := u - 1;             {Grauwert u - 1 entspricht hist(u)}
               z := z + 1;  hist(u) := hist(u) - 1
         end {while}
end {BUCKETSORT}
```

(V) Aho, A. V., Hopcroft, J. E., Ullman, J. D.: *The Design and Analysis of Computer Algorithms*, Addison-Wesley, Reading, 1974.

3.4.8 Prozedur *FFT*

(I) Für einen Vektor **f**, bestehend aus *n* komplexen oder reellen Zahlen *f*(0), *f*(1),..., *f*(*n*-1), ist die Fourier-Transformierte zu berechnen, welche ein Vektor **F**, bestehend aus *n* komplexen Zahlen *F*(0), *F*(1),..., *F*(*n*-1), ist. Die Anzahl *n* wird als Zweierpotenz vorausgesetzt. Die Eingaben sind *n* komplexe oder reelle Zahlen *f*(0), *f*(1),..., *f*(*n*-1) und die Anzahl *n* .

(II) Für *n* komplexe Zahlen *f*(0), *f*(1),..., *f*(*n*-1) ist die *Fourier-Transformation* durch die Gleichungen

$$f(u) = \frac{1}{n} \cdot \sum_{x=0}^{n-1} f(x) \mathbf{exp}\left(\frac{-i2\pi xu}{n}\right), \quad u = 0, 1, \ldots, n-1$$

definiert, wobei $i = \sqrt{-1}$. Die *inverse Fourier-Transformation* für *n* komplexe Zahlen *F*(0), *F*(1), ..., *F*(*n*-1) ist durch die Gleichungen

$$f(x) = \sum_{u=0}^{n-1} F(u) \mathbf{exp}\left(\frac{i2\pi xu}{n}\right), \quad x = 0, 1, \ldots, n-1$$

definiert.

(III) Fourier-Transformation *FT* und inverse Fourier-Transformation FT^{-1} ergeben für reellwertige Eingabevektoren i.a. komplexwertige Resultatsvektoren, es ist also erforderlich, insgesamt im Bereich der komplexen Zahlen $z = z_1 + i \cdot z_2$ zu rechnen, mit $i = \sqrt{-1}$. Für beliebige Eingabevektoren $\mathbf{f} = (f(0), f(1), \ldots, f(n-1))$ und entsprechende Resultatsvektoren $\mathbf{F} = (F(0), F(1), \ldots, F(n-1))$ mit $\mathbf{f} = FT^{-1}(\mathbf{F})$ und $\mathbf{F} = FT(\mathbf{f})$ gilt stets

$$\mathbf{f} = FT^{-1}(FT(\mathbf{f})) \text{ und } \mathbf{F} = FT(FT^{-1}(\mathbf{F})).$$

Diese ideale Umkehrung kann zur Überprüfung der realisierten Prozedur verwendet werden, wobei allerdings zu beachten ist, daß durch numerische Ungenauigkeiten bei der Berechnung der Einheitswurzel-Potenzen

$$W^k = \mathbf{exp}\left(\frac{-i2\pi k}{n}\right) \text{ bzw. } W^{-k} = \mathbf{exp}\left(\frac{i2\pi k}{n}\right)$$

gewisse Abweichungen toleriert werden müssen. Falls die Vektorlänge keine Zweierpotenz ist, so können die Vektoren z.B. durch weitere Elemente (z.B. identisch 0) bis zur Länge der Zweierpotenz „aufgefüllt" werden.

Bei der angegebenen Prozedur werden die *n* komplexen Zahlen $f(x) = f_1(x) + i \cdot f_2(x)$, $x = 0, 1, \ldots, n-1$, im selben Speicherbereich („am Ort") in der Zeit $\mathbf{O}(n \log n)$ in die Fourier-Transformierte **F** überführt, wobei zunächst eine Umsortierung der Eingabewerte erfolgt (gemäß Bit-Inversion, um den anschließenden Transformationsteil einfach strukturiert ausführen zu können) und dann die eigentliche Transformation. Auf die eigentlich (gemäß obiger Formel) erforderliche Division der Transformationsresultate durch n wird hier verzichtet.

```
(IV) procedure FFT(f: vector_of_complex_numbers; n: power_of_2);
     var temp, unit, root: complex_number;
     begin
       j := 0;
       for i := 0 to n - 2 do  begin                 {Umsortierung der Eingabewerte}
             if (i < j) then begin
                   temp := f(j);  f(j) := f(i);  f(i) := temp
             end {if};
             k := n/2;
             while (k ≤ j) do  begin
                   j := j - k;   k := k/2
             end {while};
             j := j + k
       end {for}
       m := log2 n;
       for k := 1 to m do begin                                  {Transformation}
             p := 2^k;
             root := 1;  unit := cos(2π / p) − √−1 · sin(2π / p);  {komplexe Zahlen}
             for j := 1 to p/2 do begin
                   for i := j - 1 to n - 1 step p do begin
                         ip := i + p / 2;  temp := f(ip) · root;
                         f(ip) := f(i) − temp;  f(i) := f(i) + temp
                   end {for};
                   root := unit · root;
             end {for};
        end {for};
     end {FFT}
```

Achtung: In dieser Prozedur wurde für die Vektorwerte eine Indizierung von 0 bis n-1 angenommen. Für eine Bildzeile oder Bildspalte (z.B. innerhalb eines Bildfensters) ist eine Indizierung von 1 bis n sinnvoll. In diesem Fall ist bei der Umsortierung mit $j := 1$ zu beginnen, für den Index i der Laufbereich 1 bis n-1 zu verwenden und (!) in der **while**-Schleife der Test „$k < j$?" zu verwenden. Bei der Transformation ist nur für den Index i der Laufbereich auf j bis n festzusetzen.

(V) Die interessante Entwicklungsgeschichte der ursprünglichen schnellen Fouriertransformation ist bei

Cooley, J. M., Lewis, P. A., Welch, P. D.: *History of the fast Fourier transform*. Proc. IEEE **55** (1967), pp. 1675 - 1677.

nachzulesen. Der Algorithmus wurde populär durch die Arbeit

Cooley, J. M., Tukey, J. W.: *An algorithm for the machine calculation of complex Fourier series*. Math. Comp. **19** (1965), pp. 297 - 301.

3.4.9 Prozedur *FWT*

(I) Für einen Vektor **f**, bestehend aus *n* reellen Zahlen *f(0), f(1),..., f(n-1)*, ist die Walsh-Transformierte zu berechnen, welche ein Vektor **W**, bestehend aus *n* reellen Zahlen *W*(0), *W*(1), ..., *W*(*n*-1), ist. Die Anzahl *n* wird als Zweierpotenz vorausgesetzt, $n = 2^m$. Die Eingaben sind *n* reelle Zahlen *f*(0), *f*(1), ..., *f*(*n*-1) und die Anzahl *n* .

(II) Für $n = 2^m$ reelle Zahlen *f*(0), *f*(1), ..., *f*(*n*-1) ist die *Walsh-Transformation* durch die Gleichungen

$$W(u) = \frac{1}{n} \cdot \sum_{x=0}^{n-1} f(x) \prod_{i=0}^{m-1} (-1)^{B(m,\, i,\, x,\, u)}, \quad u = 0, 1, \ldots, n-1$$

definiert, mit der Exponentenfunktion

$$B(m, i, x, u) = b_i(x) b_{m-1-i}(u),$$

wobei $b_k(v)$ das *k*-te Bit in der Binärrepresentation einer nicht-negativen ganzen Zahl *v* ist. Zum Beispiel gilt für *n* = 8, d.h. *m* = 3, und *v* = 3, d.h. binär 011, $b_0(v) = 1$, $b_1(v) = 1$ und $b_2(v) = 0$. Die Werte von *f* werden also in der Transformationsformel nur mit +1 oder mit -1 multipliziert.

Die *inverse Walsh-Transformation* für *n* reelle Zahlen *W*(0), *W*(1), ..., *W*(*n*-1) ist durch die Gleichungen

$$f(x) = \sum_{u=0}^{n-1} W(u) \prod_{i=0}^{m-1} (-1)^{B(m,\, i,\, x,\, u)}, \quad u = 0, 1, \ldots, n-1$$

definiert.

(III) Die Walsh-Transformation *WT* und die inverse Walsh-Transformation WT^{-1} können im Bereich der reellen Zahlen ausgeführt werden. Für die Walsh-Transformation ist also gegenüber der Fourier-Transfomation keine Verdoppelung des Bildspeicherbereiches (dort für den Imaginärteil) erforderlich. Da für die Walsh-Transformation auch ein schneller Algorithmus (*FWT* von „fast Walsh transform") mit der Zeitkomplexität

$\mathbf{O}(n \log n)$ existiert, ist i.a. auch ein in etwa nur halber Zeitbedarf (und i.a. sogar besser, da man sich bei ganzzahligen Grauwerten nur im Bereich der *integer*-Arithmetik bewegt) für die Ausführung einer Walshtransformation gegenüber der Ausführung einer Fourier-Transformation festzustellen. Zumindest für relativ kleine Werte von n (etwa $n \leq 64$) können die Transformationsresultate angenähert analog zu den Resultaten der Fouriertransformation interpretiert werden. Anstelle von Frequenzanteilen bei der Fouriertransformation wird hier von *Sequenzanteilen* gesprochen. Für beliebige Eingabevektoren $\mathbf{f} = (f(0), f(1), \ldots, f(n-1))$ und entsprechende Resultatsvektoren $\mathbf{W} = (W(0), W(1), \ldots, W(n-1))$ mit $\mathbf{f} = WT^{-1}(\mathbf{W})$ und $\mathbf{W} = WT(\mathbf{f})$ gilt stets

$$\mathbf{f} = WT^{-1}(WT(\mathbf{f})) \quad \text{und} \quad \mathbf{W} = WT(WT^{-1}(\mathbf{W})).$$

Rundungsfehler sind hier zum Beispiel bei der Division durch n möglich, die im Prozeß der Hin- und Rücktransformation insgesamt einmal auszuführen ist. (Es könnte auch bei Hin- und Rücktransformation jeweils durch $\sqrt{n}$ geteilt werden.)

Bei der angegebenen Prozedur werden die n reellen oder ganzen Zahlen $f(x)$, $x = 0, 1, \ldots, n-1$ im selben Speicherbereich („am Ort") in der Zeit $\mathbf{O}(n \log n)$ in die Walsh-Transformierte $\mathbf{W}$ überführt. Zunächst erfolgt, wie bei der oben angegebenen Prozedur *FFT*, eine Umsortierung der Eingabewerte (gemäß Bit-Inversion, um den anschließenden Transformationsteil einfach strukturiert ausführen zu können) und dann die eigentliche Transformation.

```
(IV) procedure FWT(f: vector_of_reals; n: power_of_2);
     begin
       j := 0;
       for i := 0 to n - 2 do  begin                    {Umsortierung wie bei FFT}
                 if (i < j) then begin
                           temp := f(j);   f(j) := f(i);   f(i) := temp
                 end {if};
                 k := n/2;
                 while (k ≤ j) do begin
                           j := j − k;   k := k / 2
                 end {while};
                 j := j + k
       end {for}
       m := log₂ n;
       for k := 1 to m do begin                         {Transformation}
                 p := 2^k;
```

```
for j := 1 to p/2 do begin
    for i := j - 1 to n - 1 step p do begin
        ip := i + p / 2;  temp := f(ip);
        f(ip) := f(i) - temp;  f(i) := f(i) + temp
    end {for};
end {for};
end {for};
end {FWT}
```

Achtung: In dieser Prozedur wurde, wie bei der Prozedur *FFT*, für die Vektorwerte eine Indizierung von 0 bis *n*-1 angenommen. Für eine Indizierung von 1 bis *n* sind die bereits dort genannten Modifizierungen erforderlich.

(V) Die Definition der Walsh-Transformation erfolgt in der Literatur nicht einheitlich. Die obigen Ausführungen orientieren sich an

Gonzalez, R. C., Wintz, P.: *Digital Image Processing*. Addison-Wesley, Reading, 1977.

3.4.10 Prozedur *BRESENHAM*

(I) Für zwei Bildpunkte p_1 und p_2 des Bildträgers (d.h. mit ganzzahligen Koordinaten) ist auf der Rastergrafik eine p_1 und p_2 verbindende (digitale) Strecke zu erzeugen.

(II) Durch zwei Punkte $p_1 = (x_1, y_1)$ und $p_2(x_2, y_2)$ ist eine Gerade

$$y = \frac{y_2 - y_1}{x_2 - x_1} \cdot x + \frac{y_1 \cdot x_2 - y_2 \cdot x_1}{x_2 - x_1}$$
$$= s \cdot x + c$$

definiert. Es wird die Strecke $p_1 p_2$ betrachtet. Eine *digitale Strecke* ist eine endliche Menge von Gitterpunkten des Orthogonalgitters, die bei Digitalisierung einer Strecke der euklidischen Ebene gemäß *Gitterschnittpunktdigitalisierung* (jeweils nächstgelegener Gitterpunkt wird der digitalen Strecke zugeordnet) entsteht. Diese Menge besitzt (bis auf Extremfälle) zwei eindeutig bestimmbare Endpunkte, die Punktmenge der digitalen Strecke ist ein 8-*Weg* von einem dieser Endpunkte zum anderen. Die digitale Strecke kann mit diesem 8-Weg identifiziert werden (also auch die Reihenfolge der Punkte eingeschlossen).

(III) Für einen Weg auf der Rastergrafik von einem Punkt $p_1 = (x_1, y_1)$ zu einem Punkt $p_2 = (x_2, y_2)$ sind in Folge „kleine“ Schritte von Pixel zu Pixel auszuführen. Diese Elementarschritte können auf achsenparallele Schritte beschränkt sein (*4-way-stepping*) oder auch Diagonalschritte einschließen (*8-way-stepping*). Letzterer Fall ist die übliche

Annahme für die Darstellung von digitalen Kurven und wird auch hier im Streckenalgorithmus zugrunde gelegt. Für eine digitale Strecke von p_1 nach p_2 sind dabei neben p_1 und p_2 noch

$$\mathbf{max}\{|x_1 - x_2|, |y_1 - y_2|\} - 1$$

„neue" Punkte auf der Rastergrafik anzuzeigen. Für die Anzeige eines Bildpunktes $p = (x, y)$ sei eine Prozedur **marker**(x, y) als gegeben angenommen. Im Algorithmus sind für eine digitale Strecke zunächst vier Subtraktionen und eine Multiplikation mit *2* zu realisieren und dann für jeden neuen Punkt eine Anzeige (mit **marker**), ein Test, eine Addition, eventuell ein Inkrement und wieder ein Test. Alle Berechnungen sind auf *integer* beschränkt.

```
(IV) procedure BRESENHAM (p1, p2: integer_point);      { p1 = (x1, y1), p2 = (x2, y2) }
     var x, y, dx, dy, error, c1, c2: integer;
     begin          {Rückführung der Oktanten 3, 4, 5, 6 auf die Oktanten 1, 2, 7, 8}
       if (x1 > x2) then begin
             x := x1;  x1 := x2;  x2 := x;
             y := y1;  y1 := y2;  y2 := y;
       end {if};
       dx := x2 - x1;  dy := y2 - y1;
       x := x1;  y := y1;
       if (dy > 0) then
             if (dx ≥ dy) then begin                                    {Oktant 1}
                   c1 := 2·dy;  error := c1 - dx;  c2 := error - dx;
                   repeat
                         marker(x,y);
                         inc (x);
                         if error < 0 then error := error + c1
                         else  begin
                               inc(y); error := error + c2;
                         end {if}
                   until x > x2
                   end {then}
             else  begin                                                {Oktant 2}
                   c1 := 2·dx;  error := c1 - dy;  c2 := error - dy;
                   repeat
                         marker(x,y);
                         inc (y);
                         if error < 0 then error := error + c1
                         else     begin
                               inc(x); error := error + c2;
                         end {if}
                   until y > y2
```

```
                    end {else}
     else      begin
               dy := -dy;
               if (dy > dx) then begin                                    {Oktant 7}
                    c1 := 2·dx;   error := c1 - dy;   c2 := error - dy;
                    repeat
                          marker(x,y);
                          dec (y);
                          if error < 0 then error := error + c1
                          else      begin
                                    inc(x); error := error + c2;
                          end {if}
                    until y < y2
                    end {then}
               else     begin                                             {Oktant 8}
                    c1 := 2·dy;   error := c1 - dx;   c2 := error - dx;
                    repeat
                          marker(x,y);
                          inc (x);
                          if error < 0 then error := error + c1
                          else      begin
                                    dec(y); error := error + c2;
                          end {if}
                    until x > x2
                    end {else}
  end {BRESENHAM}
```

(V) Die Originalarbeit ist

Bresenham, J. E.: *Algorithm for computer control of a digital plotter.* IBM System J. **4** (1965), pp. 25 - 30.

In Computergrafik-Büchern wird zumeist nur der Fall eines Oktanten behandelt. Die obige allgemeine Form ist hieraus abzuleiten, vgl. z.B.

Fellner, W. D.: *Computer Grafik.* Wissenschaftsverlag, Mannheim, 1988.

3.5 Literaturhinweise

Zu den einzelnen Prozeduren wurden Literaturhinweise gleich unter dem jeweiligen Punkt (V) angegeben. Für den Entwurf rechenzeitgünstiger Algorithmen werden allgemeine methodische Fragen und konkrete Beispiele interessanter Algorithmen, zumeist für mathematische Berechnungsprobleme, zum Beispiel in den Lehrbüchern

Aho, A. V., Hopcroft, J. E., Ullman, J. D.: *The Design and Analysis of Computer Algorithms*, Addison-Wesley, Reading, 1974.

Horowitz, E.; Sahni, S.: *Fundamentals of Computer Algorithms*, Computer Science Press, Rockville, 1978.

Knuth, D.E.: *The Art of Computer Programming. Vol. 3: Sorting and Searching*, Addison-Wesley, Reading, USA, 1975.

Preparata, F. P., Shamos, M. I.: *Computational Geometry*, Springer, New York, 1985.

Townsend, M.: *Discrete Mathematics: Applied Combinatorics and Graph Theory*, Benjamin/Cummings, Menlo Park, 1987.

behandelt. Speziell zur Effizienz von Lösungen für die Bildverarbeitung kann auf

Klette, R.: *Algorithmen und Programme*. AUTBILD'85/3, Friedrich-Schiller-Universität Jena 1985, pp. 7 - 61.

Klette, R.: *Entwurf und Analyse effizienter Algorithmen*. AUTBILD'87, Friedrich-Schiller-Universität Jena 1987, pp. 114-153.

Klette, R.: *Entwurf und Analyse von Algorithmen*. AUTBILD´90/4, Technische Universität Dresden, Informatikzentrum, 1990, pp. 6 - 85.

Miklosko, J., Vajtersic, M., Vrto, I., Klette, R.: *Fast Algorithms and Their Implemen tation on Specialized Parallel Computers*. North-Holland, New York, 1989.

Voss, K., Klette, R.: *Zeiteffektive Algorithmen zur Objektisolierung mittels lokaler Operatoren*. EIK **17** (1981), pp. 539 - 553.

verwiesen werden. Eine Zusammenstellung zahlreicher Prozeduren ist mit

Press, W. H., Flannery, B. P., Teukolsky, S. A., Vetterling, W. T.: *Numerical Recipes*, Cambridge University Press, Cambridge, USA, 1988.

gegeben (es existieren Sprachversionen für *C*, *Pascal* und *FORTRAN*). Zur Dekomposition homogener lokaler Operatoren mit linearer Fensterfunktion wurde in

Kruse, B.: *Design and implementation of a picture processor*. Linköping Studies in Science and Technology Dissertations No. **13**, Linköping University, 1977.

die Grundidee (eineindeutige Darstellung linearer Operatorkerne durch Polynome und Faktorisierung von Polynomen) angegeben. Die Aktualisierungsmethode für lokale Operatoren wurde in

Klette, R., Sommer, G.: *Ein Filtersystem für die automatisierte Szintigrammverarbei tung*, Proceed. „Digitale Bildverarbeitung“, Weißig bei Rathen, Wiss. Beiträge der TU Dresden, 1984, pp. 36-37.

Tyan, S. G.: *Median filtering, deterministic properties*, in: Huang, T. S. (ed.), *Two-Dimensional Digital Signal Processing II. Transforms and Median Filters*, Springer, Berlin, 1981.

genutzt. Allgemein zu Grafikformaten sind die Bücher

Born, G.: *Referenzhandbuch Dateiformate*, 2. Auflage. Addison-Wesley, Bonn, 1992.

Pohl, M., Eriksdotter, H.: *Die wunderbare Welt der Grafikformate*. Wolframs Fachverlag, München, 1991.

verwiesen werden. Zu Fragen der Bilddatenspeicherung, speziell im Kontext der Bildverarbeitung, kann auf

Schlicht, H. J.: *Digitale Bildverarbeitung mit dem PC*. Addison-Wesley, Bonn, 1993.

Völz, H.: *Komprimierung von Bilddateien*. Nachrichtentechnik - Elektronik **43** (1993), S. 72 - 74 und S. 126 - 128.

verwiesen werden.

4 Koordinatentransformationen und geometrische Operatoren

Bei verschiedenen Bildoperatoren besteht das Ziel weniger in einer Veränderung der Bildwerte, sondern vordergründig in einer bestimmten geometrischen Abbildung eines gegebenen Bildes oder Bildausschnittes in die Bildebene. Diese Abbildung kann z.B. eine Verkleinerung, eine Verschiebung (Translation), eine Drehung (Rotation), eine Spiegelung (Inversion), eine geometrische Anpassung zweier Bilder (etwa um die Deckungsgleichheit der dargestellten Bildstrukturen zu erreichen) oder eine Aneinanderfügung benachbarter Bildausschnitte sein. Dabei wird i.a. auch eine gewisse Korrektur oder Angleichung von Bildwerten erforderlich sein.

Ein geometrischer Operator kann bezüglich der auszuführenden Bildpunktzuordnung durch die Angabe einer Koordinatentransformation definiert werden, vgl. Abschnitt 1.4.1. Für Eingabebild f und Resultatsbild h gilt bei einer eineindeutigen Abbildung K dann $h(x, y) = f(K(x, y))$. Es ist gebräuchlich, diese Koordinatentransformation direkt für das Resultatsbild anzugeben. Für die vertikale Spiegelung (d.h. vertikale Richtung der Spiegelung bzw. Austausch von Zeilen) mit der Koordinatentransformation $ver(x, y) = (x, N - y + 1)$ bedeutet dies beispielsweise, daß für das Resultatsbild h für $1 \le x, y \le N$ stets

$$h(x, y) = f(ver(x, y)) = f(x, N - y + 1)$$

gilt. Durch diese Vorgehensweise bei geometrischen Bildtransformationen nach dem Schema „$h(x, y) = f(K(x, y))$" wird für die Bildpunkte (x, y) im Resultatsbild h in Folge für alle Punkte (x, y) die Koordinatentransformation ausgeführt und dann der Bildwert $h(x, y)$ aus dem oder den relevanten f-Werten bestimmt bzw. anderweitig definiert. Dieses Schema soll *Rückwärtstransformation* genannt werden. Hier ist durch das Verfahren eine vollständige Belegung aller Bildpunkte (x, y) in h mit Bildwerten gesichert.

Eine andere Variante ist durch das Schema „$h(x^*, y^*) = h(K^{-1}(x, y)) = f(x, y)$" skizziert: Für Koordinaten (x, y) im Eingabebild f werden zunächst die neuen Koordinaten $K^{-1}(x, y) = (x^*, y^*)$ für h bereitgestellt, um dann zu entscheiden, wie die Bildwerte von f auf die erhaltenen neuen Bildpunktkoordinaten zu „verteilen" sind. Dieses Schema soll *Vorwärtstransformation* genannt werden. Hier ist durch das Verfahren nicht gesichert, daß alle Bildpunkte in h mit Werten belegt werden.

Geometrische Operatoren werden im folgenden vorzugsweise in der Form einer Rückwärtstransformation definiert.

Bei einer Koordinatentransformation in einem Speicherbereich muß gesichert werden, daß später noch zu transformierende Originalgrauwerte nicht zuvor bereits überschrieben werden. Im weiteren ist bei den einzelnen Operatoren zu beachten, ob zwei Speicherbereiche für f und h verwendet werden, vgl. Abschnitt 3.2.2, oder die Transformation „am Ort" in f erfolgt.

Falls das Eingabebild f und das (eventuell zusätzlich angenommene) Resultatsbild h vollständig im Arbeitsspeicher enthalten sind (d.h. direkter Bilddatenzugriff), so können die gewünschten Koordinatentransformationen direkt gemäß Abbildung K ausgeführt werden. Die unmittelbare geometrische Transformation im Arbeitsspeicher ist z.B. auch dann möglich, wenn nur „kleinere" Bildausschnitte (rechteckige Bildfenster, kreisförmige Bildfenster u.ä.) geometrisch transformiert werden sollen. Für den Fall, daß die Bilddaten nicht vollständig im Arbeitsspeicher enthalten sind, wurde in Abschnitt 3.2.3 unter **(A)** angenommen, daß immer nur einzelne Bildzeilen (oder Bildspalten) von f bzw. von h in den Arbeitsspeicher übernommen werden können. In den Abschnitten 4.1 und 4.2 werden die geometrischen Transformationen unter Beachtung dieser (die Implementierung der Transformation erschwerenden) Annahme dargelegt. Bei einer Arbeit im direkten Datenzugriff sind die in diesen Abschnitten angegebenen Prozeduren dagegen in naheliegender Weise zu vereinfachen.

4.1 Eineindeutige Koordinatentransformationen

Es sei angenommen, daß das Resultatsbild h aus dem Eingabebild f allein durch eine Koordinatentransformation K abgeleitet werden soll. Die Bildwerte für h sollen unverändert aus f übernommen werden.

Hier sind prinzipiell im Bildraster **R**, welches ein Ausschnitt des orthogonalen Gitters ist, nur einige wenige Koordinatentransformationen problemlos definierbar. Für Bildrotationen oder diagonale Spiegelungen ist dabei $M = N$ vorauszusetzen.

Die eineindeutigen Koordinatentransformationen innerhalb des $N \times N$-Rasters **R** sind in folgender Liste angegeben:

$ver(x, y)$	$=$	$(x, N-y+1)$	vertikale Spiegelung (s. 4.1.1),
$hor(x, y)$	$=$	$(N-x+1, y)$	horizontale Spiegelung (s. 4.1.1),
$dia(x, y)$	$=$	(y, x)	diagonale Spiegelung,
$rot(x, y)$	$=$	$(y, N-x+1)$	Drehung um 90° (s. 4.1.3),
$rot^2(x, y)$	$=$	$(N-x+1, N-y+1)$	Drehung um 180° (s. 4.1.1),
$rot^3(x, y)$	$=$	$(N-y+1, x)$	Drehung um 270°,
$tor(x, y)$	$=$	$(N-y+1, N-x+1)$	Drehung und Spiegelung.

Die Drehungen erfolgen um den Bildmittelpunkt im Gegenuhrzeigersinn. Zur Vervollständigung sei noch die identische Abbildung genannt, $id(x, y) = (x, y)$.

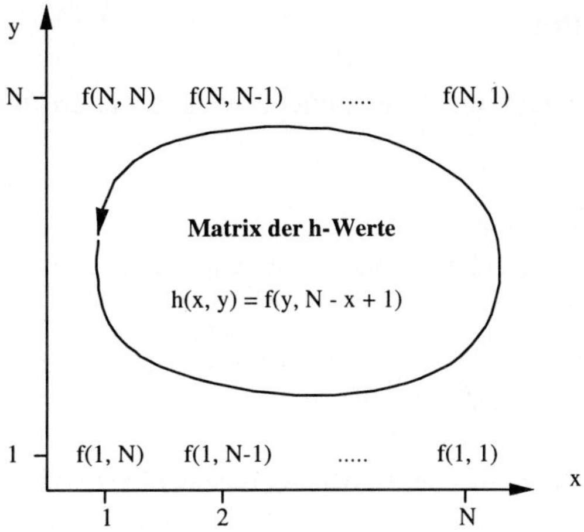

Abbildung 4.1: Die Positionen der ursprünglichen *f*-Werte im Resultatsbild *h* gemäß Rotation $h(x,y) = f(rot(x,y))$ illustrieren, daß derart eine Bilddrehung im Gegenuhrzeigersinn ausgeführt wird.

Diese acht Koordinatentransformationen des $N \times N$-Rasters bilden im mathematischen Sinne eine Gruppe. Beliebige Hintereinanderausführungen ergeben wieder eine der acht Koordinatentransformationen[1]. Zum Beispiel gilt $rot = hor \cdot dia$ (d.h., erst gemäß *hor*, dann gemäß *dia*) wegen

$$hor \cdot dia(x,y) = dia(hor(x,y)) = dia(N-x+1,y) = (y, N-x+1) = rot(x,y).$$

Bei diesen Koordinatentransformationen ist zu beachten, daß sie hier für eine Rückwärtstransformation angegeben werden. In Abb. 4.1 wird zum Beispiel demonstriert, daß die Koordinatentransformation *rot* eine Drehung im Gegenuhrzeigersinn bewirkt. Würde dagegen das Schema $h(rot(x,y)) = f(x,y)$ verwendet, so würde eine Drehung im Uhrzeigersinn ausgeführt.

1 Diese Gruppe wurde in [Klette, R.: A parallel computer for digital image processing. EIK **15** (1979), pp. 237 - 263] betrachtet. Es gilt

$$\begin{array}{lllllll}
id & = & ver \cdot dia \cdot rot & = & ver^2 & = & hor^2 = dia^2, \\
ver & = & dia \cdot rot & = & dia \cdot hor \cdot dia & = & hor \cdot rot^2, \\
hor & = & rot \cdot dia & = & dia \cdot ver \cdot dia & = & ver \cdot rot^2, \\
dia & = & rot \cdot ver & = & hor \cdot rot, & & \\
rot & = & dia \cdot ver & = & hor \cdot dia, & & \\
rot^2 & = & ver \cdot hor & = & hor \cdot ver, & & \\
rot^3 & = & ver \cdot dia & = & dia \cdot hor & & \text{sowie} \\
tor & = & rot \cdot hor & = & ver \cdot rot & = & dia \cdot ver \cdot hor.
\end{array}$$

4.1.1 Bildspiegelung

(I) Das Bild f wird „am Ort“ um seine mittlere waagerechte und/oder senkrechte Achse gespiegelt.

Attribute:
Bild: beliebig, M und N gerade
Operator: geometrisch (Spiegelung) ohne Bildwertmodifizierung

Eingaben:
Angabe, ob eine Spiegelung in horizontaler (VAR = 1), vertikaler (VAR = 2) oder in beiden Richtungen (VAR = 3) stattfinden soll

(II) Für das (im Speicherbereich von f erzeugte) Resultatsbild h gilt

$$h(x,y) = \begin{cases} f(M-x+1, y), & \text{wenn} \quad VAR = 1 \text{ (Funktion } hor\text{)} \\ f(x, N-y+1), & \text{wenn} \quad VAR = 2 \text{ (Funktion } ver\text{)} \\ f(M-x+1, N-y+1), & \text{wenn} \quad VAR = 3 \text{ (Funktion rot}^2\text{)} \end{cases}$$

(III) Die Spiegelung in horizontaler Richtung erfolgt durch Speicherplatzaustausch innerhalb des Zeilenspeichers $BUF1(1...M)$. Für die Spiegelung in vertikaler Richtung wird ein zusätzlicher Zeilenspeicher $BUF2(1...M)$ als Zwischenspeicher verwendet.

(IV) *Kontrollstruktur:* hier explizit angegeben

```
if (VAR = 1 oder VAR = 3) then
   for y := 1 to N do begin
         Zeile y in Zeilenspeicher BUF1(1...M) einlesen;
         for x := 1 to M/2 do begin
               u := BUF1(x);
               BUF1(x) := BUF1(M - x + 1);
               BUF1(M - x + 1) := u
         end {for};
         BUF1(1...M) in die Zeile y schreiben
   end {for}
end {if};
if (VAR = 2 oder VAR = 3) then
   for y := 1 to N/2 do begin
         Zeile y in Zeilenspeicher BUF1(1...M) einlesen;
         Zeile N - y + 1 in Zeilenspeicher BUF2(1...M) einlesen;
         BUF2(1...M) in die Zeile y schreiben;
         BUF1(1...M) in die Zeile N + 1 - y schreiben
   end {for}
end {if}
```

4.1.2 Bildverschiebung

(I) Das gesamte Bild wird um d_x Bildpunkte in horizontaler Richtung und um d_y Bildpunkte in vertikaler Richtung verschoben. Das Eingabebild wird zeilenweise eingelesen und das verschobene Bild wird im Speicherbereich des Resultatsbildes bereitgestellt.

Attribute:

Bilder: beliebig

Operator: geometrisch (Verschiebung) ohne Bildwertmodifizierung

Eingaben:

Verschiebungen d_x und d_y, mit $-M \le d_x \le M$ und $-N \le d_y \le N$

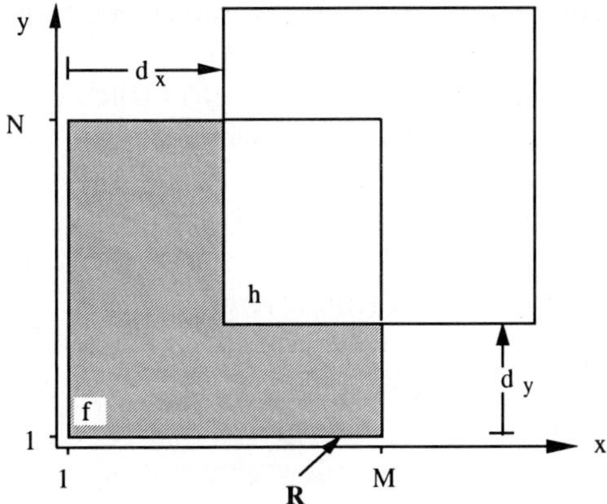

Abbildung 4.2: Erläuterung der Bildverschiebung um d_x und d_y, wobei *f* das Originalbild und *h* das verschobene Bild darstellen.

(II) Für die Koordinaten $(x, y) = (1, 1), \ldots, (M, N)$ des verschobenen Bildes h gilt

$$h(x, y) = \begin{cases} f(x - d_x, y - d_y) & \text{wenn } 1 \le x + d_x \le M \text{ und } 1 \le y + d_y \le N \\ 0 & \text{sonst.} \end{cases}$$

(III) Eine achsenparallele Bildverschiebung (s. Abb. 4.2) ist oft nützlich, z.B. um Bilder aus verschiedenen Teilen zusammenzustellen, oder um einen direkten Vergleich zwischen Ergebnissen von verschiedenen Bearbeitungsvorgängen zu ermöglichen. Die $M \times N$-Bildmatrix wird starr verschoben, als ob sie in einer größeren Matrix mit Grauwerten identisch 0 eingebettet wäre. Nach der Verschiebung gehen alle die Bildpunkte, deren neue Koordinaten außerhalb des Bildrasters **R** liegen, verloren. Es ist deshalb zu empfehlen, mit zwei Speicherbereichen (für f und h) zu arbeiten. Die Grauwerte der Bildpunkte, die an ihrer Stelle aus der fiktiven Bilderweiterung in das Bildraster einrücken, werden aus einem auf 0 gesetzten Zeilenspeicher *BUFNUL*(1...*M*) und aus dem mit Bilddaten nicht belegten Bereich des Zeilenspeichers *BUF*(1...*M*) geholt.

(IV) *Kontrollstruktur:* hier explizit angegeben.

Erforderliche Datenfelder:

BUF(1...*M*): Zeilenspeicher für die Resultatsgrauwerte,

BUFNUL(1...*M*): Zeilenspeicher für eine leere Zeile, dessen Elemente alle konstant auf 0 gesetzt sind.

```
for z := 1 to M do begin BUF(z) := 0;  BUFNUL(z) := 0  end {for};
if (d_x ≥ 0 und d_y ≥ 0) then begin
   for y := N - d_y to 1 step -1 do begin
         die ersten M - d_x Grauwerte der Zeile y in den Speicher
               BUF(d_x + 1...M) einlesen;
         den Inhalt des Speichers BUF(1...M) in die Zeile y + d_y
               des Resultatsbildes h schreiben
         end {for};
   for y := 1 to d_y do
         Inhalt des Speichers BUFNUL(1...M) in die Zeile y des
               Resultatsbildes h schreiben
   end {then}
else if (d_x < 0 und d_y ≥ 0) then begin
   for y := N - d_y to 1 step -1 do begin
         M + d_x Grauwerte der Zeile y ab x = 1 - d_x in den Speicher
               BUF(1...M + d_x) einlesen;
         den Inhalt des Speichers BUF(1...M) in die Zeile y + d_y des
               Resultatsbildes h schreiben
         end {for};
   for y := 1 to d_y do
         Inhalt des Speichers BUFNUL(1...M) in die Zeile y des
               Resultatsbildes h schreiben
   end {then}
   else if (d_x ≥ 0 und d_y < 0) then begin
         for y:= 1 to N + d_y do
               die ersten M - d_x Grauwerte der Zeile y - d_y in den
                     Speicher BUF(d_x + 1...M) einlesen;
               den Inhalt des Speichers BUF(1...M) in die Zeile y
                     des Resultatsbildes h schreiben
               end {for};
         for y := N + d_y + 1 to N do
               Inhalt des Speichers BUFNUL(1...M) in die Zeile y
                     des Resultatsbildes h schreiben
         end {then}
```

```
else if (d_x < 0 und d_y < 0) then begin
    for y := 1 to N + d_y do
        M + d_x Grauwerte der Zeile y - d_y ab x = 1 - d_x
                in BUF(1...M + d_x) einlesen;
        den Inhalt des Speichers BUF(1...M) in die
                Zeile y des Resultatsbildes h schreiben
        end {for};
    for y := N + d_y + 1 to N do
                Inhalt von BUFNUL(1...M) in die Zeile y des
                Resultatsbildes h schreiben
    end {then}
```

4.1.3 Bilddrehung um 90°

(I) Es wird ein quadratisches Bild f vorausgesetzt. Das gesamte $N \times N$-Bild f wird um den Bildmittelpunkt im Gegenuhrzeigersinn um 90° gedreht. Nach der Drehung steht im Bildpunkt (x, y) des Resultatsbildes h der Bildwert $f(y, N-x+1)$. Es werden zwei Bildspeicherbereiche (für f und h) verwendet.

Attribute:

Bilder: beliebig, $N = M$

Operator: geometrisch (Drehung) ohne Bildwertmodifizierung

(II) Für $(x, y) = (1, 1), \ldots, (N, N)$ ist $h(x, y) = f(N-y+1, x)$ der Bildwert nach der Drehung.

(III) Es wird ein Zwischenspeicher *BUF*(1...*N*) für eine Spalte des Eingabebildes bzw. eine Zeile des Resultatsbildes verwendet. Die mit der Bilddrehung realisierte Koordinatentransformation *rot* könnte auch durch die Anwendung der Funktionen *hor* bzw. *ver* und *dia* realisiert werden. Es gilt

$$hor \cdot dia = dia \cdot ver = rot.$$

Genauso ist auch die Transformation *dia* durch die Anwendung der Funktionen *hor* bzw. *ver* und *rot* zu realisieren. Es gilt

$$rot \cdot ver = hor \cdot rot = dia.$$

Mit *hor* und *rot* können z.B. alle oben genannten acht eineindeutigen Koordinatentransformationen für quadratische Bilder durch Hintereinanderausführung realisiert werden (Beispiel eines Erzeugendensystems für diese Transformationsgruppe).

(IV) *Kontrollstruktur:* hier explizit angegeben.

for $x := 1$ **to** N **do begin**

Bildspalte x des Eingabebildes f von oben nach unten in den Speicher *BUF(1...N)* einlesen;

den Speicher *BUF(1...N)* von links nach rechts in die Zeile x des Resultatsbildes h schreiben

end *{for}*

4.2 Verkleinerung und Vergrößerung

Bei Bildverkleinerungen werden mehrere Bildpunkte auf einen abgebildet. Entsprechend ist aus mehreren Bildwerten jeweils ein Bildwert zu berechnen. Bei Bildvergrößerungen wird im einfachsten Fall jeweils ein Bildpunkt auf ein quadratisches Bildfenster abgebildet. Falls der ursprüngliche Bildwert im Bildfenster in allen Punkten identisch eingetragen wird, so besitzt das vergrößerte Bild mit zunehmendem Vergrößerungsfaktor auch eine zunehmend sichtbare Rasterung. Durch Interpolationen zwischen benachbarten Bildfenstern kann diese Blockbildung etwas reduziert werden.

Im wesentlichen sind Bildverkleinerungen und Bildvergrößerungen auch wieder durch Koordinatentransformationen ausgezeichnet. Zum Beispiel definiert

$$K^{-1}(x, y) = (\mathbf{integer}(x/2), \mathbf{integer}(y/2)) \text{ bzw.}$$

$$h(x, y) = \phi(f(2x, 2y), f(2x+1, 2y), f(2x, 2y+1), f(2x+1, 2y+1))$$

für gerade Werte für N und M und $1 \le x \le M/2$ und $1 \le y \le N/2$ eine Verkleinerung von f auf den linken unteren Quadranten, wobei der Bildwert $h(x, y)$ gemäß einer Fensterfunktion ϕ aus vier Urbildwerten des Bildes f zu berechnen ist (vgl. 1.4.1). Falls die Bilder nur zeilenweise in den Arbeitsspeicher zu lesen sind, so kann diese Aufgabe durch einen geeigneten Einsatz von Zeilenspeichern gelöst werden. Falls die Bilddaten im direkten Zugriff verfügbar sind, so können die folgenden Algorithmen vereinfacht werden.

4.2.1 Bildverkleinerung auf einen Quadrant

(I) Ein Bild f wird um den Faktor $2 \cdot 2 = 4$ verkleinert und mit der unteren linken Ecke auf eine einzugebende Stelle positioniert. Die Grauwerte des verkleinerten Bildes h können wahlweise durch Mittelwertbildung oder durch Unterabtastung bestimmt werden.

Attribute:

Bilder: Grauwertbilder, $M = N$ und gerade

Operator: geometrisch (kontrahierend) mit Bildwertmodifizierung, Fensteroperator

Eingaben: Der untere linke Eckpunkt (XA, YA) und die Wahl zwischen Unterabtastung (VAR = 1) oder Mittelwertbildung (VAR = 2). XA bzw. YA müssen kleiner oder gleich $N/2$ sein.

(II) Die Größen XC, YC, XE und YE werden für $M = N$ wie folgt definiert:

$$XC = 2 \cdot XA, \quad YC = 2 \cdot YA, \quad XE = XA + \frac{N-2}{2} \text{ und } YE = YA + \frac{N-2}{2}.$$

Im Fall VAR = 1 (Unterabtastung) gilt

$$h(x,y) = \begin{cases} f(2x - XC + 2, 2y - YC + 2) & \text{wenn } XA \le x \le XE \text{ und } YA \le y \le YE \\ 0 & \text{sonst} \end{cases}$$

und im Fall VAR = 2 (Mittelwertbildung) gilt

$$h(x,y) = \begin{cases} \frac{1}{4}\,[f(2x - XC + 1, 2y - YC + 1) & \\ \quad + f(2x - XC + 2, 2y - YC + 1) & \text{wenn } XA \le x \le XE \text{ und } YA \le y \le YE \\ \quad + f(2x - XC + 1, 2y - YC + 1) & \\ \quad + f(2x - XC + 2, 2y - YC + 2)] & \\ 0 & \text{sonst} \end{cases}$$

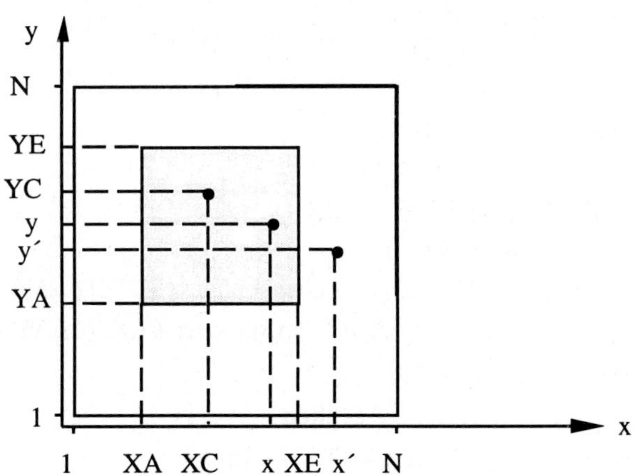

Abbildung 4.3: Bildverkleinerung auf die Größe eines Quadranten. Der Bildpunkt $p' = (x', y')$, mit $x' = 2x - XC + 2$ und $y' = 2y - YC + 2$, wird in den Bildpunkt $p = (x, y)$ abgebildet

(III) Wie in Abb. 4.3 gezeigt, wird das gesamte Bildraster auf das quadratische Bildfenster

$$\mathbf{F} = \left\{ (x, y)\colon XA \le x \le XE = XA + \frac{N-2}{2} \wedge YA \le y \le YE = YA + \frac{N-2}{2} \right\}$$

abgebildet. *XA* bzw. *YA* müssen kleiner oder gleich *N/2* sein.
Um die Bildverkleinerung nur mit einem Bildspeicher durchzuführen, können die Zeilen in zwei Reihenfolgen abgearbeitet werden, die jeweils am oberen bzw. unteren Bildrand anfangen und die beide an der Zeile $YC = 2 \cdot YA$ enden. In ähnlicher Weise müssen die Bildpunkte innerhalb einer Zeile von $x = 1$ bzw. von $x = N$ in Richtung der Stelle $XC = 2 \cdot XA$ abgearbeitet werden. Bei Unterabtastung wird der Grauwert des verkleinerten Bildes aus jedem zweiten Bildpunkt jeder zweiten Zeile unverändert übernommen. Bei Mittelwertbildung wird dagegen der Mittelwert über nichtüberlappende Vierergruppen von Bildpunkten bestimmt. Die Grauwerte aller Bildpunkte außerhalb des Bereiches des verkleinerten Bildes werden auf 0 gesetzt.

(IV) *Kontrollstruktur:* hier explizit angegeben

Erforderliche Datenfelder:

Zeilenspeicher *BUF*1(1...*N*) und *BUF*2(1...*N*) für die aktuellen Zeilen in Bearbeitung, *BUFSW*(1...*N*) für eine leere Zeile und *BUFOUT*(1...*N*) für die Resultatswerte

```
begin
    Koordinaten XA, YA der unteren linken Bildecke eingeben;
    Eingabe, ob Unterabtastung (VAR := 1) oder Mittelwertbildung (VAR := 2);
    Zeilenspeicher BUFSW(1...N) für leere Zeile auf 0 rücksetzen;
    XE := XA + (N - 2)/2;          YE := YA +(N - 2)/2;
    XC := 2·XA;                    YC := 2·YA;
    for y := 1 to N do
        if (YA ≤ y ≤ YE) then begin
                Zeile 2y - YC + 1 in den Zeilenspeicher BUF1(1...N) einlesen;
                Zeile 2y - YC + 2 in den Zeilenspeicher BUF2(1...N) einlesen;
                for x := 1 to N do
                        if XA ≤ x ≤ XE then
                                if (VAR = 1) then
                                        BUFOUT(x) := BUF1(2x - XC + 2)
                                else
    BUFOUT(x) = 1/4·[BUF1(2x − XC + 1) + BUF1(2x − XC + 2)
                        +BUF2(2x − XC + 1) + BUF2(2x − XC + 2)]
                        else
                                h(x) := 0;
```

Speicher *BUFOUT*(1...*N)* in die Zeile *y* des Resultatsbildes *h* schreiben
end *{then}*

else

leere Zeile *BUFSW*(1...*N)* in die Zeile *y* des Resultatsbildes *h* schreiben

end

4.2.2 Bildvergrößerung um den Faktor 2

(I) Der Bildausschnitt im linken unteren Viertel des Bildrasters **R** wird um den Faktor 2 auf das volle Bildraster vergrößert. Die Grauwerte der fehlenden Bildpunkte werden aus den Grauwerten der nächsten Nachbarn interpoliert.

Attribute:

Bilder: Grauwertbilder, *M* und *N* können verschieden sein

Operator: geometrisch (expandierend) mit Bildwertmodifizierung, Fensteroperator

(II) Die Interpolation erfolgt gemäß der Gleichungen

$$h(x,y) = f\left(\frac{x+1}{2}, \frac{y+1}{2}\right), \qquad \text{für } x \text{ und } y \text{ ungerade,}$$

$$h(x,y) = \frac{1}{2}\left[f\left(\frac{x}{2}, \frac{y+1}{2}\right) + f\left(\frac{x+2}{2}, \frac{y+1}{2}\right)\right] \qquad \text{für } x \text{ gerade und } y \text{ ungerade}$$

$$h(x,y) = \frac{1}{2}\left[f\left(\frac{x+1}{2}, \frac{y}{2}\right) + f\left(\frac{x+1}{2}, \frac{y+2}{2}\right)\right] \qquad \text{für } x \text{ ungerade und } y \text{ gerade}$$

$$h(x,y) = \frac{1}{4}\left[f\left(\frac{x}{2}, \frac{y}{2}\right) + f\left(\frac{x+2}{2}, \frac{y}{2}\right) + f\left(\frac{x}{2}, \frac{y+2}{2}\right) + f\left(\frac{x+2}{2}, \frac{y+2}{2}\right)\right]$$

für x und y gerade.

Vom Eingabebild *f* werden nur Bildpunkte (*x, y*) des linken unteren Bildviertels mit $1 \leq x \leq M/2$ und $1 \leq y \leq N/2$ verwendet. Die lineare Interpolation der Grauwerte der fehlenden Bildpunkte erfolgt mit Hilfe der zwei oder der vier nächsten Nachbargrauwerte der Originalbildpunkte in ihrer Lage nach der Vergrößerung. Die in obigen Gleichungen auftretenden Koordinaten *x* und *y* sind auf das $M \times N$-Vollbild bezogen.

(III) Der zu vergrößernde Bildausschnitt muß die $M/2 \times N/2$ Bildpunkte des linken unteren Bildviertels belegen. Gegebenenfalls ist diese Anfangslage durch eine Bildverschiebung (s. Abschnitt 4.1.2) zu erreichen.

Zur Durchführung werden für das Einlesen der Originalgrauwerte und für den Aufbau der Ergebnisgrauwerte je zwei Zeilenspeicher, *BUF*1(1...*M/2)* und *BUF*2(1...*M/2)* bzw. *BUFOUT*(1...*M, i)* mit *i = 1, 2* benötigt.

(IV) *Kontrollstruktur:* hier explizit angegeben

```
for y := 1 to M/2 do begin
    die linke Hälfte der Zeile y aus dem Originalbild in BUF1(1...M/2) einlesen;
    die linke Hälfte der Zeile y + 1 aus dem Originalbild in BUF2(1...M/2) einlesen;
    for x := 1 to M/2 do begin
BUFOUT(2(x - 1) + 1, 1)     := BUF1(x);
BUFOUT(2x, 1)               := [BUF1(x) + BUF1(x + 1)] / 2;
BUFOUT(2(x - 1) + 1, 2)     := [BUF1(x) + BUF2(x)] / 2;
BUFOUT(2x, 2)               := [BUF1(x) + BUF1(x + 1)
                                + BUF2(x) + BUF2(x + 1)] / 4
        end {for}
    den Inhalt des Speichers BUFOUT(1...M, 1) im Resultatsbild h in
        Zeile 2y - 1 schreiben;
    den Inhalt des Speichers BUFOUT(1...M, 2) im Resultatsbild h in
        Zeile 2y schreiben
end {for}
```

4.2.3 Pyramide

Die *Bildpyramide* ist eine Zusammenfassung verschiedener Auflösungen (Originalbild und abgestufte Verkleinerungen) eines Bildes. Sie erlaubt z.B. die Auswahl einer geeigneten Auflösung (falls diese z.B. aus Rechenzeitgründen minimiert werden soll, jedoch interessante Bilddetails „gerade noch" sichtbar sein sollen) bzw. kann für Computeranimationen (z.B. alle Pyramidenebenen auf die Größe $N \times N$ vergrößern und dann von Ebene zu Ebene fortgesetzt Bilder einblenden) genutzt werden. Allgemein können Bilddaten zum Beispiel standardmäßig als Pyramide (bzw. zumindest durch einige Ebenen der Pyramide) zugreifbar gestaltet werden, um einen wahlfreien Zugriff auf geeignete Bildauflösungen zu erlauben. Dabei können die Bilddaten auch mittels Bildvergrößerung (4.2.2) in größerer Auflösung als ursprünglich gegeben in unteren Pyramidenebenen repräsentiert werden.

(I) Es sei ein $N \times N$-Bild f gegeben mit $N = 2^n$. Als Resultatsbild ist ein $M \times N$-Bild h zu berechnen mit $M = N + N/2$, welches eine Zusammenfassung des Eingabebildes und dessen fortgesetzter Verkleinerungen darstellt. Die Einzelbilder könnten auch einzeln abgelegt werden. Hier soll jedoch die Variante bereitgestellt werden, daß alle Auflösungsstufen übersichtlich in einem Bild angeordnet werden. Dieses Resultatsbild wird das Eingabebild f in unveränderter Position (d.h. $1 \leq x, y \leq N$) enthalten, ferner in der rechten oberen Ecke (d.h. $N+1 \leq x \leq M$ und $N/2+1 \leq y \leq N$ das auf einen Quadranten verkleinerte Bild f, unter diesem ist das zweimalig verkleinerte Bild f angeordnet usw., bis schließlich die fortgesetzte Verkleinerung nur noch auf einen einzigen Bildpunkt, auf ein 1×1-Bild, führt.

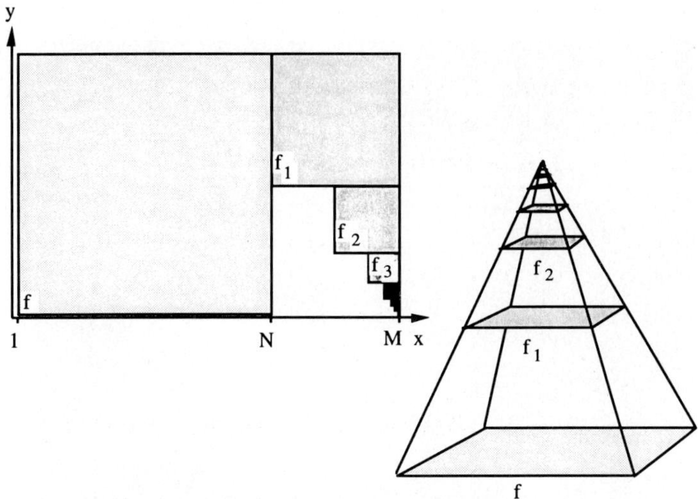

Abbildung 4.4: links: Beispiel der Anordnung der Ebenen einer Bildpyramide eines $N \times N$-Bildes f in einem $M \times N$-Bild h mit $M = N + N/2$. rechts: räumliches Modell der Bildpyramide.

Das Bild f repräsentiert zusammen mit den verkleinerten Bildern die Ebenen einer Bildpyramide, vgl. Abb. 4.4. Der Extremfall des 1×1-Bildes entspricht der Spitze der Pyramide. Für die schrittweise Bildverkleinerung kann z.B. Unterabtastung oder Mittelwertbildung (Abschnitt 4.2.1) für die Berechnung der Bildwerte zugrunde gelegt werden.

Attribute:

Bilder: Grauwertbilder, $M = N$ und Zweierpotenz

Operator: geometrisch (expandierend) mit Bildwertmodifizierung

Eingaben:

Wahl zwischen Unterabtastung $(VAR = 1)$ oder Mittelwertbildung $(VAR = 2)$.

(II) Für $f_0 := f$ sind im Fall der Unterabtastung $(VAR = 1)$ die Bilder $f_1, f_2, ..., f_n$ auf den folgenden Ebenen der Pyramide, $n = \log_2 N$, wie folgt rekursiv definiert:

$$f_{i+1}(x, y) = f_i(2x, 2y),$$

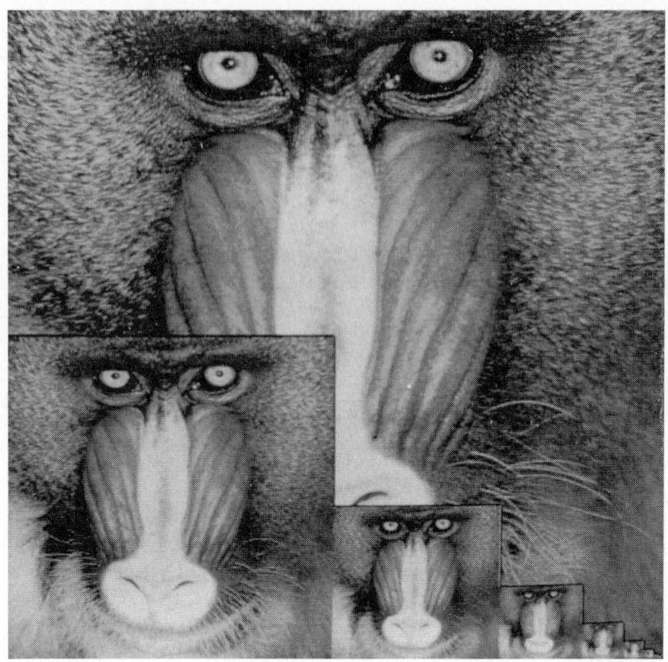

Abbildung 4.5: Darstellung der Ebenen einer Bildpyramide für das Grauwertbild *MANDRILL*. Die Positionierung der Ebenen unterscheidet sich von der im Algorithmus vorgenommenen.

wobei $i = 0, 1, ..., n - 1$ und jeweils $x, y = 1, 2, \ldots, 2^{n-i}$ für die Definition von f_{i+1} festgelegt wird. Im Fall der Mittelwertbildung (*VAR* = 2) sind die Bilder $f_1, f_2, \ldots, f_n$ auf den folgenden Ebenen der Pyramide, $n = \log_2 N$, wie folgt rekursiv definiert:

$$f_{i+1}(x, y) = \frac{1}{4}\left[f_i(2x, 2y) + f_i(2x-1, 2y) + f_i(2x, 2y-1) + f_i(2x-1, 2y-1)\right]$$

wiederum für $i = 0, 1, ..., n - 1$ und $x, y = 1, 2, \ldots, 2^{n-i}$ für f_{i+1}. Diese Bilder sind dann noch im Bild h in die richtigen Positionen zu bringen, wobei hier die in Abb. 4.4 dargestellten Positionen angenommen seien.

(III) Falls die Zeilen- und Spaltenzahl der Eingabebilder nicht übereinstimmen und/ oder keine Zweierpotenz sind, so können diese in die nächsthöhere geeignete Auflösung $N \times N$ eingebettet werden. Für andere Methoden der Bildwertberechnung von f_i zu f_{i+1} können entsprechende Modifizierungen der Definition der Bilder f_i vorgenommen werden. Es werden zwei Zeilenspeicher *BUF*1(1...*N)* und *BUF*2(1...*N)* für die zu lesenden Bildwerte und ein Zeilenspeicher *BUF*(1...*N/2)* für die neu berechneten Bildwerte verwendet. Es wird $N \geq 2$ vorausgesetzt.

In Abb. 4.5 ist eine „Pyramide des Mandrills" dargestellt (mit $VAR = 2$). Hier wurden (im Unterschied zum angegebenen Algorithmus) die Ebenen der Pyramide in das Eingabebild eingeblendet, was durch eine Modifizierung des Verfahrens zum Beispiel auch leicht erreicht werden kann.

Der gesamte Speicherbedarf für alle Bilddaten einer pyramidialen Bilddatei, gemessen in belegten Bildpunkten, beträgt

$$N^2 \cdot (1 + 1/4 + 1/16 + \ldots) = 4/3 \cdot N^2$$

Speicherplätze, also nur ein Drittel mehr als für das $N \times N$ - Eingabebild.

(IV) *Kontrollstruktur:* hier explizit angegeben

```
begin
   z := N/2 + 1;                                         {Berechnung von f_1}
   for y := 1 to N step 2 do begin
      Zeile y des Eingabebildes f in den Speicher BUF1(1...N)
               und in Zeile y von h in Positionen 1,..., N einlesen;
      Zeile y + 1 des Eingabebildes f in den Speicher BUF2(1...N)
               und in Zeile y + 1 von h in Positionen 1,..., N einlesen;
      for x := 1 to N/2 do
               if (VAR = 1) then
                         BUF(x) := BUF1(2x);
               else
    BUF(x) := 0.25·[BUF1(2x - 1) + BUF1(2x) + BUF2(2x) + BUF2(2x - 1)];
      Speicher BUF(1...N/2) in Zeile z von h in die Positionen
               N + 1, N + 2,..., M  schreiben;
      z := z + 1
      end {for}
   ZB := N/2;  s := 0;                                   {Berechnung von f_2, f_3,..., f_n}
   ZA := integer(N/4);                                   {ZA = Zeilenzahl der Ebene}
   z := ZA + 1;
   while ZA ≥ 1 do begin
      for x := s + 1 to s + ZA do
               BUF(x) := 0;                              {0 als Hintergrundwert}
      for y := ZB + 1 to ZB + 2·ZA step 2 do begin
               Werte in Spalten N + s + 1,..., M in Zeile y von h
                         in BUF1(1), BUF1(2),..., BUF1(2·ZA) einlesen;
               Werte in Spalten N + s + 1,..., M in Zeile y + 1 von h
                         in BUF2(1), BUF2(2),..., BUF2(2·ZA) einlesen;
               i := 1;
```

```
        for x := s + ZA + 1  to  N/2  do begin
            if (VAR = 1) then
                        BUF(i) := BUF1(2i);
            else
BUF(i) := 0.25·[BUF1(2i - 1) + BUF1(2i) + BUF2(2i) + BUF2(2i - 1)];
            i := i + 1
            end {for}
        Speicher BUF(1...N/2) in Zeile z von h in die
            Spaltenpositionen  N + 1, N + 2,..., M schreiben;
        z := z + 1
        end {for};
    ZB := ZB - ZA;              s := s + ZA;
    ZA := integer(ZA/2);        z := ZA + 1
  end {while}
                                    {letzte (unterste) Zeile füllen}
  BUF(N/2) := 0;                    {0 als Hintergrundwert}
  Speicher BUF(1...N) in Zeile 1 von h in Positionen N + 1, N + 2,..., M schreiben
end
```

(V) Ballard, D.H., Brown, Ch.M.: *Computer Vision.* Prentice-Hall, Englewood Cliffs, 1982.

4.3 Affine Transformationen

Bei einer affinen Transformation (Rückwärtstransformation vom Resultatsbild h zum Eingabebild f) sind die transformierten Koordinaten $K(x, y) = (x^*, y^*)$ im Bild f eine lineare Kombination der Bildpunktkoordinaten (x, y) im Bild h.

Für die neuen Punkte (x^*, y^*) müssen die Koordinaten x^* und y^* nicht notwendig wieder ganzzahlig sein und auch nicht notwendig im $M \times N$- Raster **R** liegen, d.h. für Bildpunkte von h ist i.a. zusätzlich eine eindeutige Abbildung (*resampling*) auf die Bildpunkte von f zu bestimmen.

Hier werden zunächst in 4.3.1 verschiedene affine Transformationen und deren Kombination betrachtet. Als Resultat wird *eine* 3×3- Transformationsmatrix berechnet. Eine Transformationsmatrix kann a-priori vorgegeben werden oder durch Paßpunkte bestimmt werden (4.3.2). Basierend auf einer gegebenen Transformationsmatrix werden in Abschnitt 4.3.3 verschiedene Varianten der „Anpassung" der transformierten Koordinaten an das Bildraster des Eingabebildes behandelt. In dieser Transformationsprozedur in 4.3.3 wird auf ein zeilenweises Ein- und Auslesen der Bilddaten verzichtet, d.h. es wird der direkte Zugriff auf die Bildmatrizen angenommen.

4.3.1 Produkte von Transformationsmatrizen

(I) Es sind zwei (z.B. elementare) affine Transformationen, wie Drehung, Translation oder Rotation, in der Bildebene in einer bestimmten Reihenfolge auszuführen. Ihre Transformationsmatrizen seien im Sinne der Rückwärtstransformation von h auf f gegeben. Es ist die resultierende Transformationsmatrix **C** zu berechnen. Die Matrix **C** ist auf Nicht-Singularität zu testen.

Eingaben:

3×3-Transformationsmatrizen **A** und **B** anhand ihrer Elemente a_{11}, a_{12}, a_{13}, a_{21}, a_{22}, a_{23} bzw. b_{11}, b_{12}, b_{13}, b_{21}, b_{22}, b_{23} mit der Transformationsreihenfolge „erst **A**, dann **B**".

(II) Eine affine Koordinatentransformation ist durch ein eindeutig lösbares lineares Gleichungssystem

$$x^* = a_{11} \cdot x + a_{12} \cdot y + a_{13}$$
$$y^* = a_{21} \cdot x + a_{22} \cdot y + a_{23}$$

gegeben. Dabei bezeichnen x und y die ganzzahligen Koordinaten im Eingabebild. Um eine solche Transformation einheitlich durch eine Multiplikation mit einer quadratischen 3×3-*Transformationsmatrix* $\mathbf{A} = ((a_{ij}))_{1 \le i,\, j \le 3}$ darzustellen (und damit auch die formale Voraussetzung für die Vereinfachung von Folgen von affinen Transformationen zu schaffen), wird eine weitere Gleichung

$$1 = a_{31} \cdot x + a_{32} \cdot y + a_{33}$$

hinzugenommen. Da die Transformation für beliebige Werte von x und y gelten soll, folgt $a_{31} = a_{32} = 0$ und $a_{33} = 1$.

Eine affine Transformation ist also allgemein durch die Gleichung

$$\begin{pmatrix} x^* \\ y^* \\ 1 \end{pmatrix} = \begin{pmatrix} a_{11} & a_{12} & a_{13} \\ a_{21} & a_{22} & a_{23} \\ 0 & 0 & 1 \end{pmatrix} \times \begin{pmatrix} x \\ y \\ 1 \end{pmatrix}$$

definiert. Die drei Grundformen der affinen Transformationen sind Translation, Skalierung und Rotation. Für eine Translation von f

$$x^* = 1 \cdot x + 0 \cdot y + d_x$$
$$y^* = 0 \cdot x + 1 \cdot y + d_y$$

mit dem Verschiebungsvektor $(d_x, d_y)^T$ ist die Transformationsmatrix gleich

$$\begin{pmatrix} 1 & 0 & d_x \\ 0 & 1 & d_y \\ 0 & 0 & 1 \end{pmatrix}.$$

für eine Skalierung von f

$$x^* = s_x \cdot x + 0 \cdot y + 0$$
$$y^* = 0 \cdot x + s_y \cdot y + 0$$

mit den Skalierungsfaktoren s_x und s_y (beide größer *0*) ist die Transformationsmatrix gleich

$$\begin{pmatrix} s_x & 0 & 0 \\ 0 & s_y & 0 \\ 0 & 0 & 1 \end{pmatrix}$$

und für eine Rotation von f

$$x^* = \mathbf{cos}\delta \cdot x - \mathbf{sin}\delta \cdot y + 0$$
$$y^* = \mathbf{sin}\delta \cdot x + \mathbf{cos}\delta \cdot y + 0$$

mit dem Drehwinkel δ (in Gegenuhrzeigersinn um den Koordinatenursprung als Rotationszentrum) ist die Transformationsmatrix gleich

$$\begin{pmatrix} \mathbf{cos}\delta & -\mathbf{sin}\delta & 0 \\ \mathbf{sin}\delta & \mathbf{cos}\delta & 0 \\ 0 & 0 & 1 \end{pmatrix}.$$

Die Einheitsmatrix

$$\begin{pmatrix} 1 & 0 & 0 \\ 0 & 1 & 0 \\ 0 & 0 & 1 \end{pmatrix}$$

charakterisiert die identische Abbildung. Scherungen von f sind durch Matrizen

$$\begin{pmatrix} 1 & a & 0 \\ 0 & 1 & 0 \\ 0 & 0 & 1 \end{pmatrix} \text{ oder } \begin{pmatrix} 1 & 0 & 0 \\ b & 1 & 0 \\ 0 & 0 & 1 \end{pmatrix}$$

definiert und Spiegelungen von f an einer Geraden mit einem Winkel γ mit der x-Achse durch die Matrizen

$$\begin{pmatrix} \cos 2\gamma & \sin 2\gamma & 0 \\ \sin 2\gamma & -\cos 2\gamma & 0 \\ 0 & 0 & 1 \end{pmatrix}.$$

Speziell entspricht die Spiegelung an der x-Achse (d.h. Transformation *ver* aus 4.1 mit anschließender Translation um den Vektor $(0, N)^T$) der Matrix

$$\begin{pmatrix} 1 & 0 & 0 \\ 0 & -1 & 0 \\ 0 & 0 & 1 \end{pmatrix}$$

und die Spiegelung mit $\gamma = \pi / 4$ (d.h. Transformation *dia* aus 4.1) der Matrix

$$\begin{pmatrix} 0 & 1 & 0 \\ 1 & 0 & 0 \\ 0 & 0 & 1 \end{pmatrix}.$$

Konkrete Transformationsmatrizen für Bildtransformationen können a-priori definiert werden oder durch Paßpunktmethoden (angenähert) berechnet werden (s. 4.3.2).

Es seien nun für eine beabsichtigte Bildtransformation $T(f) = h$ zwei 3×3-Transformationsmatrizen $\mathbf{A} = ((a_{ij}))_{1 \le i,\, j \le 3}$ und $\mathbf{B} = ((b_{ij}))_{1 \le i,\, j \le 3}$ angenommen, die eine Folge von auszuführenden affinen Transformationen beschreiben, um Bild h aus Bild f (in zwei Schritten) zu erzeugen. Dabei soll die Transformation gemäß **A** zuerst und dann die Transformation gemäß **B** ausgeführt werden. Affine Transformationen sind i.a. nicht kommutativ, d.h. die Reihenfolge ist zu beachten. Die insgesamt auszuführende Transformation ist dann durch die Transformationsmatrix $\mathbf{C} = ((c_{ij}))_{1 \le i,\, j \le 3}$ definiert mit

$$\mathbf{C} = \mathbf{A} \times \mathbf{B}.$$

Die Matrizenmultiplikation ist gleichfalls nicht kommutativ. Die angegebene Prozedur berechnet diese Matrix **C**.

Die oben angegebenen Beispiele von Transformationsmatrizen sind alle nicht-singulär, d.h. es existiert die Inverse der jeweiligen Matrix bzw. die entsprechende Koordinatentransformation ist (in der euklidischen Ebene!) eindeutig umkehrbar. Hintereinanderausführungen eineindeutiger Transformationen liefern wieder eine eineindeutige Transformation. Singuläre 3×3-Matrizen, d.h. mit einer Determinante gleich 0, sind als Transformationsmatrizen ungeeignet.

Die Matrix **A** für eine Rückwärtstransformation entspricht eindeutig der Matrix $\mathbf{A}^{-1}$ für eine Vorwärtstransformation und umgekehrt. Die bei der Produktbildung resultierende Matrix **C** könnte somit durch Inversenbildung in eine Matrix für eine Vorwärtstransformation umgewandelt werden.

(III) Die angegebene Prozedur ist eine spezielle Prozedur zur Multiplikation von speziellen 3×3-Matrizen, in denen die unterste Zeile immer die Elemente 0, 0, 1 enthält. Falls mehr als zwei affine Transformationen bereitgestellt werden, die in Folge auszuführen sind, so ist diese Prozedur mehrfach zu nutzen (Reihenfolge beachten). Die resultierende Transformation kann dann rechenzeitgünstig mit *einer* Transformationsmatrix ausgeführt werden. Wichtig ist dabei auch der Effekt, daß die Bildwerte in h nur einmal (approximativ, vgl. 4.3.3) berechnet werden müssen und nicht für mehrere ansonsten als Zwischenergebnisse erscheinende Bilder. Falls gesichert ist, daß **A** und **B** nicht-singulär sind, so könnte der Singularitätstest entfallen.

(IV) **begin**

{Berechnung der Produktmatrix}

$c_{11} := a_{11}b_{11} + a_{12}b_{21};$ $c_{12} := a_{11}b_{12} + a_{12}b_{22};$

$c_{13} := a_{11}b_{13} + a_{12}b_{23} + a_{13};$ $c_{21} := a_{21}b_{11} + a_{22}b_{21};$

$c_{22} := a_{21}b_{12} + a_{22}b_{22};$ $c_{23} := a_{21}b_{13} + a_{22}b_{23} + a_{23};$

$c_{31} := 0;$ $c_{32} := 0;$ $c_{33} := 1;$

{Singularitätstest}

$\det := c_{11}c_{22} - c_{12}c_{21};$

if $(\det = 0)$ then

Matrix **C** ist singulär (ungeeignet für Transformation)

end

(V) Foley, J.D., van Dam, A., Feiner, S.K., Hughes, J.F.: *Computer Graphics, Second edition.* Addison-Wesley, Reading, 1990.

4.3.2 Berechnung von Transformationsmatrizen

(I) Es sind zwei $M \times N$-Bilder f_1 und f_2 gegeben, die einander geometrisch anzupassen sind. Das Bild f_1 (Eingabebild) ist auf ein Bild h (Resultatsbild) abzubilden, so daß Bild h und Bild f_2 dann geometrisch angepaßt sind. Es ist eine Transformationsmatrix für eine affine Transformation zu berechnen. Für die Bilder f_1 und f_2 wurden (z.B. interaktiv) drei Paßpunktpaare $(p_{1k}, p_{2k}), k = 1, 2, 3$, bestimmt, mit $p_{1k} = (x_{1k}, y_{1k})$ in f_1 und $p_{2k} = (x_{2k}, y_{2k})$ in f_2, die durch die geometrische Anpassung aufeinander abgebildet werden sollen (z.B. gemäß Bildinhalt als korrespondierende Bildpunkte identifiziert).

Eingaben:

Koordinaten $x_{11}, y_{11}, x_{21}, y_{21}, x_{12}, y_{12}, x_{22}, y_{22}, x_{13}, y_{13}, x_{23}, y_{23}$ der drei Paßpunktpaare.

(II) Die sechs Transformationsparameter a_{11}, a_{12}, a_{13}, a_{21}, a_{22}, a_{23} der zu bestimmenden affinen Koordinatentransformation und die gegebenen drei Paßpunktpaare müssen die folgenden Gleichungen erfüllen. Diese beiden Gleichungssysteme

$$x_{21} = a_{11} \cdot x_{11} + a_{12} \cdot y_{11} + a_{13}$$
$$x_{22} = a_{11} \cdot x_{12} + a_{12} \cdot y_{12} + a_{13}$$
$$x_{23} = a_{11} \cdot x_{13} + a_{12} \cdot y_{13} + a_{13}$$

und

$$y_{21} = a_{21} \cdot x_{11} + a_{22} \cdot y_{11} + a_{23}$$
$$y_{22} = a_{21} \cdot x_{12} + a_{22} \cdot y_{12} + a_{23}$$
$$y_{23} = a_{21} \cdot x_{13} + a_{22} \cdot y_{13} + a_{23}$$

sind für die eindeutige Bestimmung der sechs Transformationsparameter ausreichend, falls beide Gleichungssysteme den Rang 3 besitzen (evtl. numerische Instabilität sei hier vernachlässigt). Im Programm wird entsprechend zunächst getestet, ob die Paßpunktpaare geeignet sind, d.h. eine eindeutige Lösung gestatten. Sie sind genau dann nicht geeignet, falls die drei gewählten Punkte in f_1 kollinear (d.h. auf einer Geraden liegen) sind. Die Transformationsparameter werden nach dem üblichen Lösungsverfahren für lineare Gleichungssysteme berechnet (evtl. kann auf eine Standardprozedur zurückgegriffen werden).

(III) Für zwei $M \times N$-Bilder f_1 und f_2 sei die Situation angenommen, daß beide (teilweise) die selben Bildinhalte darstellen (z.B. zwei Luftbilder der selben Gegend aus unterschiedlicher Höhe) und Bild f_1 durch Koordinatentransformation so modifiziert werden soll, daß im entstehenden Bild h und im Referenzbild f_2 Deckungsgleichheit bei den Paßpunkten erreicht wird. Für drei Paßpunktpaare kann die angestrebte Deckungsgleichheit durch eine affine Transformation erreicht werden. Praktisch kann es allerdings sinnvoll sein, mehr als drei Paßpunktpaare zu bestimmen. Dann kann das Verfahren beispielsweise durch eine LSE-Optimierung (*least-square error optimization*), wobei die Summe

$$\sum_{k=1,2,3\ldots}\left[(a_{11} \cdot x_{1k} + a_{12} \cdot y_{1k} + a_{13} - x_{2k})^2 + (a_{21} \cdot x_{1k} + a_{22} \cdot y_{1k} + a_{23} - y_{2k})^2\right]$$

zu minimieren ist, ergänzt werden.

(IV) Die folgende Prozedur *LES* ist zunächst für die Eingaben
$(a_1, a_2, a_3, b_1, b_2, b_3, c_1, c_2, c_3) = (x_{21}, x_{22}, x_{23}, x_{11}, x_{12}, x_{13}, y_{11}, y_{12}, y_{13})$
und dann für die Eingaben
$(a_1, a_2, a_3, b_1, b_2, b_3, c_1, c_2, c_3) = (y_{21}, y_{22}, y_{23}, x_{11}, x_{12}, x_{13}, y_{11}, y_{12}, y_{13})$
aufzurufen. Im ersten Fall werden die Werte $x = a_{11}$, $y = a_{12}$ und $z = a_{13}$ berechnet, im zweiten Fall die Werte $x = a_{21}$, $y = a_{22}$ und $z = a_{23}$.

procedure *LES* ($a_1, a_2, a_3, b_1, b_2, b_3, c_1, c_2, c_3$: *integer;*
x, y, z : real);
begin
det := $(b_1 - b_2)(c_1 - c_3) - (b_1 - b_3)(c_1 - c_2)$;
if (*det* = 0) **then**
Paßpunkte ungeeignet (drei Punkte in f_1 kollinear)
else
begin
$x := [(a_1 - a_2)(c_1 - c_3) - (a_1 - a_3)(c_1 - c_2)] / det;$
$y := [(a_1 - a_3)(b_1 - b_2) - (a_1 - a_2)(b_1 - b_3)] / det;$
$z := a_1 - b_1 \cdot x - c_1 \cdot y$
end *{else}*
end *{LES}*

(V) Der Fall von mehr als drei Paßpunktpaaren wird behandelt in

Haberäcker, P.: *Digitale Bildverarbeitung*, 3. Auflage, Carl Hanser Verlag, München, 1989.

4.3.3 Affine Bildtransformation

(I) Ein Bild f ist gemäß einer affinen Koordinatentransformation K nach dem Schema „$h(x, y) = f(K(x, y))$" auf ein Bild h abzubilden.

Attribute:

Bilder: Grauwertbilder

Operator: geometrisch mit Bildwertmodifizierung, Fensteroperator

Eingaben:

Transformationsparameter $a_{11}, a_{12}, a_{13}, a_{21}, a_{22}, a_{23}$ der nicht-singulären Transformationsmatrix, Variante der Bildwertanpassung (*VAR* = 1, 2 oder 3), Parameter $b_{11}, b_{12}, b_{13}, b_{21}, b_{22}, b_{23}, b_{31}, b_{32}, b_{33}$ der Fensterfunktion für Variante 3.

(II) Im Idealfall einer eineindeutigen Koordinatentransformation von Gitterpunkten auf Gitterpunkte, vgl. Abschnitt 4.1, gilt für $(x, y) = (1, 1), \ldots, (M, N)$

$$h(x, y) = \begin{cases} f(a_{11} \cdot x + a_{12} \cdot y + a_{13}, a_{21} \cdot x + a_{22} \cdot y + a_{23}) & \text{wenn } 1 \leq a_{11} \cdot x + a_{12} \cdot y + a_{13} \leq M \\ & \text{und } 1 \leq a_{21} \cdot x + a_{22} \cdot y + a_{23} \leq N \\ 0, & \text{sonst.} \end{cases}$$

Allgemein wird bei einer affinen Transformation dieser Idealfall kaum eintreten. Die auftretenden Probleme sind durch die Diskretheit der Bildpunkte und die Begrenztheit des Bildrasters **R** bedingt:

(1) Für (x, y) kann der Fall eintreten, daß der Punkt

$$K(x, y) = (a_{11} \cdot x + a_{12} \cdot y + a_{13}, a_{21} \cdot x + a_{22} \cdot y + a_{23})$$

zwar im Rechteck [0.5, M + 0.5] x [0.5, N + 0.5] der reellen Ebene liegt (also „innerhalb des Rasters **R**“), aber kein Gitterpunkt ist. Welcher f-Wert ist dann einzutragen?

(2) Für (x, y) kann der Fall eintreten, daß der Punkt

$$(a_{11} \cdot x + a_{12} \cdot y + a_{13}, a_{21} \cdot x + a_{22} \cdot y + a_{23})$$

außerhalb des Bildrasters **R** von f liegt (d.h. nicht im bei (1) genannten Rechteck), d.h. kein Wert von f an dieser Stelle bzw. „dicht an dieser Stelle“ definiert ist. Welcher Wert ist dann in h einzutragen?

(3) Für f können Punkte (r, s) im Bildraster existieren, die keinen Urbildpunkt (x, y) innerhalb des Bildrasters **R** von h mit $K(x, y) = (r, s)$ besitzen, d.h. diese Pixel in f können in h nicht berücksichtigt werden und gehen „verloren“.

Die Probleme (2) und (3) waren bereits in Abschnitt 4.1.2 für die Bildverschiebung in einfacher Form aufgetreten. Im Fall (2) wird in h in (x, y) ein vorgegebener Wert eingetragen, z.B. konstant der Grauwert 0. Den Fall (3) muß man einfach akzeptieren; er beeinflußt nicht das Berechnungsverfahren.

Der interessante Fall ist Problem (1) mit einem Punkt

$$(a_{11} \cdot x + a_{12} \cdot y + a_{13}, a_{21} \cdot x + a_{22} \cdot y + a_{23}),$$

der zwar im Rechteck [0.5, M + 0.5] x [0.5, N + 0.5] der reellen Ebene liegt, der aber kein Gitterpunkt ist (*resampling*).

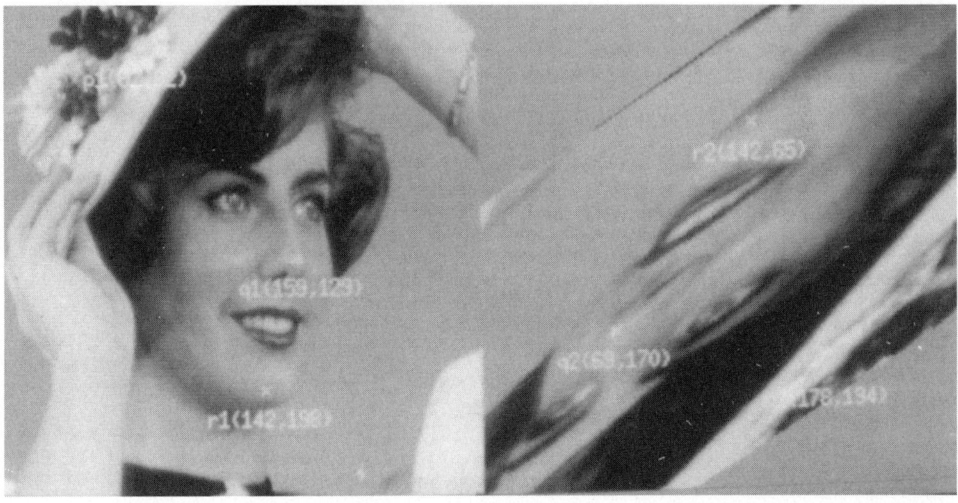

Abbildung 4.6: Im linken Bild wurden drei Punkte markiert und auf die drei entsprechenden Punkte im rechten Bild abgebildet. Im rechten Bild ist die resultierende affine Transformation (mit VAR = 3) dargestellt. Die Parameter der Fensterfunktion sind:

$b_{13} = b_{33} = b_{11} = b_{31} = 1;\ b_{23} = b_{12} = b_{21} = b_{32} = 2;\ b_{22} = 4.$

VAR = 1: Es wird der nächstgelegene Gitterpunkt des Bildrasters bestimmt und der *f*-Wert dort abgegriffen (*nearest neighbour resampling*),

$$h(x,y) = f(\textbf{integer}(a_{11}\cdot x + a_{12}\cdot y + a_{13} + 0.5),\\ \textbf{integer}(a_{21}\cdot x + a_{22}\cdot y + a_{23} + 0.5)).$$

VAR = 2: Es wird der arithmetische Mittelwert der vier *f*-Werte in den zu $(r, s) = (a_{11}\cdot x + a_{12}\cdot y + a_{13}, a_{21}\cdot x + a_{22}\cdot y + a_{23})$ am nächsten liegenden Gitterpunkten

(**integer**(*r*), **integer**(*s*)), (**integer**(*r*), **integer**(*s*) + 1),

(**integer**(*r*) + 1, **integer**(*s*)) und (**integer**(*r*) + *1*, **integer**(*s*) + 1)

verwendet (führt zu einem Tiefpaß- bzw. Glättungseffekt).

VAR = 3: Es wird eine Faltung mit einer linearen Fensterfunktion durchgeführt, wobei für das Fenster der Bezugspunkt

$$(\textbf{integer}(a_{11}\cdot x + a_{12}\cdot y + a_{13} + 0.5), \textbf{integer}(a_{21}\cdot x + a_{22}\cdot y + a_{23} + 0.5))$$

gewählt sei. Für die Fensterfunktion sei die Maske

b_{13}	b_{23}	b_{33}
b_{12}	b_{22}	b_{32}
b_{11}	b_{21}	b_{31}

vorgegeben. Die ganzzahligen Parameter b_{ij} sollten nicht alle gleich gewählt werden (Spalttiefpaß, vgl. 6.1.2), um einen zu starken Tiefpaßeffekt zu vermeiden. Ein Beispiel ist in Abb. 4.6 angegeben.

(III) Die genannten Varianten 2 und 3 der Bildwertanpassung (resampling) können modifiziert werden. Im Fall 2 kann eine lineare Interpolation in den beiden Koordinatenrichtungen genutzt werden (*bilineare Interpolation*), wobei z.B. eine Wichtung der Werte mit dem inversen euklidischen Abstand zum Punkt

$$(a_{11}\cdot x + a_{12}\cdot y + a_{13}, a_{21}\cdot x + a_{22}\cdot y + a_{23})$$

erfolgen kann. Im Fall 3 kann z.B. auch ein 5×5-Fenster genutzt werden.

(IV) *Kontrollstruktur:* hier explizit angegeben

```
var r, s : real;
begin
   for x := 1 to M  do
            for y := 1 to N  do begin
                     r := a11·x + a12·y + a13;
                     s := a21·x + a22·y + a23;
   if (r ≤ 0.5 oder r ≥ M + 0.5 oder s ≤ 0.5 oder s ≥ N + 0.5) then
            v := vorgegebener Wert, z.B. konstant 0
```

```
else                                              {(r, s) im Bildrechteck von f}
if (VAR = 1) then
        v := f(integer(r + 0.5), integer(s + 0.5))
else
        if (VAR = 2) then begin
                xl := integer(r); xr := xl +1;
                yd := integer(s); yu := yd + 1;
                if (1 ≤ xl und xr ≤ M und 1 ≤ yd und yu ≤ N) then
                begin
                  v := f(xl, yd) + f(xr, yd) + f(xl, yu) + f(xr, yu) ;
                  v := v / 4
                  end {then}
                else v := f( integer(r + 0.5), integer(s + 0.5))
                end {then}
        else    begin                              { VAR = 3 }
                bsum : = 0;
                for i := 1 to 3 do
                        for j := 1 to 3 do
                                bsum := bsum + b_ij ;
                v := 0;
                xc := integer(r + 0.5);   yc := integer(s+ 0.5);
                if ( 1 < xc < M und 1 < yc < N ) then begin
                        for i := xc - 1 to xc + 1 do
                                for j := yc - 1 to yc + 1 do
                                        v := v + b_ij · f(i, j);
{ADJUST in Prozedur TEXTURE in Abschnitt 2.1}
                        ADJUST( v / bsum; v )
                        end {then}
                else v := f( integer(r + 0.5), integer(s + 0.5))
                end {else};
                h(x, y) := v
        end {for}
end
```

(V)

Haberäcker, P.: *Digitale Bildverarbeitung*, 3. Auflage, Carl Hanser Verlag, München, 1989.

Russ, J.C.: *The Image Processing Handbook.* CRC Press, Boca Raton, 1992.

5 Grauwerttransformationen und Punktoperatoren

Punktoperatoren wurden in Abschnitt 1.4.2 allgemein charakterisiert. Sie sind i.a. zeiteffizient auszuführende Bildtransformationen zur punktweisen Modifizierung der Bildwerte. Ein Punktoperator T zur Überführung eines Eingabebildes f in ein Resultatsbild h kann oft (im ortsunabhängigen Fall) relativ einfach durch eine Grauwerttransformation t definiert werden. Für ein digitales Bild f gilt in diesem Falle

$$T(f)(x, y) = t(f(x, y)),$$

für Bildpunkte (x, y) des Rasters $\mathbf{R} = \{(x, y) : 1 \leq x \leq M \wedge 1 \leq y \leq N\}$. Dabei wird das Grauwerthistogramm des Eingabebildes in ein Grauwerthistogramm des Resultatsbildes überführt. Dieses einfache Erzeugungsschema vereinigt durch die Vielfalt möglicher Transformationsfunktionen t bereits eine interessante Klasse von Bildtransformationen, für die zum Beispiel durch eine interaktive Spezifizierungsmöglichkeit von t oder (alternativ) des Grauwerthistogramms des Resultatsbildes eine für Bildeditierungen breit einsetzbare Nutzeroberfläche gestaltet werden kann.

Punktoperatoren sind Spezialfälle lokaler Operatoren. In diesem Sinne ist die Grauwerttransformation bzw. Gradationsfunktion t auch als Operatorkern zu betrachten. Für Punktoperatoren sind die Operatorkerne t stets anordnungsunabhängig, da das betrachtete „Fenster" nur aus einem Punkt besteht. Es kann aber auch prinzipiell eine Ortsabhängigkeit vom jeweils betrachteten Bildpunkt $p = (x, y)$ bestehen, d.h. in diesem allgemeinen Fall ist t eine Funktion des Bildwertes $f(x, y)$ und der Bildpunktkoordinaten (x, y), d.h.

$$T(f)(x, y) = t(x, y, f(x, y)).$$

Für die algorithmische Realisierung kann zunächst eine allgemeine einfache Kontrollstruktur für Punktoperatoren, vgl. Abschnitt 3.3.3 bzw. Abb. 3.9, bereitgestellt werden. Diese Bereitstellung ist besonders zu empfehlen, wenn die Bilder zeilenweise zu verarbeiten sind (vgl. **(A)** in Abschnitt 3.2.3). Falls die Bilddaten im direkten Zugriff verfügbar sind, so ist diese Kontrollstruktur in naheliegender Weise zu vereinfachen: Es ist ein vollständiger und wiederholungsfreier Durchlauf durch alle Bildpunkte des Rasters **R** zu sichern.

5.1 Grauwerttransformationen

In diesem Abschnitt werden Punktoperatoren für Grauwertbilder betrachtet, die unmittelbar durch eine ortsabhängige oder ortsunabhängige Grauwerttransformation t definiert sind und die für die Standard-Kontrollstruktur „Punktoperator" aus Abb. 3.9 angegeben werden (vgl. auch Beispiele (1) bis (3) in Abschnitt 1.3.3).

5.1.1 Grauwertskalierung in einem Bildbereich

(I) Mit diesem Operator können die Grauwerte eines vom Anwender gewählten rechteckigen Bildbereiches um einen konstanten Faktor verstärkt werden bzw. abgeschwächt werden. Die Grauwerte der übrigen Bildfläche können wahlweise unverändert bleiben oder auf einen festen Grauwert gesetzt werden.

Attribute:

Bilder: $M \times N$-Grauwertbilder

Operator: Punktoperator, homogen

Operatorkern: ortsabhängig, logisch strukturiert

Eingaben:

Skalierungsfaktor $c \geq 0$,

Angabe, ob die ganze Bildfläche (*VAR* = 1, d.h. Ortsunabhängigkeit) oder nur ein Teil davon (*VAR* = 2) skaliert werden soll,

Anfangs- und Endkoordinaten *XA, XE, YA, YE* des zu skalierenden Bildbereiches,

Grauwert des nicht skalierten Bereiches: schwarz bzw. Grauwert 0 (Parameter *HINT* = 0), Originalgrauwert (Parameter *HINT* = 1) oder weiß bzw. Grauwert G - 1 (Parameter *HINT* = 2).

(II) Für $XA \leq x \leq XE$ und $YA \leq y \leq YE$ gilt

$$h(x, y) = \begin{cases} c \cdot f(x, y) & \text{wenn } 0 \leq c \cdot f(x, y) \leq G - 1 \\ G - 1 & \text{sonst.} \end{cases}$$

Für $p = (x, y)$ außerhalb des angegebenen Rechtecks gilt wahlweise $h(p) = 0$, $h(p) = f(p)$ oder $h(p) = G - 1$.

(III) Die Funktion dieses Operators ist sehr einfach und daher unter den Punkten (I) und (II) bereits vollständig beschrieben. Die in obiger Gleichung eingeführte Grauwertbegrenzung ist notwendig, um Wiedergabefehler zu vermeiden, die sich auf Grund der üblichen Darstellung von Grauwerten im Byte-Format bei Überschreitungen des Wertes G - 1 ergeben würden.

Es kann auch sinnvoll sein, rechteckige Bildbereiche mit dem einheitlichen Grauwert *G* - 1 (weiß) zu markieren. Man kann z.B. festlegen, daß dies durch Eingabe eines negativen Wertes für den Faktor *c* erfolgen soll.

(IV) *Kontrollstruktur:* Punktoperator in Abb. 3.9

Eingaben:

```
Parametereingabe von c und VAR;
if (VAR = 1) then begin
    XA := 1; XE := M;          YA := 1; YE := N
    end {then}
else          begin
                        XA, XE, YA, YE eingeben;
                        HINT := 0, 1 oder 2 eingeben
              end {else}
```

Operatorkern:

```
                        {u = f(x, y) in v = h (x, y) überführen, vgl. Abb. 3.9}
if ((x ≥ XA) ∧ (x ≤ XE) ∧ (y ≥ YA) ∧ (y ≤ YE)) then
    if (c ≥ 0) then
                        {ADJUST in Prozedur TEXTURE in Abschnitt 2.1}
              call ADJUST(c·u, v)
    else      v := G - 1
else begin
    if (HINT = 0) then v := 0;
    if (HINT = 2) then v := G - 1
    end {else}
```

5.1.2 Lineare Streckung auf die gesamte Grauwertskala

(I) Ein einzugebendes Grauwertintervall $[u_1, u_2]$ wird auf die gesamte Grauwertskala $[0, G\text{-}1]$ linear gestreckt. Für alle Grauwerte erfolgt dabei eine spezielle stückweise lineare Skalierung.

Attribute:

Bilder: $M \times N$-Grauwertbilder

Operator: Punktoperator, homogen

Operatorkern: ortsunabhängig, logisch strukturiert

Eingaben:

Grauwerte u_1 und u_2, mit $u_1 < u_2$ und $0 \le u_1, u_2 \le G-1$, die den zu streckenden Grauwertbereich begrenzen.

(II) Für alle Bildpunkte $p = (x, y)$ des Bildrasters gilt:

$$h(p) = \begin{cases} 0 & \text{für } f(p) < u_1 \\ \dfrac{f(\mathrm{p}) - u_1}{u_2 - u_1}(G-1) & \text{für } \mathrm{u}_1 \le f(p) \le u_2 \\ G-1 & \text{für } f(p) > u_2 \end{cases}$$

(III) Diese Gleichung entspricht der in Abb. 5.1 (a) dargestellten stückweise linearen Grauwertkennlinie.

Eine Grauwertstreckung erweist sich als sehr nützlich für die Qualitätsverbesserung schwach kontrastierter Bilder, weil dadurch die ganze verfügbare Grauwertskala ausgenutzt wird. Es kommt nämlich häufig vor, daß selbst unter günstigen Bildaufnahmebedingungen nur ein Teilbereich der Grauwertskala zwischen zwei Grauwerten, u_1 und u_2, effektiv beansprucht wird. Diese zwei Grauwerte können aus dem globalen Grauwerthistogramm entnommen werden. Bei Kameraaufnahmen ist dieser Effekt oft durch die Szenenbeleuchtung oder durch die Verstärkungsregelung der Kamera bedingt. Bei Aufnahmen unter gleichen Bedingungen stellt die schwache Kontrastierung manchmal einen systematischen Fehler dar. Die Werte von u_1 und u_2 brauchen dann nur einmal bestimmt zu werden.

Sowohl die Grauwertegalisierung (Abschnitt 5.1.4) als auch die Streckung bewirken eine Ausdehnung des Grauwertbereiches auf die volle Grauwertskala. Im Gegensatz zur Egalisierung besitzt jedoch das Grauwerthistogramm nach der Streckung einen ähnlichen Verlauf wie das ursprüngliche Histogramm.

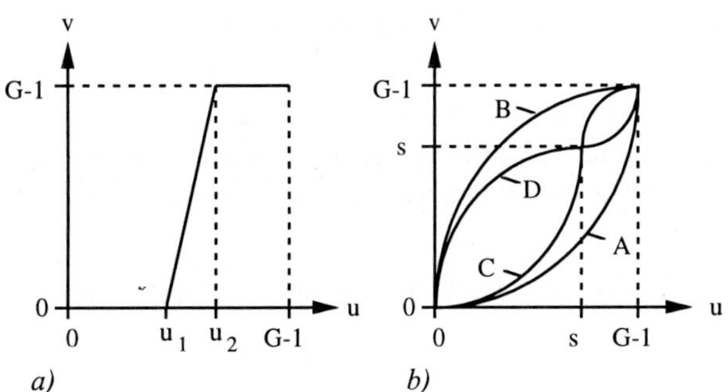

Abbildung 5.1: a) Stückweise lineare Grauwertkennlinie. b) *S*-förmige Transformationskennlinie mit Wendepunkt am Grauwert *s*. Variante 1: Kurven *A (r > 1)* und *B (r < 1)*; Variante 2: Kurven *C (r >* 1*)* und *D (r <* 1*)*

(IV) *Kontrollstruktur:* Punktoperator in Abb. 3.9

Eingaben:

Eingabe von u_1 und u_2

Operatorkern:

```
                                {u = f(x, y) in v = h (x, y) überführen, vgl. Abb. 3.9}
if (u < u1)  then    v := 0
else         if (u > u2)     then    v := G - 1
             else                                   {ADJUST in Abschnitt 2.1}
                     call ADJUST( [(u - u1) / (u2 - u1)]·(G - 1), v)
```

(V) Zamperoni, P.: *Methoden der digitalen Bildsignalverarbeitung*. Vieweg Verlag, Wiesbaden, 2. Auflage, *1991.*

5.1.3 Variation der Grauwertkennlinie

(I) Dieser Operator bewirkt eine Grauwerttransformation gemäß verschiedener Transformationskennlinien: Bei Variante 1 nach einer Potenzfunktion mit beliebigem Exponenten und bei Variante 2 nach einer *S*-förmigen Kennlinie mit Wendepunkt am Grauwert s. Mit Variante 2 ist wahlweise (a) eine Streckung der Grauwerte um s und eine Stauchung an beiden Enden der Grauwertskala oder (b) eine Stauchung der Grauwerte um s und eine Streckung an beiden Enden der Grauwertskala zu erhalten.

Attribute:

Bilder: $M \times N$-Grauwertbilder

Operator: Punktoperator

Operatorkern: analytisch (exponentiell), ortsunabhängig

Eingaben:

Exponent $r \geq 0$ (reelle Zahl) der Potenzfunktion für beide Varianten,

Wahl zwischen der Variante 1 ($VAR = 1$) und der Variante 2 ($VAR = 2$),

bei Variante 2 auch Wert s des Wendepunktes der Kennlinie, $0 \leq s \leq G-1$.

(II) Es werden die in das Intervall [0, 1] normierten Grauwerte

$$U = \frac{f(p)}{G-1} \quad \text{und} \quad S = \frac{s}{G-1}$$

betrachtet. Im Fall von Variante 1 ist

$$h(p) = (G-1) \cdot \left[\frac{f(p)}{G-1}\right]^r$$

und im Fall von Variante 2 ist $h(p)$ entweder gleich $v_1(U)$ oder gleich $v_2(U)$, mit

$$h(p) = \begin{cases} v_1(U) = (G-1)\dfrac{U^r}{S^{r-1}} & \text{für } 0 \le U \le S \\ v_2(U) = (G-1)\left(1 - \dfrac{(1-U)^r}{(1-S)^{r-1}}\right) & \text{für } S \le U \le 1. \end{cases}$$

(III) Der Quotient bei Variante 1 ist eine Zahl $U \le 1$, die den auf das Intervall [0, 1] normierten Grauwert $f(p)$ darstellt. Durch Potenzierung dieser Zahl erhält man, je nachdem, ob r größer als 1 oder r kleiner als 1 ist, eine konvexe bzw. eine konkave Transformationskennlinie. Wie in der Abb. 5.1(b), Kurven A und B, dargestellt ist, wird im ersten Fall die Grauwertdynamik bei hohen Grauwerten (hellen Bildteilen) gedehnt und bei niedrigen Grauwerten (dunklen Bildteilen) gestaucht. Im zweiten Fall ist es umgekehrt.

Die Variante 2 hat das Ziel, eine Grauwertkennlinie wie in Abb. 5.1(b), Kurven C und D, zu erzeugen, die im Gegensatz zum Operator von Abschnitt 5.1.2 für $r > 1$ eine sanfte Streckung der Grauwertskala um den Grauwert s und eine Stauchung an beiden Enden der Grauwertskala bewirkt. Für $r < 1$ ergibt sich die umgekehrte Auswirkung. Um einen kontinuierlichen Verlauf der Kennlinie zu erhalten, wurden die Funktionen v_1 und v_2 so gewählt, daß die folgenden Bedingungen erfüllt sind: $v_1(S) = v_2(S) = s$ und für die ersten Ableitungen $v_1(S) = v_2(S) = r \cdot (G-1)$. Durch die Eingabe des Exponenten r kann man die Steilheit der Kennlinie am Wendepunkt wählen.

(IV) *Kontrollstruktur:* Punktoperator in Abb. 3.9

Eingaben:

```
Parametereingabe des Exponenten r : real;
Eingabe der Variante VAR ;
if (VAR = 2) then begin
    Eingabe des Wendepunktes s, 0 ≤ s ≤ G − 1;
    S := s / (G - 1)
    end {if}
```

Operatorkern:

```
                                {u = f(x, y) in v = h (x, y) überführen, vgl. Abb. 3.9}
if (VAR = 1) then
     w := (G − 1) [illegible] ⌊G−1⌋
else begin
     U := u / (G - 1);
     if (u ≤ s)        then    w := (U − 1) · [illegible] / S^(r−1)
                       else    [illegible] (1−S)^(r−1) [illegible]
     end {else};
                                {ADJUST in Prozedur TEXTURE in Abschnitt 2.1}
call ADJUST(w, v)
```

(V) Haberäcker, P.: *Digitale Bildverarbeitung*, 3. Auflage, Carl Hanser Verlag, München, *1989.*

Zamperoni, P.: *Methoden der digitalen Bildsignalverarbeitung*. 2. Auflage, Vieweg Verlag, Wiesbaden, *1991*.

5.1.4 Egalisierung des Grauwerthistogramms

(I) Durch diesen Operator werden die Grauwerte des Bildes so verändert, daß nach der Transformation die Grauwerte im gesamten Bild in etwa gleichverteilt sind. Die Transformation der Originalgrauwerte $u = f(x, y)$ in Resultatsgrauwerte $v = h(x, y)$ erfolgt mit Hilfe einer zu bestimmenden Transformationskennlinie $v = t(u)$. Die Funktion $t(u)$ wird auf der Basis der Bilddaten ermittelt (vgl. Abschnitt 1.3.3).

Durch Eingabe eines Parameters ist es außerdem möglich, die Intensität der Egalisierung abzustufen.

Attribute:

Bilder: $M \times N$-Grauwertbilder

Operator: Punktoperator, Parameter von Eingabebild abhängig

Operatorkern: logisch strukturiert

Eingaben:

Egalisierungsexponent r

(II) *HIST*(u) ist das in einem ersten Durchlauf durch f zu bestimmende Grauwerthistogramm für u = 0, ..., G - 1 über das gesamte Bild (*HIST* wurde im Abschnitt 1.3.2 definiert). In einem zweiten Durchlauf durch f wird die Grauwerttransformation $v = t(u)$ mit Hilfe der folgenden Transformationskennlinie durchgeführt:

$$v = \frac{G-1}{Q} \cdot \sum_{w=0}^{u} HIST(w)^r \quad \text{mit} \quad Q = \sum_{w=0}^{G-1} HIST(w)^r .$$

(III) Die für eine Grauwertegalisierung erforderliche Grauwerttransformationskennlinie erhält man aus der Verteilungsfunktion der Grauwerte des Originalbildes. In der Bildbearbeitung hat man jedoch eine endliche Anzahl von $M \times N$ Bildpunkten und von G Graustufen. Das Grauwerthistogramm stellt eine Schätzung der Dichtefunktion der globalen Grauwertverteilung dar, während das Summenhistogramm eine Schätzung der Verteilungsfunktion repräsentiert, vgl. Abschnitt 1.3.2. Die Diskretisierung der Grauwerte hat zur Folge, daß das Grauwerthistogramm des Resultatsbildes in der Regel nicht ideal gleichverteilt ist, sondern Lücken aufweisen kann, wobei die Anzahl der Grauwerte, die in gleichen Grauwertintervallen durchschnittlich beinhaltet sind, konstant bleibt.

Zur Durchführung der Grauwertegalisierung sind zwei Bilddurchläufe erforderlich. Im ersten wird das Histogramm *HIST*(u) der Grauwerte u bestimmt. Damit wird gemäß obiger Gleichung eine Look-Up-Tabelle aufgestellt, die die Korrespondenz zwischen Originalgrauwert u und transformiertem Grauwert v ($0 \leq u, v \leq G - 1$) beinhaltet. Im zweiten Durchlauf wird die Look-Up-Tabelle benutzt, um die Grauwerttransformation durchzuführen.

Durch die Einstellung des Exponenten r kann eine Über- bzw. eine Unteregalisierung erzielt werden. Mit $r = 1$ ist das Zielhistogramm gleichverteilt. Mit $r > 1$ werden die seltenen Grauwerte des Originalbildes im transformierten Bild häufiger als im egalisierten Bild vertreten sein. Mit $r = 0$ würde sich die identische Transformation ergeben, während man mit $r < 1$ eine schwächere Egalisierung als mit $r = 1$ erhält.

Die Grauwertegalisierung kann dort zur Verbesserung der Bildqualität eingesetzt werden, wo das Originalbild nur einen Teil der gesamten Grauwertskala beansprucht. Eine schlechte Ausnutzung des verfügbaren Grauwertbereiches hat meistens aufnahmebedingte Ursachen, wie z.B. eine schwache Szenenausleuchtung oder die Auswirkung der automatischen Verstärkungsregelung in der Kamera. Wenn aber die Grauwertdynamik des Originalbildes bereits gut ist, dann kann die Egalisierung eher zu einem Qualitätsverlust führen. Bei Zweipegelbildern z.B. könnte sie unerwünschte Zwischengraustufen hervorrufen, die den Kantenanstieg bei Hell-Dunkel-Übergängen verschlechtern.

(IV) Kontrollstruktur: Punktoperator in Abb. 3.9, zwei Durchläufe

Erforderliches Datenfeld: $q(1...G)$: *real* für die Häufigkeit der Grauwerte $u = 0, ..., G - 1$. Nach dem ersten Durchlauf enthält dieses Datenfeld in Position $u + 1$ zunächst den absoluten (*integer*-) Wert *hist*(u). Die Grauwertskala fängt mit dem Grauwert 0 an, wogegen die Indizierung des Datenfeldes mit 1 anfängt. Vor dem zweiten Durchlauf wird in diesem Datenfeld die Look-Up-Tabelle erstellt, die im zweiten Durchlauf für die Grauwerttransformation verwendet wird.

Eingabe und Initialisierungen:

Exponent $r > 0$ eingeben;
for $u := 1$ **to** G **do** $q(u) := 0$

Operatorkern (erster Durchlauf):

{$u = f(x, y)$ einlesen, keinen Wert v in h einschreiben, vgl. Abb. 3.9}
$q(u + 1) := q(u + 1) + 1$

Vorbereitung des zweiten Durchlaufes:

$A := M \cdot N$;
for $u := 1$ **to** G **do** $q(u) := (\, q(u) / A\,)^r$;
for $u := 2$ **to** G **do** $q(u) := q(u) + q(u - 1)$;
for $u := 1$ **to** G **do** $q(u) := (G - 1) \cdot (q(u) / q(G))$

Operatorkern (zweiter Durchlauf):

{$u = f(x, y)$ in $v = h(x, y)$ überführen, vgl. Abb. 3.9}
{*ADJUST* in Abschnitt 2.1}
call *ADJUST*($q(u + 1)$, v)

(V) Die Herleitung von Verfahren zur Grauwertegalisierung wird zum Beispiel in

Ballard, D.H., Brown, C.M.: *Computer Vision*. Prentice-Hall, Englewood Cliffs, 1982.

Gonzalez, R.C., Wintz, P.: *Digital Image Processing*. Addison-Wesley, Reading, USA, 1987.

Zamperoni, P.: *Methoden der digitalen Bildsignalverarbeitung*. Vieweg Verlag, Wiesbaden, 2. Auflage, 1991.

betrachtet. In

Jaroslavskij, L.P.: *Einführung in die digitale Bildverarbeitung*. Hüthig, Heidelberg, 1990.

wird ausführlich erläutert, wie durch Einstellung des Exponenten r eine Über- bzw. eine Unteregalisierung erzielt werden kann.

5.2 Erzeugung von gestörten Bildern

In diesem Abschnitt werden Operatoren vorgestellt, mit deren Hilfe bereits vorhandene Eingabebilder mit verschiedenen Arten von Rauschen überlagert werden können. Damit kann man künstlich gestörte Bilder bereitstellen, die als Testbilder zur Untersuchung von rauschunterdrückenden Bildverbesserungsoperatoren, wie z.B. Glättungs- oder Rangordnungsoperatoren, verwendet werden können.

5.2.1 Störung durch Punktrauschen

(I) In bereits vorhandenen Bildern können negative und positive Impulsstörungen in etwa gleichem Mischverhältnis eingeblendet werden. Die durchschnittliche Störrate kann beliebig eingestellt werden.

Attribute:

Bilder: $M \times N$-Grauwertbilder

Operator: Punktoperator

Operatorkern: ortsabhängig, logisch strukturiert mit Abhängigkeit von einer Zufallsgröße

Eingaben:

Störrate Q (d.h. durchschnittlich tritt ein Störimpuls für jeden Q-ten Bildpunkt auf),

Impulshöhe H, $0 \leq H \leq G-1$.

(II) Sei z eine zwischen 0 und 1 gleichverteilte reelle Zufallszahl. Ein Zufallgenerator erzeugt für jeden Bildpunkt $p = (x, y)$ eine neue Zufallszahl $z(p)$. Dann ist

$$h(p) = \begin{cases} \mathbf{max}\{0, f(p) - H\} & \text{wenn } z(p) < q_{\text{neq}} \\ f(p) & \text{wenn } q_{\text{neg}} \leq z(p) \leq q_{\text{pos}} \\ \mathbf{min}\{G-1, f(p) + H\} & \text{wenn } z(p) > q_{\text{pos}} \end{cases}$$

mit $q_{\text{neq}} = \dfrac{1}{2Q}$ und $q_{\text{pos}} = 1 - q_{\text{neg}}$.

(III) Dieses Programm benutzt eine in den meisten Programmiersprachen vorhandene interne Software-Funktion *RANDOM* bzw. *RND_EQU*, die bei jedem Aufruf eine reelle und gleichverteilte Zufallszahl z zwischen 0 und 1 erzeugt (vgl. Abschnitt 3.4.1 für eine spezielle Realisierung). Bei jedem Bildpunkt wird ein neuer z-Wert erzeugt und mit den oben definierten Schwellen q_{neg} und q_{pos} verglichen. Weil z gleichverteilt ist, ergibt sich durchschnittlich für jeden $2Q$-ten Bildpunkt ein negativer Störimpuls (Originalgrauwert minus Impulshöhe H) und für jeden $2Q$-ten Bildpunkt ein positiver Störimpuls (Originalgrauwert plus Impulshöhe H).

(IV) *Kontrollstruktur:* Punktoperator in Abb. 3.9

Eingaben und Initialisierung:

Q eingeben, zum Beispiel $1 \le Q \le 100$;

H eingeben;

$q_{\text{neg}} := 0.5 / Q; \qquad q_{\text{pos}} := 1 - q_{\text{neg}}$

Operatorkern:

{$u = f(x, y)$ in $v = h(x, y)$ überführen, vgl. Abb. 3.9}

```
v := u;        z := RND_EQU( );
if (z < q_neg) then   v := max{ 0, u - H };
if (z > q_pos) then   v := min{ G - 1, u + H }
```

5.2.2 Erzeugung von verrauschten Bildern

(I) Dem Originalbild wird additives gleichverteiltes oder normalverteiltes Rauschen hinzugefügt.

Attribute:

Bilder: $M \times N$-Grauwertbilder

Operator: Punktoperator

Operatorkern: ortsabhängig, logisch strukturiert mit Abhängigkeit von einer Zufallsgröße

Eingaben:

Art der Verteilung: Gleichverteilung (VAR = 1) oder Normalverteilung (VAR = 2),

s (in Graustufen): Streubreite der Gleichverteilung bzw. Streuung der Normalverteilung.

(II) Für das erzeugte Bild h gilt

$$h(p) = \begin{cases} f(p) - \dfrac{s}{2} + s \cdot r_{\text{equ}} & \text{wenn } VAR = 1 \\ f(p) + s \cdot r_{\text{norm}} & \text{wenn } VAR = 2 \end{cases}$$

Dabei sind $0 \le r_{equ} \le 1$ eine gleichverteilte Zufallszahl und r_{norm} eine normalverteilte Zufallsszahl mit Mittelwert 0 und Streuung 1.

(III) Um Bildverbesserungsverfahren zur Rauschunterdrückung zu entwickeln und zu testen ist es oft nützlich, verrauschte Testbilder mit verschiedenen Rauschverteilungen zu erzeugen. Mit diesem Programm kann man einem bereits vorhandenen Originalbild additives gleichverteiltes oder normalverteiltes Rauschen hinzufügen.

Für die Realisierung gleichverteilter reeller Zufallszahlen zwischen 0 und 1 kann i.a. eine in den meisten Programmiersprachen vorhandene Standardfunktion *RANDOM* bzw. *RND_EQU* (vgl. Abschnitt 3.4.1 für eine spezielle Realisierung) verwendet werden.

Im Fall der Normalverteilung muß diese Zufallsgröße durch eine funktionale Transformation in eine andere Größe umgewandelt werden, die die gewünschte Normalverteilung hat. Hierfür wird in (IV) die Prozedur *RND_NORM* aus Abschnitt 3.4.2 verwendet, die Paare (z_1, z_2) normalverteilter Zahlen bereitstellt. Die Entscheidungen, ob z_1 oder z_2 genutzt wird, sind statistisch gesehen äquivalent.

Die in der Gleichung in (II) resultierenden reellen Zahlenwerte werden mittels der Prozedur *ADJUST* aus Abschnitt 2.1 auf ganze Zahlen gerundet und, falls sie die Grenzen der Grauwertskala überschreiten, auf 0 bzw. auf *G* - 1 begrenzt.

(IV) *Kontrollstruktur:* Punktoperator in Abb. 3.9

Eingaben und Initialisierung:

Variante eingeben (*VAR* = 1 oder *VAR* = 2);
Streubreite *s* eingeben, zum Beispiel $0 \leq s \leq 40$;
Initialisierung von *RANDOM* bzw. der globalen Variablen *rand* der Prozedur *RND_EQU*

Operatorkern:

{$u = f(x, y)$ in $v = h(x, y)$ überführen, vgl. Abb. 3.9}

if (*VAR* = 1) **then**
    $w := u - s/2 + s \cdot RND\_EQU()$
else **begin**
        call *RND_NORM*(z_1, z_2);
        $w := u + s \cdot z_1$
    end *{else}*;
call *ADJUST*(*w*, *v*)

(V) In der Literatur gibt es verschiedene Vorschläge für eine solche Transformation, vgl. zum Beispiel

Ahrens, J.H., Dieter, U.: *Extension of Forsythe's method for random sampling from the normal distribution*. Mathematics of Computation **27** (1973), pp. 927 - 937.

Knuth, D.E.: *The Art of Computer Programming. Vol. 2: Seminumerical Algorithms*, Addison-Wesley, Reading, USA, *1969*.

Für die hier wiedergegebene Durchführung wurde, auf Grund ihrer Übersichtlichkeit, die in

Press, W.H., Flannery, B.P., Teukolsky, S.A., Vetterling, W.T.: *Numerical Recipes*. Cambridge University Press, Cambridge, USA, *1988*.

ausführlich beschriebene Methode gewählt.

5.3 Binarisierung von Grauwertbildern

In diesem Abschnitt werden Abbildungen von Grauwertbildern auf Binär- bzw. Zweipegelbilder betrachtet. Eine solche Abbildung kann für Bildausgaben (Halbton- Bilder) oder für die binäre Darstellung von Bildstrukturen interessant sein. Außerdem kann die Binarisierung dann als Bildverbesserung betrachtet werden, wenn die Bildvorlage an sich ein ideales Zweipegelbild darstellt (z.B. Text, Zeichnungen) und das digitalisierte Eingabebild nur durch den Aufnahmevorgang bedingt neben Schwarz und Weiß andere Grauwerte enthält.

5.3.1 Binarisierung mit Hysterese

(I) Dieser Operator führt eine Binarisierung von Grauwertbildern mit einer im Prinzip konstanten Schwelle durch. Der Schwellenwert wird jedoch mit einer Hysterese versehen, die zur Unterdrückung des Diskretisierungsrauschens dient.

Attribute:

Bilder: $M \times N$-Grauwertbilder

Operator: Fensteroperator, sequentiell[1]

Operatorkern: logisch strukturiert

Eingaben:

Binarisierungsschwelle s, $0 \le s \le G-1$,

Hystereseparameter L, zum Beispiel $0 \le L \le 10$.

(II) Die Binarisierung soll zur Erzeugung von Zweipegelbildern h führen, deren Bildwerte 0 oder G - 1 sind. Für das plazierte Fenster $\mathbf{F}(p) = \{p, p_1, p_2, p_3\}$ mit $p = (x, y)$, $p_1 = (x - 1, y)$, $p_2 = (x - 1, y - 1)$ und $p_3 = (x, y - 1)$ können bei der sequentiellen Verarbeitungsweise die bereits verarbeiteten Nachbarn p_1, p_2 und p_3 des Bezugspunktes $p = (x, y)$ nur die Grauwerte 0 oder G - 1 annehmen. Es gilt

$$h(p) = \begin{cases} 0 & \text{wenn } f(x,y) < s + \delta \cdot L \\ G-1 & \text{sonst} \end{cases}$$

mit

$$\delta = \begin{cases} +1 & \text{wenn } h(x-1,y) + h(x-1,y-1) + h(x,y-1) < 2 \cdot (G-1) \\ -1 & \text{sonst.} \end{cases}$$

---

[1] Wenn der Hystereseparameter $L \neq 0$ ist, so ist dieser Operator kein Punktoperator, weil das Ergebnis der Binarisierung bereits bearbeiteter Bildpunkte das Ergebnis beim aktuellen Bildpunkt beeinflußt. Es ist daher hier sinnvoll, das Attribut „sequentiell" zu verwenden. Weil die herkömmliche Binarisierung (ohne Hysterese) ein Punktoperator ist, wird aus Übersichtlichkeitstsgründen dieser Operator jedoch in diesem Kapitel 5 behandelt.

(III) Die Einführung einer Hysterese in den herkömmlichen Binarisierungsoperator soll verhindern, daß rauschbedingte Grauwertschwankungen um die Binarisierungsschwelle s infolge der Binarisierung auf die volle Grauwertdynamik von G - 1 Grauwerten verstärkt werden. Solche Schwankungen treten bei zeilenweiser Bildabtastung mit Fernsehkameras oder mit ähnlichen Sensoren besonders bei horizontalen Kanten auf. Die Hysterese bewirkt eine Herabsetzung (bzw. Erhöhung) der Schwelle, je nachdem, ob den bereits verarbeiteten nächsten Nachbarn des aktuellen Bildpunktes überwiegend der Graupegel G - 1 (bzw. 0) zugewiesen worden ist. Mit anderen Worten: Im Laufe des Binarisierungsvorgangs ist jeder Übergang von 0 auf G - 1 (oder umgekehrt) mit einem gewißen Maß an Trägheit behaftet. Die Abb. 5.2 veranschaulicht die Auswirkung des Operators anhand einer eindimensionalen Funktion $f(x)$ mit einer Schwellenabhängigkeit nur vom letzten bereits bestimmten Wert $h(x - 1)$.

Zur Realisierung des Operators braucht man einen Zeilenspeicher für die bereits binarisierten Grauwerte $h(x - 1, y - 1)$ und $h(x, y - 1)$ der vorhergehenden Zeile. Dafür würde im Prinzip ein Speicher mit 1 Bit/Bildpunkt ausreichen, weil der Binarisierungsprozeß nur zwischen zwei Alternativen entscheidet. In der Praxis kann man jedoch der Einfachheit halber, wie für die ansonsten üblichen Zeilenspeicher, auch für die vorherige Zeile einen Speicher $g(1...M)$ mit 8 Bit/Bildpunkt verwenden.

Ergebnisse einer Binarisierung mit und ohne Hysterese sind in der unteren Hälfte von Abb. 5.3 dargestellt.

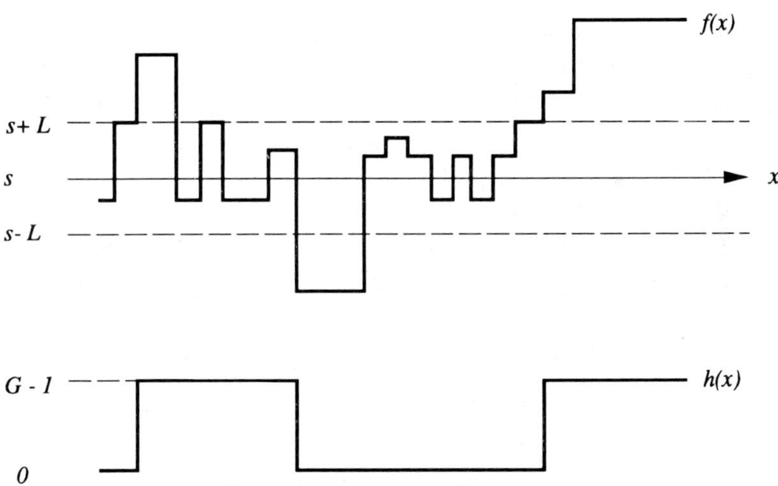

Abbildung 5.2: Veranschaulichung des Hystereseeffektes bei der Binarisierung eines (oben dargestellten) eindimensionalen Signals $f(x)$ mit Binarisierungsschwelle s und Hysteresebereich $[s - L, s + L]$. Unten ist das resultierende binarisierte Signal $h(x)$ dargestellt.

(IV) *Kontrollstruktur:* für speziellen Fensteroperator hier explizit angegeben
Erforderliche Datenspeicher:
Zeilenspeicher g(1...*M*) für die bereits binarisierten Grauwerte der vorhergehenden Zeile, Zeilenspeicher *BUF*(1...*M*) und *BUFOUT*(1...*M*) für Ein- und Ausgabe.

```
begin {Binarisierung mit Hysterese}
    Schwellenwert s (0 ≤ s ≤ G - 1) eingeben;
    Hystereseparameter L eingeben;
    for x := 1 to M do g(x) := 0 ;
    for y := 1 to N do begin
        Zeile y aus der Eingabebilddatei in den Zeilenspeicher BUF(1...M) einlesen;
        for x := 2 to M do begin
                SC := s + L ;
                if ((g(x) + g(x - 1) + BUF(x - 1)) > G - 1) then SC := s - L;
                if (BUF(x) > SC) then begin
                        BUFOUT(x) := G - 1 ;    g(x) := G - 1
                        end {then}
                else begin
                        BUFOUT(x) := 0 ;        g(x) := 0
                        end {else}
                end {for}
        Zeilenspeicher BUFOUT(1...M) in die Zeile y der Resultatsbilddatei 'OUT'
                schreiben
        end {for}
end {Binarisierung mit Hysterese}
```

(V) Zamperoni, P.: *Methoden der digitalen Bildsignalverarbeitung. 2.* Auflage, Vieweg Verlag, Wiesbaden, 1991.

5.3.2 Rekursives Binarisierungsverfahren

(I) Dieser Operator realisiert die Binarisierung von Grauwertbildern durch eine iterative Bestimmung der Binarisierungsschwelle. Diese Suche einer Binarisierungsschwelle kann im Grauwerthistogramm schneller als in der Bilddatei durchgeführt werden.

Attribute:

Bilder: $M \times N$-Grauwertbilder

Operator: Punktoperator, prozeßgesteuert, mehrere Durchläufe

Operatorkern: logisch strukturiert

Eingabe:

Abbruchparameter $\varepsilon \geq 0$.

(II) Es wird eine Binarisierung von *f* mit der iterativ bestimmten Schwelle *s* durchgeführt. Es gilt hierbei

$$h(p) = \begin{cases} G-1 & \text{wenn} f(p) > s \\ 0 & \text{sonst.} \end{cases}$$

Die konstante Schwelle *s* wird durch einen iterativen Suchprozeß im globalen Grauwerthistogramm *HIST*(*u*) (vgl. Abschnitt 1.3.2) mit $0 \leq u \leq G - 1$,

$$0 \leq HIST(u) \leq 1 \qquad \text{und} \qquad \sum_{u=0}^{G-1} HIST(u) = 1,$$

bestimmt. $s_0 = G/2$ ist der Anfangswert der Schwelle und s_k ist ihr Wert nach der *k*-ten Iteration. Der Suchprozeß wird dann beendet und *s* gleich s_k gesetzt, wenn für vorgegebenes ε (z.B. $\varepsilon = 3$ Grauwerte) die Bedingung $|s_k - s_{k-1}| < \varepsilon$ erfüllt ist. In jeder Iteration werden zur Bestimmung des neuen Schwellenwertes s_k die mittleren Grauwerte μ_0 und μ_1 der Bildpunkte berechnet, deren Grauwert kleiner oder gleich s_{k-1} bzw. größer als s_{k-1} ist:

$$\begin{aligned} s_k &= \frac{\mu_0 + \mu_1}{2} \\ &= \frac{1}{2}\left(\left[\sum_{u=0}^{s_{k-1}} u \cdot HIST(u) \right] \cdot \left[\sum_{u=0}^{s_{k-1}} HIST(u) \right]^{-1} \right. \\ &\quad \left. + \left[\sum_{u=s_{k-1}+1}^{G-1} u \cdot HIST(u) \right] \cdot \left[\sum_{u=s_{k-1}+1}^{G-1} HIST(u) \right]^{-1} \right) \end{aligned}$$

Für den derart iterativ bestimmten Schwellenwert *s* könnte die Binarisierung auch mit Hysterese erfolgen, vgl. Abb. 5.3, oben rechts.

(III) Die Grundidee des Verfahrens ist, die Binarisierungsschwelle in die Mitte zwischen den zwei Grauwerten μ_0 und μ_1 zu legen. Diese sind die mittleren Grauwerte der Bildpunkte, die nach der Binarisierung den Hintergrund bzw. die Objekte bilden. Weil μ_0 und μ_1 ihrerseits eine Schwelle brauchen, um berechnet zu werden, ist ein iterativer Vorgang erforderlich. Erfahrungsgemäß konvergiert dieser Suchvorgang nach einigen Iterationen.

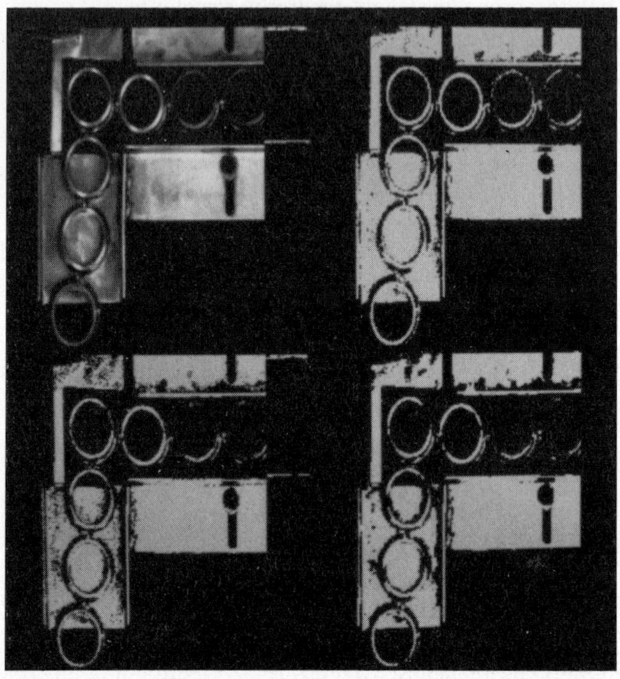

Abbildung 5.3: Ergebnisse der Binarisierung eines Grauwertbildes (oben links) mit verschiedenen Verfahren. Das rekursive Verfahren von 5.3.2 führt für dieses Bild auf $s = 75$. Mittels Diskriminanzanalyse (Abschnitt 5.3.3) folgt die Schwelle s = 74. Oben rechts: rekursives Verfahren. Unten links: konstanter Schwellenwert $s = 95$ nach bestem subjektiven Eindruck gewählt, ohne Hysterese. Unten rechts: Schwellenwert $s = 95$ mit Hysterese, $L = 15$.

Diese Methode erzielt in zahlreichen Anwendungsfällen eine gute Trennung zwischen Objekten und Hintergrund; dies gilt besonders dann, wenn ihre relativen Anteile an der gesamten Bildfläche etwa gleich sind. Nachteilig ist dagegen, daß keine Parametereinstellung möglich ist, um eine bessere Anpassung an den jeweiligen Bildinhalt zu ermöglichen.

Für eine schnelle Durchführung kann die Suche der Binarisierungsschwelle im Grauwerthistogramm stattfinden. In einem ersten Bilddurchlauf wird das Grauwerthistogramm berechnet. Nach der Bestimmung der Binarisierungsschwelle am Histogramm wird diese

Schwelle in einem zweiten Bilddurchlauf für den eigentlichen Binarisierungsvorgang verwendet.

(IV) *Kontrollstruktur:* Punktoperator in Abb. 3.9

Erforderliches Datenfeld: $HIST(1...G)$ für absolute und relative Häufigkeiten der Grauwerte 0, ..., G - 1 .

Eingabe und Initialisierung:

```
Eingabe von ε, z.B. ε = 3;
for u := 1  to G  do HIST(u) := 0
```

Operatorkern (erster Bilddurchlauf - Histogrammberechnung):

```
                         {u = f(x, y) , keinen Wert v in h eintragen, vgl. Abb. 3.9}
HIST(1 + u) := HIST(1 + u) + 1
```

Bestimmung der Binarisierungsschwelle

```
for u := 1  to G  do HIST(u) := HIST(u) / M·N ;
s := G/2 ;                                       {Anfangswert der Schwelle}
repeat
   s_a := s;          μ_0 := 0;          Σ_0 := 0;
   for u := 1  to s  do begin
           μ_0 := μ_0 + u·HIST(u);      Σ_0 := Σ_0 + HIST(u)
           end {for};
   μ_1 := 0;  Σ_1 := 0;
   for u := s + 1  to G  do begin
           μ_1 := μ_1 + u·HIST(u);      Σ_1 := Σ_1 + HIST(u)
           end {for};
   if (Σ_0 ≠ 0  und  Σ_1 ≠ 0) then
           s := 0.5·(μ_0 / Σ_0 + μ_1 / Σ_1)
   else if (Σ_0 ≠ 0)  then      s := μ_0 / Σ_0
                      else      s := μ_1 / Σ_1
until (|s − s_a| ≤ ε)
```

Operatorkern (zweiter Bilddurchlauf - Binarisierung):

```
                                    u = f(x, y)  und h (x, y) = v , vgl. Abb. 3.9}
v := 0;
if (u > s )  then  v  := G - 1
```

(V) Die Grundidee des Verfahrens wurde in

Ridler, T.W., Calvard, S.: *Picture thresholding using an iterative selection method*, IEEE Trans. SMC-**8** (1978), pp. 630-632.

angegeben. In

Magid A., Rotman, S.R., Weiss, A.M.: *Comment on "Picture thresholding using an iterative selection method"*, IEEE Trans. SMC-**20** (1990), pp. 1238-1239.

wird gezeigt, daß s denjenigen Schwellenwert darstellt, für welchen die gesamte mittlere quadratische Abweichung e,

$$e = \sum_{u=0}^{s} (u-\mu_0)^2 \, HIST(u) + \sum_{u=s+1}^{G-1} (u-\mu_1)^2 \, HIST(u),$$

für jeden der zwei Grauwerte des Ergebnisbildes getrennt gerechnet, minimal ist. Die schnelle Suche der Binarisierungsschwelle im Grauwerthistogramm wurde in

Trussell, H.J.: *Comments on "Picture thresholding using an iterative selection method"*, IEEE Trans. SMC-**9** (1979), p. 311.

vorgeschlagen.

5.3.3 Binarisierungsverfahren nach der Diskriminanzanalyse

(I) Nach diesem Verfahren wird die Binarisierung als ein Problem der unüberwachten Klassifikation der Pixel in zwei Klassen, ω_0 (Hintergrund, dunkel) und ω_1 (Objekt, hell), anhand des gemessenen globalen Grauwerthistogramms betrachtet. Im eindimensionalen Grauwertraum ist die zu bestimmende Diskriminantenfunktion eine Konstante s, die dann als Binarisierungsschwelle verwendet wird. Mangels a-priori-Informationen wird s nur auf der Basis des Grauwerthistogramms mit Hilfe eines aus der Diskriminanzanalyse genommenen Optimalitätskriteriums bestimmt.

Attribute:
Bilder: $M \times N$-Grauwertbilder
Operator: Punktoperator, prozeßgesteuert, in mehreren Durchläufen

(II) Für die berechnete Schwelle s wird die Binarisierung

$$h(p) = \begin{cases} G-1 & \text{wenn } f(p) > s \\ 0 & \text{sonst.} \end{cases}$$

durchgeführt. Der als konstante Schwelle zu verwendende Grauwert s bedingt die Einteilung der Pixel in zwei Klassen, die, bezüglich des Histogramms des Eingabebildes und im Sinne eines vorgegebenen Optimalitätskriteriums, maximal getrennt sind.

(III) Nach dem hier zugrundegelegten Optimalitätskriterium ist der Schwellenwert dann optimal, wenn im Grauwerthistogramm die Grauwerte der Elemente von ω_0 und ω_1 zwei möglichst gebündelte und voneinander getrennte Anhäufungen (*cluster*) bilden. Um dieses Kriterium quantitativ auszudrücken, seien

$$q(w) = SUMHIST(w) = \sum_{i=0}^{w} HIST(w) \quad \text{und} \quad \mu(w) = \sum_{i=0}^{w} w \cdot HIST(w)$$

(s. Abschnitt 1.3.2) die aus dem beobachteten Grauwerthistogramm berechneten Werte der kumulativen Auftrittswahrscheinlichkeit und des mittleren Grauwertes für den Grauwertbereich 0, ..., w. Bezeichnet man mit $q_0(w)$ und $q_1(w) = 1 - q_0(w)$ die absolute Wahrscheinlichkeit von ω_0 bzw. ω_1, so sind

$$\mu_0(w) = \mu(w) / q_0(w) \quad \text{und} \quad \mu_1(w) = \mu(w) / q_1(w)$$

die entsprechenden mittleren Grauwerte mit Berücksichtigung der bedingten Grauwertwahrscheinlichkeiten. Es ist

$$\mu_1(w) = \frac{\mu_T - \mu(w)}{1 - q_0(w)} \quad \text{mit } \mu_T = q_0(w)\,\mu_0(w) + q_1(w)\,\mu_1(w),$$

wobei μ_T den mittleren Grauwert über $\omega_0 \cup \omega_1$ darstellt. Alle diese Größen, so wie auch die Varianzen $\sigma_0^2(w)$ und $\sigma_1^2(w)$ der beiden Klassen, sind vom Parameter w abhängig. Dagegen sind μ_T und die Varianz σ_T^2 der gesamten Verteilung von w unabhängig.

Eines der in der Diskriminanzanalyse verwendeten Optimalitätskriterien, das hier zur Bestimmung der Binarisierungsschwelle verwendet wird, ist die Maximierung des Quotienten aus $\sigma_B^2(w)$ (Streuung zwischen den Klasssen) und σ_T^2, mit

$$\sigma_B^2(w) = q_0(w)(\mu_0(w) - \mu_T)^2 + q_1(w)(\mu_1(w) - \mu_T)^2 = \frac{[\mu_T \cdot q_0(w) - \mu(w)]^2}{q_0(w)[1 - q_0(w)]} .$$

Daher reduziert sich das Kriterium auf die Maximierung von $\sigma_B^2(w)$, d.h.

$$s\text{:}\ \sigma_B^2(s) = \max_{w=0...G-1} \sigma_B^2(w).$$

Bei der Durchführung des Operators wird in einem ersten Bilddurchlauf das relative Summenhistogramm *SUMHIST*(0...*G* - 1) in *q*(1...*G*) berechnet. Dann wird die Binarisierungsschwelle s durch Maximierung von $\sigma_B^2(w)$ für w = 0, ..., G - 1 bestimmt. In einem zweiten Bilddurchlauf wird schließlich die Binarisierung durchgeführt.

(IV) *Kontrollstruktur:* Punktoperator in Abb. 3.9
Erforderlicher Speicherbereich: $q(1...G)$ für relative Histogramme

Initialisierung:

for $w := 1$ **to** G **do** $q(w) := 0$

Operatorkern (erster Bilddurchlauf - Histogrammberechnung):

{$u = f(x, y)$, keinen Wert v in h eintragen, vgl. Abb. 3.9}

$q(1 + u) := q(1 + u) + 1$

Bestimmung der Binarisierungsschwelle

$\mu_T := 0;$
for $w := 1$ **to** G **do begin**
  $q(w) := q(w) / (M \cdot N);$ $\mu_T := \mu_T + w \cdot q(w)$
  end *{for}*
$Q_a := 0;$ $\mu_a := 0;$ $MAX := 0;$
for $w := 1$ **to** G **do begin**
  $Q := Q_a + q(w);$ $\mu := \mu_a + w \cdot q(w);$
  $T := \left[(\mu_T \cdot Q - \mu)^2\right] / \left[Q \cdot (1 - Q)\right];$
  if ($T > MAX$) **then begin**
    $s := w;$ $MAX := T$
    end *{if}*
  $Q_a := Q;$ $\mu_a := \mu$
  end *{for}*

Operatorkern (zweiter Bilddurchlauf - Binarisierung):

{$u = f(x, y)$ und $h(x, y) = v$, vgl. Abb. 3.9}

$v := 0;$
if ($u > s$) **then** $v := G - 1$

(V) Das Verfahren wird in

Otsu, N.: *A threshold selection method from gray-lvel histograms.* IEEE Trans. SMC-**9** (1979), pp. 62 - 66.

dargelegt. Zum verwendeten Optimalitätskriterium vergleiche

Fukunaga, K.: *Introduction to Statistical Pattern Recognition, 2nd ed.* Academic Press, New York, *1990.*

5.3.4 Halbton-Bilddarstellung mittels Schwellenwertmatrix

(I) Bei einer Schwellenwert-Binarisierung eines Grauwertbildes f mit einer ortsabhängigen Schwellenwertfunktion soll (bei angenommener hoher Ortsauflösung des Grauwertbildes) der visuelle Eindruck der Grauwertvorlage "weitgehend" erhalten bleiben, vgl. Abb. 5.4. Dieser Operator ist für binäre Bildausgaben von Bedeutung.

Attribute:

Bilder: $M \times N$ -Grauwertbilder mit $G = 256$
Operator: Punktoperator, ortsabhängig

(II) In Abschnitt 2.2 wurde die systematische Schwellenwertänderung (*ordered dithering*) beschrieben. Die Schwellenwerte sollen hier in einer 4×4 - Schwellenwertmatrix bereitgestellt werden, die fortgesetzt nichtüberlagernd auf dem Bildraster **R** in periodischer Wiederholung betrachtet wird. Es wird die Schwellenwertmatrix

$$\mathbf{T} = \begin{bmatrix} 0 & 128 & 32 & 160 \\ 192 & 64 & 224 & 96 \\ 48 & 176 & 16 & 144 \\ 240 & 122 & 208 & 80 \end{bmatrix}$$

genutzt. Für die aktuellen Ortskoordinaten x, y des betrachteten Bildpunktes werden zunächst Matrix-Koordinaten

$$i = x \textbf{ mod } n \quad \text{und} \quad j = y \textbf{ mod } n$$

berechnet und dann der Resultatswert eines Zweipegelbildes h gemäß

$$h(x, y) = \begin{cases} 0 & \text{falls } f(x, y) \leq \mathbf{T}(i, j) \\ G-1 & \text{falls } f(x, y) > \mathbf{T}(i, j) \end{cases}$$

bestimmt.

(III) Die Schwellenwertmatrix kann modifiziert werden (für andere Werte von G, in der Größe, im Werteverlauf). In Abschnitt 2.2 sind hierzu allgemeine Grundlagen dargelegt worden. Es ist sinnvoll, vor einer Halbton-Darstellung zunächst eine Grauwertskalierung und anschließend eine Bildschärfung (Kontrastverbesserung) durchzuführen.

(IV) *Kontrollstruktur:* Punktoperator in Abb. 3.9

Eingaben:

DATA T (0, 128, 32, 160, 192, 64, 224, 96, 48, 176, 16, 144, 240, 122, 208, 80)
{von 1 bis 16 indiziert}
{Werte sind für Eingabegrauwerte $G = 0, ..., 255$ skaliert}

Operatorkern:

{$u = f(x, y)$ in $v = h(x, y)$ überführen, vgl. Abb. 3.9}
$i = x$ **mod** 4; $j = y$ **mod** 4; $s := i + 1 + (3 - j) \cdot 4$;
{Matrix **T** im xy-Koordinatensystem wie in Abb. 1.1 vereinbart}
if ($u \leq \mathbf{T}(s)$) **then** $v := 0$ **else** $v := 255$

(V) Ulichney, R. A.: *Digital Halftoning*. MIT Press, Cambridge, MA, 1987.

Abbildung 5.4: Halbton-Darstellung eines Grauwertbildes (oben links). Oben rechts: mit Schwellenwertmatrix-Verfahren (5.3.4). Unten links: Binarisierung mit konstanter Schwelle 130 (5.3.1). Unten rechts: mit Fehlerverteilung (6.1.8).

5.4 Punktweise Verknüpfungen von zwei Bildern

In diesem Abschnitt wird zunächst in 5.4.1 und 5.4.2 eine Hintergrundfunktion (zum Beispiel durch Shading bedingt) als zweites, zu berechnendes Bild betrachtet und dann in 5.4.3 die Kombination von zwei (beliebigen) Eingabebildern behandelt.

5.4.1 Synthetische Hintergrundkompensation

(I) Dieser Operator dient zur Kompensation einer als Störung betrachteten Hintergrundgrauwertfunktion. Zu diesem Zweck wird aus dem Grauwertbild ein synthetisch erzeugter und von den einzugebenden Parametern abhängiger Grauwertverlauf subtrahiert. Dieser synthetische Hintergrund wird mit Hilfe einer Gauß-Funktion modelliert.

Attribute:

Bilder: $M \times N$ -Grauwertbilder bzw. zweikanalige Bilder
Operator: Punktoperator
Operatorkern: analytisch

Eingaben:

Parameter der Hintergrundfunktion: Koordinaten XC und YC des Maximums, Amplitude A des Maximums, Exponent K der Gauß-Funktion,
Resultatsbild: Original minus Hintergrund ($VAR = 1$) oder nur Hintergrund ($VAR = 2$).

(II) Für das Resultatsbild h gilt

$$h(p) = \begin{cases} f(p) - g(p) & \text{wenn } VAR = 1 \\ g(p) & \text{wenn } VAR = 2 \end{cases}$$

mit

$$g(p) = A \cdot \mathbf{exp}\left\{ -\frac{K\left[(x-XC)^2 + (y-YC)^2\right]}{E^2} \right\}.$$

Der Parameter E^2, der die Varianz der Gauß-Funktion darstellt, ist wie folgt definiert:

$$E = \sqrt{\left[\mathbf{max}(XC, M-XC)\right]^2 + \left[\mathbf{max}(YC, N-YC)\right]^2}\,.$$

(III) Die von diesem Operator durchgeführte Kompensation des Hintergrundgrauwertes ist besonders dann nützlich, wenn die störende Hintergrundkomponente auf ungleichmäßige Szenenbeleuchtung oder auf unterschiedliche Empfindlichkeit zwischen Bildmitte und Bildrand des Aufnahmesystems (Optik, Vidikon usw.) zurückzuführen ist. Obwohl die Störung manchmal multiplikativer Natur ist, kann man in der Praxis oft auch mit einem additiven Korrektursignal eine befriedigende Hintergrundkompensation erreichen. Praktische Versuche haben auch gezeigt, daß der Verlauf des Hintergrundgrauwertes in manchen Fällen einfach und effektiv mit einer Gauß-Funktion modelliert werden kann, deren Höhe, Streuung und Lage im Bildfeld als Parameter einzugeben sind. Durch den Parameter A kann man den Kontrast der Korrektur-Grauwertfunktion einstellen. Die Koordinaten des Maximums von $g(p)$ (Parameter XC und YC) müssen der Lage des Schwerpunktes einer eventuell ungleichmäßigen Szenenbeleuchtung, der nicht immer mit der Bildmitte übereinstimmt, angepaßt werden. Der Parameter K bestimmt die Abfallrate der Gauß-Funktion und richtet sich daher nach der Stärke der auszugleichenden Hintergrundschwankungen.

Die Größe E ist die maximale Entfernung des Punktes (XC, YC) zum Bildrand. Für $K = 4.5$ ist die Korrekturfunktion an der Bildecke, die die maximale Entfernung von (XC, YC) hat, praktisch auf 0 abgeklungen. Kleinere Werte von K ergeben dagegen einen gleichmäßigeren Verlauf des synthetischen Hintergrundes.

(IV) *Kontrollstruktur:* Punktoperator in Abb. 3.9

Eingaben und Initialisierung:

Parametereingabe von XC, YC, A und K;
Eingabe der Variante ($VAR = 1$ oder $VAR = 2$);
$MX := \mathbf{max}(XC, M - XC)$; $MY := \mathbf{max}(YC, N - YC)$;
$EQ := MX^2 + MY^2$

Operatorkern:

{$u = f(x, y)$ in $v = h(x, y)$ überführen, vgl. Abb. 3.9}

$$w := A \cdot \mathbf{exp}\left\{ - \frac{K\left[(x - XC)^2 + (y - YC)^2\right]}{EQ} \right\};$$

{*ADJUST* in Abschnitt 2.1}

call *ADJUST*(w, v);
if ($VAR = 1$) **then** $v := u - v$;
if ($v < 0$) **then** $v := 0$

(V)

Ballard, D.H., Brown, C.M.: *Computer Vision*. Prentice-Hall, Englewood Cliffs, 1982.

Voß, K.: *Shadingkorrektur in der automatischen Bildverarbeitung*. Bild und Ton **36** (1983), S. 170-172.

5.4.2 Stückweise lineare Hintergrundkompensation

(I) Ziel dieses Operators ist es, die Hintergrundkomponente der Grauwertfunktion zu extrahieren. Diese wird mit Hilfe einer stückweise linearen Näherung abgeschätzt. Der extrahierte Hintergrund kann außerdem in beliebigem Mischverhältnis vom Originalbild abgezogen werden, um damit eine Hintergrundkompensation mit Kontrasterhöhung zu bewirken.

Attribute:

Bilder: $N \times N$-Grauwertbilder bzw. zweikanalige Bilder

Operator: Punktoperator, datenabhängig, in zwei Durchläufen

Operatorkern: ortsabhängig, analytisch

Eingaben:

Rastergröße L der regelmäßigen Einteilung des Bildrasters in $L \times L$-Quadrate für die stückweise lineare Näherung,

Angabe, ob das Ergebnisbild den extrahierten Hintergrund (VAR = 2) oder die gewichtete Differenz zwischen Originalbild und Hintergrund (VAR = 1) darstellen soll.

Im Fall VAR = 1: Gewichtungskoeffizient α des Hintergrunds mit $0 \leq \alpha < 1$.

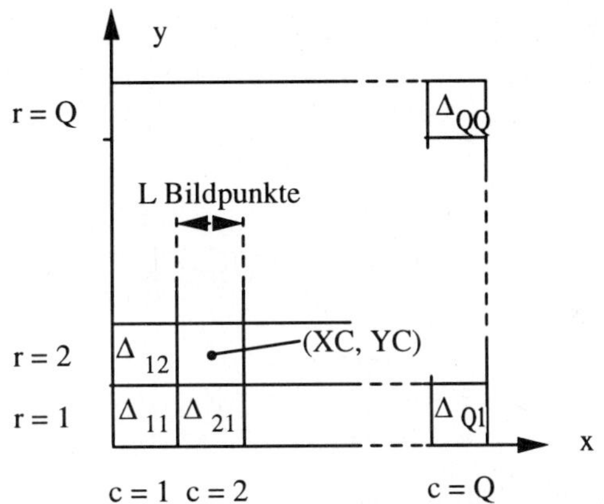

Abbildung 5.5: Schematische Darstellung der Einteilung des Bildrasters **R** in gleiche L x L-Quadrate für eine stückweise Bildnäherung mit Regressionsebenen.

(II) Durch eine regelmäßige Einteilung des Bildrasters in Quadrate zu je $L \times L$ Bildpunkten (s. Abb. 5.5) ergeben sich Q^2 Felder Δ_{cr} mit $1 \leq c, r \leq Q = N/L$. Für N = 512 sind zum Beispiel nur die Werte L = 512, 256, 128 usw. zulässig. Der Mittelpunkt jedes Feldes hat die Koordinaten $XC(c, r)$ und $YC(c, r)$. Das Hintergrundbild g hat dann die Grauwertfunktion

$$g(p) = g(x, y) = A(c, r) \cdot [x - XC(c, r)] + B(c, r) \cdot [y - YC(c, r)] + C(c, r),$$

wobei $A(c, r)$, $B(c, r)$ und $C(c, r)$ die Koeffizienten der für das Feld Δ_{cr} berechneten Regressionsebene $g = A\xi + B\eta + C$ darstellen. In dieser Ebenengleichung treten die relativen Koordinaten ξ und η mit Ursprung in *(XC(c, r), YC(c, r))* auf. Weil L für eine Zweierpotenz N stets gerade ist, ist hier der geometrische Mittelpunkt des Feldes Δ_{cr} gegenüber dem idealen Mittelpunkt *(XC(c, r), YC(c, r))* mit

$$XC(c,r) = L \cdot (c-1) + L/2 \quad \text{und} \quad YC(c,r) = L \cdot (r-1) + L/2$$

um einen halben Bildpunkt nach unten und nach links versetzt. Dieser Versatz ist in den folgenden Formeln zur Berechnung der Koeffizienten der einzelnen Regressionsebenen berücksichtigt:

$$A(c,r) = \frac{1}{U} \sum_{\Delta cr} f(x,y) \cdot \left(x - \frac{1}{2} - XC(c,r) \right),$$

$$B(c,r) = \frac{1}{U} \sum_{\Delta cr} f(x,y) \cdot \left(y - \frac{1}{2} - YC(c,r) \right),$$

$$C(c,r) = \frac{1}{L^2} \sum_{\Delta cr} f(x,y).$$

Weil die Felder Δ_{cr} alle gleich groß und quadratisch sind, ist die Größe U immer durch die gleiche Formel gegeben:

$$\begin{aligned} U &= \sum_{\Delta cr} \left(x - \frac{1}{2} - XC(c,r) \right)^2 \\ &= \sum_{\Delta cr} \left(y - \frac{1}{2} - YC(c,r) \right)^2 \\ &= 2L \cdot \sum_{z=0}^{L/2-1} \left(z + \frac{1}{2} \right)^2 . \end{aligned}$$

Der Resultatsgrauwert ergibt sich dann als

$$h(p) = \begin{cases} \dfrac{f(p) - \alpha \cdot g(p)}{1-\alpha} & \text{wenn } VAR = 1 \\ g(p) & \text{wenn } VAR = 2 . \end{cases}$$

(III) Die durch diesen Operator realisierte Methode bietet eine einfache Lösung des allgemeinen Problems der (stückweisen) Näherung einer Grauwertfunktion mit Hilfe von parametrischen Funktionen. Um den Rechenaufwand in Grenzen zu halten, werden als Definitionsbereiche der einzelnen Näherungsfunktionen gleiche quadratische Felder genommen, deren Form jedoch im allgemeinen dem Bildinhalt nicht angepaßt ist. Dabei kann diese Fehlanpassung durch den Übergang auf kleinere Werte von L verringert werden.

Zur Näherung werden lineare Funktionen (Regressionsebenen) verwendet, die nach dem Kriterium des kleinsten mittleren quadratischen Fehlers in jedem Feld Δ_{cr} berechnet werden. Zu den Vorteilen diese Ansatzes zählt zum Beispiel, daß der Nenner U in den obigen Gleichungen für A und B nur einmal berechnet werden muß. $A(c, r)$ und $B(c, r)$ sind die Summen der Grauwerte von Δ_{cr}, gewichtet mit ihren Koordinaten bezogen auf den dazugehörigen Ursprung ($XC(c, r)$, $YC(c, r)$), während $C(c, r)$ den mittleren Grauwert in Δ_{cr} darstellt.

Bei der Operatoranwendung werden in einem ersten Bilddurchlauf die Q^2 Koeffizientensätze $A(c, r)$, $B(c, r)$ und $C(c, r)$ festgelegt und in einem zweiten Bilddurchlauf die Grauwerte der Näherungsfunktion gemäß obiger Gleichungen für g und h berechnet.

Bei der Hintergrundsubtraktion soll die Grauwertdynamik des Originalbildes grundsätzlich erhalten bleiben. Aus diesem Grund wird die gewichtete Bilddifferenz zusätzlich durch $1 - \alpha$ dividiert.

(IV) *Kontrollstruktur:* Punktoperator in Abb. 3.9

Erforderliche Datenfelder: insgesamt 5 zweidimensionale Datenfelder zu jeweils $Q \times Q$ Speicherplätzen, für $Q = N / L$:

$A(,)$, $B(,)$ und $C(,)$ für die Koeffizienten, $XC(,)$ und $YC(,)$ für die Koordinaten des Ursprungs von Δ_{cr} .

Eingaben und Initialisierungen:

```
Parametereingabe von L (ein ganzzahliger Teiler von N);
VAR = 1 oder VAR = 2 eingeben;
if (VAR = 1 ) then Gewichtungskoeffizient α eingeben;
L2 := L / 2 ;                    S := 0 ;
for z := 0 to L2 - 1 do          S := S + (z + 0.5)² ;
U := 2·L·S;
for c := 1 to Q do
   for r := 1 to Q do begin
         A(c, r) := 0 ;           B(c, r) := 0 ;           C(c, r) := 0;
         XC(c, r) := L·(c−1)+L2; YC(c, r) := L·(r−1)+L2
         end {for}
```

Operatorkern des ersten Bilddurchlaufes:

```
         {u = f(x, y) einlesen, keinen Wert h(x, y) = v ausgeben, vgl. Abb. 3.9}
c := 1 + integer[(x - 1) / L] ;
r := 1 + integer[(y - 1) / L] ;
A(c, r) := A(c, r) + u·(x−0.5−XC(c,r)) ;
B(c, r) := B(c, r) + u·(y−0.5−YC(c,r)) ;
C(c, r) := C(c, r) + u
```

Vorbereitung des zweiten Bilddurchlaufes:

```
for c := 1 to Q do
        for r := 1 to Q do begin
                A(c, r) := A(c, r) / U ;
                B(c, r) := B(c, r) / U ;
                C(c, r) := C(c, r) / L^2 ;
                end {for}
```

Operatorkern des zweiten Bilddurchlaufes:

```
                {u = f(x, y)  einlesen und Wert h(x, y) = v ausgeben, vgl. Abb. 3.9}
c := 1 +  integer[(x - 1) / L] ;
r := 1 +  integer[(y - 1) / L] ;
w := A(c,r)·(x-0.5-XC(c,r))+B(c,r)·(y-0.5-YC(c,r))+C(c,r);
if (VAR = 1) then w := (u-α·w)/(1-α));
call ADJUST(w, v)                          { ADJUST in Abschnitt 2.1}
```

(V) Das Verfahren wurde in

Pavlidis, T.: *Structural Pattern Recognition*. Springer, Berlin, 1977.

dargelegt. In

Haralick, R.M.: *Edge and region analysis for digital image data*. Computer Graphics and Image Processing **12** (1980), pp. 60-73.

sind die Berechnung der Parameter $A(c, r)$, $B(c, r)$ und $C(c, r)$ nach dem Kriterium des kleinsten mittleren quadratischen Fehlers und die rechentechnischen Vorteile einer regelmäßigen Bildfeldeinteilung näher erläutert.

5.4.3 Operationen mit zwei Bildern

(I) Dieses Programm bietet die Möglichkeit, verschiedene Operationen durchzuführen, in denen die Grauwerte $f_1(x,y)$ und $f_2(x,y)$ von zwei verschiedenen Eingabebildern verknüpft werden, um einen Ergebnisgrauwert $h(x, y)$ zu erhalten. Das Programm umfaßt die folgenden Operationen: Bildaddition, gewichtete Bildsubtraktion, Bild-zu-Bild-Maximum, Bild-zu-Bild-Minimum, auf *G/2* bezogene Bildsubtraktion und eine für diese spezielle Bildsubtraktion definierte Bildaddition als speziell zugeordnete Umkehroperation.

Attribute:

Bilder: $M \times N$-Grauwertbildpaare, zweikanalige skalare Bilder
Operator: Punktoperator
Operatorkern : analytisch, ordnungsstatistisch oder logisch strukturiert

Eingaben:

Operationauswahl: Bildaddition (*VAR* = 1), gewichtete Bildsubtraktion (*VAR* = 2), Bild-zu-Bild-Maximum (*VAR* = 3), Bild-zu-Bild-Minimum (*VAR* = 4), auf *G/2* bezogene Bildsubtraktion mit Vorzeichen (*VAR* = 5) und deren näherungsweise Umkehrung (*VAR* = 6),

Gewichtungskoeffizient α ($0 \leq \alpha < 1$) wenn *VAR* = 2.

(II) Für *VAR* = 1 gilt

$$h(x,y) = \begin{cases} f_1(x,y) + f_2(x,y) & \text{wenn } f_1(x,y) + f_2(x,y) \leq G-1 \\ G-1 & \text{sonst,} \end{cases}$$

für *VAR* = 2

$$h(x,y) = \begin{cases} \left[f_1(x,y) - \alpha \cdot f_2(x,y)\right]/(1-\alpha) & \text{wenn } \alpha \neq 0 \\ f_1(x,y) - f_2(x,y) & \text{wenn } \alpha = 0 \\ 0 & \text{bei beliebigem } \alpha \text{ wenn } f_1(x,y) - \alpha \cdot f_2(x,y) < 0, \end{cases}$$

für *VAR* = 3 gilt

$$h(x,y) = \mathbf{max}\left\{f_1(x,y), f_2(x,y)\right\},$$

für *VAR* = 4 gilt

$$h(x,y) = \mathbf{min}\left\{f_1(x,y), f_2(x,y)\right\}$$

und für *VAR* = 5 gilt

$$h(x,y) = G/2 + \left[f_1(x,y) - f_2(x,y)\right]/2.$$

Speziell für Resultate der Variante *5* sei für *VAR* = 6

$$h(x,y) = 2 \cdot f_1(x,y) + f_2(x,y) - G.$$

Falls *h* aus f_1 und f_2 gemäß *VAR* = 5 berechnet wurde, so führt

$$2h(x,y) + f_2(x,y) - G$$

wieder auf $f_1(x,y)$. Gemäß der Rundung bei *VAR* = 5 kann allerdings im niederwertigsten Bit eine Differenz entstehen.

(III) Bildaddition, Bild-zu-Bild-Maximum und -Minimum (*VAR* = 1, 3, 4) sind einfache Operationen, die nicht näher erläutert werden brauchen. Das Ergebnis der Bildaddition wird immer auf *G* - 1 begrenzt, damit es als Grauwert dargestellt werden kann.

Die Bildsubtraktion (*VAR* = 2) mit Begrenzung auf 0 von eventuell auftretenden negativen Ergebnisgrauwerten kann auch als gewichtete Bildsubtraktion durchgeführt werden. Das ist z.B. bei der Subtraktion eines Hintergrundbildes („Shading-Korrektur") nützlich, um die Stärke der Hervorhebung der hohen Ortsfrequenzen der Bildfunktion (Bilddetail) abzustufen. In der Gleichung für *VAR* = 2 sind die Koeffizienten so gewählt, daß die

Grauwertdynamik des Ergebnisbildes nach der Subtraktion etwa die gleiche wie im Originalbild bleibt. Das gilt unter der praxisnahen Voraussetzung, daß f_1 und f_2 etwa den gleichen Grauwertbereich beanspruchen, wie es z.B. bei einer Hintergrundextraktion durch Tiefpaßfilterung der Fall ist. Es wird weiterhin vereinbart, daß für $\alpha = 0$ eine ungewichtete Differenzbildung stattfinden soll.

Das Ziel der auf *G/2* bezogenen Bildsubtraktion (*VAR* = 5) ist es, eine Bildsubtraktion auch dann durchführen zu können, wenn die Bedingung $f_1(x,y) \geq f_2(x,y)$ nicht für alle Bildpunkte erfüllt ist. Um mit unveränderter Anzahl von 8 Bit/Grauwert (d.h. üblicher Fall $G = 256$) auch negative Grauwerte darstellen zu können, ist eine Stauchung der Schwarz/weiß-Grauwertskala auf 4 Bit/Grauwert und im Ergebnisbild eine Verschiebung des Grauwertes 0 (schwarz) auf den Grauwert *G/2* günstig.

Auf diese Weise wird die maximale negative (bzw. positive) Grauwertdifferenz im Ergebnisbild mit dem Grauwert 0 (bzw. G - 1) dargestellt. Vernachläßigt man den mit dem Verlust an Grauwertauflösung von 8 auf 4 Bit/Grauwert verbundenen Fehler, so ist es mit Hilfe der letzten Operation (*VAR* = 6) möglich, diese auf *G/2* bezogene Bildsubtraktion umzukehren. Beim Ergebnis ist der oben in (II) erwähnte Diskretisierungsfehler zu beachten.

Die Operationen der Varianten 5 und 6 sind in Aufgaben der Bildnäherung, insbesondere bei der sukzessiven Bildnäherung, wie z.B. bei der Gauß-Laplace-Pyramide, sehr nützlich. Dabei spielen in der Operation 5 das Bild $f_1(x,y)$ die Rolle des Originalbildes und das Bild $f_2(x,y)$ die Rolle des angenäherten Bildes, während das Ergebnis der Operation 5 (zugleich $f_1(x,y)$ der Operation 6) den Näherungsfehler darstellt. Angenähertes Bild und Fehlerbild ergeben zusammen durch die Operation 6 wieder das Originalbild. Die Erfahrung mit der praktischen Anwendung dieser zwei Operationen auf natürliche Bilder zeigt, daß der durch den Verlust an Grauwertauflösung bedingte Rekonstruktionsfehler in zahlreichen Fällen auch über mehrere Rekonstruktionsstufen hinweg akzeptabel bleibt.

(IV) *Kontrollstruktur:* Punktoperator, aber spezielle Kontrollstruktur (hier explizit angegeben), da Daten aus zwei Bilddateien mit den Bildern f_1 und f_2 eingelesen werden

Erforderliche Datenfelder: Zeilenspeicher *BUF*1(1...*M*) und *BUF*2(1...*M*) für Einlesen von Zeilen aus den Eingabebildern $f_1(x,y)$ und $f_2(x,y)$,
Zeilenspeicher *BUFOUT*(1...*M*) für Ausgabezeilen.

begin
  for y := 1 **to** N **do begin**
    Zeile y aus $f_1(x,y)$ in den Zeilenspeicher *BUF*1(1...*M*) einlesen;
    Zeile y aus $f_2(x,y)$ in den Zeilenspeicher *BUF*2(1...*M*) einlesen;
    for x := 1 **to** M **do begin**
      $u_1 := BUF1(x);$ $u_2 := BUF2(x);$
      if (*VAR* = 1) **then** $w := u_1 + u_2$
      else **if** (*VAR* = 2) **then**

```
                    if (α = 0) then
                              w := u1 - u2
                    else      w := [u1 - α·u2]/(1-α)
               else if (VAR = 3) then
                    w := max{u1, u2}
                    else      if (VAR = 4) then
                                   w := min{u1, u2}
                              else if (VAR = 5) then
                                        w := [G + u1 - u2]/2
                                   else w := 2·u1 + u2 - G;
          call ADJUST(w, v);              {ADJUST in Abschnitt 2.1}
          BUFOUT(x) := v;
          end {for};
     BUFOUT(1...M) in Zeile y des Resultatsbildes h schreiben
  end {for}
end
```

(V) Ausführungen zur in (III) angesprochenen Gauß-Laplace-Pyramide sind enthalten in

Jähne, B.: *Digitale Bildverarbeitung*. Springer, Berlin, 1989.

Zamperoni, P.: *Methoden der digitalen Bildsignalverarbeitung*. 2. Auflage, Vieweg Verlag, Wiesbaden, 1991.

Burt, P.J., Adelson, E.H.: *The laplacian pyramid as a compact image code*. IEEE Trans. COM-**31** (1983), pp. 532 - 540.

5.5 Mehrschwellenverfahren zur Segmentierung

Mit der Bildsegmentierung sollen Gruppierungen von Bildpunkten zu zusammenhängenden Bildpunktmengen (Segmenten) vorgenommen werden. Diese Segmente können flächenförmig z.B. durch einen konstanten Grauwert oder im Sinne der definierenden Ränder z.B. durch geschlossene Konturen dargestellt werden. Mehrschwellenverfahren sind dadurch charakterisiert, daß sie die Bildsegmentierung nur auf der Basis der im globalen Grauwerthistogramm enthaltenen Information durchführen.

5.5.1 Erzeugung eines Äquidensitenbildes

(I) Das Programm dient zur Erzeugung eines zweipegeligen Linienbildes, das ein Äquidensitenbild 2. Ordnung darstellt. Jede geschlossene Linie umrandet ein Gebiet des Originalbildes, dessen Grauwerte in einem vorgegebenen Grauwertbereich liegen.

Attribute:

Bilder: $M \times N$-Grauwertbilder

Operator: 3×3-Fensteroperator[2]

Operatorkern: logisch strukturiert, datenabhängig

Eingaben:

Anzahl 2^c gleichgroßer Grauwertintervalle, in die die gesamte Grauwertskala eingeteilt wird (für die Eingabe c ist $1 \le c \le (\log_2 G - 1)$ sinnvoll).

(II) Die Grauwertanzahl G wird als Zweierpotenz angenommen, $G = 2^b$. Es bezeichne **AND**(u, v) für zwei Grauwerte u, v das logische bit-AND in allen Bitpositionen. Zum Beispiel ist **AND**(u, B) für einem Grauwert u und eine Zahl $B = G - 2^{b-c}$, mit $0 \le c \le b$, ein neuer Grauwert, in dem die b - c niederwertigsten Bits (least significant bits) von u auf *0* gesetzt sind. Es sei **F** das 3×3-Fenster und **F**(p) das im Bildpunkt p plazierte Fenster. Dann gilt

$$h(p) = \begin{cases} 0, & \text{wenn } \mathbf{AND}(f(p), B) = \mathbf{AND}(f(q), B), \text{ für alle } q \in \mathbf{F}(p) \\ G-1, & \text{sonst} \end{cases}$$

mit $B = G - 2^{b-c}$ und $b = \log_2 G$.

(III) Auf diese Weise wird die Grauwertskala in 2^c gleich große Intervalle mit einem Umfang von je 2^{b-c} Graustufen eingeteilt. Das resultierende Äquidensitenbild h 2. Ordnung ist ein zweipegeliges Linienbild, das die Grenzen zwischen benachbarten Grauwertbereichen darstellt. Die Linien sind geschlossen und einen Bildpunkt breit. Um dieses Liniennetz zu erhalten, wird der Grauwert $f(p)$ des aktuellen Bildpunktes p mit den Grauwerten seiner 8-Nachbarn nach Ausmaskierung der b - c niederwertigsten Bits

---

[2] Wegen der methodischen Nähe zum einfachen Punktoperator wird dieser Operator hier in Kapitel 5 dargestellt.

verglichen. Wenn mindestens ein Nachbar q einen ausmaskierten Grauwert ungleich **AND**($f(p)$, B) aufweist, dann befindet sich der Grauwert dieses Nachbarn in einem anderen Grauwertintervall als $f(p)$. Der Bildpunkt p wird als Element des gesuchten Äquidensitenbildes erkannt und mit dem symbolischen Grauwert $G - 1$ gekennzeichnet. Sonst wird im Ergebnisbild $h(p) := 0$ gesetzt. Die Abb. 2.11 zeigt ein Beispiel eines Äquidensitenbildes mit $c = 2$.

(IV) *Kontrollstruktur:* Fensteroperator in Abb. 3.6 mit $n = 3$, $a = 9$

Eingabe und Initialisierung:

```
Parametereingabe von c mit 1 ≤ c ≤ b−1;
B := G − 2^(b−c)
```

Operatorkern:

```
                    {F(z) mit 1 ≤ z ≤ a  in  v = h(x, y)  überführen, vgl. Abb. 3.6}
w_a := AND(F(a), B) ;          MIN := G ;               v := 0;
for z := 1 to a - 1 do begin
    w := AND(F(z), B);         if (w < MIN)  then  MIN := w
    end {for};
if (w_a > MIN)  then v := G - 1
```

(V) Haberäcker, P.: *Digitale Bildverarbeitung.* 3. Auflage, Carl Hanser Verlag, München, 1989.

5.5.2 Mehrschwellenverfahren mittels Histogramm-Extrema

(I) Diese Prozedur realisiert ein Bildsegmentierungsverfahren, bei welchem die Grauwertskala durch Schwellen in Intervalle eingeteilt wird, die homogenen Bildregionen zugeordnet werden. Die Bestimmung der Schwellen erfolgt durch die Auswertung des globalen Histogramms der Grauwerte. Im Prinzip werden die Minima des Histogramms als Schwellen verwendet. Alle zwischen zwei aufeinanderfolgenden Minima liegenden Grauwerte werden auf den Grauwert des dazwischenliegenden Maximums gesetzt. Vor der Extremwertsuche wird eine Glättung des Histogramms vorgenommen, deren Stärke die Feinheit der Segmentierung bestimmt.

Attribute:

Bilder: $M \times N$-Grauwertbilder

Operator: Punktoperator

Operatorkern: logisch strukturiert, datenabhängig

Eingaben:

Breite B (in Grauwerten) des eindimensionalen Fensters zur Histogrammglättung, B sei ungerade mit $B = 2b+1$, für $G = 256$ z.B. $b = 1, ..., 20$.

(II) Es seien $NC(s)$, $1 \leq s \leq T$, und $PC(s)$, $1 \leq s < T$, die negativen bzw. die positiven Nulldurchgänge einer Funktion $R(u)$ der diskreten Variable u mit $0 \leq u \leq G-1$, die (unten) aus dem globalen absoluten Summenhistogramm *sumhist*(u) (vgl. Abschnitt 1.3.2) abgeleitet wird. Es gilt

$$NC(s) < PC(s) < NC(s+1) \text{ für } 1 \leq s < T$$

und

$$1 \leq NC(s), PC(s) \leq G-1 \text{ für } 1 \leq s \leq T.$$

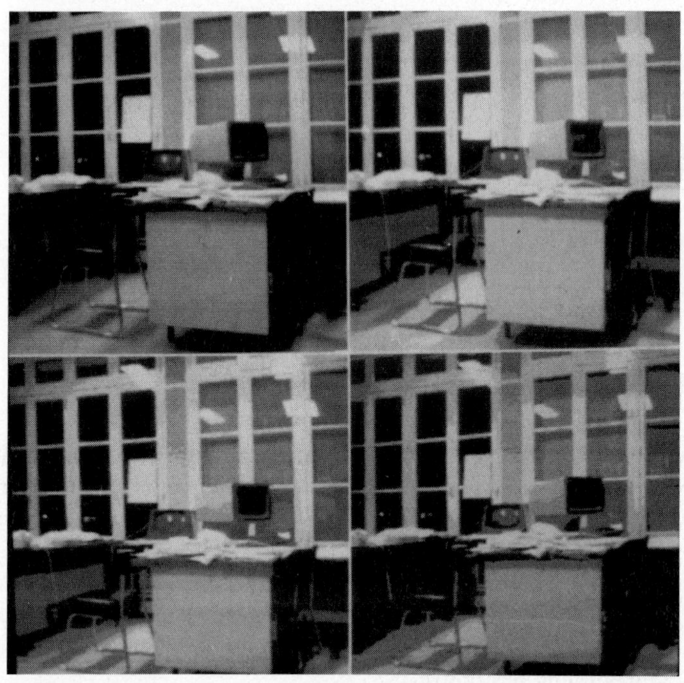

Abbildung 5.6: Segmentierung eines Abbildes einer natürlichen Szene (oben links) mit dem Mehrschwellenverfahren (mittels Histogramm-Extrema) und mit unterschiedlichen Breiten B des Glättungsfensters. Oben rechts: $B = 9$ und 22 Regionen. Unten links: $B = 15$ und 14 Regionen. Unten rechts: $B = 35$ und 7 Regionen.

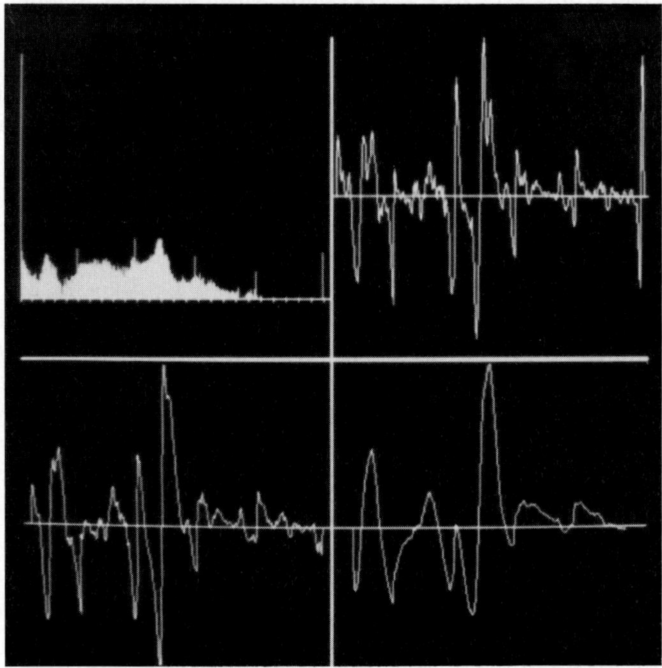

Abbildung 5.7: Grauwerthistogramm des Eingabebildes (oben links) und Verlauf der „peak detection function" für die bearbeiteten Bilder der Abb. 5.6. Die abgebildeten Verläufe beziehen sich auf die Bilder in den entsprechenden Feldern der Abb. 5.5.

Für diese Nulldurchgänge wird dann folgende Gradationsfunktion dem ortsunabhängigen Punktoperator zugrunde gelegt:

$$v = PC(r), \text{ falls } NC(r) \leq u < NC(r+1).$$

Für die Funktion $R(u)$ wird die Differenz zwischen *sumhist*(u) und einer geglätteten Version von *sumhist*(u), die mit einem eindimensionalen Tiefpaß der vorgegebenen Breite von $B = 2b+1$ Graustufen erzeugt wird, gebildet:

$$R(u) = sumhist(u) - \frac{1}{B} \cdot \sum_{t=-b}^{b} sumhist(u+t) \text{ für } b \leq u \leq G-1-b.$$

(III) Mehrschwellenverfahren zur Bildsegmentierung können als Clustering-Prozesse betrachtet werden, die im eindimensionalen Merkmalsraum des globalen Grauwerthistogramms stattfinden. Durch die Clusteranalyse sollen die lokalen Maxima des Histogramms (auch *Modes* genannt) erkannt werden, in der Annahme, daß diese den relevanten Bildregionen entsprechen. Jedes Maximum liegt zwischen zwei Minima. So liegt es nahe, alle die zwischen den Minima $NC(r)$ und $NC(r+1)$ liegenden Grauwerte des r-ten Modes zur gleichen homogenen Region zuzuordnen und die entsprechenden Bildpunkte mit dem Standard-Grauwert $PC(r)$ des dazwischenliegenden Maximums zu kennzeichnen. Nach der Segmentierung enthält also das gesamte Bild nur die T Standard-Grauwerte der Maxima, wobei jedes Maximum eine homogene Region kennzeichnet. Meistens treten jedoch im Histogramm auch feinstrukturierte Schwankungen kleiner Amplitude auf, deren Extremwerte irrelevant sind; daher ist vor der Erfassung der Extremwerte eine Glättung erforderlich, deren Stärke von der gewählten Breite B des Glättungsfensters abhängt.

Der Grundgedanke des hier vorgestellten Verfahrens ist es, die Minima und die Maxima des Histogramms an den Wendepunkten mit abnehmender bzw. mit zunehmender Krümmung der Verteilungsfunktion zu erkennen. Die Berechnung der Krümmungsfunktion (über die diskrete erste Ableitung $sumhist'(u)$ und die diskrete zweite Ableitung $sumhist''(u)$) muß mit dem oben genannten Glättungsvorgang kombiniert werden. Zur Tiefpaßfilterung wird ein symmetrischer Satz von Gewichtungskoeffizienten gewählt, die linear von der Fenstermitte (für $t = 0$ in obiger Definition von R) bis zu den Fensterrändern (für $t = \pm b$) abnehmen. Die Kombination des linearen Filters, das die Krümmungsfunktion ergibt, mit dem Glättungsfilter ist durch die Differenz zwischen $sumhist(u)$ und einer mit einem Spalttiefpaß geglätteten Version von $sumhist(u)$ realisierbar. Daraus ergibt sich eine sogenannte *peak detection function*, deren Nulldurchgänge dann erfaßt werden sollen.

In den Abb. 5.6 und 5.7 ist ein Beispiel der Anwendung dieses Mehrschwellenverfahrens für die Segmentierung eines Abbildes einer natürlichen Szene mit unterschiedlich starken Glättungen des Histogramms wiedergegeben. Die Stärke der Glättung bestimmt die Grobheit der Segmentierung, d.h. die Anzahl T der erkannten Modes $PC(r)$, $r = 1, ..., T$ und daher indirekt auch der resultierenden Regionen.

(IV) *Kontrollstruktur:* Punktoperator in Abb. 3.9, zwei Durchläufe

Erforderliche Datenfelder:

$NC(1 \ldots 1+T_{max})$ und $PC(1 \ldots T_{max})$ zur Abspeicherung der negativen bzw. der positiven Nulldurchgänge der „peak detection function“, wobei T_{max} die höchste zugelassene Anzahl von Regionengrauwerten (Richtwert approximativ 40 bei $G = 256$ oder allgemein $T_{max} = G$) ist, die der größten vorgesehenen Segmentierungsfeinheit entspricht;

$C(1...G)$ zunächst für das absolute Histogramm und dann für das absolute Summenhistogramm;

$R(1...G)$ für die „peak detection function“.

Eingaben und Initialisierungen:

```
B (ungerade) eingeben;        b := (B-1)/2;
for z := 1 to T_max do begin
            NC(z) := 0 ;        PC(z) := 0
    end {for};
NC(1 + T_max) := G - 1;
for z := 1 to G do    C(z) := 0
```

Operatorkern erster Bilddurchlauf - Histogrammberechnung:

```
                              {u = f(x, y) , kein v = h (x, y) berechnen, vgl. Abb. 3.9}
C(1 + u) := C(1 + u) + 1
```

Vorbereitung des zweiten Durchlaufes:

```
for z := 2 to G do C(z) := C(z - 1) + C(z) ;
for z := 1 to G do
   if ((z ≤ b) oder (z ≥ G − b)) then R(z) := 0
   else begin
          CB := 0;
          for t := z - b to z + b do CB := CB + C(t);
          R(z) := C(z) - CB / B
          end {else};
NC(1) := 0;        s := 2;        t := 1;
for z := b + 2 to G - b do
   if ((R(z) < 0) und (R(z − 1) ≥ 0)) then begin
          NC(s) := z - 1;        s := s + 1
          end {then}
   else   if ((R(z) > 0) und (R(z − 1) ≤ 0)) then begin
                 PC(t) := z - 1;        t := t + 1;
                 if (t > T_max) then
                               Programmabbruch        {zu viele Maxima}
                 end {if};
NC(s) := G;            T := t - 1
```

Operatorkern zweiter Bilddurchlauf - Bildtransformation:

```
                              {u = f(x, y) und v = h (x, y) berechnen, vgl. Abb. 3.9}
for s := 1 to T do
   if ((u ≥ NC(s)) und (u < NC(s+1))) then v := PC(s)
```

(V) Das hier vorgestellte Verfahren aus

Sezan, M.I.: *A peak detection algorithm and its application to histogram-based image data reduction*. Computer Vision, Graphics and Image Processing **49** (1990), pp. 36 - 51.

wurde auf der Basis von Vorarbeiten in

Boukharouba, S., Rebordao, J.M., Wendel, P.L.: *An amplitude segmentation method based on the distribution function of an image*. Computer Vision, Graphics and Image Processing **29** (1985), pp. 47 - 59.

entwickelt.

5.5.3 Mehrschwellenverfahren für unimodale Histogramme

(I) Zur Bestimmung der Grauwertschwellen für die Bildsegmentierung wird, wie im Abschnitt 5.5.2, nur das globale Grauwerthistogramm ausgewertet. Die Histogrammabschnitte, die homogenen Regionen zugeordnet werden, haben allerdings hier einen anderen Verlauf als im vorigen Abschnitt, weil ihnen ein anderes Bildmodell zugrundeliegt. Hier versucht man, Histogrammabschnitte mit gleichverteilten Grauwerten zu erkennen, die auf Bildbereiche mit zweidimensionalem linearen Verlauf der Grauwertfunktion (Rampen, verrauschte Grauwertplateaus u.ä.) zurückzuführen sind. Um ihre Erkennung zu erleichtern, wird zuerst eine nichtlineare Histogrammglättung vorgenommen. Die Intervallgrenzen der somit erkannten Abschnitte der Grauwertskala werden als Schwellen für die Segmentierung verwendet. Alle zwischen zwei aufeinanderfolgenden Schwellen liegenden Grauwerte werden auf den Grauwert der dazwischenliegenden Intervallmitte gesetzt. Neben den gleichverteilten Histogrammbereichen werden im Hinblick auf die Schwellendefinition auch eventuell auftretende „scharfe Modes" berücksichtigt.

Attribute:

Bilder: $M \times N$-Grauwertbilder

Operator: Punktoperator, in zwei Durchläufen

Operatorkern: logisch strukturiert, datenabhängig

Eingaben:

Länge L_1 des eindimensionalen Fensters für die Glättung des Histogramms

(II) Die Schwellenwerte T_z und die dazwischenliegenden symbolischen Grauwerte S_z zur Kennzeichnung der segmentierten Grauwertbereiche erfüllen die folgenden Bedingungen:

$$T_z < S_z < T_{z+1} \quad \text{und} \quad 1 \le T_z, S_z \le G-1, \quad \text{für alle } z \text{ mit } 1 \le z \le Z_M \le Z_{max}.$$

Sie werden, wie unten erläutert, aus dem geglätteten Grauwerthistogramm extrahiert. Zu $u = f(p)$ ist der Resultatsgrauwert $v = h(p)$ gleich S_r, falls $T_r \le u < T_{r+1}$. Der Punktoperator ist also durch die Gradationsfunktion t,

$$t(u) = S_r, \quad \text{mit } T_r \le u < T_{r+1},$$

definiert.

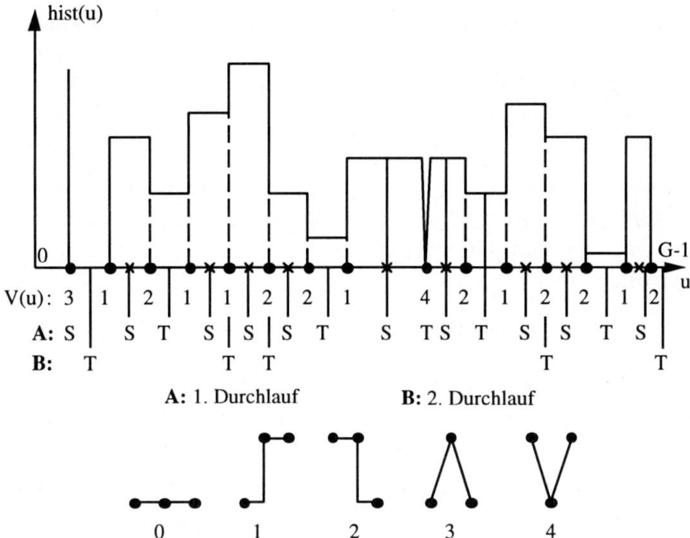

Abbildung 5.8: Grauwerthistogramm nach dem Modell der Bildgebiete mit gleichverteilten Grauwerten nach der Glättung durch eindimensionales Closing.
Oben: Beispiel eines Histogramms mit Hervorhebung der Grauwerte mit den Marken *1, ..., 4*. Daraus wird die Lage der Schwellen *T* und der symbolischen Grauwerte *S* zur Regionenkennzeichnung abgeleitet.
Unten: Schematische Darstellung der möglichen Konfigurationen von aufeinanderfolgenden Histogrammwerten und Marken *0, ..., 4*, mit denen diese gekennzeichnet werden.

(III) Die Bestimmung der Extremwerte des Histogramms ist der in der Literatur am weitesten verbreitete Ansatz zur Segmentierung durch Mehrschwellenverfahren. Manchmal entspricht jedoch die Grauwertverteilung innerhalb homogener Bildregionen nicht dem diesem Ansatz zugrundeliegenden Bildmodell mit ausgeprägten Minima und Maxima des globalen Histogramms. Das hier vorgestellte Segmentierungsverfahren stellt eine Alternativlösung dar, die auf einem anderen Bildmodell aufbaut, und die in den entsprechenden Fällen der Methode von Abschnitt 5.5.2 vorzuziehen ist.

Man kann experimentell beobachten, daß in manchen Bildern die Grauwertverteilung innerhalb einer homogenen Region weitgehend durch eine Gleichverteilung dargestellt werden kann. Dabei kennzeichnen Unstetigkeiten im Histogrammverlauf den Anfang und das Ende dieser gleichverteilten Histogrammabschnitte.

Die Abb. 5.8., oben, gibt ein schematisches Beispiel für das zugrundegelegte Histogrammodell. Um einen solchen Histogrammverlauf zu erhalten, muß am Originalhistogramm, das in einem ersten Bilddurchlauf aufgezeichnet wird, eine kantenerhaltende Glättung vorgenommen werden. Diese wird hier mit Hilfe eines eindimensionalen Closings (Reihenfolge eines Maximums und eines Minimums in einem Fenster der Länge von L_1 Grauwerten) durchgeführt.

Nach der Glättung wird das als Liste abgespeicherte absolute Grauwerthistogramm *hist*(u) von $u = 0$ bis $u = G - 1$ durchlaufen, um jeden Grauwert u entweder als unkritischen Wert (Marke 0), als positive bzw. negative Kante (Marken 1 und 2) oder als einzelnes Maximum oder als einzelnes Minimum (Marken 3 und 4) zu kennzeichnen. Dies geschieht anhand der in Abb. 5.8, unten, wiedergegebenen Konfigurationen von jeweils drei aufeinanderfolgenden Histogrammwerten *hist*(u - 1), *hist*(u) und *hist*(u + 1). Die mit 0 gekennzeichneten unkritischen Werte werden weiterhin nicht berücksichtigt. Die Werte $V(u)$ der so verteilten Marken werden in einer Liste $V(1...G)$ abgespeichert.

Die kritischen Punkte T_z und S_z , für $1 \leq z \leq Z_M$, des Histogramms werden dann in zwei Schritten bestimmt. Im ersten Schritt wird die Liste $V(u)$, angefangen von $u = 0$, durchgelaufen. Dort werden Grauwertepaare u_1 und u_2 gesucht, die die folgenden Bedingungen erfüllen:

$$u_1 < u_2, V(u_1) \neq 0, V(u_2) \neq 0 \text{ und } V(u) = 0, \text{ für alle } u \text{ mit } u_1 < u < u_2.$$

Die kritischen Grauwerte ergeben sich dann aus den jeweiligen Werten von $V(u_1)$ und $V(u_2)$ anhand von Tab. 5.1 und werden sukzessiv in den Listen T_z und S_z abgespeichert.

Im ersten Schritt kann ein Teil der Schwellenwerte T_z nicht erfaßt werden, nämlich diejenigen Schwellenwerte, die zwischen aufeinanderfolgenden, im Laufe des ersten Schrittes erkannten S_z-Werten eingeschoben werden müssen, damit am Ende die T_z-Werte (Intervallschwellen) und die S_z-Werte (symbolische Grauwerte zur Kennzeichnung der segmentierten Regionen) in der Grauwertskala alternierend auftreten. Dies ist notwendig, damit im zweiten Bilddurchlauf die symbolischen Grauwerte gemäß der in (II) angegebenen Gradationsfunktion verteilt werden können. Im zweiten Schritt werden daher zwischen den benachbarten S_z-Werten S_{z-1} und S_z, die die Bedingung

$$\text{Es existiert ein } t \text{ mit } S_{z-1} < T_t < S_z$$

nicht erfüllen, zusätzliche Schwellenwerte $T_{neu} = 0.5 \cdot (S_{z-1} + S_z)$ eingeschoben. Diese werden in die T_z-Liste so hinzugefügt, daß die Elemente dieser Liste stets nach steigendem Wert geordnet sind.

Markenpaare $V(u_1), V(u_2)$	Erkannter kritischer Grauwert T_z bzw. S_z
1, 1	$S_z := 0.5 \cdot (u_1 + u_2)$
1, 2	$S_z := 0.5 \cdot (u_1 + u_2)$
1, 4	$S_z := 0.5 \cdot (u_1 + u_2)$
2, 2	$S_z := 0.5 \cdot (u_1 + u_2)$
4, 2	$S_z := 0.5 \cdot (u_1 + u_2)$
beliebig, 3	$S_z := u_2$
beliebig, 4	$T_z := u_2$
2, 1	$T_z := 0.5 \cdot (u_1 + u_2)$

Tabelle 5.1: Zuordnung von Markenpaaren und kritischen Grauwerten.

In einem zweiten Bilddurchlauf werden dann die Grauwerte jedes Bildpunktes anhand der Listen T_z und S_z neu verteilt. Die Anzahl Z_M der Elemente dieser zwei Listen, d.h. die Anzahl der aus der Segmentierung resultierenden Regionengrauwerte, hängt davon ab, wie stark das Originalhistogramm geglättet worden ist, d.h. von der Fensterlänge L_1. Man kann daher mit Hilfe des Eingabeparameters L_1 die Segmentierungsfeinheit einstellen.

(IV) *Kontrollstruktur:* Punktoperator in Abb. 3.9 in zwei Durchläufen

Erforderliche Datenfelder:

hist(1...*G*) für das Originalhistogramm, *Q*(1...*G*) für das geglättete Histogramm und $Q_0(1...G)$ als Zwischenspeicher,

V(1...*G*) für die Marken (0 bis 4), mit denen jede Stufe der Grauwertskala gemäß Abb. 5.8, unten, gekennzeichnet wird,

$T(1...Z_{max})$ und $S(1...Z_{max})$ für die ermittelten Schwellenwerte bzw. für die neu zu verteilenden Standard-Grauwerte der Bereichsmitten; Z_{max} soll auch für eine feine Segmentierung hinreichend groß gewählt werden (Richtwert: für $G = 256$ etwa 50).

Die am Histogramm durchzuführende Operation des eindimensionalen Closings besteht aus einer Maximum-Bildung und einer anschließenden Minimum-Bildung, beide in einem Fenster von L_1 Graustufen. Maximum und Minimum sind häufig verwendete Operatoren, für welche meistens fertige Unterprogramme benutzt werden (siehe auch Abschnitt 3.4.3), und die daher hier nicht ausführlich beschrieben werden. Vor der Durchführung jeder Maximum- bzw. Minimumoperation werden die Histogrammwerte, die die Argumente dieser Operationen darstellen, in einem Zwischenspeicher $U(1...L_{1max})$ bereitgestellt. Die Anzahl dieser Argumente wird an beiden Enden der Grauwertskala kleiner als L_1 sein, weil das Glättungsfenster sich nicht über die Grauwerte 0 und G - 1 hinaus erstrecken kann. Der gewählte Wert von L_{1max} bestimmt die maximal einstellbare Größe des Glättungsfensters.

Für die Elemente der Listen S_z und T_z wird im folgenden die Notation *S*(*z1*) bzw. *T*(*z2*) verwendet, um die Indizes der entsprechenden Datenfelder deutlicher herauszustellen.

Eingabe und Initialisierung:

```
Fensterbreite L1 (ungerade) für die Histogrammglättung eingeben;
L := (L1 − 1) / 2;
for c := 1 to G do begin
    hist(c) := 0 ;      Q(c) := 0
    end {for};
for c := 1 to Zmax do begin
    S(c) := 0 ;         T(c) := 0
    end {for}
```

Operatorkern erster Bilddurchlauf - Histogrammberechnung:

```
                         {u = f(x, y) , kein v = h (x, y) berechnen, vgl. Abb. 3.9}
hist(1 + u) := hist(1 + u) + 1
```

Vorbereitung des zweiten Durchlaufes:

```
                         {Anwendung des Maximum-Operators auf das Histogramm}
for u := 1 to G do begin
   NX := 1;   {NX ist Zähler der Argumente des Maximum-Operators }
   for w := max{1, u - L} to min{G, u + L} do begin
           U(NX) := hist(w);          NX := NX + 1
           end {for}
   NX := NX - 1;
   Q0(u) := max{U(1), U(2),..., U(NX)}
   end {for};
                         {Anwendung des Minimum-Operators auf das Ergebnis}
   for u := 1 to G do begin
           NX := 1;
           for w := max{1, u - L} to min{G, u + L} do begin
                   U(NX) := Q0(w);        NX := NX + 1
                   end {for}
           NX := NX - 1;
           Q(u) := min{U(1), U(2),..., U(NX)}
           end {for};
           {Klassifikation der Elemente der Grauwertskala in den Klassen 0 bis 4}
V(1) := 0 ;  V(G) := 0;
for u := 2 to G - 1 do
   if ((Q(u) > Q(u - 1)) ∧ (Q(u) = Q(u + 1))) then
           V(u) := 1
   else if ((Q(u) = Q(u - 1)) ∧ (Q(u) > Q(u + 1))) then
           V(u) := 2
   else if ((Q(u) > Q(u - 1)) ∧ (Q(u) > Q(u + 1))) then
           V(u) := 3
   else if ((Q(u) < Q(u - 1)) ∧ (Q(u) < Q(u + 1))) then
           V(u) := 4
   else
           V(u) := 0;
```

```
                                {Bestimmung der kritischen Punkte - erster Schritt}
ZS := 1;                        {ZS: Zähler der Eintragungen in die Liste der S(z)-Werte}
ZT := 2;                        {ZT: Zähler der Eintragungen in die Liste der T(z)-Werte}
T(1) := 0;   V1 := 4;           u1 := 0;                    {Initialisierungswerte}
for u := 2 to G - 1 do
   if (V(u) ≠ 0) then begin
            V2 := V(u);         u2 := u;
            if (V2 = 3) then begin  S(ZS) := u2;     ZS := ZS + 1
                                end {then}
            else if (V2 = 4) then begin  T(ZT) := u2;     ZT := ZT + 1
                                     end {then};
            W := 10·V1 + V2;
            if ((W = 11) ∨ (W = 12) ∨ (W = 14) ∨ (W = 22) ∨ (W = 42))
                 then begin
                         S(ZS) := 0.5·(u1 + u2);     ZS := ZS + 1
                         end {then}
            else if (W = 21) then begin
                         T(ZT) = 0.5·(u1 + u2);     ZT := ZT +1
                         end {then};
            V1 := V2;           u1 := u2
            end {then};
T(ZT) := G;             ZS := ZS - 1;
                                {Bestimmung der kritischen Punkte - zweiter Schritt}
for z1 := 2 to ZS do begin
   z2 := 1;            flag := 0;
   while ((z2 ≤ ZT) ∧ (flag = 0)) do begin
            if ((T(z2) > S(z1 - 1)) ∧ (T(z2) < S(z1))) then flag := 1;
            z2 := z2 + 1
            end {while};
   if (flag = 0) then begin
                 Tneu := 0.5·(S(z1−1) + S(z1));
```

```
                        {Einfügung des neuen Wertes in die geordnete Liste T(z)}
                z_ein := 1;          z := 2;
                while ((z ≤ ZT) ∧ (flag = 0)) do begin
                        if ((T_neu ≥ T(z−1)) ∧ (T_neu ≤ T(z)))
                                then begin   z_ein := z;    flag := 1
                                        end {then};
                        z := z + 1
                        end {while};
                ZT := ZT + 1;
                if (flag = 0) then T(ZT) := T_neu
                else begin
                    for z := ZT - 1  to z_ein   step - 1  do
                                                                T(z + 1) := T(z);
                    T(z_ein) := T_neu
                    end {else}
                end {then}
    end {for}
```

Operatorkern zweiter Bilddurchlauf - Neuverteilung der Grauwerte:

```
                                        {u = f(x, y) und v = h (x, y)  berechnen, vgl. Abb. 3.9}
flag := 0;    z2 := 1;
while ((z2 ≤ ZT − 1) ∧ (flag = 0))  do begin
    if ((u ≥ T(z2)) ∧ (u < T(z2 + 1))) then begin
            z1 := 1;
            while ((z1 ≤ ZS) ∧ (flag = 0))  do begin
                if ((S(z1) ≥ T(z2)) ∧ (S(z1) < T(z2 + 1))) then begin
                        v := S(z1);         flag := 1
                        end {if}
                z1 := z1 + 1
                end {while}
            end {if};
    z2 := z2 + 1
    end {while}
```

(V) Zamperoni, P.: *An automatic low-level segmentation procedure for remote sensing images.* Multidimensional Systems and Signal Processing **3** (*1992*), pp. *29 - 44*.

5.6 Mehrkanalbilder

Allgemein ist für ein mehrkanaliges Bild $f(x, y) = (f_1(x, y), f_2(x, y), \ldots, f_n(x, y)) = (u_1, u_2, \ldots, u_n)$ ein Tupel als Bildwert im Bildpunkt (x, y) zu betrachten. Für einen solchen vektoriellen Bildwert mit $n \geq 2$ können zwischen den einzelnen Komponenten Operationen definiert werden, die jeweils einen skalaren Bildwert in einem Bildpunkt (x, y) erzeugen. In Abschnitt 5.6.1 wird aus einem mehrkanaligen Bild gemäß gewählter Operation ein Grauwertbild berechnet. In Abschnitt 5.6.2 wird ein spezielles mehrkanaliges Bild, nämlich ein RGB-Farbbild, in ein anderes mehrkanaliges Bild, ein HSI-Bild, transformiert. Schließlich wird in Abschnitt 5.6.3 die Erzeugung eines mehrkanaligen Bildes, eines RGB-Farbbildes, aus einem Grauwertbild behandelt.

5.6.1 Arithmetische Grundoperationen

(I) Dieses Programm gestattet die Auswahl verschiedener Punktoperationen für mehrkanalige Bilder. Der erzeugte Bildwert ist skalar, d.h. aus einem mehrkanaligen Bild wird gemäß gewählter Operation ein Grauwertbild berechnet. Das Programm umfaßt die folgenden Operationen: Überlagerung, Kanaldifferenzen, Verhältnis von Kanälen, Mittelung und Teilfolgen-Differenzen (vgl. auch Abschnitt 5.4.3).

Attribute:

Bilder: mehrkanalige $M \times N$-Bilder
Operator: Punktoperator
Operatorkern: analytisch, verschiedene Varianten

Eingaben:

Operationauswahl: Bildüberlagerung (VAR = 1), Kanaldifferenz (VAR = 2), Verhältnis von Kanälen (VAR = 3), Mittelung (VAR = 4), Teilfolgen-Differenzen (VAR = 5),
Parameter c_1, c_2, ..., c_n für VAR = 1, Parameter i, j und c für VAR = 2,
Parameter i, j, c_1, c_2 für VAR = 3, Parameter i, j, k für VAR = 5.

(II) Für ein mehrkanaliges Bild f bezeichne $f(x, y, t) = f_t(x, y) = u_t$ den Grauwert im Kanal t im Bildpunkt (x, y), $1 \leq t \leq$ n. Für $h(x, y)$ wird bei VAR = 1 der Wert

$$\frac{1}{n} \cdot \sum_{t=1}^{n} c_t \cdot f(x, y, t) \quad \text{mit} \quad \sum_{t=1}^{n} c_t = 1,$$

berechnet, für $VAR = 2$ der Wert

$$f(x, y, i) - f(x, y, j) + c \quad \text{für } 1 \leq i, j \leq n,$$

für $VAR = 3$ der Wert

$$\frac{f(x, y, i) - f(x, y, j)}{f(x, y, i) + f(x, y, j)} \cdot c_1 + c_2 \quad \text{für } 1 \leq i, j \leq n,$$

für $VAR = 4$ der Wert

$$\frac{1}{n} \cdot \sum_{t=1}^{n} f(x, y, t)$$

und für $VAR = 5$ der Wert

$$\frac{1}{j-i+1} \cdot \sum_{t=i}^{j} f(x, y, t) - \frac{1}{k-j} \cdot \sum_{t=j+1}^{k} f(x, y, t) \quad \text{für } 1 \le i \le j < k \le n.$$

(III) Die Bildüberlagerung ($VAR = 1$) ist bereits für $n = 2$ sinnvoll. Graphische Informationen können z.B. als Zweipegelbild im Kanal 2 einem Grauwertbild in Kanal 1 überlagert werden (*overlay*). Bei Kanaldifferenzen ($VAR = 2$) wird eine Konstante c zur Vermeidung negativer Grauwerte benötigt, z.B. kann $c = G/2 - 1$ verwendet werden. Hier kann es auch sinnvoll sein, die Werte $f(x, y, i)$ und $f(x, y, j)$ durch *2* zu dividieren, da die Differenz dieser beiden Werte allgemein von $-(G-1)$ bis $+(G-1)$ variieren kann. Allerdings kann bei Kanälen, die „in etwa" die selben Grauwertverläufe haben, auf diese zusätzliche Division verzichtet werden. In Punkt (IV) wird hier auf die Division durch 2 verzichtet. Die Operation der Kanaldifferenz kann zur Beseitigung von konstanten additiven Störungen (z.B. Vignettierung oder Shading) genutzt werden: Das bei Vorlage eines Kalibrierungsbildes (z.B. ein gleichmäßig schwarzes Hintergrundbild, das Ungleichmäßigkeiten der Beleuchtung und des Aufnahmegerätes zu erfassen gestattet) in Kanal j entstehende digitale Bild wird von dem in Kanal i zu untersuchenden digitalen Bild abgezogen. Das Resultatsbild h beim Verhältnis von Kanälen ($VAR = 3$) ist invariant gegenüber der Multiplikation der Grauwerte in den einzelnen Kanälen i und j mit einer Konstante, welche z.B. der Intensität der Beleuchtung entsprechen kann. Hier sollten die Konstanten c_1 und c_2 in Abhängigkeit von den konkreten mehrkanaligen Bildern justiert werden. Die Mittelung ($VAR = 4$) kann bei Bildfolgen interessant sein, wenn z.B. für Aufnahmen unbewegter Bilder eine Reduktion der Rauscheinflüsse zu erreichen ist. Teilfolgen-Differenzen ($VAR = 5$) sind z.B. bei unterschiedlichen Situationen während der Bildfolgenerzeugung interessant, wenn „wesentliche Änderungen" zu bestimmen sind.

Eine mögliche Anwendung der Operationen Überlagerung, Kanaldifferenzen oder Verhältnis von Kanälen kann auch allgemein in der Reduzierung der Anzahl n der Kanäle bestehen. Sinnvolle Operationen auf Mehrkanalbildern können auch durch nicht-arithmetische Punktoperationen definiert sein, z.B. ist mit Maximum- und Minimum-Bildung ein *Sandwich-Effekt* zu erreichen. Logische Operationen zwischen Kanälen („Wenn im Kanal 2 im Punkt (x, y) ein Grauwert größer als S ist, so Wert aus Kanal 1 plus Wert aus Kanal 3, sonst Grauwert 0" u.ä.) können für gezielt angelegte Kompositionen genutzt werden. Hier ist die Art der logisch-arithmetischen Verknüpfung stark von den speziellen Bildinhalten und Bearbeitungszielen abhängig.

(IV) *Kontrollstruktur:* Punktoperator für mehrkanalige Bilder, hier explizit angegeben.

Erforderliche Datenfelder:

Zeilenspeicher *BUF*(1,1...*M*),..., *BUF*(*n*,1...*M*) für die Zeilen aus den Eingabebildern $f_1(x,y),\ldots,f_n(x,y)$,

Zeilenspeicher *BUFOUT*(1...*M*) für Resultatsbild *h*

```
begin
    Operationsauswahl mittels Parameter VAR;
    if (VAR = 1) then Parameter c_1, c_2, ..., c_n mit Σ_{t=1}^{n} c_t = 1 eingeben;
    if (VAR = 2) then begin
        Kanäle i, j mit i ≠ j eingeben;     c = G/2 - 1     end {if};
    if (VAR = 3) then Parameter i, j mit i ≠ j, c_1, c_2 eingeben;
    if (VAR = 5) then Parameter i, j, k mit i ≤ j < k eingeben;
    for y := 1 to N do begin
        for t := 1 to n do
                Zeile y aus Bild f_t in den Zeilenspeicher BUF(t, 1...M) einlesen;
        for x := 1 to M do begin
                for t := 1 to n do u(t) := BUF(t, x);
                w := 0;
                if (VAR = 1) then begin
                        for t := 1 to n do w := w + c_t · u(t);
                        w := w / n
                        end {then}
                else    if (VAR < 4) then begin
                                D := u(i) - u(j);
                                if (VAR = 2) then        w := D + c
                                else begin                                  {VAR = 3}
                                        S := u(i) + u(j);
                                        if (S = 0) then S := 1;
                                        w := (D · c_1) / S + c_2
                                        end {else}
                        else    if (VAR = 4) then begin
                                        for t := 1 to n do w := w + u(t);
                                        w := w / n
                                        end {if}
```

```
                              else begin                              {VAR = 5}
                                    L := 0;   R := 0
                                    for t := i to j  do L := L + u(t);
                                    L := L / (j - i + 1);
                                    for t := j + 1 to k do R := R + u(t);
                                    R := R / (k - j);     w := L - R
                                    end {else};
                    call ADJUST(w, v);          BUFOUT(x) := v;
                    end {for};
              BUFOUT(1...M) in Zeile y des Resultatsbildes h schreiben
        end {for}
   end
```

(V) Haberäcker, P.: *Digitale Bildverarbeitung*. Carl Hanser Verlag, München, 3. Auflage, 1989.

5.6.2 Farbmodelländerung

(I) Es ist jeweils ein (dreikanaliges) RGB-Bild in ein HSI-Bild zu transformieren (vgl. auch Abschnitt 1.1.3).

Attribute:

Bilder: $M \times N$-RGB-Bilder
Operator: Punktoperator
Operatorkern: analytisch

(II) Für eine Farbe $q = (r, g, b)$ im RGB-Modell ist die Farbdarstellung $q = (h, s, i)$ im HSI-Modell zu berechnen. Der Buntton H der Farbe q ist gegeben durch

$$H = \begin{cases} \delta, & \text{falls } b \le g \\ 360° - \delta, & \text{falls } b > g \end{cases}$$

mit

$$\delta = \mathbf{arc\ cos} \frac{\frac{(r-g)+(r-b)}{2}}{\sqrt{(r-g)^2 + (r-b)(g-b)}};$$

und h ist der in den Wertebereich 0, 1, ..., G-1 umgerechnete Buntton H. Die Sättigung S ist gegeben durch

$$S = 1 - 3 \cdot \frac{\min\{r, g, b\}}{r+g+b};$$

und s ist der in den Wertebereich 0, 1, ..., G-1 umgerechnete Sättigungswert S. Die Intensität i der Farbe q ist gemäß

$$i = \frac{r+g+b}{3}$$

gleich im Wertebereich *0* bis *G-1* gegeben.

(III) Farbbilder werden üblicherweise im RGB-Modell bereitgestellt. Die Umrechnung in das HSI-Modell und eine Darstellung der HSI-Kanäle kann von grafischem Interesse sein. Allgemein ist eine Darstellung im HSI-Modell für Bildsegmentierungen zu empfehlen.

(IV) *Kontrollstruktur:* Punktoperator, aber spezielle Kontrollstruktur (hier explizit angegeben), da Daten aus drei Bilddateien mit den Bildern f_1 (Rot-Kanal), f_2 (Grün-Kanal) und f_3 (Blau-Kanal) eingelesen werden

Erforderliche Datenfelder:

Zeilenspeicher *BUF*(1, 1...*M*), *BUF*(2, 1...*M*) und *BUF*(3, 1...*M*) für Einlesen von Zeilen aus den Eingabebildern $f_1(x, y)$, $f_2(x, y)$ und $f_3(x, y)$ sowie

BUFOUT(1, 1...*M*) für die Färbung h (Resultatsbild h_1), *BUFOUT*(2, 1...*M*) für die Sättigung s (Resultatsbild h_2) und *BUFOUT*(3, 1...*M*) für die Intensität i (Resultatsbild h_3).

```
begin
  for y := 1 to N do begin
    Zeile y aus f1(x, y) in den Zeilenspeicher BUF(1, 1...M) einlesen;
    Zeile y aus f2(x, y) in den Zeilenspeicher BUF(2, 1...M) einlesen;
    Zeile y aus f3(x, y) in den Zeilenspeicher BUF(3, 1...M) einlesen;
    for x := 1 to M do begin
        u1 := BUF(1, x);   u2 := BUF(2, x);        u3 := BUF(3, x);
        Z := ((u1 - u2) + (u1 - u3)) / 2;
        Q := root((u1 - u2)^2 + (u1 - u3)(u2 - u3));
        if (Q ≠ 0)        then delta := arccos( Z / Q )
                                    {delta in Bogenmaß, 0 ≤ delta < π}
                          else delta ist nicht definiert;     {u1 = u2 = u3}
        if (u3 ≤ u2)      then H := delta  else H := 2π - delta;
        w := H · G / 2π;                        {G ist die Grauwertanzahl}
        call ADJUST(w, v);        BUFOUT(1, x) := v;
        SUM := u1 + u2 + u3;      MIN := min{u1, u2, u3};
```

```
            if (SUM ≠ 0)    then  S := 1 − 3·(MIN / SUM)
                            else  S ist nicht definiert;  {u1 = u2 = u3 = 0}
            w := S·G;
            call ADJUST(w, v);     BUFOUT(2, x) := v;
            w := SUM / 3;
            call ADJUST(w, v);     BUFOUT(3, x) := v
            end {for};
        BUFOUT(1, 1...M) in Zeile y des Resultatsbildes h1 schreiben;
        BUFOUT(2, 1...M) in Zeile y des Resultatsbildes h2 schreiben;
        BUFOUT(3, 1...M) in Zeile y des Resultatsbildes h3 schreiben
    end {for}
end
```

(V) Fellner, W.D.: *Computer Grafik.* Wissenschaftsverlag, Mannheim, 1988.

5.6.3 Pseudofarbdarstellung

(I) Es ist ein Grauwertbild in ein Farbbild (RGB-Bild) zu transformieren (*pseudo coloring*). Den Grauwerten sind eindeutig Farbwerte zuzuordnen. Wahlweise steht die Intervallmethode oder die Auswahl von Transformationsfunktionen zur Verfügung.

Attribute:

Bilder: $M \times N$-Grauwertbilder

Operator: Punktoperator

Operatorkern: analytisch, logisch strukturiert

Eingaben: Intervallmethode ($VAR = 1$) oder Auswahl von Transformationsfunktionen ($VAR = 2$), Intervallgrenzen $l_1, \ldots, l_{n-1}$ mit $0 < l_1 < \ldots < l_{n-1} < G$ und Farben $c_1, c_2, \ldots, c_n$ mit $c_k = (r_k, g_k, b_k)$ bei $VAR = 1$, zwei Farbtransformationsfunktionen $i_R(u)$ und $i_G(u)$ bei $VAR = 2$.

(II) Es ist eine Transformation vom Grauwertbild f zum RGB-Bild h zu realisieren. Bei der *Intervallmethode* werden n, $n > 1$, Grauwertintervalle und zugeordnete Farbwerte fest vorgegeben:

Intervalle : $0 = l_0 < l_1 < \ldots < l_{n-1} < l_n = G$

Farben: $c_1, c_2, \ldots, c_{n-1}$ mit $c_k = (r_k, g_k, b_k)$

Die Bildtransformation erfolgt dann gemäß

$$h(x, y) = c_k, \text{ falls } l_{k-1} \le f(x, y) < l_k, \text{ für } k = 1, 2, \ldots, n.$$

Bei der Methode mittels *Transformationsfunktionen* werden spezielle Farbtransformationsfunktionen $i_R(u), i_G(u), i_B(u)$ mit ganzzahligen Werten genutzt, für die

$$0 \leq i_R(u), i_G(u), i_B(u) \leq G-1, \text{ für } u = 0, 1, \ldots, G-1$$

und

$$i_R(u) + i_G(u) + i_B(u) = G-1, \text{ für } u = 0, 1, \ldots, G-1$$

gilt. Bei der Bildtransformation wird dann im Bildpunkt (x, y) der RGB-Farbwert

$$h(x, y) = (i_R(f(x, y)), i_G(f(x, y)), i_B(f(x, y)))$$

erzeugt. Ein Beispiel einer Belegung der Farbtransformationsfunktionen ist in Abb. 5.9 skizziert.

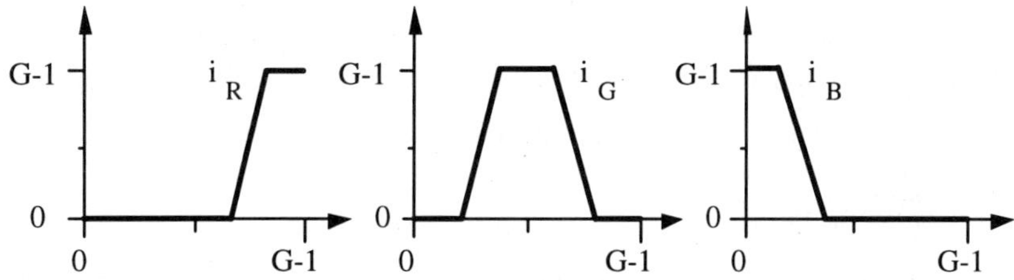

Abbildung 5.9: Ein Beispiel für Farbtransformationsfunktionen.

(III) Für die Pseudofarbdarstellung sind i.a. geräteseitig für die Bilddarstellung bereitgestellte Look-Up-Tabellen für jeweils einen Farbkanal günstig zu verwenden. Dabei werden keine Farbwerte im Bild berechnet, sondern nur die Bilddarstellung auf dem Schirm durch eine programmierte Belegung der Look-Up-Tabellen gesteuert. Die Farbdarstellung auf dem Schirm wird stets durch gewisse Look-Up-Tabellen festgelegt. Durch Änderung der G Einträge in einer Look-Up-Tabelle wird jeweils ein Farbkanal bezüglich der Farbzuordnungen neu definiert. Mit diesem Verfahren konnten Pseudofarbdarstellungen seit etwa Anfang der siebziger Jahre in Echtzeit (gleichlaufend zur Veränderung der Look-Up-Tabellen) erfolgen.

Hier wird dagegen ein Programm für die Berechnung eines Pseudofarbbildes angegeben (Bezüglich der Rechenzeit ist diese Variante gegenüber Table-Look-Up-Verfahren ungünstig! Zum Grauwertbild könnte z.B. auch jeweils die „ausgewählte" Belegung der Tabellen gespeichert werden.) Für die Eingabe der verwendeten Farben bei der Intervallmethode ist ein geeignetes Interaktionsprogramm (etwa: Punkte in einer Farbskala plazieren und derart Farbwerte aus der Skala auslesen) zu empfehlen. Bei der Festlegung der Farbtransformationsfunktionen genügt es, zwei Funktionen zu definieren. Die dritte Funktion ergibt sich gemäß obiger Normierungsfestlegung in (II). Eine solche Funktion kann nutzerfreundlich durch die interaktive Modifizierung einer Gradationskurve erzeugt werden. Hierzu sind z.B. auf dieser Kurve Punkte zu markieren, die mittels Mausklick zu bewegen sind, um damit den Kurvenverlauf insgesamt zu variieren. Für Darstellungen zu solchen Interaktionsprogrammen für eine nutzerfreundliche Eingabe der zahlreichen Eingabedaten sei auf die Literatur zur Computergrafik verwiesen.

(IV) *Kontrollstruktur:* Punktoperator, aber spezielle Kontrollstruktur (hier explizit angegeben), da Daten in drei Bilddateien mit den Bildern h_1 (Rot-Kanal), h_2 (Grün-Kanal) und h_3 (Blau-Kanal) zu erzeugen sind

Erforderliche Datenfelder:

Zeilenspeicher *BUF*(1...*M*) für Einlesen von Zeilen aus dem Eingabebild $f(x, y)$ sowie *BUFOUT*(1, 1...*M*) für das Resultatsbild h_1, *BUFOUT*(2, 1...*M*) für das Resultatsbild h_2 und *BUFOUT*(3, 1...*M*) für das Resultatsbild h_3.

```
begin
    Eingabe der Variante VAR = 1 oder VAR = 2;
    if (VAR = 1) then begin
        Eingabe von n > 1;
        Eingabe der Grenzen l_1,..., l_{n-1} mit 0 < l_1 < ... < l_{n-1} < G;
        l_0 := 0;          l_n := G;
        Eingabe der Farben c_1, c_2,..., c_n mit c_k = (r_k, g_k, b_k)
            {zur Vereinfachung geeignetes Interaktionsprogramm erstellen, vgl. (III)}
        end {then}
    else begin
        Eingabe der Farbtransformationsfunktionen i_R(u) und i_G(u);
        for u = 0 to G-1 do i_B(u) := max{0, G - i_R(u) - i_G(u) - 1};
            {zur Vereinfachung geeignetes Interaktionsprogramm erstellen, vgl. (III)}
        end {else};
    for y := 1 to N do begin
        Zeile y aus f in den Zeilenspeicher BUF(1...M) einlesen;
        for x := 1 to M do begin
            u := BUF(x);
            if (VAR = 1) then begin
                k := 0;
                repeat k := k + 1 until (u < l_k);
                v_1 := r_k;          v_2 := g_k;          v_3 := b_k
                end {then}
            else begin
                v_1 := i_R(u);       v_2 := i_G(u);       v_3 := i_B(u)
                end {else}
```

```
            BUFOUT(1, x) := v_1;        BUFOUT(2, x) := v_2;
            BUFOUT(3, x) := v_3
            end {for};
        BUFOUT(1, 1...M) in Zeile y des Resultatsbildes h_1 schreiben;
        BUFOUT(2, 1...M) in Zeile y des Resultatsbildes h_2 schreiben;
        BUFOUT(3, 1...M) in Zeile y des Resultatsbildes h_3 schreiben
    end {for}
end
```

(V) Für die Gestaltung einer interaktiven Eingabe von Gradationskurven sei zum Beispiel auf

Fellner, W.D.: *Computer Grafik.* Wissenschaftsverlag, Mannheim, 1988.

Foley, J.D., van Dam, A., Feiner, S.K., Hughes, J.F.: *Computer Graphics, Second edition.* Addison-Wesley, Reading, 1990.

verwiesen.

6 Fensterfunktionen und lokale Operatoren

In diesem Kapitel werden lokale Operatoren beschrieben, bei welchen der Resultatsgrauwert i.a. von allen Grauwerten eines Bildfensters **F**(f, p) sowie deren räumlicher Anordnung im plazierten Fenster abhängt. Die Operatoren sind in etwa nach der Art der durch sie lösbaren Aufgaben eingeteilt. Dabei sind alle in der Bildbearbeitung (*low-level vision*) am häufigsten auftretenden Aufgaben mit angesprochen, deren Ziele zumeist als Bildverbesserung, Konturfindung oder Bildsegmentierung zu beschreiben sind. In diesem Kapitel werden Operatoren für die Grauwertglättung zum Ziel der Rauschunterdrückung, für die Kantenextraktion, der Hervorhebung von Bilddetails, von Textur oder von linienhaften Strukturen sowie für die Regionenbildung betrachtet. Die Operatoren des Abschnitts 6.5 sind allerdings eher durch ihre gemeinsame methodische Grundlage als durch eine einheitliche Aufgabenstellung gekennzeichnet. In diesem Abschnitt werden die außerordentliche Flexibilität der Rangordnungsoperatoren und die vielfältigen Möglichkeiten deutlich, gezielt signalabhängige Bildtransformationen zu realisieren.

6.1 Glättung und Rauschunterdrückung

Die Operatoren dieses Abschnittes dienen zur Einebnung der Grauwertfunktion. Es liegt die Annahme zugrunde, daß lokale Grauwertschwankungen als Störungen zu interpretieren sind. Die angestrebte Bildverbesserung soll möglichst ohne Verlust an Bildschärfe erreicht werden. Im weiteren Sinne kann man die Glättung auch zur Einebnung von Texturmustern eines ungestörten Bildes einsetzen. In diesem Fall hat die Glättung das Ziel, anstelle einer Bildrestauration eher eine Grauwertagglomeration mit der Zielrichtung einer Bildsegmentierung zu bewirken.

6.1.1 Lineare Faltung mit beliebigem Faltungskern

(I) Dieser Operator führt eine lineare Faltung mit einem $n \times n$-Faltungskern durch. Typische Werte sind n = 3, 5 oder 7. Die $a = n^2$ Koeffizientenwerte sind vom Nutzer beim Programmstart einzugeben. Wenn der Faltungskern symmetrisch (d.h. zwei diagonale und zwei achsenparallele Symmetrieachsen) sein soll, so genügt die Angabe von

$Z = (n^2 + 4n + 3)/8$ Koeffizienten. Im Programm wird prinzipiell zwischen den folgenden zwei Fällen unterschieden:

(A) Die Summe *SK* der Koeffizienten des Faltungskernes ist ungleich 0. Die diskrete Impulsantwort des Filters hat Tiefpaßcharakter und beinhaltet daher einen konstanten Anteil, d.h. eine Hintergrundkomponente. Um diese Komponente zu erhalten, werden die Koeffizientenwerte vom Programm auf *SK* genormt.

(B) Es ist *SK* = 0. Das Filter hat Hochpaßcharakter und dient zur Hervorhebung der höheren Ortsfrequenzen (Erhöhung der Bildschärfe, Kantendetektion u.ä.). Die Impulsantwort des Operators beinhaltet negative Anteile, die im Ergebnisbild nur mit nichtnegativen Grauwerten dargestellt werden können. Für die Wiedergabe des Ergebnisbildes stehen dem Nutzer zwei Möglichkeiten zur Auswahl, entweder durch

(B1) Betragsbildung oder durch

(B2) Verschiebung des Schwarzwertes auf den Grauwert *G* / 2 und anschließende Addition des Faltungsresultates. Eine Reduzierung der Grauwertdynamik des Faltungsresultates, um den Bereich *0...G-1* nicht zu überschreiten, ist i.a. nicht erforderlich.

Attribute:

Bilder: $M \times N$-Grauwertbilder

Operator: Fensteroperator

Operatorkern: linear (Faltung mit festem Kern)

Eingaben:

Eingabe, ob der Faltungskern symmetrisch ($SYM = 1$) oder nicht symmetrisch ($SYM = 0$) ist,

Koeffizienten *K*(*z*) des Faltungskernes für *z* = 1, ..., *a* bzw. *z* = 1, ..., *Z*,

wenn *SK* = 0, so Auswahl der Grauwertdarstellung durch Betragsbildung (*VAR* = 1) oder durch Verschiebung des Grundgrauwertes (*VAR* = 2),

Wahl zwischen paralleler und sequentieller Verarbeitungsweise (Parameter *PARSEQ*).

(II) Die $n \times n$-Koeffizienten des Faltungskernes werden parallel oder sequentiell für plazierte Fenster **F**(*p*) der Größe $n \times n$ angewandt. Wenn

$$SK = \sum_{z=1}^{a} K(z) \neq 0$$

gilt, so ist

$$h(p) = \frac{1}{SK} \sum_{z=1}^{a} K(z) \cdot F(z).$$

Wenn dagegen *SK = 0* gilt, so ist

$$h(p)=\begin{cases}\left|\sum_{z=1}^{a} K(z)\cdot F(z)\right|, & \text{wenn } VAR=1\\ \frac{G}{2}+\sum_{z=1}^{a} K(z)\cdot F(z), & \text{wenn } VAR=2\,.\end{cases}$$

In beiden Fällen ist eine Abbildung auf den Grauwertbereich 0 bis $G-1$ durch eine nachgeschaltete Anwendung der Prozedur *ADJUST* aus Abschnitt 2.1 zu erreichen.

(III) Dieser Operator faßt die Funktionen verschiedener, häufig verwendeter linearer Filter zusammen. Der Faltungskern muß vom Nutzer explizit angegeben werden. Oft kann der Faltungskern als symmetrisch angenommen werden. In diesem Fall wird dem Nutzer die Eingabe der *a* (d.h. für *n* = 3, 5, 7 bis zu 49) Koeffizienten dadurch erleichtert, indem nur die $(n^2+4n+3)/8$ Koeffizienten eines halben Quadranten des Fensters einzugeben sind, weil diese dann durch die Symmetriebedingung auf den Rest des Fensters eindeutig zu übertragen sind. Die Reihenfolge der Koeffizienteneingabe entspricht den in Abb. 3.5 dargestellten Indizes der Fenstergrauwerte in der Liste *F*(*z*), für die *z* = 1,..., *a* gilt. Im symmetrischen Fall entsprechen die Koeffizientenindizes, die zugleich die Eingabereihenfolge bestimmen, der in Abb. 6.1 dargestellten räumlichen Anordnung, wobei für *p* = (*x*, *y*) der Koeffizient *K*(*1*) dem Grauwert *f*(*x*, *y*), der Koeffizient *K*(*10*) dem Grauwert *f*(*x* + 3, *y* + 3) usw. zugeordnet ist. Unter den Filtertypen, die realisiert werden können, kann man grob zwischen Tiefpaß- und Hochpaßfiltern unterscheiden:

(a) *Tiefpaßfilter* lassen den Originalgrauwert unverändert, wenn alle Grauwerte im Bildfenster gleich sind. Deshalb wird im Fall $SK \neq 0$ die Summe *SK* als Normierungsfaktor verwandt. Die einzugebenden Werte der Filterkoeffizienten *K*(*z*) sind dann die Koeffizienten der zweidimensionalen diskreten Impulsantwort des Tiefpaßes, den man realisieren will. Auf diese Weise können verschiedene Tiefpaßcharakteristiken realisiert werden.

(b) *Hochpaßfilter* ergeben einen Grauwert gleich Null bei Flächen mit konstantem Grauwert. Das bedeutet, daß *SK* = 0 sein muß. Dazu müssen einige Filterkoeffizienten negativ sein und es sind negative Ergebnisgrauwerte möglich. Es muß daher festgelegt werden, wie negative Zahlenwerte in den nichtnegativen Grauwertbereich von *0* bis $G-1$ abgebildet werden sollen.

Die erste in Punkt (I) aufgeführte Möglichkeit (B1) ist z.B. für die Darstellung von Kantenoperatoren oder von sonstigen durch das Filter extrahierten Konfigurationen sinnvoll, die unabhängig von der Gradientenrichtung erkannt werden sollen. Dazu gehören meistens auch Linien, Einzelpunkte und ähnliches. Die Betragsbildung, die man in diesem Fall durchführt, stellt einen nichtlinearen Vorgang dar, der nur zur Darstellung des Ergebnisses eines eigentlich linearen Filters dient.

Die zweite Alternative (B2) ist eine lineare Abbildung, in der die Information über das Vorzeichen des Ergebnisses erhalten bleibt. Um allerdings den Bereich der möglichen Werte der Faltungsoperation möglichst eindeutig abbilden zu können, könnte auch dieser gesamte vorzeichenbehaftete Wertebereich zunächst entsprechend skaliert werden.

(c) *Sonstige Filter.* Es gibt keine Einschränkung der verwendbaren Koeffizientensätze, die nach der Eingabe automatisch zum Fall (a) oder (b) zugeordnet werden, je nachdem, ob $SK \neq 0$ oder $SK = 0$ gilt.

Um auch rekursive Linearfilter realisieren zu können, sollte in der Kontrollstruktur auch die Option der sequentiellen Verarbeitungsweise enthalten sein (s. Abschnitt 3.3.1).

			10
		6	9
	3	5	8
1	2	4	7

Abbildung 6.1: Räumliche Anordnung der Indizes der einzugebenden Filterkoeffizienten im Falle eines symmetrischen Faltungskernes.

(IV) *Kontrollstruktur:* Fensteroperator in Abb. 3.6 (zentriert) mit n = 3, 5 oder 7 und $a = n^2$

Erforderliche Datenfelder:

$K(1...a)$ und $KZ(1...Z)$ (Zwischenspeicher) für die Koeffizienten des Faltungskernes,

$TAB(1 \ldots a-1)$ = (2, 3, 2, 3, 2, 3, 2, 3, 4, 5, 6, 5, 4, 5, 6, 5, 4, 5, 6, 5, 4, 5, 6, 5, 7, 8, 9, 10, 9, 8, 7, 8, 9, 10, 9, 8, 7, 8, 9, 10, 9, 8, 7, 8, 9, 10, 9, 8). Diese Liste beschreibt die Zuordnung zwischen dem Index z, $1 \leq z < a$, eines Koeffizienten $K(z)$ und dem Index $TAB(z)$, $1 < TAB(z) \leq Z$, der reduzierten Liste $KZ(...)$, aus welcher im symmetrischen Fall der Wert des Koeffizienten abzulesen ist.

Eingaben und Initialisierung:

Eingabe von *SYM* und *PARSEQ*;
if (*SYM* = 0) **then**
    a Koeffizienten *K*(1), ..., *K*(*a*) eingeben
else begin
    $Z := (n^2 + 4n + 3)/8$;
    Z Koeffizienten *KZ*(1), ..., *KZ*(*Z*) eingeben;
    K(*a*) := *KZ*(1);
    for *z* := 1 **to** *a* – 1 **do**   *K*(*z*) := *KZ*(*TAB*(*z*))
    end *{else}*;

```
SK := K(a);
for z := 1 to a – 1 do  SK := SK + K(z);
if (SK = 0) then Parameter VAR eingeben
```

Operatorkern:

```
                      {F(z) mit 1 ≤ z ≤ a in v = h(x, y) überführen, vgl. Abb. 3.6}
S := K(a)·F(a);
for z := 1 to a – 1 do    S := S + K(z)·F(z);
if (SK = 0) then
        if (VAR = 1) then    v := |S|
                     else    v := G / 2 + S
else        v := S / SK
```

(V)

Haberäcker, P.: *Digitale Bildverarbeitung*. 3. Auflage, Carl Hanser Verlag, München, 1989.

Wahl, F.M.: *Digitale Bildsignalverarbeitung*. Springer, Berlin, 1984.

Zamperoni, P.: *Methoden der digitalen Bildsignalverarbeitung*. 2. Auflage, Vieweg Verlag, Wiesbaden, 2. Auflage, 1991.

6.1.2 Glättung mit einem separierten Spalttiefpaß

(I) Ein Spalttiefpaß ist ein einfaches Glättungsfilter, das eine ungewichtete arithmetische Mittelung durchführt (vgl. *AVERAGE* in Abschnitt 1.3.3). Der Name „Spalttiefpaß" deutet darauf hin, daß das Bild wie durch einen idealen Spalt erfaßt wird. Der Faltungskern, dessen Koeffizienten alle gleich sind, ist separierbar. Diese Eigenschaft wird ausgenutzt, um den Rechenaufwand herabzusetzen (vgl. Abschnitt *3.1.3*).

Attribute:

Bilder: $M \times N$-Grauwertbilder

Operator: Fensteroperator, in zwei Durchläufen

Operatorkern: linear (Faltung mit festem Kern), separierbar

Eingabe:

Fenstergröße n .

(II) Für die aus dem plazierten Fenster **F**(p) gelesenen Grauwerte $F(1)$, ..., $F(a)$ gilt

$$h(p) = \frac{1}{a}\sum_{z=1}^{a} F(z),$$

wobei $a = n^2$ ist.

(III) Der Spalttiefpaß ist im Vergleich zum Gaußtiefpaß durch einen niedrigeren Wert des Produktes

$$\text{Bandbreite} \times \text{Kantenbreite}$$

gekennzeichnet. Nachteilig beim Spalttiefpaß ist jedoch das Auftreten von „Überschwingern" in der Nähe von Kanten. Allerdings ist in der Bildbearbeitung die Stärke des erzielten Glättungseffektes (z.B. zum Zweck der Rauschunterdrückung) oft eine mindestens so wichtige Eigenschaft wie die unverzerrte Wiedergabe der Grauwertfunktion im Durchlaßbereich des Filters. In dieser Hinsicht ist der Spalttiefpaß dem Gaußtiefpaß und dem Binomialfilter (s. Abschnitt 6.1.3) überlegen.

Abbildung 6.2: Ergebnisse der Glättung des Abbildes einer natürlichen Szene (oben links) mit verschiedenen Verfahren und mit einem Fenster von 7 x 7 Bildpunkten. Oben rechts: separierter Spalttiefpaß. Unten links: Glättungsfilter mit Binomialkoeffizienten. Unten rechts: Glättung in einer ausgesuchten Nachbarschaft.

Wie für das Binomialfilter ist auch für den Spalttiefpaß eine separierte Durchführung (s. Abschnitt 3.1.3) möglich. Diese erfolgt in zwei Durchläufen mit Fenstern von $n \times 1$ bzw. $1 \times n$ Bildpunkten, deren miteinander gefaltete Faltungskerne als Zeilen- bzw. Spaltenvektor betrachtet den Faltungskern des zweidimensionalen Tiefpaßes ergeben.

Die aufgrund der Separierbarkeit erzielbare Beschleunigung der Rechenzeit ist bei Glättungsfiltern deshalb besonders wichtig, weil oft eine Glättung über sehr große Fenster erforderlich ist, die dann nicht mehr als „viel kleiner als das gesamte Bildraster" betrachtet werden können. Beim Einsatz von großen Operatorfenstern (z.B. in der Größenordnung von $n = N / 5$) ist es auch nicht mehr vertretbar, den Bildrand einfach unbearbeitet zu lassen. Für den Bildrand wurde daher hier die Kompromißlösung gewählt, als Fenster jeweils den Schnitt zwischen plaziertem Fenster und Bildraster zu betrachten. Daraus folgt, daß am Bildrand das Operatorfenster kleiner als $n \times n$ ist und daher auch der Glättungseffekt schwächer ist.

Um die Rechenzeit zu reduzieren, erfolgt die Mittelwertbildung durch Aktualisierung des laufenden Mittelwertes: Beim Übergang zum nächsten Bildpunkt wird der im jeweiligen eindimensionalen Fenster nicht mehr enthaltene Grauwert subtrahiert und ein neuer Grauwert wird addiert (vgl. Abschnitt 3.1.4).

In Abb. 6.2 ist ein Ergebnis der Anwendung des Spalttiefpaßfilters im Vergleich mit anderen Glättungsfiltern gezeigt.

(IV) *Kontrollstruktur:* speziell für eindimensionale Fenster, deshalb hier explizit angegeben.

Erforderliche Datenfelder:

Zeilenspeicher $L1(z)$, $L2(z)$ und $L3(z)$, mit $z = 1, ..., M$, als Akkumulatoren für Zwischenergebnisse

Eingabe und Initialisierung:

```
    Eingabe von n, n ungerade;
    k = (n – 1) / 2;                          {halbe Seitenlänge des Fensters}
    XM := N – k;              YM := M – k
Erster Durchlauf (n×1-Fenster)
    for y := 1 to N do begin
    Zeile y aus dem Originalbild f in den Speicherbereich L1(1...M) einlesen;
       Q := 0;
       for x := 1 to k do          Q := Q + L1(x);
       Q := Q / k;
       for x := 1 to M do begin
              if (x ≤ k + 1) then
                     Q := [Q·(x+k–1) + L1(x+k)] / (x+k)
              else if (x > XM) then
                     Q := [Q·(n–x+XM+1) – L1(x–k–1)] / (n–x+XM)
              else
                     Q := [Q·n + L1(x+k) – L1(x–k–1)] / n;
       L2(x) := Q
       end {for};
       L2(1...M) in Zeile y eines Zwischenergebnisbildes g schreiben
    end {for}
```

Zweiter Durchlauf ($1 \times n$*-Fenster*)

```
for x := 1 to M do    L1(x) := 0;
for y := 1 to k do begin
    Zeile y aus Zwischenbild g in den Speicherbereich L2(1...M) einlesen;
    for x := 1 to M do          L1(x) := L1(x) + L2(x);
    end {for};
for x := 1 to M do    L1(x) := L1(x) / k ;
for y := 1 to N do begin
    if (y ≤ k + 1) then begin
            Zeile y + k aus g in den Speicherbereich L2 einlesen;
            for x := 1 to M do
                    L1(x) := [L1(x)·(y+k−1) + L2(x)] / (y+k)
            end {then}
    else if (y > YM) then begin
            Zeile y − k − 1 aus g in den Speicherbereich L2 einlesen;
            for x := 1 to M do
                    L1(x) := [L1(x)·(n−y+YM +1) − L2(x)] / (n−y+YM )
            end {then}
    else begin
            Zeile y + k aus g in den Speicherbereich L2 einlesen;
            Zeile y − k − 1 aus g in den Speicherbereich L3 einlesen;
            for x := 1 to M do
                    L1(x) := [L1(x)·n + L2(x) − L3(x)] / n
            end {else};
    Speicherbereich L1 in die Zeile y des Ergebnisbildes h schreiben
    end {for}
```

(V) Die Separierbarkeit des Faltungskernes wurde in

Jähne, B.: *Digitale Bildverarbeitung*. Springer, Berlin, 1989.

betrachtet. Zum Vergleich zwischen linearen Glättungsfiltern sei auf

Wahl, F.M.: *Digitale Bildsignalverarbeitung*. Springer, Berlin, 1984.

verwiesen.

6.1.3 Glättungsfilter mit Binomialkoeffizienten

(I) Dieser Operator ist ein lineares Tiefpaßfilter zur Glättung durch eine gewichtete Mittelwertbildung. Für Fenster von $n \times n$ Bildpunkten werden multiplikative Gewichte aus den Binomialkoeffizienten

$$\binom{n-1}{i}, \text{ mit } 0 \le i < n,$$

abgeleitet. Im Vergleich zum Spalttiefpaß (s. Abschnitt 6.1.2) ist die glättende Wirkung dieses Binomialfilters schwächer; dafür ist das Spektrum seines Faltungskernes im Ortsfrequenzbereich nahezu isotrop und aperiodisch abklingend. Die für dieses Filter mögliche separierte Durchführung erlaubt es, auch bei großen Fenstern die Rechenzeit niedrig zu halten.

Attribute:
Bilder: $M \times N$-Grauwertbilder
Operator: Fensteroperator, in zwei Durchläufen
Operatorkern: linear (Faltung mit festem Kern), separierbar

Eingabe:
Fenstergröße n.

(II) Die Definition dieses Operators ist übersichtlicher, wenn man vom zentrierten zweidimensionalen ij-Koordinatensystem ausgeht. Bei der Durchführung, die mit Separierung erfolgt, wird jedoch eine etwas abweichende eindimensionale Indizierung verwendet. Der Resultatsgrauwert ist

$$h(x,y) = \frac{1}{S_n} \sum_{j=0}^{n-1} \sum_{i=0}^{n-1} C_{ij} \cdot f(x-k+i, y-k+j) \text{ mit } S_n = \sum_{j=0}^{n-1} \sum_{i=0}^{n-1} C_{ij},$$

wobei die Gewichte C_{ij} die Elemente der folgenden $n \times n$ Matrix $\|C_{ij}\|$ sind:

$$\|C_{ij}\| = \left[\binom{n-1}{0} \cdots \binom{n-1}{i} \cdots \binom{n-1}{n-1}\right] * \left[\binom{n-1}{0} \cdots \binom{n-1}{j} \cdots \binom{n-1}{n-1}\right]^T$$

Hier ist $*$ die Faltungsoperation. Dabei ergibt sich der Koeffizient

$$C_{ij} = \binom{n-1}{i} \cdot \binom{n-1}{j} \quad \text{für } 0 \le i, j \le n-1$$

aus dem Produkt des i-ten Elementes des Zeilenvektors und des j-ten Elementes des Spaltenvektors. Es ist zu beachten, das die beiden Masken (d.h. Zeilen- und Spaltenvektor) identisch sind. Ferner gilt allgemein

$$S_n = \left[\sum_{i=0}^{n-1} \binom{n-1}{i}\right]^2 = \left(2^{n-1}\right)^2 = 2^{2n-2}.$$

(III) Das Binomialfilter kann als Glättungsfilter zur Rauschunterdrückung eingesetzt werden. Die glättende Wirkung steht in Zusammenhang mit dem Tiefpaßcharakter dieses Filters, das einige gute Eigenschaften des Gauß-Tiefpaßes (Isotropie, im Ortsfrequenzbereich steil und monoton abklingende Transferfunktion) besitzt, aber das leichter zu realisieren ist. Dem Spalttiefpaß vom Abschnitt 6.1.2 fehlen diese Eigenschaften, weil aufgrund der aus der Signaltheorie bekannten Unschärferelation die scharfe Begrenzung der Impulsantwort dieses Filters mit einem unendlich ausgedehnten Integralsinus-Verlauf der Transferfunktion im Ortsfrequenzbereich verbunden ist. Im Vergleich mit dem Spalttiefpaß weist dagegen das Binomialfilter einen geringeren Glättungseffekt auf. Um ein gegebenes Maß an Glättung zu bewirken, müssen also größere Fenster verwendet werden. Der dadurch erforderliche höhere Rechenaufwand ist jedoch zum Teil dadurch kompensiert, daß eine separierte Durchführung (vgl. Abschnitt 3.1.3) möglich ist, bei der der Rechenaufwand proportional zu $2n$ anstatt zu n^2 steigt. Die Separierbarkeit des Operators folgt unmittelbar aus der Definition seines Kernes als Faltungsprodukt von zwei gleichen Koeffizientenmasken, eine in horizontaler und eine in vertikaler Richtung. Die Durchführung des Operators erfolgt in zwei Durchläufen, in denen das Bild jeweils mit der ersten und mit der zweiten Maske gefaltet wird. Dazu benötigt man einen Bildspeicher g für das Zwischenergebnis des ersten Durchlaufs, aus dem im zweiten Durchlauf die Bilddaten abgelesen werden. Vor dem ersten Bilddurchlauf werden die Werte der Binomialkoeffizienten

$$\binom{n-1}{i} \quad \text{für } i = 0, \ldots, k$$

berechnet und in ein eindimensionales Speicherfeld $C(i)$ abgelegt. Die übrigen Koeffizienten ergeben sich dann aus der Symmetriebeziehung

$$\binom{n-1}{k-r} = \binom{n-1}{k+r} \quad \text{für } r = 0, \ldots, k.$$

Die Koeffizientenberechnung erfolgt mit der iterativen Initialisierung von n mit $n_0 = 3$. Weil für die Bildbearbeitung auf ungerade n-Werte orientiert wird, ist für diesen Iterationsprozeß auch ein eindimensionaler Zwischenspeicher $CC(1 \ldots n-1)$ günstig, um die Zwischenergebnisse für die geraden Werte von n_t, also für $t = 1, 3, \ldots, n-4$, festzuhalten.

In Abb. 6.2 ist ein Ergebnis der Anwendung dieses Glättungsfilters im Vergleich mit anderen Glättungsfiltern gezeigt.

(IV) *Kontrollstruktur:* speziell, hier explizit angegeben.

Erforderliche Speicherbereiche:

$C(1 \ldots n_M)$ für die errechneten Binomialkoeffizienten bei Fenstergrößen $n \le n_M$ (maximale vorgesehene Fenstergröße) und als Zwischenspeicher für das Ergebnis der t-ten Iteration des Berechnungsvorgangs, mit n_t ungerade,

$CC(1 \ldots n_M)$ als Zwischenspeicher für das Ergebnis der t-ten Iteration des o.g. iterativen Berechnungsvorgangs, jedoch mit n_t gerade,

(Wählt man für die Speicherfelder C und CC das *integer∗4*-Datenformat, so ergibt sich für n_M eine obere Grenze von 23, die es gerade noch erlaubt, die Binomialkoeffizienten in diesem Zahlenformat darzustellen.)

LE(1...*M*), *SC*(1...*M*) als Zeilenspeicher für das Einlesen von Originalbildzeilen und für das Schreiben von Ergebniszeilen,

W(1...*M*) als Zwischenspeicher für eine einzelne Zeile, in dem im zweiten Bilddurchlauf die Ergebnisgrauwerte für die jeweils aktuelle Zeile aufbereitet werden.

Eingabe und Initialisierung:

```
    n eingeben;
                    {Rückstellung auf 0 in den Speicherfeldern C und CC}
for z := 1 to n_M do begin
    C(z) := 0 ;          CC(z) := 0
    end {for};
                    {Initialisierung der Binomialkoeffizienten für n = 3}
    C(1) := 1;           C(3) := 1;
    C(2) := 2;           CC(1) := 1;
    Z := (n – 3) / 2 ;
                    {Summe der Koeffizienten der eindimension. Maske mit Länge n}
    S := 2^(n-1);
{Berechnung der eindimens. Binomialkoeffizienten nach dem Pascalschen Dreieck}
for t_1 := 1 to Z do begin
    for t_2 := 2 to (2+2t_1) do
            CC(t_2) := C(t_2) + C(t_2 - 1);
    for t_2 := 2 to (3+2t_1) do
            C(t_2) := CC(t_2) + CC(t_2 - 1)
    end {for}
```

Erster Bilddurchlauf

```
for y := 1 to N do begin
    Einlesen der Zeile y des Originalbildes in den Zeilenspeicher LE(1...M);
    for x := k + 1 to M – k do begin
            Q := C(k+1) · LE(x);
            for t_3 := 1 to k do
                    Q := Q + C(k+1-t_3) · [LE(x - t_3) + LE(x + t_3)];
            SC(x) := Q / S
            end {for};
    Speicher LE(1...M) in die Zeile y des Bildspeichers von g schreiben
    end {for}
```

Zweiter Bilddurchlauf

for $y := k + 1$ **to** $N - k$ **do begin**

for $x := 1$ **to** M **do** $W(x) := 0$;

for $t_4 := 1$ **to** n **do begin**

Zeile $(y-k-1+t_4)$ des Bildspeichers von g in den Zeilenspeicher $LE(1...M)$ einlesen;

for $x := 1$ **to** M **do** $W(x) := W(x) + C(t_4) \cdot LE(x)$

end *{for}*;

for $x := 1$ **to** M **do** $SC(x) := W(x) / S$;

Zeile $SC(1...M)$ in die Zeile y des Resultatsbildes h schreiben

end *{for}*

(V) Jähne, B.: *Digitale Bildverarbeitung*. Springer, Berlin, 1989.

6.1.4 Glättung in einer ausgesuchten Nachbarschaft

(I) Dieser Operator kann als eine gewichtete Mittelwertbildung betrachtet werden, in welcher die Gewichte der einzelnen Grauwerte im plazierten Fenster $\mathbf{F}(p)$ von der jeweiligen Abweichung vom Grauwert $f(p)$ des Bezugspunktes abhängen. Das Ziel ist dabei, eine Rauschunterdrückung ohne Verlust an Kantenschärfe zu bewirken.

Attribute:

Bilder: $M \times N$ - Grauwertbilder

Operator: Fensteroperator

Operatorkern: datenabhängig, anordnungsunabhängig

Eingabe:

Fensterbreite n .

(II) In $F(1)$, ..., $F(a)$ seien die Grauwerte des Eingabebildes für den Bezugspunkt p gegeben (zentriertes ij-Koordinatensystem). Für das Resultatsbild h gilt

$$h(p) = \frac{1}{S} \sum_{z=1}^{a} \left[(G-1) - \left| F(a) - F(z) \right| \right] \cdot F(z)$$

mit

$$S = \sum_{z=1}^{a} \left[(G-1) - \left| F(a) - F(z) \right| \right].$$

(III) Lineare Glättungsfilter haben den Nachteil, daß sie neben dem Rauschen auch schlechthin alle hohen Ortsfrequenzen abschwächen, was Detailverlust und Kantenunschärfe hervorruft. Das Rauschen zu unterdrücken, ohne Kantenunschärfe einzuführen, ist das Ziel zahlreicher Ansätze zur nichtlinearen Filterung, wie z.B. die Glättung in einer ausgesuchten Nachbarschaft (*averaging in a selected neighbourhood*).

Die Grundidee dieses Ansatzes ist es, diejenigen Nachbarn des aktuellen Bildpunktes p, die schätzungsweise zur gleichen Bildregion wie p gehören, bei der Mittelwertbildung stärker als diejenigen zu wichten, die zu einer anderen Bildregion gehören, z.B. weil sie von p durch eine mehr oder weniger ausgeprägte Kante getrennt sind. Die Aufgabe ist nun, diese Abschätzung möglichst einfach und wirksam zu formulieren. Dabei kann man zwischen „weichen" und „harten" Entscheidungskriterien unterscheiden. Die letzteren teilen die Nachbarn von p nur in zwei Klassen ein, nämlich in Elemente der gleichen Bildregion und in Elemente einer anderen Bildregion. Das hier beschriebene Filter führt dagegen eine weiche Gewichtung durch, in welcher der Grad der Zugehörigkeit zur gleichen Bildregion kontinuierlich vom Betrag der Grauwertdifferenz abhängt.

In Abb. 6.2 ist ein Ergebnis der Anwendung dieses Glättungsfilters im Vergleich mit anderen Glättungsfiltern gezeigt.

(IV) *Kontrollstruktur:* Fensteroperator in Abb. 3.6 (zentriert) mit $a = n^2$

Erforderlicher Speicherbereich:

$K(1 \dots a-1)$ für die Gewichtungskoeffizienten der Bildpunkte von $\mathbf{F}(p)$ (p ausgenommen).

Eingabe :

Parametereingabe von n, n ungerade

Operatorkern:

{$F(z)$ mit $1 \le z \le a$ in $v = h(x, y)$ überführen, vgl. Abb. 3.6}

$S := G-1;\quad P := (G-1)\cdot F(a);$

for $z := 1$ **to** $a-1$ **do begin**

$K := (G-1) - |F(a) - F(z)|;\qquad P := P + K \cdot F(z);\qquad S := S + K$

end *{for}*;

$v := P / S$

(V) Der vorgestellte Operator geht im Ansatz auf

Nagao, M., Matsuyama, T.: *Edge preserving smoothing*. Computer Graphics and Image Processing **9** (1979), pp. 394-407.

Scher, A., Dias Velasco, F.R., Rosenfeld, A.: *Some new image smoothing techniques*. IEEE Trans. SMC-**10** (1980), pp. 153-158.

zurück. Der hier beschriebene Operator ist eine vereinfachte Variante des in

Wang, D., Vagnucci, A.H., Li, C.C.: *Gradient inverse smoothing scheme and the evaluation of its performance*. Computer Graphics and Image Processing **15** (1981), pp. 167-181.

vorgeschlagenenen und in

Lee, J.S.: *Digital image smoothing and the sigma filter*. Computer Vision, Graphics, and Image Processing **24** (1983), pp. 255-269.

Wang, D., Wang, Q.: *A weighted averaging method for image smoothing*. Proc. *8th* ICPR, Paris, 1988, pp. 981-983.

verbesserten nichtlinearen Glättungsfilters.

6.1.5 Adaptive Glättung mit Hilfe der Lokalstatistik

(I) Der Grundgedanke dieses adaptiven Glättungsoperators ist es, dort stark zu glätten ($h(p) \approx \mu =$ lokaler Mittelwert), wo die beobachtete lokale Varianz σ^2 schätzungsweise dem Rauschen zuzuschreiben ist. Dagegen wird im Extremfall keine Glättung vorgenommen ($h(p) \approx f(p)$), wenn die beobachtete Varianz in erster Näherung diejenige des Eingabebildes ist.

Attribute:

Bilder: $M \times N$-Grauwertbilder

Operator: Fensteroperator

Operatorkern: datenabhängig, anordnungsunabhänging

Eingaben:

Fenstergröße n und Schätzwert für die Varianz σ_r^2 des Rauschens.

(II) Im Bild f sei zum Bezugspunkt p die lokale Varianz σ^2 und der Mittelwert μ berechnet worden. Dann gilt

$$h(p) = K \cdot f(p) + (1-K)\mu \quad \text{mit} \quad K = \frac{\sigma^2}{\sigma^2 + \sigma_r^2},$$

wobei σ_r^2 ein a-priori bekannter oder abgeschätzter Wert der Rauschvarianz ist, der beim Programmstart eingegeben werden muß.

(III) Das adaptive Verhalten des vorhergehenden Glättungsoperators (Abschnitt 6.1.4) wurde durch Anpassung der einzelnen Faltungskoeffizienten an die lokalen Bilddaten erreicht. In diesem Operator wird dagegen die Adaption von den wichtigsten Parametern der lokalen Grauwertstatistik erster Ordnung, nämlich vom Mittelwert μ und von der Varianz σ^2, gesteuert. Der Resultatsgrauwert ist eine gewichtete Summe von Originalgrauwert $f(p)$ und μ, wobei der Gewichtungskoeffizient K von den lokalen Bilddaten abhängt.

Für die theoretische Grundlegung dieses Operators wird folgende Annahme verwandt: Das Eingabebild f ist die additive Überlagerung einer rauschfreien Bildfunktion f_u mit Varianz σ_u^2 und eines unkorrelierten Rauschens mit Varianz σ_r^2.

Für die im Beobachtungsfenster $\mathbf{F}(p)$ gemessene Varianz

$$\sigma^2 = E[f(p)-\mu]^2 = \sigma_u^2 + \sigma_r^2$$

gilt an Kanten und an detailreichen Stellen $\sigma^2 \gg \sigma_r^2$ und daher $K \approx 1$. An diesen Stellen soll keine Glättung stattfinden. Wenn dagegen die Varianz der Bildfunktion klein ist, wird sie dem Rauschen zugeschrieben. Dann gilt $\sigma^2 \approx 0$, $K \approx 0$ und die Glättung erfolgt durch Mittelwertbildung. Unter der Annahme, daß Mittelwert und Varianz der rauschfreien Bildfunktion $f_u(p)$ durch die gemessenen Werte μ und σ^2 anzunähern sind, stellt die in Punkt (II) angegebene Formel den Ausdruck der optimalen linearen Abschätzung von f_u im Sinne der kleinsten mittleren quadratischen Abweichung dar.

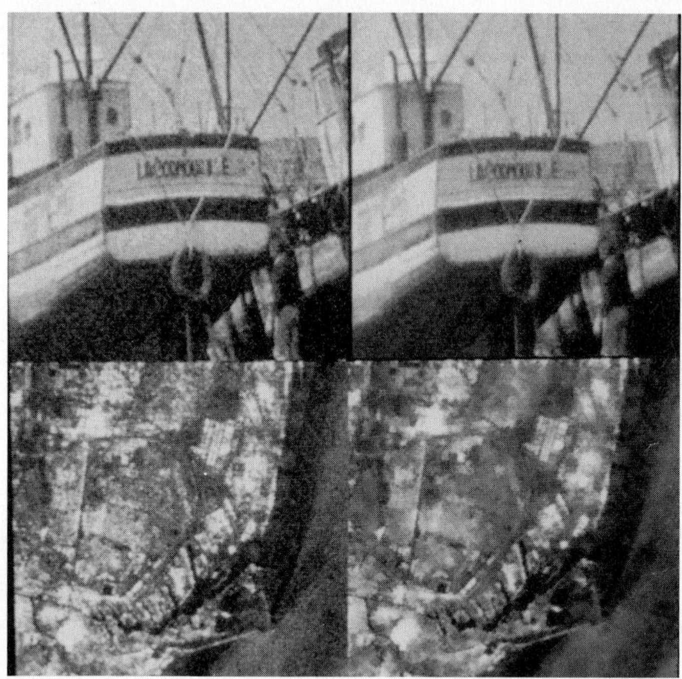

Abbildung 6.3: Obere Hälfte: Originalbild (s. Abb. 2.7) mit additivem normalverteilten Rauschen (Streuung = 20 Graustufen) und Ergebnis der Glättung mit Hilfe der Lokalstatistik (Abschnitt 6.1.5) mit Fenstergröße 7 x 7.
Untere Hälfte: Radar-Fernerkundungsbild (SAR) und Ergebnis der Glättung durch adaptive Quantilfilterung (Abschnitt 6.1.6) mit Fenstergröße 7 x 7.

Ein Nachteil dieses Glättungsverfahrens ist es, daß der Wert von σ_r^2 zumindest näherungsweise a-priori bekannt sein muß. Er kann beispielsweise aus Messungen an ähnlich erzeugten Bildern oder aus Kenntnissen über den Bilderfassungsvorgang hervorgehen. Ist eine gute Abschätzung von σ_r^2 gewährleistet, so liefert diese schnelle Methode gute Ergebnisse bezüglich der Rauschunterdrückung und der Erhaltung der Kantenschärfe. Die Abb. 6.3 zeigt in der oberen Hälfte ein Beispiel der Anwendung dieses Operators für die Glättung eines Originalbildes (Abb. 2.7, oben links) mit hinzugefügtem additivem normalverteiltem Rauschen. Hier ist dieser Operator deshalb besonders wirksam, weil der Wert von $\sigma_r = 20$ Graustufen, mit welchem das obere Bild der Abb. 6.3 erzeugt worden ist, von vornherein genau bekannt war.

(IV) *Kontrollstruktur:* Fensteroperator in Abb. 3.6 (zentriert) mit $a = n^2$

Eingabe und Initialisierung:

```
Parametereingabe von n und σ_r ;                    {σ_r in Graustufen}
S_r := σ_r^2
```

Operatorkern:

```
                    {F(z) mit 1 ≤ z ≤ a in v = h(x, y) überführen, vgl. Abb. 3.6}
σ_2 := 0;    μ := 0;
for z:= 1 to a do begin
    μ := μ + F(z);    σ_2 := σ_2 + F(z)^2
    end {for};
μ := μ / a;   σ_2 := σ_2 / a − μ^2;
K := σ_2 / (σ_2 + S_r);   w := K · F(a) + (1 − K)μ;
call ADJUST (w, v)
```

(V) Lee, J.S.: *Digital image inhancement and noise filtering by use of local statistics.* IEEE Trans. PAMI-**2** (1980), pp. 165-168.

Melsa, J.L., Cohn, D.L.: *Decision and Estimation Theory*. McGraw-Hill, New York, 1978.

6.1.6 Glättung durch eine adaptive Quantilfilterung

(I) Dieser Operator basiert auf Eigenschaften des Medianfilters (vgl. Abschnitt 6.5.1). Die Stärke der Glättung wird in Abhängigkeit von den lokalen Bilddaten von der Größe $L = \sigma / \mu$ gesteuert, wobei σ und μ die Standardabweichung bzw. den mittleren Grauwert im Beobachtungsfenster bezeichnen. Durch die Adaption soll das folgende Filterverhalten erreicht werden: Wo L groß ist, also in Gebieten mit großer Streuung und/oder niedrigem mittlerem Grauwert, soll die Glättung schwach sein, da die Gebiete kontrastreich oder durchschnittlich relativ dunkel sind. Bei kleinen L-Werten, d.h. bei kleiner Streuung oder in hellen Gebieten, soll stärker geglättet werden, weil (*i*) diese Gebiete kontrastarm sind und die kleinen Werte von σ dem Rauschen zugeordnet werden (vgl. Abschnitt 6.1.5) sowie (*ii*) helle Gebiete stärker rauschbehaftet als dunkle

Gebiete sind. Die letzte Behauptung gilt unter der Voraussetzung, daß multiplikatives Rauschen vorliegt, dessen Intensität proportional zum mittleren Grauwert steigt.

Attribute:

Bilder: $M \times N$-Grauwertbilder

Operator: Fensteroperator

Operatorkern: datenabhängig, anordnungsunabhängig

Eingabe:

Fenstergröße n

(II) Zur analytischen Beschreibung der Filterfunktion soll zuerst die Bedeutung der festzulegenden Schwellenwerte T_0 und T_1, mit $0 \le T_0 \le T_1 \le G-1$, erläutert werden. Betrachtet man T_0 und T_1 als A_0- bzw. A_1-Quantile des lokalen Summenhistogramms $S(u) := SUMHIST(\mathbf{F}(f, p), u)$ (vgl. Abschnitt 1.3.2 und Abb. 6.4(*a*)), so bestimmen diese über $S(u)$ die Werte

$$A_0 = S(T_0) \quad \text{und} \quad A_1 = S(T_1) \quad \text{mit} \quad 0 \le A_0 \le A_1 \le 1.$$

In der Durchführung werden zuerst A_0 und A_1 und dann, mit Hilfe der inversen Funktion $T = S^{-1}(A)$, T_0 und T_1 bestimmt. In der Praxis wird $A_1 = 1 - A_0$ symmetrisch zu A_0 zum Symmetriezentrum 0.5 festgelegt. Das Operatorergebnis ist

$$h(p) = \begin{cases} T_0, & \text{wenn} \quad f(p) < T_0 \\ f(p), & \text{wenn} \quad T_0 \le f(p) \le T_1 \\ T_1, & \text{wenn} \quad f(p) > T_1. \end{cases}$$

Die Werte von A_0 und A_1 werden, wie weiter unten geschildert, adaptiv in Abhängigkeit von den lokalen Bilddaten bestimmt.

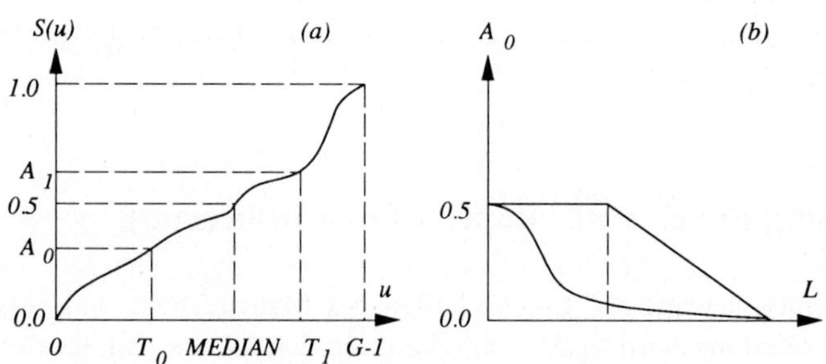

Abbildung 6.4: (*a*) Summenhistogramm $S(u)$ der lokalen Grauwerte u. (*b*) Funktionaler Zusammenhang zwischen der Steuergröße $L = \sigma / \mu$ und dem unteren Schwellenwert A_0.

(III) In diesem Operator wird die Glättung mit Hilfe eines adaptiven Rangordnungsfilters (vgl. Abschnitt 6.5.3) durchgeführt. Ohne Adaption würde man, unabhängig von den lokalen Bilddaten, den Originalgrauwert $f(p)$ stets durch den Median $MEDIAN$ = $S^{-1}(0.5)$ der Grauwerte im plazierten Fenster $\mathbf{F}(p)$ ersetzen, wodurch die Glättung immer am stärksten wäre. Mit Adaption können, in Abhängigkeit von der Steuergröße L (s. unten), schwächere Glättungseffekte dadurch erreicht werden, indem der möglichen Abweichung zwischen $f(p)$ und $h(p)$ engere Schranken als beim Medianfilter gesetzt werden. Mit Bezug auf die Transformationsformel in (II) ist diese Abweichung dann gleich Null ($h(p) = f(p)$), wenn T_0 gleich 0 und T_1 gleich $G-1$ ist.

Das Ziel der Adaption ist die Anpassung der Filterfunktion an den lokalen Bildinhalt im Sinne der unter Punkt (I) beschriebenen Musterfälle. Zu diesem Zweck verwendet man als Steuergröße den Quotient

$$L = \frac{\sigma}{\mu}$$

zwischen lokaler Standardabweichung und lokalem Mittelwert. Der Ansatz ist hier ähnlich wie im Abschnitt 6.1.5: Große σ-Werte werden dem Bildinhalt (Kanten, kontrastreiche Muster), niedrige σ-Werte dem Rauschen zugeschrieben. Bei großen L-Werten liegt A_0 bei 0 und A_1 bei 1. Entsprechend liegen dann T_0 etwa bei 0 und T_1 etwa bei $G-1$. Die Stellung von μ in der obigen Formel bewirkt außerdem, wie unter Annahme eines multiplikativen Rauschens erwünscht, daß die Glättung in den hellen, und daher in den stärker verrauschten Bildregionen, intensiver als in den dunklen Bildregionen ist.

Die Funktion $A_0(L)$ ist monoton fallend. Der analytische Zusammenhang zwischen A_0 und L kann beispielsweise, wie in Abb. 6.4 (*b*) gezeigt, durch eine Gauß-Funktion (die hier gewählte Alternative) oder durch eine stückweise lineare Kurve gegeben werden.

Ein zusätzlich zu berücksichtigender Punkt ist die Verschiebung des globalen mittleren Grauwertes infolge der Tatsache, daß die Dichtefunktion $\mathrm{d}S(u)/\mathrm{d}u$ erfahrungsgemäß, und dies z.B. besonders bei SAR-Bildern, nicht symmetrisch ist, sondern etwa die Form einer Rayleigh-Verteilung annimmt. Die genormte Differenz C zwischen Mittelwert μ und Median $MEDIAN$,

$$C = \frac{\mu - MEDIAN}{G-1}$$

gibt ein Maß der Asymmetrie an. Um die Grauwertverschiebung statistisch zu kompensieren, werden auf der Basis des gemessenen Wertes C die folgenden korrigierten Werte A_{0C} und A_{1C} bestimmt und an Stelle von A_0 und A_1 eingesetzt:

$$A_{0C} = A_0(1+C) \quad \text{und} \quad A_{1C} = (1-A_0)(1-C).$$

Die untere Hälfte der Abb. 6.3 gibt einen Eindruck der Auswirkung dieses Filters auf ein SAR-Bild. Der Operator eignet sich als Vorverarbeitungsstufe für Segmentierungszwecke, weil er eine Einebnung der für die SAR-Bilder typischen Textur unter Erhaltung der Kantenschärfe leistet.

(IV) *Kontrollstruktur:* Fensteroperator in Abb. 3.6 (zentriert) mit $a = n^2$

Erforderlicher Speicherbereich:

$S(1...G)$ für das Summenhistogramm des aktuellen Bildfensters **F**(f, p)

Eingabe und Initialisierung:

Parametereingabe von n

Die inverse Funktion $SM1(A) = S^{-1}(A)$, $0 \leq A \leq 1$, wird durch ein Funktionsunterprogramm definiert, das am Ende aufgelistet ist.

Operatorkern:

```
                    {F(z) mit 1 ≤ z ≤ a in v = h(x, y) überführen, vgl. Abb. 3.6}
μ := 0;      σ2 := 0;
for u := 1 to G do    S(u) := 0;
for z := 1 to a do begin
    μ := μ + F(z);    σ2 := σ2 + F(z)^2;
    S(F(z) + 1) := S(F(z) + 1) + 1
    end {for};
μ := μ / a;     σ2 := σ2 / a − μ^2;    S(1) := S(1) / a;
for u := 2 to G do    S(u) := S(u−1) + S(u) / a;
L := sqrt(σ2) / μ;        A0 := 0.5·exp(−3.912·L^2);        A1 := 1 − A0;
C := (μ − SM1(0.5)) / (G − 1);
A0C := A0(1 + C);    A1C := A1(1 − C);
T0 := SM1(A0C);      T1 := SM1(A1C);
if (F(a) < T0) then                                {F(a) ist f-Wert im Punkt p}
            v := T0
    else    if (F(a) > T1) then   v := T1
            else     v := F(a)
```

Funktionsprogramm SM1:

```
function SM1(A: real): integer;
begin
    u := 1;  flag := 0;
    while ((u ≤ G)  und  (flag = 0)) do
            if (S(u) ≥ A) then begin
                    SM1 := u;          flag := 1
                    end {then}
            else u := u + 1
end {SM1}
```

(V) SAR-Bilder (*Synthetic Aperture Radar*) sind typische Bilder mit multiplikativem Rauschen. Deshalb wird das in diesem Abschnitt beschriebene Verfahren von den Entwicklern

Alparone, L., Baronti, S., Carlà, R., Puglisi, C.: *A new adaptive digital filter for SAR images: test of performance for land and crop classification on Montespertoli area*. Proc. IGARSS (International Geographic and Remote Sensing Symposium), Houston, 1992, pp. 899-901.

als Filter zur Glättung von SAR-Bildern und zur Unterdrückung der für diese Bilder typischen Rauschart, genannt *speckle noise*, (s. Abb. 6.3 unten links) bezeichnet. Hier wird auch der Verlauf der Funktion $S(T)$ untersucht. Über diese spezifische Anwendung hinaus, erweist sich jedoch dieser Operator in manchen anderen Fällen mit ähnlich strukturiertem Rauschen als sehr wirksam. Spezielle und komplexe Verfahren, die unmittelbar auf dem multiplikativen Rauschmodell aufbauen, sind z.B. in

Kuan, D.T., Sawchuk, A.A., Strand, T.C., Chavel, P.: *Adaptive noise smoothing filter for images with signal-dependent noise*. IEEE Trans. PAMI-7 (1985), pp. 165-177.

beschrieben.

6.1.7 Tilgung kleiner Objekte in Zweipegelbildern

(I) In Zweipegelbildern sollen all jene Objekte eliminiert werden, die in einem Fenster von $(n-2)\times(n-2)$ Bildpunkten enthalten sind. Dabei ist n die Fenstergröße dieses lokalen Operators.

Attribute:

Bilder: $M \times N$-Zweipegelbilder

Operator: Fensteroperator, sequentiell

Operatorkern: anordnungsabhängig, logisch strukturiert

Eingabe:

Fenstergröße n

(II) Es sei **F** ein $n\times n$-Fenster. Für ein Zweipegelbild f, das nur die Grauwerte u_0 (Hintergrund) und u_1 (Objekt) beinhaltet, ist genau dann $h(p) = u_0$, falls $f(p) = u_0$ ist oder es existiert ein Bildpunkt q als zentraler Punkt eines plazierten Bildfensters $\mathbf{F}(q)$, so daß:

– $p \in \mathbf{F}(q)$

– p liegt nicht auf dem Rand von $\mathbf{F}(q)$

– $f(r) = u_0$ für alle Bildpunkte r auf dem Rand von $\mathbf{F}(q)$.

Ansonsten ist $h(p) = u_1$, d.h. keine Wertänderung gegenüber $f(p)$.

(III) Im Umgang mit Zweipegelbildern ist es manchmal notwendig, kleine Objekte zu tilgen, die im anderen Bearbeitungsvorgängen, wie z.B. bei einer Binarisierung oder bei einer Anwendung morphologischer Operatoren, entstehen. Dies ist besonders vor einer Objektzählung bzw. vor einer Komponentenmarkierung (s. Abschnitt 7.1.1) nützlich, um im nachfolgenden Vorgang keine irrelevanten Komponenten mitzuzählen. Es wird angenommen, daß die Eigenschaft „ob ein Objekt in einem $(n-2)\times(n-2)$-Fenster ganz enthalten ist" ein für den spezifischen Anwendungsfall geeignetes Tilgungskriterium darstellt.

Die hier gestellte Aufgabe könnte auch durch die Operation der Erosion (s. Abschnitt 6.5.2) in mehreren Durchläufen gelöst werden. Die erforderliche Anzahl der Durchläufe hängt dann von der Größe der zu tilgenden Objekte ab. Ein anderer Ansatz wäre die Anwendung eines geeigneten sequentiellen Operators in zwei Durchläufen mit entgegengesetzten Abtastrichtungen. Die hier beschriebene Lösung zielt auf eine schnellere Durchführung in nur einem Durchlauf. Sie bedarf einer speziellen sequentiellen Kontrollstruktur, die unschwer zu realisieren ist. Dabei werden nicht nur der Grauwert des Bezugspunktes von **F**(p), sondern auch die Grauwerte aller anderen Bildpunkte des Inneren von **F**(p) gegebenenfalls verändert bzw. von u_1 auf u_0 gesetzt.

Die im Abschnitt 3.3.1 für die Kontrollstruktur des zentrierten *ij*-Koordinatensystems getroffenen Vereinbarungen werden hier insofern erweitert, indem auf Grauwerte zugegriffen wird, die sich in den Zeilenspeichern *BUF*(1...*M*, **ind**(2...*n*–1)) befinden.

Die in Frage kommenden Grauwerte des Inneren von **F**(p) sind in den Bereichen *BUF*($x - k + 1 \ldots x + k - 1$, **ind**(2...$n - 1$)) abgespeichert. Dabei ist $k = (n - 1) / 2$ für ungerades n. Neben den Grauwerten in diesen Zeilenspeichern sollen auch die entsprechenden Grauwerte im Zeilenspeicher *BUFOUT*(1...*M*), aus dem die Bearbeitungsergebnisse in das Ausgangsbild geschrieben werden, auf u_0 gesetzt werden.

Der Operator prüft, ob alle Bildpunkte des Fensterrandes den Grauwert u_0 des Hintergrundes haben. Ist das der Fall, so erhalten alle Bildpunkte im Inneren des Fensters ebenfalls den Grauwert u_0.

(IV) *Kontrollstruktur:* Fensteroperator in Abb. 3.6 (zentriert) mit $a = n^2$, aber mit einigen Änderungen (s. unten)

Erforderliche Datenfelder (*Beispiel für* $n \leq 7$)*:*

ZA(k) = (1, 9, 25) und *ZE*(k) = (8, 24, 48): Anfangs- und Endwerte des Indexes z der Datenfelder **xind**(z) und **yind**(z) (s. Abschnitt 3.3.1) für die verschiedenen Fenstergrößen $n = 2k + 1$. Für $ZA(k) \leq z \leq ZE(k)$ erhält man die Koordinaten der Bildpunkte des Fensterrandes im zentrierten *ij*-Koordinatensystem.

Eingabe und Initialisierung:

Parametereingabe von *n;* {*n* ungerade}
$k := (n-1)/2$

Operatorkern:

```
                                        {Werte in BUFOUT(x) erzeugen}
BUFOUT(x) := BUF(x + xind(a), ind(k + 1 + yind(a));
                                        {entspricht: h(p) := f(p)}
z := ZA(k); flag := 0;
while ((z ≤ ZE(k)) ∧ (flag = 0)) do
    if (BUF(x + xind(z), ind(k + 1 + yind(z))) ≠ u0)    then flag := 1
                                                        else z := z + 1;
if (flag = 0) then begin
    for j := 1 – k to k – 1 do
            for i := 1 - k to k – 1 do
                    BUF(x + i, ind(k + 1 + j)) := u0;
    for i := 1 – k to k – 1 do    BUFOUT(x + i) := u0
    end {if}
```

6.1.8 Halbton-Bilddarstellung mittels Fehlerverteilung

(I) Für die Ausgabe von Grauwertbilder f auf einem Schwarz/Weiß-Display ist eine Binarisierung durchzuführen, wobei der visuelle Eindruck des Grauwertbildes möglichst erhalten bleiben soll (d.h. keine „scharfen" Schwarz-Weiß-Übergänge, sondern eine „weiche" Binärdarstellung, vgl. Abb. 5.4). Es wird die Methode der Fehlerverteilung (*error diffusion*) angewandt.

Attribute:

Bilder: $M \times \mathrm{N}$-Grauwertbilder

Operator: Fensteroperator, sequentiell

Operatorkern: analytisch

Eingabe:

Binarisierungsschwelle S, $0 \leq S \leq G-1$

(II) Es wird sequentiell ein Zweipegelbild h mit den Grauwerten 0 und $G-1$ erzeugt. Die Differenz zwischen dem Grauwert $f(p)$ und dem erzeugten Wert $h(p)$ wird als Fehler betrachtet und auf die folgenden Werte von f in der *8*-Nachbarschaft von p gewichtet addiert.

Die Bildpunkte $p = (x, y)$ des Bildrasters **R** werden in Abtastreihenfolge durchlaufen. Für den aktuellen Punkt $p = (x, y)$ wird

$$h(p) := \begin{cases} 0, & \text{falls } f(p) < S \\ G-1, & \text{falls } f(p) \geq S \end{cases}$$

gesetzt ($S = G/2$ im Normalfall). Der Fehler $error := f(p) - h(p)$ wird in f addiert:

$$\begin{aligned}
f(x+1,y) &:= f(x+1,y) && +7\cdot error/16,\\
f(x-1,y+1) &:= f(x-1,y+1) && +3\cdot error/16,\\
f(x,y+1) &:= f(x,y+1) && +5\cdot error/16 \text{ und}\\
f(x+1,y+1) &:= f(x+1,y+1) && +error/16.
\end{aligned}$$

Die Summe der vier addierten Werte soll genau *error* ergeben. Deshalb wird im Verfahren der vierte Summand *error* / 16 durch die Differenz von *error* zu der Summe der ersten drei Summanden ersetzt.

(III) Durch eine weniger systematische Abtastreihenfolge (z.B. alternierend von links nach rechts und von rechts nach links) kann das Ergebnis i.a. verbessert werden.

(IV) *Kontrollstruktur:* Fensteroperator in Abb. 3.6 (zentriert) mit $n = 3$ und $a = 9$, parallel (sequentielle Arbeit wird in den Zeilenspeichern gesichert, ohne f-Werte tatsächlich zu ändern), für Randpunkte (Zeilen 1 und N, Spalten 1 und M) ist eine einfache Schwellenwertoperation auszuführen, um auch dort die Binarisierung zu gewährleisten

Eingabe :

Parameter S, $0 < S \leq G-1$, eingeben

Operatorkern:

```
                          {v = h(x, y) aus F(z) , z = 1, ..., a, berechnen}
if F(a) < S then       v := 0  else  v := G – 1;
error  := F(a) – v;
error1 := integer (7·error / 16+0.5);
error2 := integer (3·error / 16+0.5);
error3 := integer (5·error / 16+0.5);
error4 := error - error1 - error2 - error3;
BUF(x + 1, ind(2)) := BUF(x + 1, ind(2))   + error1;
BUF(x – 1, ind(3)) := BUF(x – 1, ind(3))   + error2;
BUF(x, ind(3))     := BUF(x, ind(3))       + error3;
BUF(x + 1, ind(3)) := BUF(x + 1, ind(3))   + error4
```

(IV) Die Originalarbeit ist

Floyd, R.W., Steinberg, L.: *An adaptive algorithm for spatial grey scale.* SED *75* Digest. Society for Information Display (1975), pp. 36-37.

Varianten werden beschrieben in

Knuth, D.E.: *Digital halftones by dot diffusion.* ACM Transact. on Graphics **6** (1987), pp. 245-273.

6.2 Kantenextraktion

Die in diesem Abschnitt beschriebenen Operatoren haben das Ziel, ein sogenanntes „Kantenbild" des Eingabebildes zu erzeugen, d.h. ein Bild, das möglichst alle und nur die Konturlinien der Objekte bzw. der inhaltlich homogenen Bildgebiete beinhaltet (z.B. als helle Linien auf dunklem Hintergrund). Im Idealfall erhält man dadurch ein Grauwert-Kantenbild, das mit Hilfe einer einfachen Binarisierung mit festem Schwellenwert (vgl. Abschnitt 5.3) in ein Zweipegel-Linienbild umgewandelt werden kann, welches in graphischer Form alle relevanten Objekt- und Regionenkonturen darstellt.

6.2.1 Einseitiger Kantenoperator

(I) Das von diesem Operator extrahierte Kantenbild ist die Differenz zwischen dem aktuellen Grauwert und dem minimalen Grauwert in einem 3×3-Fenster. Weil die dadurch zustandekommende Kantenbreite – im Gegensatz zu den meisten Kantenoperatoren – nur einen Bildpunkt beträgt, wird dieser Operator hier als „einseitig" bezeichnet. Eine Binarisierung des Kantenbildes durch Eingabe einer konstanten Schwelle ist möglich.

Attribute:

Bilder: $M \times N$-Grauwertbilder

Operator: Fensteroperator

Operatorkern: anordnungsabhängig, ordnungsstatistisch, analytisch bzw. logisch strukturiert

Eingaben:

Binarisierung (ja: $VAR = 1$; nein: $VAR = 2$);

wenn ja, so Binarisierungsschwelle S, $0 \leq S \leq G-1$, eingeben.

(*II*) Zuerst wird ein Zwischenergebnis $g(p)$ wie folgt definiert:

$$g(p) = f(p) - \min_{q \in \mathbf{F}(p)} f(q).$$

Das Operatorergebnis ist dann

$$h(p) = \begin{cases} g(p), & \text{wenn } VAR = 2 \\ \text{sonst} & \begin{cases} 0, & \text{wenn } g(p) < S \\ G-1, & \text{wenn } g(p) \geq S. \end{cases} \end{cases}$$

(III) Mit Hilfe dieses Operators erhält man besonders dann gute Kantenbilder, wenn die Grauwertfunktion im wesentlichen aus Flächen nahezu konstanter Grauwerte besteht. Typische Beispiele dieses Falles sind die durch Mehrschwellenverfahren segmentierten Bilder (s. auch Abschnitt 5.5), aus denen man dann mit diesem Operator aussagekräftige Kantenbilder erhalten kann. Kanten, die aus Grauwertrampen bestehen, werden dagegen meistens nicht als solche erkannt. Das Hauptmerkmal des Operators ist, daß er Kanten der Breite eines Bildpunktes erzeugt, was in manchen Anwendungen eine wichtige Forderung erfüllt. Geht man von hellen Objekten auf dunklem Hintergrund aus, so verlaufen die detektierten Kanten am inneren Objektrand. Das ohne Binarisierung erhaltene Kantenbild ist ein Grauwertbild, dessen Grauwerte die Bedeutung der „Kantenstärke" haben. Die eventuell miteinbezogene Binarisierung erfolgt über eine konstante Grauwertschwelle S. Durch die Festlegung von S können somit Kantenbilder erzeugt werden, die nur Kanten mit einer vorgegebenen minimalen Kantenhöhe beinhalten.

(IV) *Kontrollstruktur:* Fensteroperator in Abb. 3.6 (zentriert) mit $n = 3$ und $a = 9$

Eingabe :

Parametereingabe von S; $\{0 < S \leq G - 1\}$

Operatorkern:

$\{F(z)$ mit $1 \leq z \leq a$ in $v = h(x, y)$ überführen, vgl. Abb. 3.6$\}$

```
MIN := G – 1;
for z := 1 to 9 do
    if (F(z) < MIN) then MIN := F(z);
v:= F(9) – MIN;                              { hier ist F(9) = f(x, y) }
if (VAR = 1) then
    if (v < S) then    v := 0
              else     v := G – 1
```

(V) Zamperoni, P.: *Methoden der digitalen Bildsignalverarbeitung*. 2. Auflage, Vieweg Verlag, Wiesbaden, 1991.

6.2.2 Klassische Kantenoperatoren

(I) In einem einzigen Programm sind hier die drei folgenden „klassischen" Kantenoperatoren zusammengefaßt: Sobel-, Kirsch- und Pseudo-Laplace-Operator. Bei der Durchführung besteht die Möglichkeit, mit Hilfe einer konstanten Schwelle ein zweipegeliges Kantenbild zu erzeugen.

Attribute:

Bilder: $M \times N$-Grauwertbilder

Operator: Fensteroperator

Operatorkern: anordnungsabhängig, analytisch bzw. ordnungsstatistisch

Eingaben:

Wahl des Kantenoperators: Sobel-Operator ($VAR = 1$), Kirsch-Operator ($VAR = 2$) oder Pseudo-Laplace-Operator ($VAR = 3$),

Binarisierung (ja: $BIN = 1$; nein: $BIN = 0$),

wenn ja, so Binarisierungsschwelle S, $0 \le S \le G - 1$, eingeben.

(II) In der hier verwendeten Kontrollstruktur des zentrierten *ij*-Koordinatensystems (s. Abb. 3.5 für $n = 3$) werden die Grauwerte $f(q)$, mit $q \in \mathbf{F}(p)$, in den Speicherbereich $F(z)$, $z = 1 \ldots 9$ abgelegt. Hier ist $a = 9$ und $F(p)$ ist der Wert im Bezugspunkt. Die hier betrachteten Kantenoperatoren werden wie folgt definiert[1]:

$$\text{SOBEL: } h(p) = |2(F(3) - F(7)) + F(2) + F(4) - F(6) - F(8)| + |2(F(5) - F(1)) + F(4) + F(6) - F(2) - F(8)|;$$

$$\text{KIRSCH: } h(p) = \left[\max_{z=1,\ldots,8} \{ |5(F(z) + F(z \oplus 1) + F(z \oplus 2)) - 3(F(z \oplus 3) + F(z \oplus 4) + F(z \oplus 5) + F(z \oplus 6) + F(z \oplus 7))| \} \right] / 15$$

und

$$\text{PSEUDO-LAPLACE: } h(p) = |F(1) + F(3) + F(5) + F(7) - 4 \cdot F(9)|.$$

Der erste Faltungskern des Sobel-Operators ist unten links dargestellt. Den zweiten Faltungskern erhält man durch eine 90°-Grad-Drehung. Unten rechts ist auch einer der acht Faltungskerne (für $z = 1$) des Kirsch-Operators abgebildet. Die sieben übrigen Kerne ergeben sich durch sukzessive 45°-Grad-Drehungen:

+1	+2	+1
0	0	0
−1	−2	−1

−3	+5	+5
−3	0	+5
−3	−3	−3

(III) Die drei hier zur Auswahl stehenden Kantenoperatoren werden in zahlreichen Textbüchern beschrieben (s. Literaturhinweise in (V)). Ihre Eigenschaften sollen hier nur summarisch erörtert werden.

Das Ergebnis des Sobel-Operators ist die Summe (alternativ: das Maximum) der Beträge der Faltungsprodukte mit zwei Kernen, einem für die horizontalen und einem für die vertikalen Kanten. Jeder Kern entspricht einer Differentiation in der zur Kante senkrechten Richtung und zugleich einer gewichteten Glättung in Kantenrichtung zum Zweck der Rauschunterdrückung.

[1] $\oplus$ bezeichnet hier die modulo-8-Addition.

Der Kirsch-Operator verwendet einen Satz von acht Faltungskernen; jeder Faltungskern kann als signalangepaßte Maske betrachtet werden, die das Modell einer idealen Kante in einer der acht Grundrichtungen (bei einem quadratischen Bildpunktraster mit *8*-Nachbarschaft) darstellt. Auch das Kantenmodell des Kirsch-Operators beinhaltet eine Glättung in Richtung der Kante.

Der Pseudo-Laplace-Operator ist der Betrag des Laplace-Operators, d.h. der zweidimensionalen diskreten zweiten Ableitung

$$\frac{\partial^2 f}{\partial x^2}+\frac{\partial^2 f}{\partial y^2}$$

der Grauwertfunktion *f*. Der Betrag wird eingeführt, um negative (nicht darstellbare) Kantenwerte gleich wie positive Kantenwerte zu behandeln. Hier fehlt, im Gegensatz zu den zwei anderen Kantenoperatoren, jegliche Glättung, so daß der Pseudo-Laplace-Operator vergleichsweise rauschempfindlicher ist. Außerdem werden hier nur die vier *4*-Nachbarn des aktuellen Bildpunktes verwertet.

Für alle drei Varianten sind die Koeffizienten der Faltungskerne aus der mathematischen Definition ersichtlich. In allen drei Fällen ist die Summe der Koeffizienten jedes Faltungskernes gleich 0, weil in einem Bildbereich mit konstantem Grauwert das Ergebnis eines Kantenoperators 0 sein soll.

Der Pseudo-Laplace-Operator ist aufgrund seiner Rauschempfindlichkeit von begrenzter praktischer Bedeutung und wird hier nur der Vollständigkeit halber angegeben. Sobel- und Kirsch-Operator sind bezüglich der Rauschunterdrückung günstiger, wobei der Kirsch-Operator oft eine bessere Anpassung an alle mögliche Kantenrichtungen aufweist, weil er einen Satz von acht richtungsabhängigen Faltungskernen verwendet. Allerdings ist der Kirsch-Operator aufgrund der Maximumsuche über acht Faltungsprodukte langsamer als der Sobel-Operator.

Die in allen drei Operatoren durchgeführte Betragsbildung bewirkt, daß im allgemeinen die Kantenbreite zwei Bildpunkte beträgt, weil an den Bildpunkten auf beiden Kantenseiten eine Kante detektiert wird. Der im Abschnitt 6.2.1 beschriebene „einseitiger Kantenoperator" liefert dagegen einen Bildpunkt breite Kanten.

Die Erzeugung eines Grauwert-Kantenbildes mit Hilfe der hier betrachteten Operatoren ist oft der erste Schritt zur Gewinnung eines zweipegeligen Konturbildes, in dem die Umrisse der abgebildeten Gegenstände mit einheitlich hellen Linien auf dunklem Hintergrund (oder umgekehrt) dargestellt werden sollen. In den günstigen Fällen kann dieses Ziel bereits mit einer Binarisierung des Grauwert-Kantenbildes mit Hilfe einer konstanten Grauwertschwelle erreicht werden. Daher wird in diesem Operator auch die Möglichkeit einer direkten Binarisierung miteinbezogen, wodurch sich eine nachträgliche Bearbeitung mit einem Schwellenoperator erübrigt.

Die Abb. 6.5 zeigt das Ergebnis der Anwendung des Sobel- und des Kirsch-Operators auf eine natürliche Szene.

Abbildung 6.5: Beispiele für die Anwendung von Kantenoperatoren. Oben links: Originalbild; oben rechts: Sobel-Operator; unten links: Kirsch-Operator; unten rechts: morphologischer Kantenoperator.

(IV) *Kontrollstruktur:* Fensteroperator in Abb. 3.6 (zentriert) mit $n = 3$ und $a = 9$

Eingabe:

Parametereingabe von *VAR, BIN* und, falls *BIN* = 1, von *S*

Operatorkern:

{$F(z)$ mit $1 \leq z \leq a$ in $v = h(x, y)$ überführen, vgl. Abb. 3.6}

if (*VAR* = 1) **then**

$$v := |2(F(3) - F(7)) + F(2) + F(4) - F(6) - F(8)| + |2(F(5) - F(1)) + F(4) + F(6) - F(2) - F(8)|$$

else **if** (*VAR* = 2) **then begin**

$v := 0;$

for $z := 0$ **to** 7 **do begin**

$$g = |5(F(z) + F(z \oplus 1) + F(z \oplus 2)) - 3(F(z \oplus 3) + F(z \oplus 4) + F(z \oplus 5) + F(z \oplus 6) + F(z \oplus 7))|;$$

```
                        if (g > v) then v := g
                end {for};
        v := v / 15
        end {then}
    else
        v := |F(1) + F(3) + F(5) + F(7) - 4 · F(9)|;
if (BIN = 1) then
    if (v < S) then    v := 0
    else               v := G - 1
```

(V)

Ballard, D.H., Brown, C.M.: *Computer Vision*. Prentice-Hall, Englewood Cliffs, 1982.

Haberäcker, P.: *Digitale Bildverarbeitung*. 3. Auflage, Carl Hanser Verlag, München, 1989.

Jähne, B.: *Digitale Bildverarbeitung*. Springer, Berlin, 1989.

Rosenfeld, A., Kak, A.C.: *Digital Picture Processing*. Vol. 1 and 2, Academic Press, New York, 1982.

Wahl, F.M.: *Digitale Bildsignalverarbeitung*. Springer, Berlin, 1984.

Zamperoni, P.: *Methoden der digitalen Bildsignalverarbeitung*. 2. Auflage, Vieweg Verlag, Wiesbaden, 1991.

Davis, L.S.: *A survey of edge detection techniques*. Computer Graphics and Image Processing **4** (1975), pp. 248-270

6.2.3 Morphologischer Kantenoperator

(I) Die Kantendetektion wird durch eine punktweise Bildverknüpfung der Ergebnisse von zwei unterschiedlichen morphologischen Operationen auf Grauwertbildern realisiert. Dieser Operator ist durch seine gute Detektion der Kantenlage und durch seine Rauschunempfindlichkeit charakterisiert. Letztere wird durch die Miteinbeziehung einer Glättung erreicht.

Attribute:

Bilder: $M \times N$-Grauwertbilder

Operator: Fensteroperator mit 5×5-Fenster

Operatorkern: ordnungsstatistisch und analytisch

Eingaben: keine, da die zweimal anzuwendende Fenstergröße $n = 3$ fest ist.

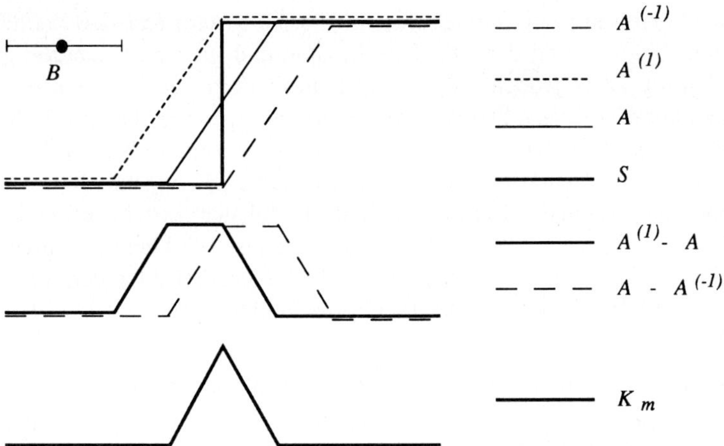

Abbildung 6.6: Prinzip des morphologischen Kantenoperators, erläutert anhand einer eindimensionalen Kante S. A: geglättete Kante; $A^{(-1)}$, $A^{(1)}$: Erosion bzw. Dilatation von A mit dem eindimensionalen Fenster B (strukturierendes Element); K_m: Ergebnis der Kantenextraktion.

(II) Mit $g(p)$ wird das Ergebnis einer Glättung des Originalbildes $f(p)$ mittels eines 3×3-Spalttiefpaßfilters bezeichnet. Dann gilt

$$h(p) = \mathbf{min}\left\{\left(g(p) - \underset{q \in \mathbf{F}(p)}{\mathbf{min}} \{g(q)\}\right), \left(\underset{q \in \mathbf{F}(p)}{\mathbf{max}} \{g(q)\} - g(p)\right)\right\}.$$

(III) Das Prinzip dieses Kantendetektors ist in Abb. *6.6* anhand eines eindimensionalen Grauwertverlaufs erläutert. Zur Kantendetektion nutzt man hier die Tatsache aus, daß die Erosion und die Dilatation beide, jedoch in entgegengesetztem Sinne, die Grauwertkanten verschieben. Die Differenzbilder

$$\text{Dilatation}(g) - g \quad \text{und} \quad g - \text{Erosion}(g)$$

ergeben daher unscharfe und in Richtung der hellen bzw. der dunklen Kantenseite versetzte Kantenbilder. Die morphologischen Operationen der Erosion und der Dilatation werden bei Grauwertbildern durch die Operationen

$$\underset{q \in \mathbf{F}(p)}{\mathbf{min}} \quad \text{bzw.} \quad \underset{q \in \mathbf{F}(p)}{\mathbf{max}}$$

realisiert. Dabei spielt das Operatorfenster $\mathbf{F}(p)$ (hier auf 3×3 Bildpunkte festgelegt) die Rolle des strukturierenden Elementes. Die punktweise Bild-zu-Bild Verknüpfung dieser zwei Kantenbilder durch die Minimum-Operation ergibt dann ein scharfes Kantenbild, dessen Maxima jeweils in der Lage des steilsten Kantenanstiegs fallen.

Die anfängliche Glättung des Originalbildes ist notwendig, um zu gewährleisten, daß keine ideale Kante auftritt, weil diese ein Resultatsgrauwert gleich Null ergeben würde. Außerdem bewirkt die Glättung, ähnlich wie beim Laplacian-of-Gaussian-Kantenoperator (Abschnitt 6.2.4) eine Rauschunterdrückung.

Der Operator könnte in zwei Durchläufen mit 3×3-Fenstern realisiert werden, nämlich zuerst für eine Glättung und dann für eine Erosion und für eine Dilatation gleichzeitig. Zur Durchführung ist es jedoch möglich, alle diese Vorgänge in einem einzigen Bilddurchlauf zusammenzufassen. Die dafür erforderliche Fenstergröße von 5×5 ergibt sich aus der Faltung des 3×3-Fensters mit sich selbst. In diesem erweiterten Fenster werden also zuerst die 9 geglätteten Grauwerte der Elemente des eigentlichen 3×3-Fensters bestimmt und dann, im gleichen Bilddurchlauf, die lokalen Extremwerte berechnet. Der Grauwert $f(p)$, der in allen Glättungsfenstern enthalten ist, wird bei der Mittelwertbildung nicht berücksichtigt. Die Abb. 6.5 zeigt unten rechts das Ergebnis der Anwendung des morphologischen Kantenoperators auf das Originalbild oben links.

(IV) *Kontrollstruktur:* Fensteroperator in Abb. 3.6 (zentriert) mit $n = 5$

Erforderliches Datenfeld: $Q(1...9)$ für die Grauwerte des 3×3-Fensters des Operatorkernes im geglätteten Bild.

Operatorkern:

```
                    {F(i, j) mit −2 ≤ i, j ≤ 2 in v = h(x, y) überführen, vgl. Abb. 3.6}
Q(1) := F(0, 1) + F(1 , 1) + F(2, 1) + F(1, 0) + F(2, 0)
        + F(0, – 1) + F(1, – 1) + F(2, – 1);
Q(2) := F(0, 2) + F(1, 2) + F(2, 2) + F(0, 1) + F(1, 1)
        + F(2, 1) + F(1, 0) + F(2, 0);
Q(3) := F(– 1, 2) + F(0, 2) + F(1, 2) + F(– 1, 1) + F(0, 1)
        + F(1, 1) + F(– 1, 0) + F(1, 0);
Q(4) := F(– 2, 2)+F(– 1, 2) + F(0, 2) + F(– 2, 1) + F (– 1, 1)
        + F(0, 1)  + F(– 2, 0) + F(– 1, 0);
Q(5) := F(– 2, 1) + F(– 1, 1) + F(0, 1) + F(– 2, 0) + F(– 1, 0)
        + F(– 2, – 1) +  F(– 1, – 1) + F(0, – 1);
Q(6) := F(– 2, 0) + F(– 1, 0) + F(– 2, – 1) + F(– 1,  – 1) + F(0, – 1)
        + F(– 2, – 2) +  F(– 1, – 2) + F(0, – 2);
Q(7) := F(– 1, 0) + F(1, 0) + F(– 1, – 1) + F(0, – 1) + F(1, – 1)
        + F(– 1, – 2) +  F(0, – 2) + F(1, – 2);
Q(8) := F(1, 0) + F(2, 0) + F(0, – 1) + F(1, – 1) + F(2, – 1)
        + F(0, – 2) +  F(1, – 2) + F(2, – 2);
Q(9) := F(– 1, 1) + F(0, 1) + F(1, 1) + F(– 1, 0) + F(1, 0)
        + F(– 1, – 1) +  F(0, – 1) + F(1, – 1);
MIN := 8·(G – 1);    MAX := 0;
for z := 1 to 9 do begin
    if      (Q(z) > MAX)     then MAX := Q(z);
    if      (Q(z) < MIN)     then MIN := Q(z)
    end {for};
v := min {(Q(9) – MIN) / 8,  (MAX – Q(9)) / 8}
```

(V) Der in

Lee, J.S., Haralick, R.M., Shapiro, L.G.: *Morphologic edge detection*. Proc. 8th International Conference on Pattern Recognition, Paris, 1986, pp. 369-373.

vorgeschlagene morphologische Kantenoperator verwendet die morphologischen Operationen der Erosion und der Dilatation, vgl.

Haralick, R.M., Sternberg, S.R., Zhuang, X.: *Image analysis using mathematical morphology*. IEEE Trans. PAMI-**9** (1987), pp. 532-550.

6.2.4 Kantendetektion nach Gauß-Filterung (LoG und DoG)

(I) Das Laplacian-of-Gaussian-Filter (LoG-Filter, auch als Marr-Hildreth- oder Mexican-Hat-Operator bekannt) ist ein Kantenoperator, der eine Kantendetektion mittels einer zweidimensionalen zweiten Ableitung der Grauwertfunktion mit einer rauschunterdrückenden Glättung durch ein Gaußtiefpaßfilter kombiniert.

Attribute:

Bilder: M x N-Grauwertbilder
Operator: Fensteroperator , in zwei Durchläufen
Operatorkern: linear (Faltung mit festem Kern), separierbar

Eingaben:

Fensterbreite n, der Parameter K für die Skalierung ist implizit im Algorithmus enthalten und braucht nicht eingegeben zu werden,

Angabe, ob das Ergebnisbild mit Versatz des mittleren Grauwerts auf $G / 2$ ($VAR = 1$) oder als Betrag ($VAR = 2$) ausgegeben werden soll.

(II) Bezogen auf das zentrierte ij-Koordinatensystem gilt

$$h(p) = \sum_{j=-k}^{k} \sum_{i=-k}^{k} c(i, j) \cdot f(i, j)$$

mit

$$c(i, j) = K \cdot \left(2 - \frac{i^2 + j^2}{\sigma^2} \right) \cdot \mathbf{exp}\left[-\frac{i^2 + j^2}{2\sigma^2} \right],$$

wobei K eine Konstante und σ^2 die Streuung ist. Die Formel für die Faltungskoeffizienten $c(i, j)$ gilt nur prinzipiell, weil die Koeffizientennormierung dort noch nicht berücksichtigt ist. Bei $VAR = 2$ wird

$$h(p) := |h(p)|$$

und bei $VAR = 1$ wird

$$h(p) := G / 2 + h(p) / 2$$

berechnet.

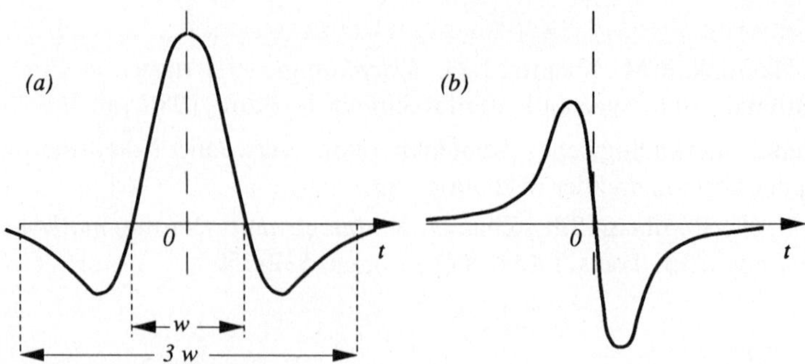

Abbildung 6.7: (*a*) Eindimensionaler Schnitt durch die Impulsantwort des LoG-Filters; $w = 2\sigma\sqrt{2}$ ist die Breite des Zentralteils mit positiver Antwort. (*b*) Antwort des LoG-Filters auf eine eindimensionale ideale Kante.

(III) Das LoG-Filter ist die Kombination der zweidimensionalen zweiten Ableitung der Grauwertfunktion (Hochpaßfilter zur Kantendetektion) mit einer Glättung durch ein zweidimensionales Gauß-Filter (Tiefpaßfilter zur Unterdrückung des Rauschens). Aufgrund der Linearität können diese zwei Filterungen in beliebiger Reihenfolge durchgeführt werden. Daraus ergeben sich die Koeffizienten *c(i, j)* des diskreten Faltungskernes. Betrachtet man *i, j* als kontinuierliche Ortskoordinaten, so repräsentieren diese Koeffizienten die Summe

$$\nabla^2 g(i,j) = \frac{\partial^2 g}{\partial i^2} + \frac{\partial^2 g}{\partial j^2};$$

wobei

$$g(i,j) = \mathbf{exp}\left[-\frac{(i^2+j^2)}{2\sigma^2}\right]$$

eine Gaußfunktion mit Streuung σ^2 und ∇^2 der Laplace-Operator ist (vgl. Abschnitte 3.1.3 und 6.2.2).

Die Faltung der Grauwertfunktion mit dem LoG-Operatorkern gemäß (II) ergibt ein Kantenbild mit mittlerem Grauwert gleich 0, weil das LoG-Filter insgesamt ein Bandpaßfilter ist. Ein Schnitt durch seine rotationssymmetrische Impulsantwort ist qualitativ in Abb. 6.7 (*a*) dargestellt. Die Antwort auf eine ideale Kante (s. Abb. 6.7 (*b*)) zeigt zwei Maxima entgegengesetzten Vorzeichens, und der zwischen diesen Maxima liegende Nulldurchgang entspricht genau der Lage des steilsten Kantenanstiegs. Um das Ergebnis der Kantendetektion als nichtnegative Grauwertfunktion auf dem Bildschirm darzustellen, bieten sich die folgenden Lösungen an:

- Die Grauwerte des Kantenbildes werden durch *2* dividiert und mit dem festen Grauwert $G/2$ addiert. Auf diese Weise werden die negativen Maxima dunkler, die positiven Maxima heller als $G/2$. Diese Lösung wurde für das Beispiel von Abb. 6.8 gewählt.

- Es wird der Betrag der Grauwerte des Kantenbildes gebildet. Im ausgegebenen Kantenbild erscheinen dann die Kanten als helle Linien mit einer in der Mitte verlaufenden dünnen dunklen Linie, während der Hintergrund dunkel bleibt.
- Nur die Nulldurchgänge des Kantenbildes werden im Bild mit einem einheitlichen Grauwert markiert und ergeben somit eine zweipegelige Darstellung der Kanten in ihrer genauen Lage.

Die Funktion $c(i, j)$ der kontinuierlichen Ortskoordinaten i, j ist wie folgt separierbar,

$$c(i, j) = c_1(i) \cdot c_2(j) + c_2(i) \cdot c_1(j)$$

wobei $c_1(t)$ und $c_2(t)$ eindimensionale Funktionen der Variablen t sind,

$$c_1(t) = K \cdot \left(1 - \frac{t^2}{\sigma^2}\right) \cdot \mathbf{exp}\left[-\frac{t^2}{2\sigma^2}\right] \quad \text{und} \quad c_2(t) = \mathbf{exp}\left[-\frac{t^2}{2\sigma^2}\right].$$

Von den zwei eindimensionalen (zunächst kontinuierlichen) Faltungskernen $c_1(t)$ und $c_2(t)$ ist das zweite eine Gauß-Funktion, während der erste auch „kleinerer LoG" genannt wird und den in Abb. 6.7 (*a*) abgebildeten Verlauf hat.

Um den Übergang von kontinuierlichen zu diskreten Faltungskernen zu vollziehen, muß man das Abtastintervall τ, das einem Bildpunkt entspricht, gemäß dem Abtasttheorem festlegen. Das Amplitudenspektrum des LoG-Filters hat einen Bandpaßcharakter. Es ist gleich Null für die Kreisfrequenz $\omega = 0$, erreicht ein Maximum für

$$\omega = \omega_M = \frac{\sqrt{2}}{\sigma}$$

und klingt für die Grenzfrequenz ω_g praktisch auf Null ab. Für ω_g kann der empirische Wert $\omega_g = 3\omega_M$ angenommen werden. Daraus ergibt sich

$$\tau = \frac{2\pi}{2\omega_g} = \frac{\pi\sigma}{3\sqrt{2}} \approx 0.74 \cdot \sigma.$$

Für die Breite w des Zentralteils des Faltungskernes in Abb. 6.7(*a*) gilt $w = 2\sqrt{2}\,\sigma$. In das Intervall w muß dann eine diskrete Anzahl von mindestens W Abtastwerten fallen. Da τ jeweils einem Bildpunkt entspricht, erhält man zusammen mit obiger empirischer Abschätzung für τ insgesamt $W \approx 3.8$. Im Intervall w sollten also mindestens $W \geq 4$ Abtastwerte bzw. Bildpunkte liegen. Insgesamt ist also (s. Abb. 6.7(*a*)) eine Filterlänge von mindestens $n = 3W + 1 \geq 13$ Filterkoeffizienten erforderlich, um Aliasing-Störungen zu vermeiden. In der Praxis werden jedoch auch LoG-Filter mit kleineren Fenstern verwendet, die diese Bedingung nicht erfüllen.

Zur Durchführung des Operators werden die Koeffizienten des Faltungskernes jedoch nicht nach der Gleichung in (II) berechnet, weil man die angegebene Separierbarkeit des Kernes ausnutzen will, um Rechenzeit zu sparen. Einsparung von Rechenzeit ist nämlich in diesem Fall besonders wichtig, weil das LoG-Filter sich für die Detektion von dicken

Kanten (große Operatorfenster) besonders gut eignet. Zu bestimmen sind also die Koeffizienten der zwei eindimensionalen diskreten Faltungskerne $c_1(T)$ und $c_2(T)$ für T ganzzahlig im Bereich von $-1.5 \cdot W$ bis $1.5 \cdot W$,

$$c_1(T) = K\left(1 - \frac{8T^2}{W^2}\right)\mathbf{exp}\left[-\frac{4T^2}{W^2}\right] \quad \text{mit } W = \frac{n}{3} \quad \text{und}$$

$$c_2(T) = \frac{1}{\sqrt{2\pi}\,\sigma}\mathbf{exp}\left[-\frac{4T^2}{W^2}\right] = \frac{2}{\sqrt{\pi}\,W}\mathbf{exp}\left[-\frac{4T^2}{W^2}\right].$$

Die Koeffizienten $c_1(T)$ und $c_2(T)$ müssen außerdem die folgenden zwei Bedingungen erfüllen,

$$C_1 = \sum c_1(T) = 0 \quad \text{und} \quad C_2 = \sum c_2(T) = 1 .$$

Zur ersten Bedingung: Der „kleinere LoG“ ist ein Bandpaß. Daher muß bei einem konstanten Grauwert im Operatorfenster der Resultatsgrauwert gleich Null sein.

Zur zweiten Bedingung: Bei der Glättung mit dem Gauß-Tiefpaß eines im Fenster konstant bleibenden Grauwertes muß der Originalgrauwert unverändert bleiben.

Deshalb müssen alle berechneten Koeffizientenwerte um den Wert $-C_1 / n$ für den „kleineren LoG“ bzw. $(1 - C_2) / n$ für den Gauß-Tiefpaß nachträglich korrigiert werden.

Die Durchführung erfolgt in zwei Durchläufen mit jeweils zwei parallel ablaufenden Bearbeitungsvorgängen nach dem unten abgebildeten Schema, das der Separierung der Faltungsfunktion entspricht:

$$f(x,y) \rightarrow \left\langle \begin{array}{l} \boxed{c_1(x)} \rightarrow u_1(x,y) \rightarrow \boxed{c_2(y)} \rightarrow h_1(x,y) \\ \boxed{c_2(x)} \rightarrow u_2(x,y) \rightarrow \boxed{c_1(y)} \rightarrow h_2(x,y) \end{array} \right\rangle \oplus \rightarrow h(x,y).$$

Nach dem ersten Durchlauf erhält man die zwei Ergebnisbilder $u_1(x, y)$ und $u_2(x, y)$. Die Summe der zwei Ergebnisbilder $h_1(x, y)$ und $h_2(x, y)$ nach dem zweiten Durchlauf ergibt dann das Gesamtergebnisbild $h(x, y)$. In der praktischen Durchführung können jedoch diese zwei Durchläufe, wie aus der Programmbeschreibung unter Punkt (IV) ersichtlich, in einen einzigen Durchlauf zusammengefaßt werden.

Die Abb. 6.8 zeigt das Ergebnis des LoG-Filters mit $n = 21$ für ein natürliches Bild in der Darstellung mit Verschiebung des mittleren Grauwerts auf $G / 2$.

Als Alternative zum LoG-Filter wird an manchen Stellen das DoG-Filter (*difference of Gaussians*) vorgeschlagen. Das DoG-Filter führt die Differenz zwischen zwei mit unterschiedlichen Gauß-Tiefpaßfiltern erhaltenen Resultatsbildern durch. Die kontinuierlichen Faltungskerne (Impulsantworten) dieser zwei Filter haben ebenfalls einen gaußschen Verlauf:

$$g_1(i,j) = \mathbf{exp}\left[-\frac{i^2 + j^2}{2\sigma_1^2}\right] \quad \text{und} \quad g_2(i,j) = \mathbf{exp}\left[-\frac{i^2 + j^2}{2\sigma_2^2}\right], \quad \text{mit } \sigma_1 > \sigma_2 .$$

Abbildung 6.8: Ergebnis des LoG-Filters mit $n = 21$ für ein natürliches Bild, mit Verschiebung des mittleren Grauwerts auf $G/2$ (skaliertes Negativbild).

Das Problem der Näherung eines LoG-Filters mit einem gegebenen Wert von σ durch ein DoG-Filter mit zu bestimmenden Werten von σ_1 und σ_2 wurde in zahlreichen Arbeiten untersucht. Ein erster Vergleich mit $\sigma = \sigma_1$ und $\sigma_1 = \gamma\sigma_2$ zeigt, daß die beste Übereinstimmung zwischen den Übertragungsfunktionen und zwischen den Impulsantworten der zwei Filter sich für $\gamma = 1.6$ ergibt, wobei das DoG-Filter einen leicht stärker ausgeprägten Tiefpaßcharakter als das LoG-Filter aufweist. Diese Übereinstimmung kann weiter verbessert werden, wenn man $\sigma_1 \neq \sigma$ nimmt.

Auch das DoG-Filter läßt eine separierte und daher schnellere Durchführung zu, deren Flußdiagramm eine identische Struktur mit dem o.a. für das LoG-Filter hat. Rechenzeit und Speicheraufwand sind ebenfalls etwa die gleichen für beide Filtertypen, woraus man schließen kann, daß LoG und DoG im praktischen Einsatz durchaus äquivalent sind.

(IV) *Kontrollstruktur:* Fensteroperator in Abb. 3.6 (zentriert), aber hier explizit angegeben

Erforderliche Datenfelder:

$c_1(0 \ldots k_m)$ und $c_2(0 \ldots k_m)$ für die Koeffizienten der zwei eindimensionalen Faltungskerne, mit $k_m = (n_m - 1)/2$, wobei n_m die maximale vorgesehene Fenstergröße ist (weil $c_1(-z) = c_1(z)$ und $c_2(-z) = c_2(z)$ für $z = 1,\ldots, k$ gilt, braucht nur die Hälfte der Koeffizienten berechnet zu werden),

Zeilenspeicher $H_1(1 \ldots M)$ und $H_2(1 \ldots M)$ für die Grauwerte der laufenden Zeile der partiellen Ergebnisbilder $h_1(x, y)$ und $h_2(x, y)$,

Zeilenspeicher $H(1 \ldots M)$ für das Endergebnis,

Zeilenspeicher-Arrays $U_1(1 \ldots M, 1 \ldots n_m)$ und $U_2(1 \ldots M, 1 \ldots n_m)$ für die Eingabegrauwerte des zweiten Durchlaufs.

Aufgrund des zeilenweise stattfindenden Bilddatenaustausches wird im zweiten Durchlauf die Faltung mit dem $1 \times n$-Fenster gleichzeitig für alle Bildpunkte einer Zeile durchgeführt.

Eingaben und Initialisierung:
Fensterbreite n und Parameter *VAR* eingegen;
für ungerades n ist $k := (n-1)/2$;

{Berechnung der Filterkoeffizienten}

$c_1(0) := 1$; $c_2(0) := 1$; $S_1 := 1$; $S_2 := 1$;
for $z := 1$ **to** k **do begin**
  $c_1(z) := \left[1 - 8(3z/n)^2\right] \mathbf{exp}\left[-4(3z/n)^2\right]$;
  $c_2(z) := \mathbf{exp}\left[-4(3z/n)^2\right]$;
  $S_1 := S_1 + 2c_1(z)$; $S_2 := S_2 + (12/n\sqrt{\pi})\, c_2(z)$
  end *{for}*;

{Korrektur der Filterkoeffizienten, hier ist implizit K enthalten}

$S_1 := S_1 / n$; $S_2 := (1 - S_2)/n$;
for $z := 0$ **to** k **do begin**
  $c_1(z) := c_1(z) - S_1$; $c_2(z) := c_2(z) + S_2$
  end *{for}*

Faltung in einem einzigen Bilddurchlauf
for $q := 1$ **to** n **do**
  Zeile q in den Speicher $BUF(1 \ldots M, q)$ einlesen;
for $y := k + 1$ **to** $N - k$ **do begin**
  for $q := 1$ **to** n **do**
    for $x := k + 1$ **to** $M - k$ **do begin**
      $v_1 := c_1(0) \cdot BUF(x, q)$; $v_2 := c_2(0) \cdot BUF(x, q)$;

```
                for i := 1 to k do begin
                        v1 := v1 + [BUF(x-i, q) + BUF(x+i, q)]·c1(i);
                        v2 := v2 + [BUF(x-i, q) + BUF(x+i, q)]·c2(i)
                        end {for};
                U1(x, q) := v1;
                U2(x, q) := v2
                end {for};
for x := 1 to M do begin
        H1(x) := 0;        H2(x) := 0
        end {for};
for x := 1 to M do
        for q := 1 to n do begin
                H1(x) := H1(x) + U1(x, q)·c2(|k+1-q|);
                H2(x) := H2(x) + U2(x, q)·c1(|k+1-q|);
                end {for};
if (VAR = 1)    then    H(x) := G/2 + [H1(x) + H2(x)]/2
                else    H(x) := |H1(x) + H2(x)|;
Inhalt des Speichers H(1...M) in die Zeile y des Ergebnisbildes schreiben;
Zeile y + k + 1 in den Zeilenspeicher BUF(1...M, 1) einlesen;
Indizes q (1 ≤ q ≤ n) der Zeilenspeicher BUF(1...M, q) gemäß der Standard-
        Kontrollstruktur (s. Abb. 3.8) permutieren
end {for}
```

(V) Das LoG-Filter hat im Hinblick auf die Kantenextraktion sehr günstige Eigenschaften, die in den Lehrbüchern ausführlich dargelegt werden, vgl. z.B.

Jähne, B.: *Digitale Bildverarbeitung*. Springer, Berlin, 1989.

und die hier wie folgt zusammengefaßt werden können:

a) Impulsantwort, die bezüglich der Kantenauswertung eine Annäherung der menschlichen Wahrnehmung von Kanten erlaubt, vgl. *D. Marr* ,
b) geringe Rauschempfindlichkeit,
c) gute Detektion der Kantenlage, auch bei geringem Kantenanstieg.

Für die theoretischen Grundlagen des LoG-Filters kann auf

Marr, D.: *Vision: A Computational Investigation into the Human Representation and Processing of Visual Information*. Freeman, San Francisco, 1982.

Marr, D., Hildreth, E.: *Theory of edge detection*. Proc. R. Soc. London, B207, 1980, pp. 187-217.

verwiesen werden. Außerdem befassen sich zahlreiche Arbeiten, wie z.B.

Siohan, P., Pelé, D., Ouvrard, V.: *Two design techniques for 2-D LoG-Filters*. in: Kunt, M. (Hrsg), Proc. SPIE Conf. on Visual Communications and Image Processing, Lausanne, 1990, pp. 970-981.

Sotak, G.E., Boyer, K.L.: *The Laplacian-of-Gaussian kernel: a formal analysis and design procedure for fast, accurate convolution and full-frame output.* Computer Vision, Graphics, and Image Processing **48** (1989), pp. 147-189.

mit der Realisierung dieses Filters durch Separierung, mit seiner Näherung durch die Differenz zwischen zwei Tiefpaßfiltern und mit der Genauigkeit der dadurch erkennbaren Kantenlage. Die hier vorgestellte Realisierung folgt im wesentlichen dem Ansatz von

Chen, J.S., Huertas, A., Medioni, G.: *Fast convolution with Laplacian-of-Gaussian masks.* IEEE Trans. PAMI-**9** (1987), pp. 584-590.

Huertas, A., Medioni, G.: *Detection of intensity changes with subpixel accuracy using Laplacian-of-Gaussian masks.* IEEE Trans. PAMI-**8** (1986), pp. 651-664.

wobei die Orientierungswerte für die Dimensionierung der Filterparameter sich auf die Experimentalergebnisse der vergleichenden Studie in

Della Giustina, D.: *Progetto nel dominio della frequenza di filtri LoG per l'estrazione dei contorni.* Diplomarbeit Nr. 197/90, Dipartimento di Elettronica e Informatica, Università di Padova, 1990.

stützen. Diese umfassende Studie mit zahlreichen Experimentalversuchen zeigt, daß mit $\sigma_2 = 0.776\,\sigma$ und $\sigma_1 = 1.6 \cdot 0.776\,\sigma = 1.24\,\sigma$ die Näherung des LoG-Filters durch das DoG-Filter optimal ist. Zur Näherung des LoG-Filters durch DoG-Filter vgl. auch

Sommer, G., Meinel, G.: *The design of optimal gaussian DOLP edge detectors.* in Yaroslavskii, L.P. et al. (eds.), *Computer Analyis of Images and Patterns,* Proc. 2nd. Int. Conf. CAIP'87, Wismar, 1987, pp. 82-89.

6.2.5 Deriche-Kantenoperator

(I) Der Deriche-Kantenoperator ist eine Weiterentwicklung des Canny-Kantenoperators. Die Realisierung dieses Operators ist etwas aufwendig (Programmierung und Speicherbedarf); die Ergebnisse der Kantenfindung sind jedoch oft besser als mit einfacheren Verfahren und die Durchführung ist sehr schnell.

Attribute:

Bilder: $N \times \mathrm{N}$ -Grauwertbilder

Operator: Fensteroperator, in 8 Durchläufen

Operatorkern: linear (Faltung mit festem Kern), separierbar, sequentiell

Eingabe:

Filterparameter α (positive reelle Zahl)

(II) Dieser Operator ist durch einige vorteilhafte Eigenschaften charakterisiert, die hier besonders hervorgehoben werden sollen:

- Er bewirkt eine optimale Kantendetektion im Sinne verschiedener Gütekriterien (Empfindlichkeit gegenüber wahren Kanten, Störfestigkeit gegenüber dem Rauschen, Genauigkeit der Kantenlage – vgl. (V)).

- Er ist separierbar und kann daher mit einem besonders schnellen Algorithmus realisiert werden.
- Aufgrund seiner rekursiven Struktur können auch mit einem kleinen Fenster große Einflußgebiete (vgl. Abschnitte 3.1.3 und 3.2.3) erzielt werden. Die Größe des Einflußgebietes, die sich wie die Fenstergröße bei parallelen Operatoren auswirkt, kann mit einem einzigen Prameter α eingestellt werden; außerdem ist die Rechenzeit unabhängig von α.
- Die Abarbeitung erfolgt in 8 Bilddurchläufen (hier in (II) und in (IV) mit (*i*)...(*viii*) bezeichnet), 4 in horizontaler und 4 in vertikaler Richtung. Die Zahl 8 ergibt sich wie folgt:
  - Das Resultatsbild $h(x, y)$ setzt sich aus den Kantenbildern $H(x, y)$ der horizontalen und $V(x, y)$ der vertikalen Kanten zusammen,

$$h(x,y)=\sqrt{H(x,y)^2+V(x,y)^2} \quad \text{oder} \quad h(x,y)=\mathbf{max}\{|H(x,y)|,|V(x,y)|\}.$$

  - Man erhält jedes der zwei Teilergebnisbilder durch die Faltung mit einem separierbaren Faltungskern (vgl. Abschnitt 3.1.3),

$$K_h(x,y)=k_1(x)\cdot k_2(y) \quad \text{für } H(x,y) \quad \text{und}$$
$$K_v(x,y)=k_2(x)\cdot k_1(y) \quad \text{für } V(x,y).$$

  - Die Funktionen k_1 als auch k_2 sind rekursiv und nichtkausal. Sie lassen sich jedoch jeweils in zwei rekursive und kausale Faltungskerne mit entgegengesetzten Abtastrichtungen zerlegen, z.B. einmal von links nach rechts und einmal von rechts nach links. Die Ergebnisse dieser zwei Durchläufe werden dann addiert, wobei zum Teil auch eine Kompensation der bei sequentiellen Prozessen unvermeidbaren Abhängigkeit von der Reihenfolge der Bildbearbeitung stattfinden kann.
- Nachteilig ist bei diesem Operator die Komplexität der Methode und die Notwendigkeit, besondere Kontrollstrukturen zu verwenden, die mehrere Bildspeicher erfordern und die keinen zeilenweisen Pixelzugriff zulassen.

In den folgenden Formeln sind die Zwischenergebnisbilder g_{v1}, g_{v2}, g_{h1}, g_{h2} und g_{hv} jeweils die Ausgänge von 8 eindimensionalen kausalen Rekursivfiltern der Länge 1×3 bzw. 3×1. Die Werte der Koeffizienten a, a_0, a_1, a_2, a_3, b_1 und b_2 sind Funktionen des Eingabeparameters α:

$$a=-(1-\mathrm{e}^{-\alpha})^2, \quad b_1=-2\mathrm{e}^{-\alpha}, \quad b_2=\mathrm{e}^{-2\alpha}, \quad a_0=\frac{-a}{1-\alpha b_1-b_2},$$

$$a_1=a_0(\alpha-1)\,\mathrm{e}^{-\alpha}, \quad a_2=a_1-a_0 b_1, \quad a_3=-a_0 b_2.$$

Das Teilergebnisbild $H(x,y) = g_{h1}(x,y) + g_{h2}(x,y)$ mit den horizontalen Kanten resultiert aus:

(*i*) $g_{v1}(x,y) = f(x,y-1) - b_1 \cdot g_{v1}(x,y-1) - b_2 \cdot g_{v1}(x,y-2)$,

(*ii*) $g_{v2}(x,y) = f(x,y+1) - b_1 \cdot g_{v2}(x,y+1) - b_2 \cdot g_{v2}(x,y+2)$,

$g_{hv}(x,y) = a \cdot (g_{v1}(x,y) - g_{v2}(x,y))$,

(*iii*) $g_{h1}(x,y) = a_0 \cdot g_{hv}(x,y) + a_1 \cdot g_{hv}(x-1,y) - b_1 \cdot g_{h1}(x-1,y) - b_2 \cdot g_{h1}(x-2,y)$,

(*iv*) $g_{h2}(x,y) = a_2 \cdot g_{hv}(x+1,y) + a_3 \cdot g_{hv}(x+2,y) - b_1 \cdot g_{h2}(x+1,y)$
$-b_2 \cdot g_{h2}(x+2,y)$.

Bei Mehrfachbenutzung der gleichen Bildspeicher für Zwischenergebnisse resultiert das Teilergebnisbild $V(x,y) = g_{h1}(x,y) + g_{h2}(x,y)$ mit den vertikalen Kanten aus:

(*v*) $g_{v1}(x,y) = f(x-1,y) - b_1 \cdot g_{v1}(x-1,y) - b_2 \cdot g_{v1}(x-2,y)$,

(*vi*) $g_{v2}(x,y) = f(x+1,y) - b_1 \cdot g_{v2}(x+1,y) - b_2 \cdot g_{v2}(x+2,y)$,

$g_{hv}(x,y) = a \cdot (g_{v1}(x,y) - g_{v2}(x,y))$,

(*vii*) $g_{h1}(x,y) = a_0 \cdot g_{hv}(x,y) + a_1 \cdot g_{hv}(x,y-1) - b_1 \cdot g_{h1}(x,y-1) - b_2 \cdot g_{h1}(x,y-2)$,

(*viii*) $g_{h2}(x,y) = a_2 \cdot g_{hv}(x,y+1) + a_3 \cdot g_{hv}(x,y+2) - b_1 \cdot g_{h2}(x,y+1)$
$-b_2 \cdot g_{h2}(x,y+2)$.

Das Resultatsbild ist dann

$$h(x,y) = \sqrt{H(x,y)^2 + V(x,y)^2}\ .$$

(III) Das resultierende Filter hat einen Bandpaßcharakter. Die Grenzfrequenzen können durch die Wahl des Filterparameters α variiert werden. Wie in anderen Kantendetektoren (vgl. Abschnitte 6.2.2, 6.2.3 und 6.2.4), ergibt sich der Bandpaßcharakter aus der Kombination von

- Hochpaßfilterung (z.B. Differentiation) zur Kantendetektion und
- Tiefpaßfilterung zur Glättung von stochastisch verteiltem Rauschen

Die Filterlänge ist fest (3 Bildpunkte), aber das Einflußgebiet des Filters steigt mit abnehmenden Werten von α, wobei ein großes Einflußgebiet einer stärkeren Glättung entspricht. Dieser Umstand erlaubt es, mit dem gleichen Rechenaufwand eine Kantendetektion sowohl wie mit kleinen als auch wie mit großen Operatorfenstern durchzuführen. Dagegen würde bei einem nichtrekursiven Kantenoperator der Rechenaufwand im allgemeinen quadratisch, bei separierbaren Filtern linear mit der Fenstergröße steigen, wodurch die Anwendung großer Fenster mit hohen Rechenzeiten verbunden wäre.

Dieser Umstand ist für eine gute Kantendetektion sehr wichtig. Diese kann in manchen Fällen durch eine Verknüpfung der Resultatsbilder von zwei in ihren Eigenschaften „komplementären“ Kantendetektoren erreicht werden:

(1) Ein Kantendetektor mit kleinem Fenster. Dieser ergibt schmale und genau positionierte Kanten; er ist jedoch, wegen des schwachen Glättungseffektes, sehr rauschempfindlich. Das Rauschen wirkt sicht in den von den Kanten entfernten „ruhigen“ Bildregionen besonders störend aus.

(2) Ein Kantendetektor mit großem Fenster. Dieser ergibt breite und unscharfe Kanten, ist aber verhältnismäßig rauschfrei.

Die Verknüpfung dieser zwei Resultatsbilder kann z.B. durch die Minimum-Funktion (vgl. Abschnitt 5.4.3) stattfinden. Dabei wirkt ein gemäß (2) besimmtes Bild wie eine Schablone, die aus dem gemäß (1) bestimmten Bild die von den Kanten entfernten Störungen ausmaskiert.

Die Abb. 6.9 zeigt ein Beispiel der Anwendung der oben erwähnten Technik auf ein synthetisches Bild (oben links), bestehend aus einem hellen Objekt auf dunklem Hintergrund mit additivem normalverteiltem Rauschen $(\sigma = 30)$. In der unteren Hälfte sind die Ergebnisse des Deriche-Operators mit $\alpha = 0.6$ (links) und $\alpha = 2.5$ (rechts) wiedergegeben. Das wesentlich rauschärmere Bild oben rechts wurde durch die UND-Verknüpfung (punktweises Minimum) der unteren zwei Bilder erhalten.

In der oberen Hälfte der Abb. 6.10 ist rechts das Ergebnis des Deriche-Operators mit $\alpha = 2$ für das Bild einer natürlichen Szene (links) abgebildet. Um eine kleine Kantenbreite zu erhalten kann man als Richtwert $\alpha = 2$ bis 3 nehmen.

(IV) *Kontrollstruktur:* hier explizit angegeben, mit direktem Pixelzugriff

Erforderliche Datenfelder:

Zeilenspeicher *Z1*(1...*N*), *Z2*(1...*N*), *Z3*(1...*N*), *ZE*(1...*N*), *ZA*(1...*N*),

Bildspeicher für Zwischenergebnisse *B1*(1...*N*, 1...*N*) und *B2*(1...*N*, 1...*N*).

Eingabe und Initialisierung:

Eingabe von α;

Berechnung von a, b_1, b_2, a_0, a_1, a_2, a_3 (in dieser Reihenfolge) nach den Formeln in (II)

BERECHNUNG VON *H*(*x*, *y*)

Durchlauf (i): von unten nach oben

for $y := 3$ **to** N **do begin**

Zeile $y - 1$ aus dem Originalbild in den Zeilenspeicher *ZE*(1...*N*) einlesen;

for $x := 1$ **to** N **do**

$$B1(x, y) := ZE(x) - b_1 \cdot B1(x, y-1) - b_2 \cdot B1(x, y-2)$$

end *{for}*

Durchlauf (ii): von oben nach unten

for $y := N - 2$ **to** 1 **step** -1 **do begin**

Zeile $y + 1$ aus dem Originalbild in den Zeilenspeicher *ZE*(1...*N*) einlesen;

for $x := 1$ **to** N **do begin**

$$B2(x, y) := ZE(x) - b_1 \cdot B2(x, y+1) - b_2 \cdot B2(x, y+2);$$

$$B1(x, y) := a(B1(x, y) - B2(x, y))$$

end *{for}*

end *{for}*

Durchläufe (iii) – (iv): von links nach rechts bzw. von rechts nach links

for y := 1 **to** N **do begin**

  for x := 1 **to** N **do** $Z1(x) := B1(x, y)$;

  for x := 3 **to** N **do**

$$Z2(x) := a_0 \cdot Z1(x) + a_1 \cdot Z1(x-1) - b_1 \cdot Z2(x-1) - b_2 \cdot Z2(x-2);$$

  for $x := N-2$ **to** 1 **step** – 1 **do**

$$Z3(x) := a_2 \cdot Z1(x+1) + a_3 \cdot Z1(x+2) - b_1 \cdot Z3(x+1) - b_2 \cdot Z3(x+2);$$

  for x := 1 **to** N **do** $ZA(x) := Z2(x) + Z3(x)$;

  Zeilenspeicher $ZA(1...N)$ in die Zeile y des Resultatsspeichers h schreiben

  end *{for}*

BERECHNUNG VON $V(x, y)$

Durchläufe (v) – (vi): von links nach rechts bzw. von rechts nach links

for y := 1 **to** N **do begin**

  Zeile y aus dem Originalbild in den Zeilenspeicher $ZE(1...N)$ einlesen;

  for x := 3 **to** N **do**

$$Z2(x) := ZE(x-1) - b_1 \cdot Z2(x-1) - b_2 \cdot Z2(x-2);$$

  for $x := N-2$ **to** 1 **step** – 1 **do**

$$Z3(x) := ZE(x+1) - b_1 \cdot Z3(x+1) - b_2 \cdot Z3(x+2);$$

  for x := 1 **to** N **do** $B1(x, y) := a \cdot (Z2(x) - Z3(x))$

  end *{for}*

Durchlauf (vii): von unten nach oben

for y := 3 **to** N **do**

  for x := 1 **to** N **do**

$$B2(x, y) := a_0 \cdot B1(x, y) + a_1 \cdot B1(x, y) - b_1 \cdot B2(x, y-1) - b_2 \cdot B2(x, y-2)$$

Durchlauf (viii): von oben nach unten

for $y := N-2$ **to** 1 **step** – 1 **do begin**

  for x := 1 **to** N **do** $Z1(x) := B2(x, y)$;

  for x := 1 **to** N **do**

$$B2(x, y) := a_2 \cdot B1(x, y+1) + a_3 \cdot B1(x, y+2) - b_1 \cdot B2(x, y+1) - b_2 \cdot B2(x, y+2);$$

  for x := 1 **to** N **do begin**

$$Z := B2(x, y) + Z1(x); \qquad ZA(x) := \sqrt{Z^2 + h(x, y)^2}$$

    end *{for}*

  Zeilenspeicher $ZA(1...N)$ in die Zeile y des Resultatsspeichers h schreiben

  end *{for}*

(V) Der Deriche-Operator

Deriche, R.: *Fast algorithms for low-level vision*. IEEE Trans. PAMI-**12** (1990), pp. 78-87.

baut auf den Ergebnissen von Canny

Canny, J.: *A computational approach to edge detection*. IEEE Trans. PAMI-**8** (1986), pp. 679-698.

auf. Canny bestimmte die optimale Übertragungsfunktion bzw. die Impulsantwort eines nichtrekursiven linearen Kantendetektors nach einem Gütekriterium, das die drei anfangs in (II) erwähnten Aspekte berücksichtigt, nämlich: sichere Erkennung echter Kanten, Störfestigkeit und Genauigkeit der Kantenlänge. Im Deriche-Operator wird eine gute Näherung dieser optimalen Impulsantwort durch ein rekusives, nichtkausales und separables Filter realisiert. Für dieses Filter sind in

Deriche, R.: *Optimal edge detection using recursive filtering*. Proc. First International Conference on Computer Vision (ICCV), London, June 1987.

eine Dekomposition in zwei rekursive kausale Filter und die dazugehörigen Filterkoeffizienten angegeben.

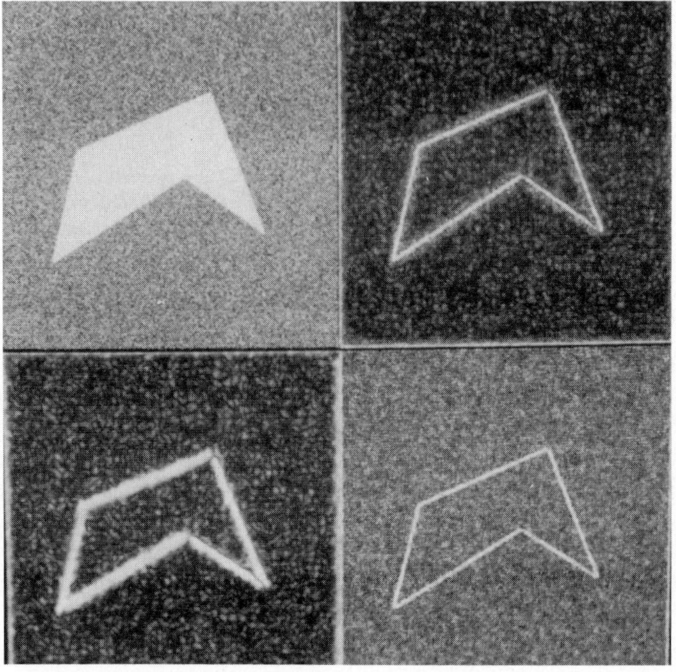

Abbildung 6.9: Deriche-Kantenoperator. Oben links: synthetisches Bild eines hellen Objektes auf dunklem Hintergrund mit additivem normalverteiltem Rauschen (σ = 30 Graustufen). Oben rechts: Bild-zu-Bild Minimum der unteren zwei Bilder. Unten: Ergebnisse des Deriche-Kantenoperators mit $\alpha = 0.6$ (links) und $\alpha = 2.5$ (rechts).

6.2.6 Kontraharmonisches Filter

(I) Dieser Kantendetektor berechnet einen Kantenwert als Differenz zwischen einem Schätzwert C_M des lokalen Maximums und einem Schätzwert C_m des lokalen Minimums. Man erhält diese Schätzwerte durch nichtlineare Mittelwertbildung der Grauwerte von **F**(*f, p*) (kontraharmonischer Mittelwert). Diese Methode kann als eine Verallgemeinerung des im Abschnitt 6.2.1 beschriebenen Verfahrens betrachtet werden, die verbesserte Rauschunterdrückungseigenschaften aufweist.
Attribute:
Bilder: $M \times N$-Grauwertbilder
Operator: Fensteroperator
Operatorkern: analytisch, datenabhängig, anordnungsunabhängig
Eingaben:
Fensterbreite *n*,
Exponent *r* (positive reelle Zahl).

(II) Für die zu *p* zugehörigen Fensterwerte C_M und C_m gilt

$$h(p) = C_M - C_m.$$

Für die Aufzählung $F(1), ..., F(a)$ der Grauwerte im Bildfenster **F**(*f, p*) ist dabei

$$C_M = \frac{\sum_{z=1}^{a} F(z)^{r+1}}{\sum_{z=1}^{a} F(z)^{r}} \quad \text{und} \quad C_m = \frac{\sum_{z=1}^{a} F(z)^{-r+1}}{\sum_{z=1}^{a} F(z)^{-r}}.$$

(III) Der Grundgedanke dieses Kantenoperators ist, einen Kantenwert als Differenz zwischen den Schätzwerten des lokalen Maximums und des lokalen Minimums zu erhalten (*range edge detector*). Der Kantenoperator vom Abschnitt 6.2.1 ist ein sehr einfaches Beispiel dieses Operatortyps. Die gemessenen Werte der Lokalextrema können nämlich, aufgrund von statistischem Rauschen und von Impulsstörungen, schlechte Schätzwerte der wahren Grauwertextrema darstellen. Bessere Schätzwerte erhält man durch gewichtete Mittelwertbildungen, wobei für diese Anwendung die Gewichte so gewählt werden sollen, daß jeweils das lokale Maximum bzw. Minimum hervorgehoben wird.

In diesem Sinne können die Formeln in (II) als gewichtete Summen der lokalen Grauwerte $F(z)$ betrachtet werden, wobei der Term im Nenner eine Koeffizientennormierung bewirkt. Die Gewichtungskoeffizienten sind $F(z)^r$ für C_M und $F(z)^{-r}$ für C_m. Weil *r* positiv ist, werden im ersten Fall die höheren Grauwerte, im zweiten Fall die niedrigeren Grauwerte hervorgehoben.

Die gute Störfestigkeit gegenüber Rauschen und Ausreißern, die diesen Kantendetektor kennzeichnet, kann auf die glättende Wirkung der Mittelwertbildung zurückgeführt werden. Nachteilig ist jedoch eine im Vergleich zum „einseitigen Kantenoperator" geringere Empfindlichkeit, die aus der Ungleichung

$$\text{lokales Minimum} \leq C_m \leq C_M \leq \text{lokales Maximum}$$

hervorgeht. Deshalb können unter Umständen Kanten mit geringem Kontrast unterdrückt werden.

Die untere Hälfte der Abb. 6.10 zeigt links ein texturhaltiges Luftbild und rechts das Ergebnis des kontraharmonischen Filters in einem 5×5-Fenster mit $r = 1.2$. Die glättende Wirkung dieses Filters ist hier nützlich, um falsche Konturen zu unterdrücken, die von der sich wie Rauschen auswirkenden Textur hervorgerufen werden können.

Abbildung 6.10: Oben links: Bild einer natürlichen Szene. Oben rechts: Ergebnis des Deriche-Kantenoperators mit $\alpha = 2$. Unten links: ein Luftbild. Unten rechts: Ergebnis des kontraharmonischen Filters in einem 5×5-Fenster mit $r = 1.2$.

(IV) *Kontrollstruktur:* Fensteroperator in Abb. 3.6 (zentriert) mit $a = n^2$

Eingaben:

Parametereingabe von n und $r > 0$

Operatorkern:

{$F(z)$ mit $1 \leq z \leq a$ in $v = h(x, y)$ überführen, vgl. Abb. 3.6}

$N_M := 0$; $Z_M := 0$; $N_m := 0$; $Z_m := 0$;

for $z := 1$ **to** a **do begin**

$N_M := N_M + F(z)^{r+1}$; $Z_M := Z_M + F(z)^r$;

$N_m := N_m + F(z)^{-r+1}$; $Z_m := Z_m + F(z)^{-r}$;

end *{for}*;

$w := (N_M / Z_M) - (N_m / Z_m)$;

call *ADJUST(w, v)* {*ADJUST* aus Abschnitt 2.1}

(V)

Pitas, I., Venetsanopoulos, A.N.: *Nonlinear Digital Filters*. Kluwer Academic Publishers, Boston, 1990.

Pitas, I., Venetsanopoulos, A.N.: *Nonlinear order statistic filters for image filtering and edge detection*. Signal Processing **10** (1986), pp. 395-413.

6.3 Erhöhung der Bildschärfe und Texturhervorhebung

Die Operatoren dieses Abschnittes bewirken alle in unterschiedlicher Weise eine Hervorhebung von Bildgebieten bzw. von Bildpunkt-Konfigurationen, deren Spektrum überwiegend hohe Ortsfrequenzen enthält. Eine wirksame Hervorhebung solcher Bildmuster, wie z.B. von Details, Kanten, feiner Textur u.ä., ohne das Rauschen mitzuverstärken, kann i.a. besser mit nichtlinearen Filtern erzielt werden. Daher läßt sich die Auswirkung dieser Operatoren, bis auf eine Ausnahme im Abschnitt 6.3.2, nicht systematisch beschreiben und kann nur allgemein qualitativ angegeben werden.

6.3.1 Extremwertoperator

(I) Das Ergebnis dieses Operators ist entweder das lokale Grauwertminimum $f_{(1)}$ oder das lokale Grauwertmaximum $f_{(a)}$, je nachdem, ob der aktuelle Grauwert $f(p)$ näher zu $f_{(1)}$ oder zu $f_{(a)}$ liegt. Dies entspricht einer Binarisierung innerhalb des lokalen Grauwertbereiches mit dem Schwellenwert $(f_{(a)} + f_{(1)}) / 2$ (als Variante 1) bzw. einer Diskretisierung auf die Grauwerte $f_{(1)}$, W (Mittelwert) und $f_{(a)}$ mit den Schwellenwerten $(W + f_{(1)}) / 2$ und $(f_{(a)} + W) / 2$ (als Variante 2).

Im Ergebnisbild werden detailreiche Strukturen betont, die geringen Kontrast besitzen. Hier ergibt sich – im Gegensatz zum Medianoperator – ein steilerer Kantenanstieg ohne Eintreten eines Glättungseffektes.

Attribute:

Bilder: $M \times N$ -Grauwertbilder

Operator: Fensteroperator

Operatorkern: datenabhängig, logisch strukturiert, anordnungsabhängig

Eingaben:

Fenstergröße *n*,

Variante $VAR = 1$, $VAR = 2$.

(II) Es ist $a = n^2$. Es werden die lokalen Werte

$$f_{(1)} = \min_{q \in \mathbf{F}(p)} \{f(q)\}, \; f_{(a)} = \max_{q \in \mathbf{F}(p)} \{f(q)\} \text{ und}$$

$$W = \frac{1}{a} \sum_{q \in \mathbf{F}(p)} f(q) = AVERAGE(\mathbf{F}(f, p))$$

verwendet. Bei Variante 1 ist

$$h(p) = \begin{cases} f_{(1)}, & \text{wenn } f(p) - f_{(1)} \le f_{(a)} - f(p) \\ f_{(a)} & \text{sonst.} \end{cases}$$

Bei Variante 2 ist

$$h(p) = \begin{cases} f_{(1)}, & \text{wenn} \begin{cases} f(p) - f_{(1)} \le f_{(a)} - f(p) \text{ und} \\ f(p) - f_{(1)} \le |W - f(p)| \end{cases} \\ W, & \text{wenn} \begin{cases} |W - f(p)| \le f_{(a)} - f(p) \text{ und} \\ |W - f(p)| \le f_{(a)} - f_{(1)} \end{cases} \\ f_{(a)}, & \text{sonst.} \end{cases}$$

(III) Infolge der oben erwähnten lokalen Diskretisierung auf zwei (Variante 1) bzw. auf drei (Variante 2) Grauwerte wirken die lokalen Grauwertminima und -maxima als „Attraktoren“ für die dazwischenliegenden Grauwerte. Der räumliche Umfang des „Anziehungsbereiches“ hängt von der gewählten Fenstergröße ab. Textureinzelheiten, selbst wenn sie hohe Ortsfrequenzen (sogar bis zur Grenzperiode von 2 Bildpunkten) aufweisen, bleiben erhalten, insofern sie lokale Extremwerte von *f* beinhalten. Dies unterscheidet diesen Operator vom Medianoperator (s. Abschnitt 6.5.1) oder von anderen Rangordnungsoperatoren des Median-Typs (s. Abschnitte 6.5.4, 6.5.5), die für die o.g. Muster glättend wirken.

Impulsförmige Muster (*spots*) mit steilem Kantenanstieg bleiben nach der Filterung erhalten, während sonstige Impulse, wie in Abb. 6.11 gezeigt, in steilkantige Impulse umgeformt werden. Auch Spots können getilgt werden, und zwar dann, wenn im Bildfenster **F**(f, p) ein anderer Impuls mit mehr als zweifacher Impulshöhe auftritt.

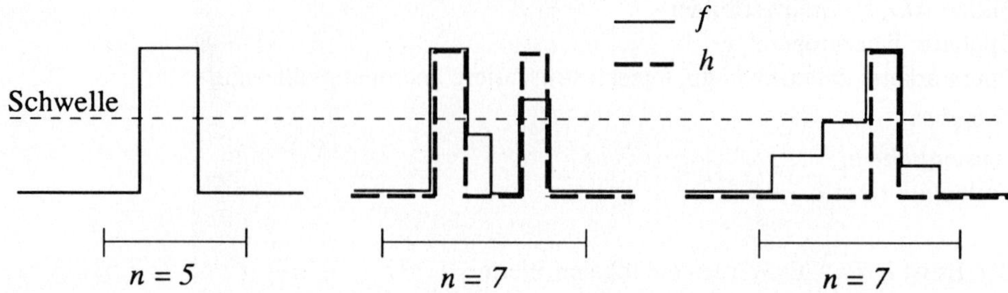

Abbildung 6.11: Ergebnis h der Anwendung des Extremwertoperators bei verschiedenen eindimensionalen Grauwertverläufen f.

Die Erzeugung steilerer Kantenanstiege ist in Abb. 6.11 für verschiedene eindimensionale Grauwertverläufe qualitativ dargestellt. Grauwertabschnitte mit monotoner erster Ableitung, wie z.B. Rampen, Exponentialfunktionen oder Potenzfunktionen, werden lediglich um $n/2$ Bildpunkte verschoben, vgl. Abb. 6.12.

Die Variante 2 gibt die Möglichkeit, eine feinere Grauwertdiskretisierung durchzuführen. Die räumliche Verschiebung von Grauwertverläufen mit monotoner erster Ableitung ist kleiner als bei der Variante 1. Für Rampen tritt außerdem keine Verschiebung auf.

Dieser Operator kann bei all jene Aufgaben verwendet werden, die sowohl eine Regionenbildung bzw. Grauwertagglomeration als auch eine Erhaltung des Bilddetails erfordern. Eine weitere Anwendung ist die Vorverarbeitung für die Bildsegmentierung mit Mehrschwellenverfahren (s. Abschnitt 5.5).

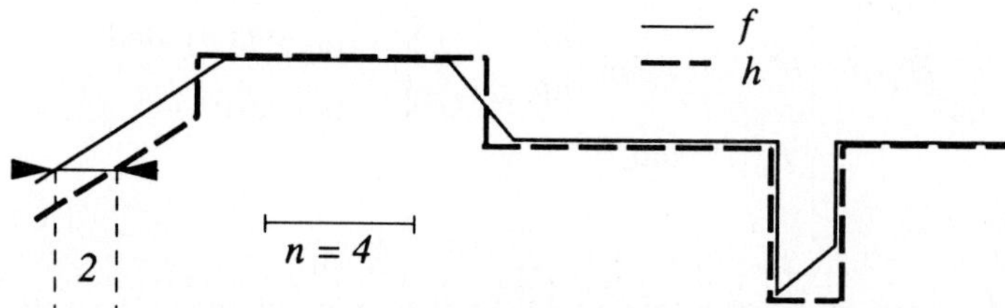

Abbildung 6.12: Auswirkung des Extremwertoperators auf einen monotonen Grauwertverlauf f mit Ergebnis h.

Die Abb. 6.13 zeigt einige Ergebnisse der Anwendung dieses Operators zur Erhöhung der Bildschärfe. Maximum und Minimum kann mit der Prozedur MAXMIN aus Abschnitt 3.4.3 beschleunigt berechnet werden.

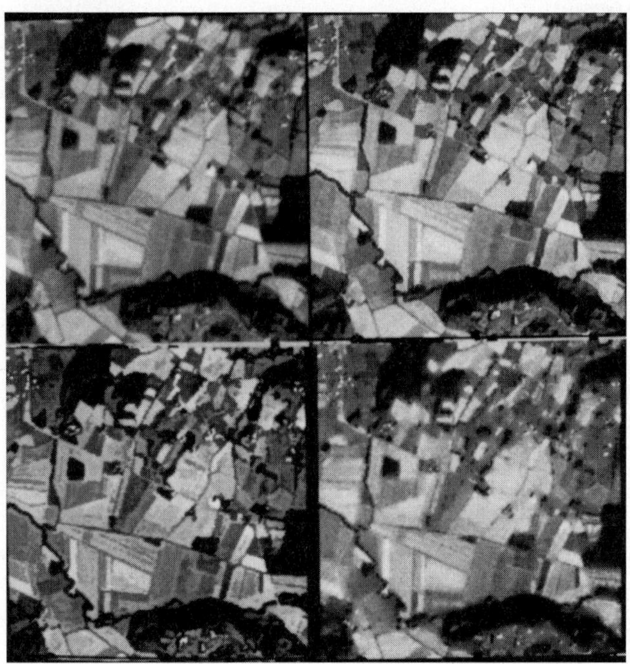

Abbildung 6.13: Ergebnisse der Anwendung des Extremwertoperators auf ein Luftbild (oben links). Oben rechts: Variante 1 mit 3 x 3-Fenster. Unten links: Variante 1 mit 7 x 7-Fenster. Unten rechts: Variante 2 mit 11 x 11-Fenster.

(IV) *Kontrollstruktur:* Fensteroperator in Abb. 3.6 (zentriert) mit n ungerade

Eingabe und Initialisierung:

```
Parametereingabe von n und VAR;
k := (n – 1) / 2
```

Operatorkern:

```
                  {F(i, j) mit –k ≤ i, j ≤ k  in  v = h(x, y)  überführen, vgl. Abb. 3.6}
MAX := 0;  MIN := G – 1 ;   W := 0;
for j := – k to k do
   for i := – k to k do begin
          if (MAX < F(i, j))          then MAX := F(i, j);
          if(MIN > F(i, j))   then MIN := F(i, j);
          if (VAR = 2)        then W := W + F(i, j)
          end {for}
W := W / a ;v := MIN ;
```

```
if   (F(0, 0) – MIN > MAX - F(0, 0))  then v := MAX ;
if (VAR = 2)  then
     if  (|W – F(0, 0)| ≤ |v – F(0, 0)|)   then v := W
```

(V)

Lester, J.M., Brenner, J.F., Selles, W.D.: *Local transforms for biomedical image analysis.* Computer Graphics and Image Processing **13** (1980), pp. 17-30.

Zamperoni, P.: *An automatic low-level segmentation procedure for remote sensing images.* Multidimensional Systems and Signal Processing **3** (1992), pp. 29-44.

6.3.2 Unscharfe Maskierung und gleitende Binarisierung

(I) Dieser Operator erfaßt und kombiniert zwei prinzipell unterschiedliche Funktionen. Diese Kombination ist aus praktischen Gründen sinnvoll, weil beiden Operatoren ein Glättungsvorgang mittels eines linearen Tiefpasses gemeinsam ist. Die zwei Funktionen sind:

(*a*) Binarisierung von Grauwertbildern mit einer adaptiven Schwelle, die den mittleren lokalen Grauwert (als lokalen Hintergrund aufgefaßt) beinhaltet, und

(*b*) Erhöhung der Bildschärfe durch ein lineares Hochpaßfilter, das sich aus der Bilddifferenz zwischen dem Original und einem tiefpaßgefilterten Bild ergibt. Diese Technik ist auch unter dem Name *unsharp masking* bekannt.

In beiden Fällen kann man die Hochpaßcharakteristik des Filters durch eine unterschiedliche Gewichtung der zwei Bilder, die subtrahiert werden, variieren. Zur Tiefpaßfilterung wird hier näherungsweise ein Gauß-Tiefpaß verwendet.

Attribute:

Bilder: $M \times N$-Grauwertbilder

Operator: Fensteroperator

Operatorkern: linear (Faltung mit festem Kern), logisch strukturiert (bei Variante 1)

Eingaben:

Fenstergröße *n*,

Gewichtungsfaktor *c* des zu subtrahierenden Hintergrundbildes, mit $0 \le c < 1$,

Auswahl zwischen Binarisierung ($VAR = 1$) und Erhöhung der Bildschärfe ($VAR = 2$),

bei Variante 1 auch Binarisierungsschwelle *S*, mit $0 < S \le G - 1$, eingeben.

(II) Es seien $F(1)$, ..., $F(a)$ die Grauwerte des aktuellen Bildfensters $\mathbf{F}(f, p)$ und *g* das Ergebnis der Hochpaßfilterung durch Bilddifferenzbildung zwischen dem Originalgrauwert $f(p) = F(a)$ und der gewichteten Summe der Fenstergrauwerte $F(z)$ mit den Gewichten $w(z)$, $z = 1, ..., a$:

$$g(p) = \frac{1}{1-c}\left(F(a) - c \cdot \frac{1}{W} \cdot \sum_{z=1}^{a} w(z) \cdot F(z)\right)$$

mit

$$W = \sum_{z=1}^{a} w(z).$$

Die Berechnung der Gewichte $w(z)$ ist in Punkt (III) näher erläutert. Bei Variante 1 gilt

$$h(p) = \begin{cases} G-1, & \text{wenn } g(p) > S \\ 0, & \text{sonst.} \end{cases}$$

Bei Variante 2 gilt $h(p) = g(p)$.

(III) Das Hauptziel dieser Operatorenkombination ist eine Erhöhung der Bildschärfe mittels eines linearen Hochpaßfilters, das durch die Subtraktion eines tiefpaßgefilterten Bildes vom Originalbild realisiert werden kann. Als Tiefpaßfilter wurde ein Gauß-Tiefpaß gewählt, das - im Gegensatz zum Spalttiefpaß - ein begrenztes Ortsfrequenzspektrum besitzt und daher keine Aliasing-Störungen hervorruft . In der Variante 1 wird das hochpaßgefilterte Bild durch Vergleich mit einer konstanten Grauwertschwelle binarisiert. Das Ergebnis dieses Vergleiches ist damit unabhängig von Bildsignalkomponenten mit niedrigen Ortsfrequenzen, die oft dem inhomogenen Hintergrund zuzuschreiben sind. Ohne Binarisierung (Variante 2) erhält man einfach eine Hervorhebung der Signalkomponenten mit hohen Ortsfrequenzen, wie z.B. von Textur, Details usw.

Durch die Wahl der Fenstergröße kann man Hochpaßfilter mit unterschiedlichen unteren Grenzfrequenzen erhalten: je größer das Fenster, desto tiefer wird diese Grenzfrequenz.

Die Faktoren $1/(1-c)$ und c in der Bestimmungsgleichung von g wurden in der Annahme festgelegt, daß Originalbild und tiefpaßgefiltertes Bild in etwa die gleiche Grauwertdynamik aufweisen sollen. Dann hat auch das Ergebnisbild die gleiche Grauwertdynamik, weil der eingeführte Skalierungsfaktor etwa 1 beträgt.

Die Koeffizienten $w(z)$ in dieser Gleichung werden am Anfang, nach der Eingabe von n, so berechnet, daß die gaußförmige Impulsantwort des Tiefpaßfilters am Rande des Operatorfensters (in Entfernung B zum Bezugspunkt) auf $e^{-9/2} \approx 1\%$ ihres Spitzenwertes abgeklungen ist. Die Abb. 6.14 zeigt ein Beispiel dieser Berechnung mit $n = 7$, $B = 3\sqrt{2}$, $z = 16$, $\mathbf{xind}(z) = -2$, $\mathbf{yind}(z) = 1$ und $d = \sqrt{5}$.

Zur Koeffizientenberechnung wird die Funktion $\mathbf{exp}(-s^2/2)$ verwendet, wobei $s = 3d/B$ ist und

$$d = \sqrt{i^2 + j^2}$$

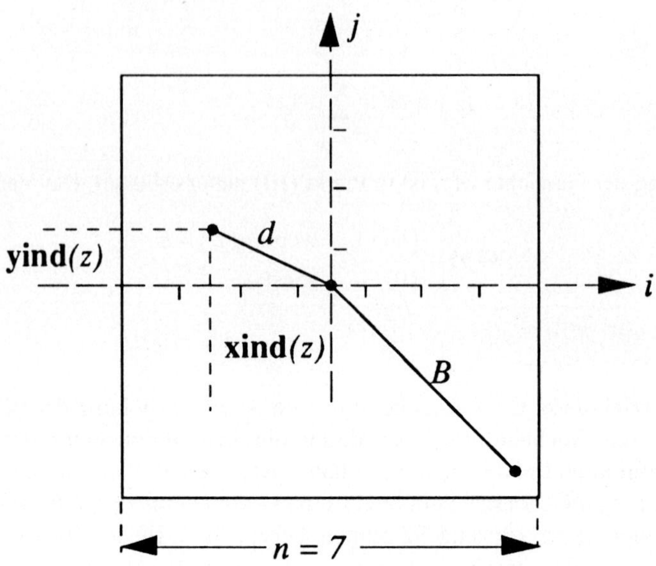

Abbildung 6.14: Erläuterung der Berechnung der Koeffizienten $w(1)$, ..., $w(a)$ des Gaußtiefpaßfilters für das Unsharp Masking.

die euklidische Entfernung zwischen dem Bildpunkt $q = (x + i, y + j) \in \mathbf{F}(p)$ und dem aktuellen Bildpunkt $p = (x, y)$ im zentrierten ij-Koordinatensystem. Der maximale Wert von d in $\mathbf{F}(p)$ ist

$$B = \frac{n-1}{\sqrt{2}}$$

Somit ist für $d = B$ und $s = 3$ die Gauß-Funktion praktisch abgeklungen. Daraus folgt, daß $\mathbf{exp}(-s^2 / 2) = \mathbf{exp}(-d^2 / B_3)$, mit

$$B_3 = \frac{2}{9} B^2 = \frac{(n-1)^2}{9}.$$

Die endgültige Formel für die Koeffizientenberechnung im Programmlauf ist dann

$$w(z) = \mathbf{exp}\left[-\frac{1}{B_3} \left(XIND(z)^2 + YIND(z)^2 \right) \right], \text{ für } z = 1, \ldots, a.$$

xind(z) und **yind**(z) sind die dem Index z zugeordneten Werte der Koordinaten i, j (s. Abb. 3.6, Kontrollstruktur des zentrierten ij-Kooordinatensystems).

(IV) *Kontrollstruktur:* Fensteroperator in Abb. 3.6 (zentriert) mit $a = n^2$

Eingabe und Initialisierung:

Parametereingabe von n, c, VAR;
if (VAR = 1) **then** Eingabe von S;

{Berechnung der Filterkoeffizienten}

$B3 := (n-1)^2 / 9;\quad W := 0;$
for z := 1 **to** a – 1 **do begin**

$$w(z) := \mathbf{exp}\left[-\left(\mathbf{xind}(z)^2 + \mathbf{yind}(z)^2\right) / B3\right];$$

$W := W + w(z)$
end *{for}*

Operatorkern:

{$F(z)$ mit $1 \le z \le a$ in $v = h(x, y)$ überführen, vgl. Abb. 3.6}

$SUM := 0;$
for z := 1 **to** a – 1 **do** $SUM := SUM + w(z) \cdot F(z);$

$$g := \frac{1}{1-c}\left(F(a) - c\,\frac{SUM + F(a)}{W+1}\right);$$

if (VAR = 2) **then** **call** *ADJUST* (g,v)
else **if** ($g > S$) **then** $v := G - 1$
else $v := 0$

(V)

Ballard, D.H., Brown, C.M.: *Computer Vision*. Prentice-Hall, Englewood Cliffs, 1982.

Wahl, F.M.: *Digitale Bildsignalverarbeitung*. Springer, Berlin, 1984.

Zamperoni, P.: *Methoden der digitalen Bildsignalverarbeitung*. Vieweg Verlag, Wiesbaden, 2. Auflage, 1991.

6.3.3 Lokaladaptive Bildskalierung zur Detailhervorhebung

(I) Dieser Bildverbesserungsoperator dient zur Verstärkung von kontrastschwachen Kanten. Der zu berechnende Skalierungsfaktor eines Grauwertes ist umgekehrt proportional zur Standardabweichung im Operatorfenster.

Attribute:

Bilder: $M \times N$-Grauwertbilder

Operator: Fensteroperator, in zwei Durchläufen

Operatorkern: analytisch

Eingaben:

Fenstergröße *n*,

Auswahl zwischen einer Variante ohne Glättung (*VAR* = 1) und einer mit Glättung der Grauwerte (*VAR* = 2).

(II) Es ist $a = n^2$. Die Größen μ und σ stellen Mittelwert und Standardabweichung der Grauwerte $F(1), ..., F(a)$ in $\mathbf{F}(f, p)$ dar (vgl. *AVERAGE* und *VARIANCE* in Abschnitt 1.3.2),

$$\mu = \frac{1}{a}\sum_{z=1}^{a} F(z) \text{ und } \sigma = \frac{1}{a}\sum_{z=1}^{a}\left(F(z)-\mu\right)^2 .$$

Bei Variante 1 gilt

$$h(p) = \frac{M_1}{M_2} \cdot \frac{f(p)}{1+\sigma}$$

und bei Variante 2

$$h(p) = \frac{M_1}{M_2} \cdot \frac{\mu}{1+\sigma},$$

wobei M_1 und M_2 die mittleren Grauwerte über das gesamte Originalbild *f* (bzw. über das Ergebnisbild vor der Skalierung mit dem Faktor M_1 / M_2) darstellen.

(III) Das Ziel dieses Operators ist die Erhöhung der Sichtbarkeit von schwach kontrastierten Kanten besonders in hellen Bildteilen. Grundlage dazu ist die Beobachtung, daß die Sichtbarkeit eines Musters vom Verhältnis σ / μ abhängt. Hieraus ist der Ansatz abgeleitet, die Grauwerte der Bildpunkte mit einem ortsabhängigen Skalierungsfaktor zu bewerten, der proportional zu μ / σ ist. Dies bewirkt meistens auch eine Verstärkung von Details mit hohen Ortsfrequenzen, weil die Operatorfenster, in denen die Standardabweichung berechnet wird, aus praktischen Gründen meistens klein sind. Die berechneten Werte *h*(*p*) gemäß obiger Formel können den Wertebereich 0, ..., $G-1$ lokal überschreiten. Es ist daher nützlich, neben einer Begrenzung auf den maximal möglichen Grauwert $G-1$ auch eine globale Skalierung des Ergebnisbildes mit dem Faktor M_1 / M_2 einzuführen, um die Grauwertdynamik des Ergebnisbildes derjenigen des Originalbildes in etwa anzugleichen. Da die Werte von M_1 und M_2 jedoch erst am Ende eines Bilddurchlaufs festgestellt werden können, ist für die Skalierung (Punktoperator) ein zweiter Bilddurchlauf mit dem Zwischenergebnisbild *g* als Eingabebild erforderlich.

In der zweiten Variante ist das *inverse contrast ratio mapping* mit einer Glättung gekoppelt, die einer zu starken Anhebung der hohen Ortsfrequenzen entgegenwirken soll. Zu diesem Zweck wird bei Variante 2 der Grauwert des aktuellen Bildpunktes durch den mit einem Spalttiefpaß berechneten mittleren Grauwert ersetzt.

In der oberen Hälfte der Abb. 6.15 ist ein Beispiel der Kontrastverstärkung eines Endothel-Mikroskopbildes wiedergegeben. Das Originalbild (links) ist sehr kontrastschwach, aber im gefilterten Bild (rechts), das als Ausgangspunkt für weitere Analyseschritte genommen werden kann, kann man die Zellstruktur bereits erkennen.

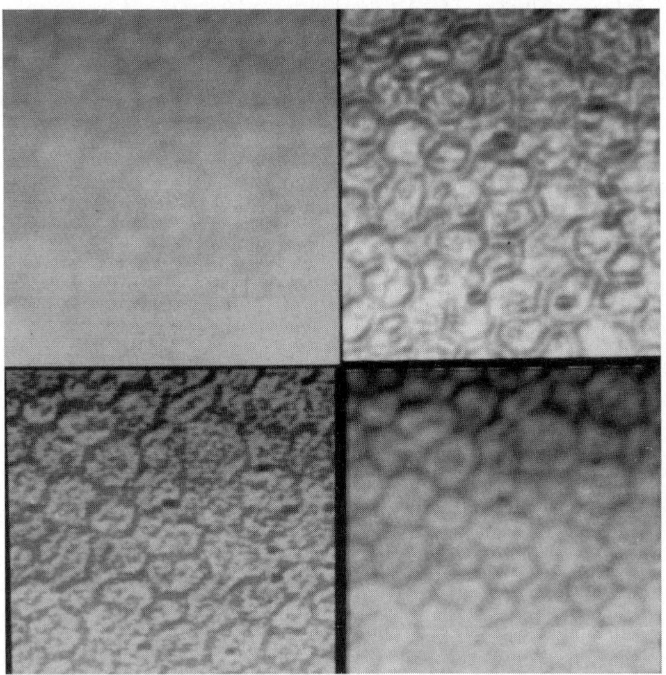

Abbilddung 6.15: Kontrastverstärkung an einem Endothel-Mikroskopbild (oben links). Oben rechts: Ergebnis der lokaladaptiven Bildskalierung von Abschnitt 6.3.3, Variante 2, mit einem 7 x 7-Fenster.
Unten links: Adaptive Kontrastverstärkung des Originalbildes oben links mit dem Operator des Abschnittes 6.3.4, mit Exponent $r = 0.5$ mit einem 9 x 9-Fenster. Unten rechts: Kontrastabschwächung des verarbeiteten unteren linken Bildes durch Anwendung des gleichen Operators, jedoch mit $r = 3$ und in einem 11 x 11-Fenster.

(IV) *Kontrollstruktur:* Fensteroperator in Abb. 3.6 (zentriert) mit $a = n^2$ im ersten Durchlauf, Punktoperator (Abb. 3.9) im zweiten Durchlauf

Eingabe und Initialisierung:

Parametereingabe von *n* und Eingabe von *VAR*;
$M_1 := 0; \quad M_2 := 0$

Operatorkern - erster Bilddurchlauf:

{$F(z)$ mit $1 \le z \le a$ in $w = g(x, y)$ überführen, vgl. Abb. 3.6}

$\mu := 0;$ $S := 0;$
for $z := 1$ **to** a **do begin**
$\mu := \mu + F(z);$ $S := S + [F(z)]^2$
end *{for};*
$M_1 := M_1 + F(a);$ $\mu := \mu / a;$ $S := S / a - \mu^2;$
if $(VAR = 1)$ **then** $g := F(a) / (1 + \sqrt{S})$
else $g := \mu / (1 + \sqrt{S});$
call *ADJUST* $(g, w);$
$M_2 := M_2 + w$

Operatorkern - zweiter Bilddurchlauf:

{$w = g(x, y)$ in $v = h(x, y)$ überführen, vgl. Abb. 3.9}

$g := \frac{M_1}{M_2} \cdot w;$
call *ADJUST*(g, v)

(V)

Jain, A.K.: *Fundamentals of Digital Image Processing*. Prentice-Hall, Englewood Cliffs, 1989.

6.3.4 Adaptive Kontrastverstärkung im Bereich von Kanten

(I) Bei diesem Operator wird das Maß der Kontrastverstärkung lokaladaptiv von einem Kantengrauwert E gesteuert, der einen gewichteten Mittelwert der Kantenpixel im Beobachtungsfenster darstellt. Der lokale Kontrast C, der gegebenenfalls verstärkt werden soll, mißt die Abweichung zwischen E und dem Grauwert $f(p)$ des aktuellen Pixels. Ein transformierter (u.U. verstärkter) Kontrastwert C' wird bestimmt und in die inverse Formel, die den Grauwert in Abhängigkeit vom Kontrast ausdrückt, eingesetzt. Dadurch erhält man als Resultat des Operators den transformierten Grauwert $h(p)$, wodurch das Bild in den Kantenregionen kontrastreicher gemacht wird.

Attribute:

Bilder: $M \times N$-Grauwertbilder

Operator: Fensteroperator

Operatorkern: logisch strukturiert, datenabhängig, anordnungsunabhängig

Eingabe:

Exponent r (positive reelle Zahl, mit $r < 1$ für die Kontrasterhöhung)

(II) Für das nicht-zentrierte *ij*-Koordinatensystem (vgl. Abschnitte 1.2.1 und 3.3.2) und ungerades n gilt

$$I = J = \frac{n+1}{2} = k+1.$$

Der lokale Kantengrauwert E wird als gewichteter und genormter mittlerer Grauwert in $\mathbf{F}(f,\ p)$ definiert, wobei als Gewicht d_{ij} des Grauwertes $f(x-J+i, y-J+j)$ das Ergebnis eines in $(x-J+i, y-J+j)$ berechneten Kantenwertes genommen wird:

$$E = \frac{\sum_{ij} d_{ij} f(x-J+i, y-J+j)}{\sum_{ij} d_{ij}} \quad \text{mit} \quad 2 \le i, j \le n-1.$$

Der Variationsbereich der Indizes i und j ist hier, wie oben angegeben, eingeschränkt, damit in jedem betrachteten Bildpunkt $(x-J+i, y-J+j)$ ein 3×3-Fenster $\mathbf{F}_{ij} \subset \mathbf{F}(p)$ zur Berechnung eines Kantenwertes plaziert werden kann.

Zur Bestimmung des Kantenwertes wird hier der Prewitt-Operator gewählt, weil er auch einen rauschunterdrückenden Glättungseffekt senkrecht zur Kantenrichtung bewirkt. An Stelle des Prewitt-Operators könnte man jedoch auch einen der im Abschnitt 6.2.2 beschriebenen Operatoren verwenden. Mit dem Prewitt-Operator ergibt sich der folgende Kantenwert d_{XY} im Punkt (X, Y):

$$\begin{aligned} d_{XY} = \mathbf{max}\{&|f(X-1,Y+1)+f(X,Y+1)+f(X+1,Y+1)-f(X-1,Y-1) \\ &-f(X,Y-1)-f(X+1,Y-1)|, \\ &|f(X-1,Y+1)+f(X-1,Y)+f(X-1,Y-1)-f(X+1,Y+1) \\ &-f(X+1,Y)-f(X+1,Y-1)|\}. \end{aligned}$$

Der lokale Kontrast C wird als die Canberra-Entfernung zwischen den Grauwerten $f(x, y)$ und E definiert:

$$C = \frac{|f(x,y)-E|}{f(x,y)+E}, \quad \text{mit} \quad 0 \le C \le 1.$$

Die Umkehrung dieser Formel ergibt $f(x, y)$ als Funktion von E und C:

$$f(x,y) = \begin{cases} E\,\dfrac{1-C}{1+C}, & \text{wenn } f(x,y) \le E \\[2ex] E\,\dfrac{1+C}{1-C} & \text{wenn } f(x,y) > E. \end{cases}$$

Zur Kontrastverstärkung wird aus dem gemessenen Wert C mit Hilfe einer konkaven Kennlinie der transformierte Wert C', mit $C' \geq C$, berechnet. Wegen $C \leq 1$ kann man zu diesem Zweck die Funktion $C' = C^r$ mit $r < 1$ verwenden, wobei der Exponent r einzugeben ist.

Durch Einsetzen des transformierten Kontrastwertes C' in der obigen Formel anstelle von C erhält man dann das Resultat $h(x, y)$ anstelle von $f(x, y)$.

(III) Eine Kontrasterhöhung wird nach diesem Verfahren dadurch erzielt, indem im Bereich von Kanten Grauwerte, die niedriger als der gewichtete Kantengrauwert E liegen, abgeschwächt werden. Dagegen werden Grauwerte, die E übersteigen, verstärkt. Der oben definierte lokale Kontrast C stellt ein Maß der Abweichung zwischen dem aktuellen (zu transformierenden) Grauwert $f(x, y)$ und E dar. Der Kontrast, dessen funktioneller Zusammenhang mit $f(x, y)$ oben angegeben ist, wird nach der Funktion C^r in einem Maß verstärkt, das durch die Eingabe des Parameters r einstellbar ist. Wegen $C \leq 1$ sind für eine Kontrasterhöhung Werte von $r < 1$ zu wählen. Den Resultatsgrauwert $h(x, y)$ erhält man auf der Basis des transformierten Kontrastes C' über die oben angegebene inverse Funktion von $f(x, y)$ in Abhängigkeit von C.

Es ist zu bemerken, daß mit $r > 1$ die C / C'-Kennlinie konvex wird, wodurch ein Effekt der Kontrastabschwächung erzielt werden kann.

Die Abb. 6.15 zeigt zwei Anwendungsbeispiele dieses Operators. Im sehr kontrastschwachen Epithel-Mikroskopbild oben links sind die Zellgrenzen kaum wahrnehmbar. Nach Anwendung des Operators mit $r = 0.5$ in einem 9×9-Fenster wird jedoch die Zellstruktur sichtbar. Die resultierende Kontrasterhöhung ist ziemlich stark, wodurch auch feine Details fern von den Zellgrenzen übermäßig hervorgehoben werden. Dieser Effekt kann mit Hilfe einer sukzessiven, konstrastabschwächenden Anwendung des selben Operators, mit $r = 3$ und einem 11×11-Fenster, gemildert werden. So können irrelevante Kanten mit schwachem Kontrast völlig getilgt, stärkere Kanten zwischen den Zellen jedoch nur abgeschwächt werden. Das Ergebnis der zweiten Operatoranwendung ist in der gleichen Abbildung unten rechts wiedergegeben.

(IV) *Kontrollstruktur:* Fensteroperator in Abb. 3.8 (nicht zentriert) für $n = 3$

Eingabe und Initialisierung:

Parametereingabe von r mit $r < 1$;

Operatorkern:

{$F(i, j)$ mit $1 \leq i, j \leq n$ in $v = h(x, y)$ überführen, vgl. Abb. 3.8}
{$F(i, j)$ ist gleich $BUF(x - k - 1 + i$, **ind**$(j))$}

$S := 0$; $Q := 0$;
for $j := 2$ **to** $n - 1$ **do**
    for $i := 2$ **to** $n - 1$ **do begin**

$$d_{ij} := \mathbf{max}\{|F(i-1, j+1) + F(i, j+1) + F(i+1, j+1) - F(i-1, j-1) - F(i, j-1) - F(i+1, j-1)|,$$
$$|F(i-1, j+1) + F(i-1, j) + F(i-1, j-1) - F(i+1, j+1) - F(i+1, j) - F(i+1, j-1)|\};$$

$S := S + d_{ij} \cdot F(i, j);$ $\quad Q := Q + d_{ij}$

end *{for}*

$E := S / Q;$

$C' := [|F(k+1, k+1) - E| / (F(k+1, k+1) + E)]^r;$

if $(F(k+1, k+1) \leq E)$ **then** $w := E(1-C')/(1+C')$

else $w := E(1+C')/(1-C');$

call *ADJUST(w, v)*

(V)

Beghdadi, A., Le Negrate, A.: *Contrast enhancement technique based on local detection of edges*. Computer Vision, Graphics and Image Processing **46** (1989), pp. 162-174.

Der Prewitt-Operator ist z.B. in

Zamperoni, P.: *Methoden der digitalen Bildsignalverarbeitung*. 2. Auflage, Vieweg Verlag, Wiesbaden, 1991.

dargestellt.

6.4 Regionenbildung und Bildnäherung

Durch Operatoren dieses Abschnittes werden Pixel zu Bildregionen zusammengefaßt, indem Regionen konstante Grauwerte zugewiesen werden. Homogene Bildstrukturen können derart näherungsweise in Bildsegmente überführt werden.

6.4.1 Agglomerationsoperator

(I) Dieser Operator bewirkt eine Agglomeration von Grauwerten und kann daher zum Regionenwachstum und zur Segmentierung verwendet werden. Um den Resultatsgrauwert zu erhalten, wird durch sukzessives regelmäßiges Aufteilen des lokalen Grauwertbereiches in Teilbereiche jener Teilbereich mit der maximalen Anzahl anfallender Grauwerte bestimmt. Als Ergebnis wird dann derjenige Grauwert aus dem plazierten Fenster $\mathbf{F}(p)$ genommen, der von der Mitte dieses Teilbereiches am wenigsten abweicht.

Attribute:
Bilder: $M \times N$-Grauwertbilder
Operator: Fensteroperator
Operatorkern: logisch strukturiert, datenabhängig
Eingabe:
Fenstergröße *n*.

(II) Zur Definition werden Schwellengrauwerte $u_0^{(s)}$, $u_1^{(s)}$ und $u_2^{(s)}$ in sukzessiven Iterationen $s = 1, 2, \ldots$ betrachtet. Dabei ist

$$u_0^{(1)} = \min_{q \in \mathbf{F}(p)} \{f(q)\}, \quad u_2^{(1)} = \max_{q \in \mathbf{F}(p)} \{f(q)\},$$

$$u_1^{(s)} = \frac{u_0^{(s)} + u_2^{(s)}}{2} \qquad \text{für } s \geq 1,$$

$$u_0^{(s+1)} = u_0^{(s)} + \frac{1}{2} k^{(s)} \cdot D^{(s)} \qquad \text{und}$$

$$u_2^{(s+1)} = u_0^{(s)} + \frac{1}{2} \left(1 + k^{(s)}\right) \cdot D^{(s)} \qquad \text{für } s \geq 1,$$

mit $D^{(s)} = u_2^{(s)} - u_0^{(s)}$ und $k^{(s)} = 0$ oder $k^{(s)} = 1$. Die Schwellenwerte, d.h. die $k^{(s)}$-Werte, werden von einer Iteration zur nächsten so bestimmt, daß die Bedingung

$$\operatorname*{\mathbf{card}}_{q \in \mathbf{F}(p)} \left\{u_0^{(s+1)} \leq f(q) \leq u_2^{(s+1)}\right\} \Rightarrow \max_{k^{(s)} = 0,1}$$

erfüllt ist. Sei nun t der kleinste Wert von $s + 1 = 2, 3, \ldots$, für welchen auch die Bedingung

$$\operatorname*{\mathbf{card}}_{q \in \mathbf{F}(p)} \left\{u_0^{(t)} \leq f(q) \leq u_1^{(t)}\right\} = \operatorname*{\mathbf{card}}_{q \in \mathbf{F}(p)} \left\{u_1^{(t)} \leq f(q) \leq u_2^{(t)}\right\}$$

erfüllt ist. Dabei ist $\mathbf{card}\{*\}$ die Anzahl der Grauwerte $f(q)$, die die Bedingung $*$ erfüllen. Dann wird $h(p)$ wie folgt definiert:

$$h(p) = f(r), \quad \text{für } r \in \mathbf{F}(p) \text{ mit } \left|f(r) - u_1^{(t)}\right| = \min_{q \in \mathbf{F}(p)} \left|f(q) - u_1^{(t)}\right|.$$

(III) Dieser Operator ist in seiner Natur und in seinen Auswirkungen mit den Operatoren der Abschnitte 6.4.2 und 6.4.3 verwandt. Sie alle gehören zu den Agglomerationsoperatoren, weil der Resultatsgrauwert mit einem der in **F**(*p*) bereits auftretenden Grauwerte identisch ist. Es werden also keine neuen Grauwerte gebildet, sondern die bereits vorhandenen ballen sich in Regionen zusammen (Regionenwachstum). Um dies zu erreichen, wird der von der lokalen Grauwertverteilung aufgespannte Grauwertbereich, vom Minimum $f_{(1)}$ bis zum Maximum $f_{(a)}$, halbiert. Im weiteren wird dann nur diejenige Bereichshälfte betrachtet, die mehr Pixelgrauwerte als die andere Bereichshälfte beinhaltet.

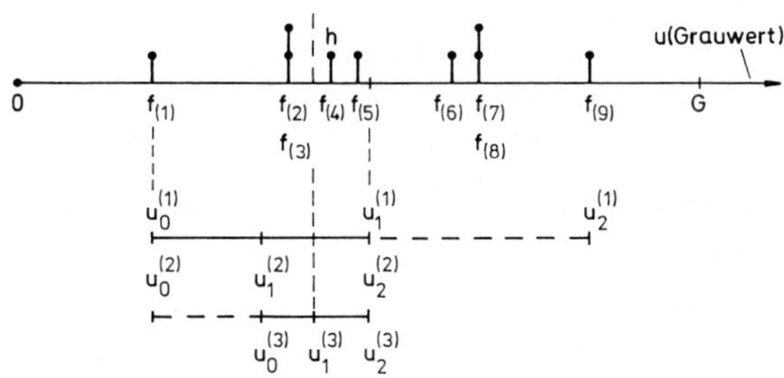

Abbildung 6.16: Erläuterung des Agglomerationsoperators anhand einer fiktiven lokalen Grauwertverteilung.

Die Abb. 6.16 zeigt ein Beispiel einer lokalen Grauwertverteilung in einem 3×3-Fenster ($a = 9$), in welcher $u_0^{(s)}$ und $u_1^{(s)}$ bzw. $u_1^{(s)}$ und $u_2^{(s)}$ die Grenzen der unteren bzw. der oberen Bereichshälfte in der s-ten Iteration bezeichnen.

Die somit bestimmte Hälfte wird wieder in zwei gleich große Bereiche geteilt, die wiederum auf eine Grauwertmehrheit untersucht werden. Dieser Prozeß wird so lange iterativ fortgesetzt, bis die jeweiligen zwei Bereichshälften die gleiche Anzahl von Pixelgrauwerten beinhalten. Dieser Zustand wird im allgemeinen in einer t-ten Iteration erreicht. Im Beispiel von Abb. 6.11 ist $t = 3$ und die zwei Bereichshälften gehen von $u_0^{(3)}$ bis $u_1^{(3)}$ und von $u_1^{(3)}$ bis $u_2^{(3)}$. Der Mittelpunkt dieses Gesamtbereiches ist $u_1^{(3)}$. Als Ergebnis $h(p)$ wird dann derjenige Eingangsgrauwert $f(r)$ gewählt (in diesem Fall $f_{(4)}$), für welchen $\left| f(r) - u_1^{(t)} \right|$ minimal ist, wobei r ein Bildpunkt im aktuellen Fenster ist.

Dieser Operator bewirkt einen ähnlichen Regionenwachstumsvorgang wie bei den Operatoren der Abschnitte 6.4.2 und 6.4.3. Ein solcher Prozeß kann für Bildsegmentierungszwecke verwendet werden, besonders dann, wenn die Regionen aus keinen allzu detailreichen Texturen bestehen, wie es z.B. bei manchen natürlichen Szenen der Fall ist.

Der Vergleich mit dem Operator 6.4.3 zur Hervorhebung des Mode zeigt keine wesentlichen Unterschiede beim Rechenaufwand: hier braucht man keinen Ordnungsvorgang wie in 6.4.3, dafür aber mehrere vollständige Aufzählungsvorgänge der Grauwerte, die zwischen zwei gegebenen Schranken liegen.

(IV) *Kontrollstruktur:* Fensteroperator in Abb. 3.6 (zentriert) $a = n^2$

Eingabe und Initialisierung:

Parametereingabe von n

Operatorkern (*auch in sequentieller Arbeitsweise nutzbar*):

```
                         {F(z) mit 1 ≤ z ≤ a in v = h(x, y) überführen, vgl. Abb. 3.6}
MAX := 0;  MIN := G – 1;
for z := 1 to a do begin                        {auch Prozedur MAXMIN nutzbar}
   if (F(z) > MAX) then MAX := F(z);
   if (F(z) < MIN) then MIN := F(z)
   end {for};
BER = MAX – MIN;          u := 0;   w := 2;   flag := 0;
while (flag = 0) do begin
   U0 := MIN + BER·u / w;            U1 := MIN + BER·(u+1) / w;
   U2 := MIN + BER·(u+2) / w;
   NUNT := 0 ;               NOBE := 0 ;
   for z := 1 to a do begin
          if ((F(z) ≥ U0) und (F(z) ≤ U1)) then NUNT := NUNT + 1;
          if ((F(z) > U1) und (F(z) ≤ U2)) then NOBE := NOBE + 1
          end {for};
   if (NUNT = NOBE) then begin
                 flag := 1;        MIN := G – 1;
                 for z := 1 to a do begin
                        D := |U1 – F(z)|;
                        if (D < MIN) then begin
                               MIN := D;               v := F(z)
                               end {then}
                        end {for}
                 end {then}
          else begin
                 w := 2w
                 if (NUNT > NOBE) then  u := 2u
                                  else     u := 2u + 1
                 end {else}
end {while}
```

(V) Mit Hilfe dieses Operators wurde z.B. die Segmentierung von Luftbildern durchgeführt, vgl.

Schöniger, I.: *Die Erkennung von Bodenerosionsschäden in digitalisierten Luftbildern mit Hilfe von Regionenwachstumsverfahren*, Diplomarbeit, Institut für Geographie, Technische Universität Braunschweig, 1988.

Zamperoni, P.: *An agglomerative approach to modelling and segmentation of aerial views*. in: Proc. MARI-87, Paris, Mai 1987, pp. 426-431.

6.4.2 Konkavitätsauffüllung bei Grauwertbildern

(I) Dieser Operator bewirkt eine Auffüllung von konkaven Regionen in Grauwertbildern. Je nach der Anzahl der durchgeführten Iterationen werden immer größere Konkavitäten aufgefüllt, so daß die Regionen immer mehr durch ihre konvexen Hüllen angenähert werden. Dabei kann man wahlweise hellere Regionen auf Kosten des dunkleren Hintergrunds auffüllen oder umgekehrt.

Bei diesem Operator ist es sinnvoll, auch die sequentielle Verarbeitungsweise als Option miteinzubeziehen.

Attribute:

Bilder: M x N-Grauwertbilder

Operator: Fensteroperator

Operatorkern: logisch strukturiert, datenabhängig, anordnungsabhängig

Eingaben:

Anzahl ITE der Iterationen,

Wahl zwischen Auffüllung von hellen (VAR = 1) bzw. von dunklen Konkavitäten (VAR = 2),

Wahl zwischen paralleler und sequentieller Verarbeitung.

(II) Dieser Operator ist auf der Basis des Begriffs einer lokalen Konkavität definiert, der unter dem Punkt (III) ausführlich geschildert ist. Die Bezeichnung der Fenstergrauwerte $f(i, j) = F(z)$ entspricht der Abb. 3.5 mit $n = 3$ und der Kontrollstruktur für das zentrierte ij-Koordinatensystem. Geht man beispielsweise von hellen Objekten auf dunklem Hintergrund (beide i.a. mit nicht konstantem Grauwert) aus, so kann man einen Bildpunkt p als lokalen Konkavitätspunkt definieren, wenn sein Grauwert $f(p) = F(9)$ und die Grauwerte $F(z)$ ($z = 1, ..., 8$) seiner 8-Nachbarn die folgende Bedingung erfüllen:

$$\exists r{:}\left(F(r) > F(9)\right) \wedge \left(F(r+1) > F(9)\right) \wedge \left(F(r+2) > F(9)\right) \wedge \left(F(r+3) > F(9)\right)$$

mit $1 \le r \le 8$ und für $1 \le s \le 3$ sei $r + s = (r+s)_{\mathrm{mod}\,8}$.

Bei dunklen Objekten auf hellem Hintergrund muß in dieser Bedingung das Zeichen > durch < ersetzt werden. In diesem Fall gilt in der folgenden Gleichung der Ausdruck in eckigen Klammern. Die Auffüllung der Konkavität in p bedeutet, daß $F(9)$ durch den wie folgt definierten Grauwert $h(p)$ ersetzt wird:

$$h(p) = \mathbf{min}[\mathbf{max}]\{F(r),\ F(r+1),\ F(r+2),\ F(r+3)\}.$$

(III) Für diesen Operator wird zuerst ein Kriterium zur Erkennung von Konkavitätspunkten in einem Grauwertbild festgelegt. Um dieses Kriterium zu erläutern, soll beispielsweise der Fall der Auffüllung heller Konkavitäten betrachtet werden. Die 8-Nachbarn (i, j) des Bezugspunktes p, für die $f(i, j) > f(p)$ gilt, bilden eine Untermenge $\mathbf{F}'(p) \subseteq \mathbf{F}(p)$. Wenn eine Untermenge $\mathbf{F}'(p)$ mit mindestens vier 4-benachbarten Bildpunkten existiert, dann wird p als ein konvexer Bildpunkt betrachtet.

Bei der Anwendung dieses Operators muß man zuerst festlegen, ob helle Grauwerte als Objektwerte und dunkle Grauwerte als Hintergrundwerte, oder umgekehrt, zu betrachten sind. Dann ist das Ziel dieses Operators die Auffüllung von lokalen Konkavitäten. Je mehr Iterationen durchgeführt werden, desto größer sind die Konkavitäten, die dadurch aufgefüllt werden. Beim Auftreten eines durch die Bedingung in (II) definierten Musters wird die beschriebene Grauwertveränderung

$$h(p) = \mathbf{min}[\mathbf{max}]\{F(r),\ F(r+1),\ F(r+2),\ F(r+3)\}$$

vollzogen. Dadurch wird $f(p)$ so wenig wie möglich und so viel wie nötig verändert, um $f(p)$ auf den Grauwert der als lokale Kontur zwischen Objekt und Hintergrund aufgefaßten Strecke mit den Grauwerten $F(r)$, ..., $F(r + 3)$ hin zu heben (bzw. herabzusetzen). Dadurch wird p in das hellere (bzw. dunklere) Bildgebiet miteinbezogen.

Die Auffüllung großer Konkavitäten erfordert möglicherweise viele Iterationen. Der Vorgang kann jedoch durch die Wahl der sequentiellen Verarbeitungsweise beschleunigt werden. Diese hat allerdings den Nachteil, den Auffüllungsprozeß nicht anisotrop, sondern abhängig von der Reihenfolge der Bildabtastung durchzuführen. Die sequentielle Variante kann in dieser Hinsicht verbessert werden, wenn die Bildabtastung von Iteration zu Iteration alternierend von unten links nach oben rechts, und umgekehrt, stattfindet. Eine dafür geeignete Kontrollstruktur für den zeilenweisen Bildzugriff (vgl. Abschnitt 3.2.3) ist in diesem Buch nicht beschrieben. Bei wahlfreiem Bildzugriff ist jede Abtastreihenfolge gleich leicht realisierbar. Eine alternierende Bildabtastung ist aber auch dann realisierbar, wenn ein zeilenweiser Bildzugriff mit Abtastreihenfolge von unten links nach oben rechts unabänderlich ist . In diesem Fall muß man nach jeder Iteration eine Bildspiegelung, sowohl in horizontaler als auch in vertikaler Richtung, einschieben. Dafür kann der im Abschnitt 4.1.1 beschriebene Spiegelungsoperator verwendet werden.

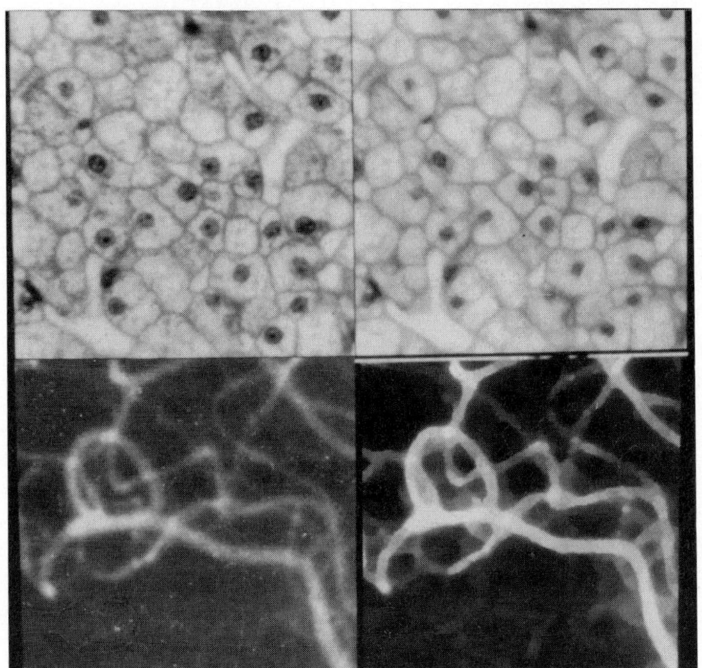

Abbildung 6.17: Oben: mikroskopisches Zellenbild (links) und Ergebnis des Operators zur Auffüllung der hellen Konkavitäten nach 5 Iterationen (rechts).
Unten: Medizinisches Kontrastbild (links) und Ergebnis des Operators zur Hervorhebung des Mode mit einem 9 x 9-Fenster

Der Konkavitätsauffüllungsprozeß bewirkt, daß Regionen durch ihre minimale konvexe Hülle angenähert werden, wobei zur Darstellung des angenäherten Bildes nicht nur die Form der konvexen Hülle (wie im Fall von Zweipegelbildern), sondern auch der Grauwertverlauf innerhalb der Hülle angegeben werden muß. Dabei kann man durch die Anzahl der Iterationen die Grobheit der Näherung steuern. Eine Bildnäherung durch konvexe Hüllen kann nicht nur bei manchen Bildanalyse- und Bildsegmentierungsaufgaben nützlich sein, sondern auch bei der Bildcodierung zur Datenreduktion beitragen, wenn die konvexen Regionenformen, wie in (V) erwähnt, mit Hilfe des kompakten Konturcodes dargestellt werden.

Die Abb. 6.17 zeigt in der oberen Hälfte ein mikroskopisches Zellenbild (links) und das Ergebnis der Auffüllung der hellen Konkavitäten nach 5 Iterationen (rechts). Die kleinen dunklen Lücken wurden aufgefüllt, wodurch die Zellkörper zu nahezu homogenen Regionen werden. Die geradlinigen dunklen Lücken, die die Zellgrenzen darstellen, sind nicht konvex und werden daher nur geringfügig aufgefüllt.

(IV) *Kontrollstruktur:* Fensteroperator in Abb. 3.6 (zentriert) mit $n = 3$, $a = 3$

Eingabe:

Parametereingabe von *ITE* und *VAR*

Operatorkern:

```
                    {F(z) mit 1 ≤ z ≤ a in v = h(x, y) überführen, vgl. Abb. 3.6}
if (VAR = 2) then begin
   flag := 0;          r := 1;
   while ((r ≤ 8) ∧ (flag = 0)) do begin
          MAX := 0;
          for s := 0 to 3 do begin
                 z := AND (r + s, 7);                  {Bit-AND, vgl. 5.5.1}
                 if (F(9) ≤ F(z)) goto L1;
                 if (F(z) > MAX) then MAX := F(z)
                 end {for};
          v := MAX;        flag := 1;
L1        r := r + 1
          end {while}
   if (flag = 0) then v := F(9)
   end {then}
else
   flag := 0;          r := 1;
   while ((r ≤ 8) ∧ (flag = 0)) do begin
          MIN := G – 1;
          for s := 0 to 3 do begin
                 z := AND (r + s, 7);                  {Bit-AND}
                 if (F(9) ≥ F(z)) goto L2;
                 if (F(z) < MIN) then MIN := F(z)
                 end {for};
          v := MIN;        flag := 1;
L2        r := r + 1
          end {while};
   if (flag = 0) then v := F(9)
   end {else}
```

(V) Die hier zugrundegelegte Definition konvexer Bildpunkte stellt eine Erweiterung einer der möglichen Konvexitätsdefinitionen für Zweipegelbilder, nämlich einer „strengeren“ Konvexitätsdefinition in

Zamperoni, P.: *Methoden der digitalen Bildsignalverarbeitung*. Vieweg Verlag, Wiesbaden, 2. Auflage, 1991.

auf Grauwertbilder dar. Diese lautet für Zweipegelbilder wie folgt: Das Konturpolygon eines konvexen Binärmusters, das die Zentren aller Konturbildzellen in Konturreihenfolge verbindet, muß, als Polygon der euklidischen Geometrie betrachtet, konvex sein. Konvexe Binärmuster können nach dieser Definition also höchstens 8 Ecken besitzen. Wie man leicht feststellen kann, kann ein solches Muster mit Hilfe einer Variante des Konturcodes auf sehr einfache und kompakte Weise fehlerfrei dargestellt werden, weil der Konturcode dann eine monotone Zahlenfolge ist.

6.4.3 Hervorhebung des Mode

(I) Dieser Operator realisiert eine Abschätzung und Hervorhebung des Mode (Maximum des lokalen Grauwerthistogramms). Mögliche Anwendungen sind die Regionenbildung, die Segmentierung oder die Agglomeration von Bildpunkten.

Attribute:

Bilder: $M \times N$-Grauwertbilder

Operator: Fensteroperator

Operatorkern: logisch strukturiert, datenabhängig, ordnungsstatistisch

Eingabe:

Fenstergröße n.

Dieser Operator gehört zu den Agglomerationsoperatoren, weil der Resultatsgrauwert mit einem der in $\mathbf{F}(p)$ bereits vorhandenen Grauwerte identisch ist. Als Ergebnis wird derjenige Grauwert gewählt, der dem Maximum des lokalen Grauwerthistogramms entspricht. Dafür muß das Maximum der Verteilungsdichtefunktion der Grauwerte von $\mathbf{F}(p)$ auf der Basis des beobachteten diskreten Histogramms abgeschätzt werden.

Der Operator bewirkt einen Regionenwachstumsvorgang, in dem die Grauwerte der lokalen Modes die übrigen, schwächer repräsentierten Grauwerte sukzessive ersetzen. Zur Durchführung werden die Grauwerte $f(i, j) \in \mathbf{F}(p)$ zuerst nach Größe geordnet. Dies geschieht z.B. mittels der Prozedur *BUCKETSORT* aus Abschnitt 3.4.7, die für „größere Werte von n“ vorteilhaft auch in allen Rangordnungsoperatoren (vgl. Abschnitt 6.5) verwendet werden kann, welche eine vollständige Ordnung der Grauwerte des Operatorfensters erfordern. Für einen Vergleich der algorithmischen Komplexität verschiedener Prozeduren zur Sortierung von Grauwerten s. Abschnitt 3.1.2.

(II) Einleitend zur mathematischen Definition soll zuerst die geordnete Grauwertfunktion $W(r)$ definiert werden, die eine Funktion der diskreten Variable r (Rang), mit $r = 1, ..., a$, ist. Die Funktionswerte sind die nach Größe geordneten Grauwerte $f(i, j)$ des Bildfensters

$\mathbf{F}(f, p)$ mit $W(1) \leq W(2) \leq ... \leq W(r) \leq ... \leq W(a)$. Daraus folgt, daß $W(r)$, wie im Beispiel von Abb. 6.18 dargestellt, monoton wachsend ist.

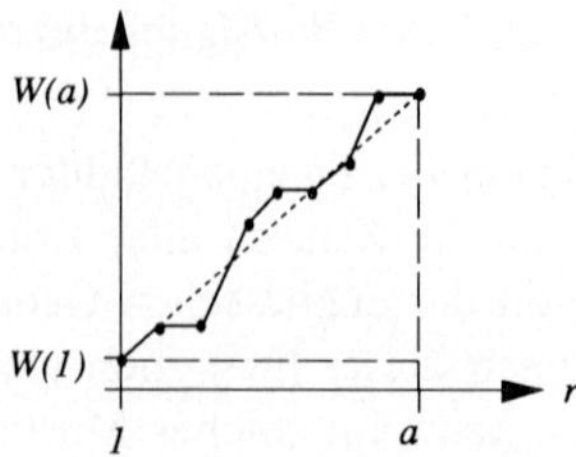

Abbildung 6.18: Beispiel einer monoton steigenden geordneten Grauwertfunktion $W(r)$ als Funktion des Ranges r.

Nachdem die Grauwerte $f(i, j)$, $(i, j) \in \mathbf{F}(p)$, nach Größe geordnet worden sind, werden die Werte einer Zielfunktion $q_L(r)$ für $r = 1, ..., a$ berechnet. Als Resultatsgrauwert wird dann derjenige Grauwert $W(\mu)$ genommen, der $q_L(r)$ minimiert:

$$h(p) = W(\mu) \quad \text{falls} \quad q_L(\mu) = \min_{s=1,\ldots,a} q_L(s).$$

Dabei ist

$$q_L(s) = \frac{1}{v-u} \sum_{z=u}^{v} \left| \frac{W(s) - W(z)}{s - z} \right|_{s \neq z}$$

für $u = \mathbf{max}\ \{1, s - L\}$ und $v = \mathbf{min}\ \{a, s + L\}$. Die Funktion $q_L(s)$ hängt vom ganzzahligen Parameter L (Länge des Glättungsfensters) ab, für den der empirische Wert von $(n + 1) / 2$ angenommen wird.

(III) Der Grundgedanke dieses Operators ist, aus dem lokalen diskreten Grauwerthistogramm die lokale Verteilungsdichtefunktion abzuschätzen, um daraus den *mode* (absolutes Maximum) zu extrahieren.

Das Verfahren beruht auf der Bestimmung der flachsten Stelle im Verlauf der Funktion $W(r)$. Der Rang t, der dieser Stelle entspricht, bestimmt dann das Ergebnis $W(t)$ des Operators. Die Steilheit $q_L(r)$ von $W(r)$, die minimiert werden soll, muß auf der Basis von Differentialquotienten

$$\left| \frac{W(s) - W(z)}{s - z} \right|_{s \neq z}$$

ausgewertet werden, wobei zur Beseitigung von diskretisierungsbedingten Unstetigkeiten von $W(r)$ eine Glättung vorgenommen werden muß. Diese wird dadurch erzielt, indem über mehrere Differentialquotienten mit verschiedenen Werten des Inkrements

$s - z$ gemittelt wird. Der Umfang des Glättungsbereiches, und damit auch der Verlauf der zu minimierenden Funktion $q_L(s)$, hängt vom Parameter L, mit

$$L \geq |s - z|_{s \neq z},$$

ab. Als empirischer Erfahrungswert hat sich $L = (n + 1) / 2$ bewährt. Bei der Festlegung der Summationsgrenzen u und v muß außerdem dafür gesorgt werden, daß $u \geq 1$ und $v \leq a$ bleibt.

Die drei in Abb. 6.19 gezeigten Fälle mit $n = 3$ und $a = 9$ geben konkrete Beispiele des Verlaufs der Zielfunktion $q_L(s)$ und der Bestimmung des Ranges μ des Resultatsgrauwertes $W(\mu) = h(p)$.

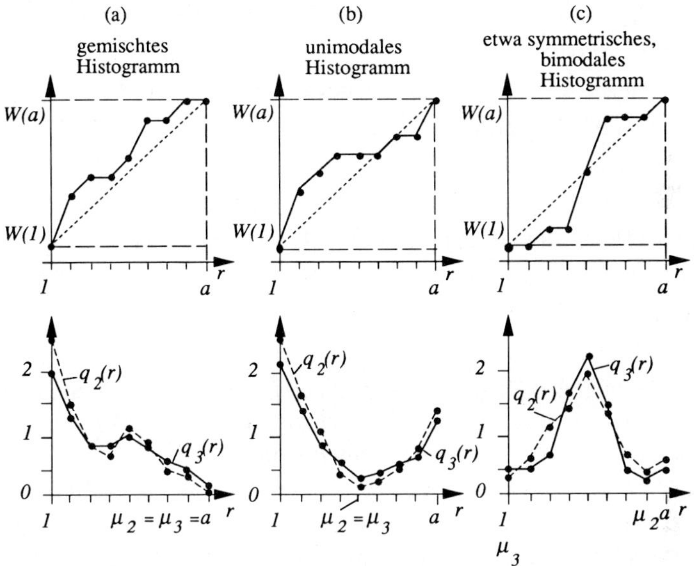

Abbildung 6.19: Beispiele des Verlaufs der Zielfunktion $q_L(r)$, Funktion des Ranges r, zur Abschätzung des Mode für $L = 2$ und $L = 3$.

In Abb. 6.19 ist dieser Verlauf für $L = 2$ und für $L = 3$ abgebildet und die Rangwerte μ_2 und μ_3 die dem Minimum von $q_L(r)$ entsprechen und den Resultatsgrauwert bestimmen, sind explizit angegeben. In den Fällen (*a*) und (*b*) der Abb. 6.19 hat eine Variation des Parameters L keinen Einfluß auf das Ergebnis (Rang $r = 9$ bzw. $r = 5$). Im Fall (*c*) kippt dagegen das Ergebnis zwischen den zwei nahezu gleich starken Modes, $\mu = 1$ und $\mu = 8$, um.

Die untere Hälfte der Abb. 6.17 zeigt links ein medizinisches Kontrastbild und rechts das Ergebnis der Anwendung dieses Operators mit einem Fenster von 9×9. Dieser Operator ist in diesem Fall dazu geeignet, um die Sichtbarkeit der Gefäße zu verbessern.

(IV) *Kontrollstruktur:* Fensteroperator in Abb. 3.6 (zentriert) mit $a = n^2$

Erforderliches Speicherfeld: $W(1 \ldots a)$ für die geordneten Grauwerte.

Eingabe und Initialisierung:

```
Parametereingabe von n, n ungerade;
L := (n + 1) / 2
```

Operatorkern:

```
                    {F(z) mit 1 ≤ z ≤ a in v = h(x, y) überführen, vgl. Abb. 3.6}
die a Grauwerte F(1), ..., F(a) der Größe nach ordnen und in den
   Speicherbereich W(r), 1 ≤ r ≤ a, ablegen;
QMIN := 2^15 − 1;                    {eine beliebige, sehr große integer-Zahl}
for s := 1 to a do begin
   umin := max (1, s − L);    umax := min (a, s + L);    Q := 0;
   for z := umin to umax do
            if (s ≠ z) then   Q := Q + | (W(s) − W(z)) / (s − z) |;
   Q := Q / (umax − umin);
   if (Q < QMIN) then begin   μ := s;   QMIN := Q   end {if}
   end {for};
v := W(μ)
```

(V) Zur Abschätzung der Dichtefunktion anhand einer diskreten Stichprobe und zur Extraktion ihres Maximums sind aus der statistischen Mustererkennung systematische Verfahren bekannt, wie z.B. die *Parzen estimation* in

Fukunaga, K.: *Introduction to Statistical Pattern Recognition, 2nd ed.*. Academic Press, New York, 1990 ,

die auch in der Bildbearbeitung zur Realisierung von Regionenwachstumsoperatoren eingesetzt wurden, vgl.

Zamperoni, P.: *Feature extraction by rank-order filtering for image segmentation.* International Journal of Pattern Recognition and Artificial Intelligence **2** (1988), pp. 301-319.

Hier wurde jedoch in (IV) zum gleichen Zweck ein vereinfachtes Verfahren verwendet, dessen Rechenaufwand verhältnismässig niedrig bleibt. Zum Problem der Sortierung von Grauwerten vgl. auch

Knuth, D.E.: *The Art of Computer Programming. Vol. 3: Sorting and Searching.* Addison-Wesley, Reading, USA, 1975.

Zamperoni, P.: *Methoden der digitalen Bildsignalverarbeitung.* 2. Auflage, Vieweg Verlag, Wiesbaden, 1991.

6.5 Rangordnungsoperatoren

Die in diesem Abschnitt gesammelten Rangordnungsoperatoren sind durch eine gemeinsame algorithmische Struktur charakterisierbar: Der Resultatsgrauwert ist eine Funktion der nach Rang geordneten Grauwerte des aktuellen Bildfensters **F**(*f, p*). Der vor der Berechnung der Fensterfunktion erforderliche Ordnungsvorgang kann eine vollständige Ordnung (vgl. Abschnitt 3.4.4 bis 3.4.7) oder auch nur die Bestimmung von einem oder von mehreren Grauwerten mit bestimmten Rängen (z.B. Minimum, Median, Maximum, vgl. *SELECT* in Abschnitt 3.4.4) sein. Mit Rangordnungsfiltern lassen sich Aufgaben sehr unterschiedlicher Natur lösen, die von der Glättung bis zur Erhöhung der Bildschärfe oder zur Linienextraktion gehen. Ein systematischer Überblick über diese wichtige Klasse nichtlinearer Filter ist in

Pitas, I., Venetsanopoulos, A.N.: *Nonlinear Digital Filters*. Kluwer Academic Publishers, Boston, 1990.

gegeben. Beispiele adaptiver Rangordnungsoperatoren zur Bildverbesserung und zur Bildsegmentierung können gefunden werden in

Alparone, L., Baronti, S., Carlà, R., Puglisi, C.: *A new adaptive digital filter for SAR images: test of performance for land and crop classification on Montespertoli area*. Proc. IGARSS (International Geographic And Remote Sensing Symposium), Houston, 1992, pp. 899-901.

Bolon, P., Fruttaz, J.L.: *Adaptive order filters: application to edge enhancement of noisy images*. in: Lagunas, M.A. et al. (Hrsg.): Signal Processing V: Theories and Applications, Elsevier, Amsterdam, 1990, pp. 817-820.

Bolon, P., Raji, A., Lambert, P., Mouhoub, M.: *Symmetrical recursive median filters application to noise reduction and edge detection*. in Lagunas, M.A. et al. (eds.), Signal Processing V: Theories and Applications, Elsevier, Amsterdam, 1990, pp. 813-816.

Zamperoni, P.: *An automatic low-level segmentation procedure for remote sensing images,* Multidimensional Systems and Signal Processing **3** (1992), pp. 29-44.

Zamperoni, P.: *Variations on the rank-order filtering theme for grey-tone and binary image enhancement*, in: Proc. ICASSP'89, Glasgow, May 1989, pp. 1401-1404.

Zamperoni, P.: *Adaptive rank order filters for image processing based on local anisotropy measures*, Digital Signal Processing **2** (1992), pp. 174-182.

6.5.1 Medianfilterung und Erhöhung der Bildschärfe

(I) Als Variante 1 wird eine schnelle Durchführung der Medianfilterung mit Hilfe der Aktualisierungsmethode (*update method*) realisiert. Als Variante 2 wird zur Erhöhung der Bildschärfe das durch die Medianfilterung geglättete Bild zunächst gewichtet und dann vom Original subtrahiert (*unsharp masking*).

Attribute:
Bilder: $M \times N$-Grauwertbilder
Operator: Fensteroperator
Operatorkern: ordnungsstatistisch
Eingaben:
Variante (VAR = 1 oder VAR =2),
Fenstergröße *n,*
Gewichtungsfaktor *C* des geglätteten Bildes (nur bei Variante 2).

(II) Im Punkt (5) in Abschnitt 1.3.3 wurde die Fensterfunktion MEDIAN definiert. Bei Variante 1 ist

$$h(p) = MEDIAN(\mathbf{F}(f, p))$$

für Eingabebild *f* und $n \times n$-Fenster **F**. Bei Variante 2 gilt

$$h(p) = C \cdot f(p) - (C-1) \cdot MEDIAN(\mathbf{F}(f, p)).$$

Es seien $R(1)$, ..., $R(a)$ die der Größe nach geordneten Grauwerte des Bildfenster $\mathbf{F}(f, p)$. Dann gilt

$$MEDIAN(\mathbf{F}(f, p)) = R\left(\frac{a+1}{2}\right).$$

(III) Die Nützlichkeit des Medianoperators als Glättungsfilter, das die Kantenanstiege im wesentlichen unverändert läßt, wird in vielen Textbüchern über die digitale Bildbearbeitung hervorgehoben. Es liegt daher nahe, schnelle Algorithmen zu seiner Durchführung zu entwickeln. Einer dieser Algorithmen verwendet die Aktualisierungsmethode (*update method*), die im Abschnitt 3.1.4 als Beispiel 3.5 näher erläutert ist. Das Aktualisierungsprinzip, das auch auf andere Operatoren angewendet werden kann, stützt sich auf die Tatsache, daß beim Übergang von einem Bildpunkt zum nächsten das neue Verarbeitungsfenster $n\ (n-1)$ Grauwerte enthält, die bereits im alten Fenster vorhanden waren; außerdem entfallen im neuen Verarbeitungsfenster gegenüber dem alten Fenster *n* Grauwerte und *n* kommen neu hinzu. Es ist daher in manchen Fällen vorteilhaft, zur Berechnung von $h(p)$, bestimmte Zwischenergebnisse aus dem letzten Fenster einfach zu aktualisieren.

Im Falle des Medianoperators werden im hier verwendeten Algorithmus die folgenden Größen aktualisiert: die Häufigkeit $hist(u)$ des Grauwertes *u* in $\mathbf{F}(p)$ für $u = 0, 1, ..., G - 1$ und die Anzahl LM der Grauwerte, die kleiner als der (alte) Median sind. Dafür muß das lokale Grauwerthistogramm in ein Speicherfeld $hist(u + 1)$, mit $0 \leq u \leq G - 1$ abgebildet werden, vgl. Beispiel 3.5.

Die Indizes *z* der Grauwerte $F(z)$ der ausscheidenden Bildpunkte des alten Fensters bzw. der hinzugekommenen Bildpunkte des neuen Fensters, beziehen sich auf die räumliche Anordnung in Abb. 3.5. Sie sind als Feldgrößen in einer Look-up-Tabelle $\mathbf{ind}(w)$, mit $1 \leq w \leq W$, zusammengefaßt. Mit dieser Tabelle kann dann durch indirekte Adressierung der Zugriff zu den Grauwerten der korrekten Bildpunkte gesteuert werden, für alle Werte

$n \leq n_{max}$. In der Tabelle sind die Indizes für alle Fenstergrößen bis n_{max} aufgeführt. Dies erfordert $W = 2 \cdot k_{\max} \cdot n_{\max}$ Speicherplätze, mit $k_{\max} = (n_{\max} - 1)/2$, von welchen allerdings jeweils höchstens $2 \cdot n$ abgefragt werden.

Ein Durchführungsbeispiel mit $n_{max} = 7$ und $W = 42$: Für diese Werte sind in der Look-Up-Tabelle **ind**(w) die Einträge

| 4 5 6 0 0 0 0 15 16 17 18 19 0 0 34 35 36 37 38 39 40
1 2 8 0 0 0 0 9 10 11 23 24 0 0 25 26 27 28 46 47 48 |

zu nutzen.

Für das lokale Grauwerthistogramm *hist*(u), mit $1 \leq u \leq G$, gilt für den Index u, daß $u - 1$ der zugehörige Grauwert ist. Am Zeilenanfang (d.h., $x = k + 1$) muß das ganze lokale Histogramm neu berechnet werden. Der Aktualisierungsvorgang kann also erst ab $x = k + 2$ starten.

Um den schnellen Medianalgorithmus gleich für einen weiteren Zweck auszunutzen, bietet die Variante 2 die Möglichkeit, eine nichtlineare Erhöhung der Bildschärfe nach dem Prinzip der unscharfen Maskierung (*unsharp masking* = punktweise Subtraktion einer unscharfen Kopie des Originalbildes), durchzuführen. Eine unscharfe Maskierung mit Hilfe eines linearen Tiefpasses würde einem linearen Hochpaß ohne Bandbegrenzung entsprechen, wobei auch das Rauschen hervorgehoben würde. Das mediangefilterte Bild hat gegenüber dem linear tiefpaßgefilterten einen höheren Anteil an hohen Ortsfrequenzen, die durch die Bilddifferenz „subtrahiert" werden. Unterschiedliche Gewichtungen bei der Bildsubtraktion können durch die Eingabe des Parameters C erzielt werden. Damit die Grauwertdynamik des Original- und des Ergebnisbildes etwa gleich sind, wird das erste mit dem Faktor C und das Tiefpaßbild mit dem Faktor $C - 1$ gewichtet. Je größer C gewählt wird, desto stärker ist die Erhöhung der Bildschärfe.

(IV) *Kontrollstruktur:* Fensteroperator in Abb. 3.6 (zentriert) mit $a = n^2$, jedoch etwas abweichend von der Standard-Kontrollstruktur: Hier findet das Einlesen der Grauwerte von **F**(f, p) in das Speicherfeld $F(1...a)$ nicht am Anfang des Operatorkernes statt (Ausnahme: am Zeilenanfang). Der Grund dafür ist, daß der Aktualisierungsvorgang zum Teil Operationen mit den „alten" und zum Teil Operationen mit den „neuen" Grauwerten erfordert. Details sind im Operatorkern vermerkt.

Erforderliche Datenfelder:

hist(1...G) für das lokale Histogramm, vgl. *hist* im Abschnitt 1.3.2,

Look-Up-Tabelle **ind**(w), $1 \leq w \leq W = 2 \cdot k_{\max} \cdot n_{\max}$, der Indizes der Bildpunkte, die bei der Aktualisierung nicht mehr zu berücksichtigen sind ($w \leq W / 2$) bzw. die neu hinzukommen ($w > W/2$), s. Beispiel unter Punkt (III).

Eingabe und Initialisierung:

Parametereingabe von n, n ungerade, und VAR;
$k = (n - 1)/2;$
$TH := (a - 1)/2;$ $K := 1 + [n_{\max}(n-3)]/2;$
if ($VAR = 2$) **then** Eingabe von C

Operatorkern:

```
     {F(z) mit 1 ≤ z ≤ a in v = h(x, y) überführen, Einlesen der Werte F(z) gegenüber
                                                              Abb. 3.6 modifiziert}
    F(a) = f(x, y) einlesen;
    if (x = k + 1) then begin
       Fenstergrauwerte F(1), ..., F(a – 1) einlesen;
       for z := 1 to G do hist(z) := 0;
       for z := 1 to a do        hist(F(z) + 1) := hist(F(z) + 1) + 1;
       LM := 0;
       for MED := 1 to G do begin
                if (LM ≥ TH) then goto L3;
                LM := LM + hist(MED)
                end {for}
    else begin
                                             {die Fenstergrauwerte sind noch die „alten"}
       for t := K to K + n – 1 do begin
                hist(1 + F(ind(t))) := hist(1 + F(ind(t))) – 1;
                if (1 + F(ind(t)) < MED) then LM := LM – 1
                end {for};
                                        {neue Fenstergrauwerte F(1) ... F(a – 1) einlesen}
       for t := K + W / 2 to K + n – 1 + W / 2 do begin
                hist(1 + F(ind(t))) := hist(1 + F(ind(t))) + 1;
                if (1 + F(ind(t)) < MED) then LM := LM + 1
                end {for};
L1     if (LM ≤ TH) then begin
L2                      if (LM + hist(MED) > TH) then goto L3;
                        LM := LM + hist(MED);
                        MED := MED + 1;
                        goto L2
                        end {then}
                else begin
                        MED := MED – 1;
                        LM := LM – hist(MED);
                        goto L1
                end {else}
       end {if}
L3  v := MED – 1;
    if (VAR = 2) then v := C · F(a) – (C – 1)v
```

(V) Zum Aktualisierungsalgorithmus für die Fensterfunktion *MEDIAN* vgl.

Tyan, S.G.: *Median filtering, deterministic properties*, in: Huang, T.S. (ed.), *Two-dimensional Digital Signal Processing II. Transforms and Median Filters*, Springer, Berlin, 1981,

zur Methode der unscharfen Maskierung vgl.

Hall, E.L.: *Computer Image Processing and Recognition*. Academic Press, New York, 1979.

6.5.2 Minimum und Maximum (Erosion und Dilatation)

(I) Dieser Operator realisiert entweder m_1 Iterationen des Minimum-Operators, gefolgt von m_2 Iterationen des Maximum-Operators, oder umgekehrt. Dadurch sind auch speziell die morphologischen Operationen der Erosion, Dilatation, Opening und Closing für Zweipegelbilder realisierbar. Es wird ein 3×3-Fenster angenommen.

Attribute:

Bilder: $M \times \mathrm{N}$-Grauwertbilder oder speziell Zweipegelbilder
Operator: paralleler Fensteroperator in mehreren Iterationen
Operatorkern: ordnungsstatistisch

Eingaben:

Anzahl der Iterationen m_1 und m_2 und ihre Zuordnung zu den Operatoren Maximum und Minimum: zuerst Minimum und dann Maximum wenn *VAR* = 1; umgekehrt, wenn *VAR* = 2,

als strukturierendes Element der Bezugspunkt p und die *8*-Nachbarschaft für *GEO* = 1 oder der Bezugspunkt p und die Oktagon-Nachbarschaft, d.h. alternierend *8*-Umgebung und *4*-Umgebung in sukzessiven Iterationen, für *GEO* = 2.

(II) Es bezeichne $\mu = m_1 + m_2$ die Gesamtzahl der Iterationen und $g^{(r)}(p)$, $0 \leq r \leq \mu$, das Zwischenergebnis nach der r-ten Iteration. Dann ist $g^{(0)} = f$ und $g^{(\mu)} = h$. In Abhängigkeit von den Eingabeparametern m_1, m_2, *VAR* und *GEO* ist das Ergebnis nach der r-ten Iteration (und für $r = \mu$ das Endergebnis) definiert. Für *VAR* = 1 gilt

$$g^{(r)}(p) = \begin{cases} \min\limits_{q \in \mathbf{F}(p)} \left\{ g^{(r-1)}(q) \right\}, & \text{für } r = 1, \ldots, m_1 \\ \max\limits_{q \in \mathbf{F}(p)} \left\{ g^{(r-1)}(q) \right\} & \text{für } r = m_1 + 1, \ldots, \mu . \end{cases}$$

Für *VAR* = 2 müssen in dieser Gleichung **min** und **max** vertauscht werden. Dabei ist

$$\mathbf{F}(p) = \begin{cases} \mathbf{F}_8(p), & \text{wenn } GEO = 1 \\ \mathbf{F}_8(p), & \text{für } r \text{ ungerade} \\ \mathbf{F}_4(p), & \text{für } r \text{ gerade} \end{cases} \quad \left.\begin{matrix} \\ \\ \end{matrix}\right\} \text{wenn } GEO = 2,$$

$\mathbf{F}_8 = \left\{(i, j): |i| \leq 1, |j| \leq 1\right\}$ die *8*-Umgebung und $\mathbf{F}_4 = \left\{(i, j): |i| + |j| \leq 1\right\}$ die *4*-Umgebung.

(III) Dieses Programm ermöglicht die Durchführung einer großen Vielfalt von morphologischen Grundoperatoren sowohl für Grauwertbilder als auch für Zweipegelbilder, weil die Erosion und die Dilatation für Zweipegelbilder als Sonderfälle der Minimum- bzw. der Maximum-Operation für Grauwertbilder betrachtet werden können. Die Auswahl der Art der morphologischen Operation erfolgt durch die Festlegung der Parameter m_1, m_2 und *VAR*, z.B. Erosion ($m_1 \geq 1, m_2 = 0, VAR = 1$), Dilatation ($m_2 \geq 1,\ m_1 = 0,\ VAR = 2$), Opening ($m_1 = m_2 \geq 1, VAR = 1$), Closing ($m_1 = m_2 \geq 1, VAR = 2$). Auch eine ungleiche Anzahl von Erosionen und Dilatationen ($m_1 \neq m_2$) kann realisiert werden.

Mit der Anzahl der Iterationen der gleichen Art wächst die Größe des „Einflußgebiets" für jeden Bezugspunkt p. Diese Einflußzone ist immer punktsymmetrisch zu p, d.h. z.B. ein Quadrat ungerader Seitenlänge bzw. ein „Kreis" im Falle der *8*-Nachbarschaft-Metrik für *GEO* = 1. Im allgemeinen erhält man aus einer t-maligen Bearbeitung mit einem strukturierenden Element von 3×3 Bildpunkten nicht das gleiche Ergebnis wie aus der einmaligen Bearbeitung mit einem strukturierenden Element von $(2t+1) \times (2t+1)$ Bildpunkten (s. auch Abschnitt 3.1.3). Die erste, hier verwendete Lösung ist jedoch schneller, weil der Rechenaufwand linear mit $9t$ und nicht quadratisch mit $2t + 1$ steigt, und sie ist für viele praktische Zwecke gleichwertig mit der nicht-iterativen Lösung.

Bei einer größeren Anzahl von Iterationen macht sich der Nachteil bemerkbar, daß ein „Kreis" in der *8*-Nachbarschaft-Metrik (Maximum-Metrik, vgl. 1.1.1) ein Quadrat ist, und es kann wünschenswert sein, das Einflußgebiet so zu gestalten, daß es wie ein strukturierendes Element mit einer dem herkömmlichen (euklidischen) Kreis näheren Form wirkt. Aus diesem Grund besteht die Möglichkeit (Parameter *GEO* = 2), als Strukturelement ein Oktagon zu wählen, was durch den alternierenden Einsatz, von Iteration zu Iteration, der *8*- oder der *4*-Nachbarschaft-Metrik, möglich ist. Als Ergebnis der Verknüpfung zweier Metriken ist auch die Oktagon-Distanz eine Metrik.

Die Durchführung der Grundoperationen der mathematischen Morphologie, Opening und Closing, erfordert, daß in jeder der m_2 zweiten Iterationen ($m_2 = m_1$) das gleiche Strukturelement wie in den entsprechenden ersten m_1 Iterationen verwendet wird. Wenn die Oktagon-Metrik gewählt wird und m_1 ungerade ist, so muß dafür gesorgt werden, daß am Anfang der zweiten m_2 Iterationen auf die *8*-Metrik zurückgeschaltet wird. Das korrekte Umschalten zwischen *8*- und *4*-Metrik wird im Programm von den Größen *N8* und *NGEO* gesteuert.

Eine weitere Einzelheit des Programms ist die Anwendung einer Variante der Aktualisierungsmethode (s. auch Abschnitt 3.1.4), um den Rechenaufwand immer dann zu reduzieren, wenn das Einflußgebiet ein „Kreis" nach der *8*-Metrik ist. Das 3×3-Fenster $\mathbf{F}(p)$ wird, von links nach rechts, in drei senkrechte 1×3-Spalten $\mathbf{F_1}(p)$, $\mathbf{F_2}(p)$ und $\mathbf{F_3}(p)$ eingeteilt, deren Minima MIN_1, MIN_2 und MIN_3 (bzw. Maxima MAX_1 usw.) berechnet werden. Das Minimum über $\mathbf{F}(p)$ wird dann als $\mathbf{min}\ \{MIN_1,\ MIN_2,\ MIN_3\}$ berechnet (in ähnlicher Weise verfährt man mit dem Maximum). Am nächsten Bildpunkt können die Größen MIN_2 und MIN_3 aus dem letzten Fenster in MIN_1 bzw. MIN_2 umgenannt und wiederverwendet werden, wobei zur Bestimmung des neuen Gesamtminimums nur die neue Größe MIN_3 berechnet werden muß. Am Zeilenanfang ($x = 2$) müssen jedoch die Werte von MIN_1, MIN_2 und MIN_3 völlig neu bestimmt werden.

(IV) *Kontrollstruktur:* Fensteroperator in Abb. 3.6 (zentriert) mit $n = 3$, in μ Durchläufen

Der Bearbeitungsvorgang in mehreren Iterationen erfordert die Anwendung eines Bildspeichers für Zwischenergebnisse. Weil μ sowohl gerade als auch ungerade sein kann, ist es zweckmäßig, daß jede Iteration nach dem gleichen Schema verläuft, nämlich vom Zwischenspeicher g zum Bildspeicher für das Endergebnis h. Am Anfang der Bearbeitung wird das Originalbild (das erhalten bleiben muß) in den Zwischenspeicher kopiert. Am Ende der r-ten Iteration ($r = 1 \ldots \mu$) wird das Zwischenergebnis $h^{(r)}$ vom Speicher h auf g zurückkopiert. Nach μ Iterationen steht das Endergebnis in h. Die Fenstergrauwerte $F(1), \ldots F(9)$ haben die gleiche Bedeutung wie in der Default-Kontrollstruktur, mit dem Unterschied, daß sie sich hier auf Bildpunkte des Zwischenergebnisbildes g beziehen.

Eingabe , Initialisierung und Anfang der μ Durchläufe:

```
    Parametereingabe von m1, m2, VAR und GEO;
    μ := m1 + m2;
    Originalbild f zum Bildspeicher g kopieren;
    NGEO := 1;
for r := 1 to μ  do begin                                {Anfang der Bildschleife}
    N8 := 1;
    if ((GEO = 2) ∧ (NGEO gerade)) then N8 := 0
```

Operatorkern der r-ten Iteration in der Bildschleife:

```
                  {F(z) mit 1 ≤ z ≤ a aus g in v = h(x, y) überführen, vgl. Abb. 3.6}
    if (x = 2) then
       if (VAR = 2) then
               if (N8 = 1) then begin
                              M1 := max {F(4), F(5), F(6)};
                              M2 := max {F(3), F(7), F(9)};
                              M3 := max {F(1), F(2), F(8)};
                              v := max { M1, M2, M3 }
                              end {then}
                      else
                              v := max {F(1), F(3), F(5), F(7), F(9)};
```

```
    else
            if (N8 = 1) then begin
                            M1 := min {F(4), F(5), F(6)};
                            M2 := min {F(3), F(7), F(9)};
                            M3 := min {F(1), F(2), F(8)};
                            v := min { M1, M2, M3 }
                            end {then}
                  else
                            v := min {F(1), F(3), F(5), F(7), F(9 )}
else
    if (N8 = 1) then begin
            M1 := M2;          M2 := M3;
            if (VAR = 2) then begin
                            M3 := max {F(1), F(2), F(8)};
                            v := max { M1, M2, M3 }
                            end {then}
                  else begin
                            M3 := min {F(1), F(2), F(8 )};
                            v := min { M1, M2, M3 }
                            end {else}
            end {then}
    else
            if (VAR = 2) then
                            v := max {F(1), F(3), F(5), F(7), F(9)}
                  else
                            v := min {F(1), F(3), F(5), F(7), F(9)}
```

Vorbereitung des nächsten Durchlaufs

```
NGEO := NGEO + 1;
if ((r = m1) ∧ (VAR = 1)) then VAR := 2;
if ((r = m1) ∧ (VAR = 2)) then VAR := 1;
if ((r = m1) ∧ (GEO = 2) ∧ (m1 ungerade)) then NGEO := NGEO + 1;
if (r ≠ μ) then Zwischenergebnisbild der r-ten Iteration vom Speicher h zum
                Speicher g kopieren
end {for}                                              {Ende der Bildschleife}
```

(V)

Rosenfeld, A., Kak, A.C.: *Digital Picture Processing*, Vol. 1 and 2. Academic Press, New York, 1982.

Zamperoni, P.: *Methoden der digitalen Bildsignalverarbeitung*. 2. Auflage, Vieweg Verlag, Wiesbaden, 1991.

Pitas, I., Venetsanopoulos, A.N.: *Nonlinear Digital Filters*. Kluwer Academic Publishers, Boston, 1990.

Haralick, R.M., Sternberg, S.R., Zhuang, X.: *Image analysis using mathematical morphology*. IEEE Trans. PAMI-**9** (1987), pp. 532-550.

Rosenfeld, A., Pfaltz, J.L.: *Distance functions on digital pictures*. Pattern Recognition **1** (1968), pp. 33-61.

6.5.3 Rangselektionsfilter

(I) Das Ergebnis ist der r-te Grauwert in der nach steigender Größe geordneten Folge der $a = n^2$ Grauwerte im plazierten Fenster $\mathbf{F}(p)$.

Attribute:

Bilder: $M \times N$ -Grauwertbilder
Operator: Fensteroperator, parallel oder sequentiell
Operatorkern: ordnungsstatistisch

Eingaben:

Fenstergröße n,
Rang r, mit $1 \leq r \leq a$,
Wahl zwischen paralleler und sequentieller Verarbeitung.

(II) Es ist der Wert $h(p) = f(q)$ mit $q \in \mathbf{F}(p)$ zu berechnen, so daß $f(q)$ der kleinste Wert aus $\mathbf{F}(p)$ ist mit

$$\mathbf{card}\{(i, j): (i, j) \in \mathbf{F}(p) \quad \text{und} \quad f(i, j) \leq f(q)\} \geq r,$$

(vgl. Abschnitt 3.4.4).

(III) Rangordnungsoperatoren mit konstantem Rang werden in erster Linie zur Bildverbesserung mittels nichtlinearer Glättung eingesetzt. Die Wahl des Ranges r ermöglicht eine Abstufung der Operatoreigenschaften zwischen denjenigen eines Minimum-Filters ($r = 1$), eines Median-Filters ($r = (a + 1) / 2$) und denjenigen eines Maximum-Filters ($r = a$). Wenn man z.B. einen Maximum-Operator auf ein mit Punktrauschen behaftetes Bild anwendet, so werden auch die positiven Punktstörungen mitverstärkt. Wenn aber diese Punktstörungen nicht größer als zwei Bildpunkte sind, so kann man als Kompromiß $r = a - 2$ wählen. Auf diese Weise erhält man fast ein Maximum-Filter, das allerdings die Punktstörungen unterdrückt. Dieses Beispiel zeigt, daß in manchen Fällen, auf der Basis eines vorbekannten Bild- und Störmodells, der Wert von r optimal bezüglich der Störungsbeseitigung festgelegt werden kann.

Eine sequentielle Durchführung dieses Operators ist meistens nur für $r = (a + 1) / 2$ (Median-Filter) sinnvoll, weil andere Werte von r zur Streifenbildung führen. Sequentielle Median-Filter haben sich dagegen als kantenerhaltende Glättungsfilter in manchen Fällen als wirksamer als die entsprechenden parallelen Operatoren erwiesen.

Zur Bestimmung des Grauwertes mit dem r-ten Rang wird hier die im Abschnitt 3.4.4 beschriebene Prozedur *SELECT* verwendet, weil keine vollständige Ordnung der Grauwerte durchgeführt werden muß.

(IV) *Kontrollstruktur:* Fensteroperator in Abb. 3.6 (zentriert) mit $a = n^2$

Eingabe und Initialisierung:

Parametereingabe von n, n ungerade, und r, $1 \leq r \leq a$

Operatorkern:

{$F(z)$ mit $1 \leq z \leq a$ in $v = h(x, y)$ überführen, vgl. Abb. 3.6}

call *SELECT*($F(1 \ldots a)$, n, r);

$v := F(r)$

(V)

Pitas, I., Venetsanopoulos, A.N.: *Nonlinear Digital Filters*. Kluwer Academic Publishers, Boston, 1990.

Bolon, P., Raji, A., Lambert, P., Mouhoub, M.: *Symmetrical recursive median filters application to noise reduction and edge detection*. in Lagunas, M.A. et al. (eds.), Signal Processing V: Theories and Applications, Elsevier, Amsterdam, 1990, pp. 813-816.

Raji, A., Bolon, P.: *Streaking effects of recursive median filters and symmetrical recursive median filters*. in: Cappellini, V. (ed.), Proc. Intern. Conf. on Digital Signal Processing, Firenze, Sept. 1991.

van den Boomgaard, R.: *Threshold logic and mathematical morphology*, in: Cantoni, V. et al. (eds.): *Progress in Image Analysis and Processing*, World Scientific Publishing, Singapore, 1990, pp. 111-118.

Zamperoni, P.: *Variations on the rank-order filtering theme for grey-tone and binary image enhancement*. in: Proc. ICASSP'89, Glasgow, May 1989, pp. 1401-1404.

6.5.4 Max/min-Medianfilter zur Bildverbesserung

(I) Dieser Operator bewirkt eine rauschunterdrückende Glättung mit Erhaltung der Kantenanstiege. Im Gegensatz zum Medianoperator bleiben hier jedoch eindimensionale Strukturen (wie z.B. einen Bildpunkt breite Linien) erhalten, die sonst von einem zweidimensionalen Medianoperator getilgt würden.

Attribute:

Bilder: $M \times N$-Grauwertbilder

Operator: Fensteroperator

Operatorkern: ordnungsstatistisch, anordnungsabhängig, logisch strukturiert

Eingabe:

Fenstergröße n.

(II) Im Bildfenster **F**(f, p) werden die folgenden „eindimensionalen" Medianwerte $m_1, \ldots, m_4$ definiert:

$$m_1 = MEDIAN\,\{f(k+1, 1), \ldots f(k+1, k+1), \ldots f(k+1, n)\},$$
$$m_2 = MEDIAN\,\{f(1, k+1), \ldots f(k+1, k+1), \ldots f(n, k+1)\},$$
$$m_3 = MEDIAN\,\{f(1, 1), \ldots f(k+1, k+1), \ldots f(n, n)\},$$
$$m_4 = MEDIAN\,\{f(1, n), \ldots f(k+1, k+1), \ldots f(n, 1)\}.$$

Ferner sei $m_0 = Median\{f(q): q \in \mathbf{F}(p)\}$. Außerdem werden die folgenden Extremwerte bestimmt:

$$MA = \mathbf{max}\{m_1, m_2, m_3, m_4\} \quad \text{und} \quad MI = \mathbf{min}\{m_1, m_2, m_3, m_4\}.$$

Das Ergebnis des Operators ist dann

$$h(p) = \begin{cases} MA, & \text{wenn } |MA - m_0| \geq |m_0 - MI| \\ MI, & \text{wenn } |MA - m_0| < |m_0 - MI|. \end{cases}$$

(III) Der gewöhnliche zweidimensionale Medianoperator mit quadratischem Fenster erlaubt keine Unterscheidung zwischen Impulsstörungen und länglichen eindimensionalen Mustern, wie z.B. Linien, und tilgt beide in gleichem Maße, weil auch die Bildpunkte des Liniensegmentes zu wenige sind, um den Medianwert zu beeinflussen. Eine Möglichkeit, die Tilgung größerer eindimensionaler Strukturen durch ein Medianfilter zu vermeiden, ist mit der Verwendung von eindimensionalen und/oder lokaladaptiven Fensterformen gegeben. Nach diesem Ansatz arbeitet der im Abschnitt 6.5.7 beschriebene Rangordnungsoperator mit adaptiver Fensterform. Der Max/min-Medianoperator strebt das gleiche Ziel an, jedoch mit eindimensionalen Fenstern. Zu diesem Zweck wird die Medianfilterung in vier eindimensionalen Fenstern in den vier Hauptrichtungen durchgeführt. Dadurch werden Störmuster mit kleinen Abmessungen in allen Richtungen ausgefiltert. Die vier Teilergebnisse werden dann für die Definition von $h(p)$ so verknüpft, daß im Endergebnis auch relevante eindimensionale Konfigurationen erhalten bleiben, die das gewöhnliche zweidimensionale Medianfilter sonst tilgen würde.

(IV) *Kontrollstruktur:* Fensteroperator in Abb. 3.8 (nicht-zentriert).

Von der Kontrollstruktur mit nicht-zentriertem *ij*-Koordinatensystem ausgehend, $1 \leq i$, $j \leq n$, werden die Grauwerte des Fensters in einem eindimensionalen Speicherfeld

$PF(z), 1 \leq z \leq n^2$, angeordnet. Der Index z läuft in $\mathbf{F}(p)$ von unten nach oben und von links nach rechts.

Innerhalb des Operatorkernes muß der Median über mehrere unterschiedliche Grauwertmengen mit unterschiedlicher Anzahl von Elementen bestimmt werden. Es ist daher zweckmäßig, diesen Vorgang als Unterprogramm *MEDIAN*(*R*, *Z*, *MED*) zu gestalten. Dabei bezeichnet *R* einen zusätzlichen Speicherbereich, in welchen jeweils Z ausgesuchte Elemente aus dem Speicherfeld *PF*( ) gebracht werden, unter denen der Median *MED* bestimmt werden soll. Das Unterprogrammm *MEDIAN* ist ein Spezialfall der im Abschnitt 3.4.4 beschriebenen Prozedur *SELECT*. Deshalb wird an dieser Stelle auf dieses Unterprogramm nicht näher eingegangen.

Erforderliche Speicherfelder:
$PF(1...a)$, für $a = n^2$, $R(1...n)$.

Eingabe und Initialisierung:

```
Parametereingabe von n, n ungerade;   k := (n – 1) / 2
```

Operatorkern:

```
                    {F(i, j) mit 1≤ i, j ≤ n in v = h(x, y) überführen, vgl. Abb. 3.8 }
for j := 1 to n do
   for i := 1 to n do
            PF(i + n(j – 1)) := F(i, j);
call MEDIAN(PF(1...a), a, m0);
for z := 0 to n – 1 do          R(z + 1) := PF(k + 1 + z·n);
call MEDIAN(R(1...n), n, m1);
for z := 1 to n do              R(z) := PF(k · n + z);
call MEDIAN(R(1...n), n, m2);
for z := 0 to n – 1 do          R(z + 1) := PF(z·(n + 1) + 1);
call MEDIAN(R(1...n), n, m3);
for z := 0 to n – 1 do          R(z + 1) := PF(n + z (n – 1));
call MEDIAN(R(1...n), n, m4);
MA := max {m1, m2, m3, m4};           MI := min {m1, m2, m3, m4};
v := MI;
if (|MA – m0| ≥ |MI – m0|) then v := MA
```

(V) Der Max/min-Medianoperator von

Wang, X., Wang, D.: *On the max/median filter*. IEEE Trans. ASSP-**38** (1990), pp. 1473-1475.

ist eine verbesserte Variante des Max-MedianOperators von

Arce, G.R., McLoughlin, M.P.: *Theoretical analysis of the max/median filter*. IEEE Trans. ASSP-**35** (1987), pp. 60-69, der mit dem Ziel entwickelt wurde, eine nachteilige Eigenschaft des gewöhnlichen Medianoperators zu beseitigen, vgl. (III).

6.5.5 Varianten des Medianoperators

(I) Zwei Varianten des Medianoperators sind in diesem Programm zusammengefaßt: das k-*nearest neighbour median*-Filter (KNNM) und das *median of absolute differences trimmed mean*-Filter (MADTM).

Attribute:

Bilder: $M \times N$-Grauwertbilder
Operator: Fensteroperator
Operatorkern: logisch strukturiert, anordnungsabhängig

Eingaben:

Fenstergröße *n*,
Wahl zwischen KNNM ($VAR = 1$) und MADTM ($VAR = 2$),
In der Variante KNNM, Parameter Q ungerade und $1 \leq Q \leq n^2$.

(II) Für beide Varianten ist es zweckmäßig, eine Funktion

$$R = \Phi[r, Z, (F(1) \ldots F(Z))]$$

wie folgt zu definieren: R ist der r-te Grauwert in der Folge der nach steigender Größe geordneten Z Elemente der Liste (F(1)...F(Z)) („der r-te kleinste Grauwert"). Diese Funktion wird bei der Durchführung in einem getrennten Unterprogramm realisiert, das dem in Abschnitt 3.4.4 beschriebenen Algorithmus *SELECT* entspricht, und das daher hier nicht näher erläutert wird. Weiterhin bezeichne man mit $F_{(r)}$ den r-ten kleinsten unter den $a = n^2$ Grauwerten $f(i, j)$ in $\mathbf{F}(p)$ und mit ϱ den Rang von $f(p)$. Das Ergebnis des KNNM-Filters ist dann:

$$h(p) = \Phi\left[q, Q, (F_{(s)} \ldots F_{(s+Q-1)})\right]$$

mit

$$q = \mathbf{integer}\left(\frac{Q+1}{2}\right) \quad \text{und} \quad s = \mathbf{min}\left(n^2 - Q + 1, \mathbf{max}(1, \varrho - q + 1)\right).$$

Für das MADTM-Filter berechnet man zuerst den Median-Grauwert $\mu_1 = F_{(w)}$, mit $w = (a + 1) / 2$, und dann den Median μ_2 der Abweichungen der Grauwerte $f(i, j)$ von μ_1,

$$\mu_2 = \Phi\left[w, \alpha, \left(|f(-k, -k) - \mu_1| \ldots |f(+k, +k) - \mu_1|\right)\right].$$

Das Ergebnis des MADTM-Filters ist dann der Mittelwert derjenige Grauwerte $f(q)$ in $\mathbf{F}(p)$, die um weniger als μ_2 von μ_1 abweichen,

$$h(p) = \frac{1}{c}\sum f(q) \text{ mit Summierung über alle } q \in \mathbf{F}(p) \text{ mit } |f(q) - \mu_1| \le \mu_2,$$

wobei $c = \mathbf{card}\{q\colon q \in \mathbf{F}(p) \wedge |f(q) - \mu_1| \le \mu_2\}$.

(III) Das Ergebnis $h(p)_{KNNM}$ des KNNM-Filters ist der Medianwert der Q Grauwerte von $\mathbf{F}(p)$, deren Ränge dem Rang ϱ des Bezugspunktes $f(p)$ am nächsten stehen. Damit der Medianwert eindeutig ist, ist es zweckmäßig, daß Q ungerade gewählt wird. Der Wert $h(p)_{KNNM}$ kann in einfacher Weise durch ein sogenanntes „gewichtetes Medianfilter" berechnet werden. In einem gewichteten Medianfilter wird der Medianwert aus einer Liste von Grauwerten bestimmt, in welcher der Grauwert $f(i, j)$ jedes Bildpunktes $(i, j) \in \mathbf{F}(p)$ in einer bestimmten Anzahl $\alpha(i, j)$ von Duplikaten auftritt. Um aus dem allgemeinen gewichteten Medianfilter ein KNNM-Filter zu erhalten, sind die folgenden Gewichte erforderlich: $\alpha(i, j) = 1$ für $(i, j) \neq p$ und $\alpha(p) = a + 1 - Q$ (*center weighted median*).

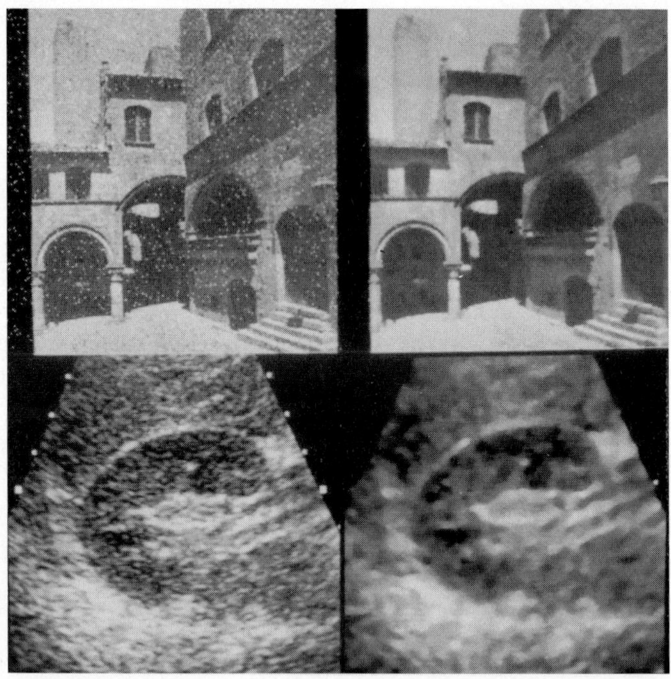

Abbildung 6.20: Anwendungsbeispiele von zwei Varianten des Medianoperators. Oben (links Original mit Impulsrauschen, rechts bearbeitet): Rauschbeseitigung mit Hilfe des *k-nearest neighbour median*-Filters mit $n = 5$ und $Q = 15$. Unten (links Ultraschallbild original, rechts bearbeitet): Unterdrückung der Störstruktur mit Hilfe des *median of absolute differences trimmed mean*-Filters mit $n = 7$.

Das MADTM-Filter kann als ein lokaladaptives Alpha-trimmed-mean-Filter betrachtet werden (s. auch den Abschnitt 6.5.6). Das Ergebnis ist, wie beim Alpha-trimmed-mean-Filter, der Mittelwert von einigen Grauwerten, deren Ränge in einem bestimmten Bereich um dem Median μ_1 liegen. Hier werden jedoch zur Mittelwertbildung nur diejenige Grauwerte hinzugezogen, die im Bereich $\mu_1 \pm \mu_2$ liegen. Der Schwellenwert μ_2 ist der Medianwert der absoluten Differenzen zwischen μ_1 und den Grauwerten von **F**(*p*). Die Adaption verleiht diesem Filter, im Vergleich mit dem konventionellen Alpha-trimmed-mean-Filter, eine bessere Erhaltung der steilen Kantenanstiege, weil hier eine Mittelwertbildung zwischen Grauwerten mit nahe zueinander liegenden Werten (und nicht mit nahe zueinander liegenden Rängen) durchgeführt wird. Auch die Unterdrückung von Punktstörungen ist gut zu erreichen, weil einzeln auftretende Ausreißer in die Mittelwertbildung gar nicht miteinbezogen werden.

Die Abb. 6.20 zeigt zwei Anwendungsbeispiele des KNNM- und des MADTM-Filters zur Beseitigung von Punktstörungen bzw. zur Unterdrückung der von der Aufnahmeart bedingten typischen Feinstruktur eines Ultraschallbildes. In beiden Fällen wird eine Glättung der Details mit Erhaltung der steilen Kantenanstiege an den Grenzen zwischen inhaltlich homogenen Regionen angestrebt.

(IV) *Kontrollstruktur:* Fensteroperator in Abb. 3.6 (zentriert) mit $a = n^2$

Erforderliche Speicherfelder:

Der Speicherbereich $F(1...a)$ für die Grauwerte von **F**(*p*) (gemäß Abb. 3.6) muß für die Durchführung des KNNM-Filters als gewichtetes Medianfilter auf $F(1 \ldots 2a)$ erweitert werden,

$D(1 \ldots a)$ dient als Zwischenspeicher für die Abweichungen zwischen den Grauwerten und dem Median beim MADTM-Filter.

Eingabe und Initialisierung:

```
Parametereingabe von n und VAR; a := n²;
w := (a + 1) / 2;
if (VAR = 1) then begin
    Eingabe von Q;   a₁ := 2a − Q;            r := (a₁ + 1) / 2
    end {if}
```

Operatorkern:

```
                        {F(z) mit 1 ≤ z ≤ a in v = h(x, y) überführen, vgl. Abb. 3.6}
if (VAR = 1) then begin
    for z := a + 1 to a₁ do   F(z) := F(a);
    v := Φ[r, a₁, (F(1) ... F(a₁))]
    end {then}
```

else begin
$\mu_1 := \Phi\lfloor w, a, (F(1) \ldots F(a))\rfloor$;
for $z := 1$ **to** a **do** $D(z) := |\mu_1 - F(z)|$;
$\mu_2 := \Phi\lfloor w, a, (D(1) \ldots D(a))\rfloor$;
$c := 0$; $R := 0$;
for $z := 1$ **to** a **do**
if $(|F(z) - \mu_1| \leq \mu_2)$ **then begin**
$c := c + 1$;
$R := R + F(z)$
end *{if}*
$v := R / c$
end *{else}*

(V) Das KNNM-Filter wird in

Itoh, K., Ichioka, Y., Minami, T.: *Nearest-neighbor median filter*. Applied Optics **27** (1988), pp. 3445-3450.

dargestellt, das MADTM-Filter in

Cai, Y.L., Chen, C.S.: *An edge preserving smoothing filter based on the robust estimate*. Proc. 8th ICPR, Paris, 1986, pp. 206-208.

Das Alpha-Trimmed-mean-Filter ist z.B. beschrieben in

Lee, Y.H., Kassam, S.A.: *Generalized median filtering and related nonlinear filtering techniques*, IEEE Trans. ASSP-**33** (1985), pp. 672-683.

Von den zahlreichen Varianten des Medianoperators, die an vielen Stellen in der Literatur beschrieben werden (siehe

Pitas, I., Venetsanopoulos, A.N.: *Nonlinear Digital Filters*. Kluwer Academic Publishers, Boston, 1990.

für einen Überblick), wurden hier zwei typische Beispiele gewählt, die, wie aus einer vergleichenden Studie

Campbell, T.G., du Buf, J.M.: *A quantitative comparison of median-based filters*, in: Kunt, M. (ed.), Proc. SPIE Conf. on Visual Communications and Image Processing, Lausanne, 1990, pp. 176-187.

hervorgeht, sich als kantenerhaltende Glättungsfilter für verrauschte Bilder besonders gut bewährt haben.

6.5.6 Allgemeines *L*-Filter in einem 3 x 3-Fenster

(*I*) Dieser Operator führt eine lineare Kombination der nach Rang geordneten Grauwerte in einem 3×3-Fenster mit einzugebenden Gewichtungskoeffizienten durch.

Attribute:

Bilder: $M \times N$-Grauwertbilder
Operator: Fensteroperator
Operatorkern: ordnungsstatistisch

Eingaben:

Gewichtungskoeffizienten $w(1), ..., w(9)$.

(II) Die nach Größe geordneten Grauwerte $F(z)$, $1 \leq z \leq a = 9$, des 3 x 3-Bildfensters $\mathbf{F}(f, p)$ werden mit $F_{(z)}$ bezeichnet, wobei $F_{(z)} \leq F_{(z+1)}$ für $z = 1, ..., a - 1$ ist. Das Ergebnis des Operators ist dann

$$h(p) = \frac{1}{S} \sum_{z=1}^{a} w(z) \cdot F_{(z)} \quad \text{mit} \quad S = \sum_{z=1}^{a} |w(z)| \neq 0 .$$

(III) Die lineare Kombination der nach Rang geordneten Signalwerte eines Fensters wurde als Filterstruktur besonders zur störfesten Abschätzung eindimensionaler Signale untersucht. Dabei stellen Minimum-, Maximum- und Medianoperator Sonderfälle dieser allgemeinen Struktur dar. Einen weiteren Sonderfall bilden die sogenannten Alpha-Trimmed-Mean-Filter, für die $w(1) = \cdots = w(s) = w(a-s+1) = w(a) = 0$ und $w(s+1) = \cdots = w(a-s) = 1$, mit $1 \leq s \leq (a-1)/2$ gilt. Diese Filter bilden den Mittelwert aller Grauwerte, mit Ausnahme der s kleinsten und der s größten. Sind die Grauwerte rauschbehaftet, so ist es möglich, für verschiedene Standard-Rauschverteilungen jeweils optimale s-Werte im Hinblick auf die Abschätzung des ungestörten Grauwertes zu bestimmen.

Die Alpha-Trimmed-Mean-Filter wurden auf zweidimensionale Bildsignale erweitert und ihre Struktur wurde durch Miteinbeziehung nichtlinearer Verknüpfungen weiterhin verallgemeinert.

Durch die Wahl des Parameters s kann man Filter mit abstufbaren Eigenschaften zwischen denjenigen eines Mittelwertfilters ($s = 0$, schlechte Kantenerhaltung, gute Unterdrückung des Gaußschen Rauschens und schlechte Unterdrückung der Punktstörungen) und denjenigen eines Medianfilters ($s = (a - 1) / 2$, gute Kantenerhaltung, schlechte Unterdrückung des Gaußschen Rauschens und gute Unterdrückung der Punktstörungen) realisieren. Neben den Alpha-Trimmed-Mean-Filtern, gibt es andere nützliche und mit diesem Operator realisierbare Filter, die als Sonderfälle dieser Filterstruktur betrachtet werden können, wie z.B.:

- *mid-range-filter* $(w(1) = w(a) = 1;\ \text{sonst } w(z) = 0)$: nützlich auch zur Signalabschätzung in Anwesenheit von gleichverteiltem Rauschen;
- Kantendetektor $(w(1) = -1, w(a) = 1;\ \text{sonst } w(z) = 0)$.

Die vollständige Ordnung der Grauwerte nach Größe kann hier für $a = 9$ Grauwerte mit der Prozedur *BUBBLESORT* (s. Abschnitt 3.4.6) durchgeführt werden.

(IV) *Kontrollstruktur:* Fensteroperator in Abb. 3.6 (zentriert) mit $n = 3$ und $a = 9$
Erforderliches Speicherfeld: $w(1...9)$ für die Gewichtungskoeffizienten.

Eingabe und Initialisierung:

```
S := 0;
for z := 1 to 9 do begin
    Eingabe des Gewichtungskoeffizienten w(z);
    S := S + |w(z)|
    end {for}
```

Operatorkern:

```
                {F(z) mit 1 ≤ z ≤ a in v = h(x, y) überführen, vgl. Abb. 3.6 }
                                  {Ordnung der Grauwerte im Datenfeld F()}
call BUBBLESORT(F(1 ... 9), 9);
Q := 0;
for z := 1 to 9 do    Q := Q + w(z)·F(z);
call ADJUST(Q / S, v)                                     {ADJUST in 2.1}
```

(V) *L*-Filter und ihre Varianten sind ausführlich behandelt in

Pitas, I., Venetsanopoulos, A.N.: *Nonlinear Digital Filters*. Kluwer Academic Publishers, Boston, 1990.

Bednar, J.B., Watt, T.L.: *Alpha-trimmed means and their relationship to median filters*. IEEE Trans. ASSP-**32** (1984), pp. 145-153.

Lee, Y.H., Kassam, S.A.: *Generalized median filtering and related nonlinear filtering techniques*. IEEE Trans. ASSP-**33** (1985), pp. 672-683.

Zur Erweiterung der Alpha-Trimmed-Mean-Filter auf zweidimensionale Bildsignale s.

Restrepo, A., Bovik, A.C.: *Adaptive trimmed mean filters for image restoration*, IEEE Trans. ASSP-**36** (1988), pp. 1326-1337.

6.5.7 Rangselektionsfilter mit adaptivem Fenster

(I) Das Ergebnis dieses Operators ist der Grauwert mit einem vorgegebenen Rang R, der zwischen Minimum und Maximun beliebig festgelegt werden kann. Die Argumente des Operators sind jedoch nicht alle Grauwerte in $\mathbf{F}(f, p)$, sondern nur diejenigen der Bildpunkte, die sich in einem von vier Teilgebieten von $\mathbf{F}(p)$, $\mathbf{F}_u(p)$, $u = 1, \ldots, 4$, befinden. Diese vier Teilgebiete erstrecken sich wie Keile von der Fenstermitte über die ganze Fensterbreite jeweils waagerecht, senkrecht und in den zwei Diagonalrichtungen. Im aktuellen Fenster wird adaptiv die Rangordnungsfilterung in dem Teilgebiet durchgeführt, in welchem die mittlere Abweichung der Grauwerte von ihrem Mittelwert im jeweiligen Teilgebiet minimal (oder wahlweise maximal) ist.

Attribute:

Bilder: $M \times N$-Grauwertbilder

Operator: Fensteroperator

Operatorkern: ordnungsstatistisch, anordnungsabhängig, logisch strukturiert

Eingaben:

Fenstergröße n,

Rang R des Ergebnisgrauwertes $h(p)$, $1 \le R \le N(u)$,

Kriterium zur Festlegung des zu betrachtenden Teilgebiets von $\mathbf{F}(p)$ mit minimaler ($VAR = 1$) oder mit maximaler ($VAR = 2$) mittlerer Grauwertabweichung.

(II) Die Anzahl $N(u)$ der Grauwerte, unter denen der R-te kleinste bestimmt werden soll, hängt, bei gegebener Fenstergröße, von der Orientierung des aktuellen Teilgebiets $\mathbf{F}_u\,(1 \le u \le 4)$ ab. Daher wird hier der Rang zweckmäßigerweise als prozentueller Rang r eingegeben mit $0 \le r \le 1$ und $r = 0$ für das Minimum und mit $r = 1$ für das Maximum. Der Rang R wird dann programmintern von r abgeleitet gemäß

$$R = 1 + \mathbf{integer}\left[r \cdot \left(N(u) - 1\right)\right].$$

Zur besseren Handhabung werden im Operatorkern anfangs die Grauwerte $F(i, j)$, mit $1 \le i, j \le n$, in ein zweidimensionales Datenfeld $g(u, s)$ mit $1 \le u \le 4$ und $1 \le s \le S_M$ umsortiert, in dem sie nach ihrer Zugehörigkeit zu einem der vier Teilgebiete F_u eingeordnet sind. Die Dimension S_M dieses Feldes muß hinreichend groß für die Unterbringung der anfallenden Anzahl von Grauwerten bei der maximalen vorgesehenen Fenstergröße n_{max}, also

$$S_M \approx \frac{n_{max}^2}{4},$$

gewählt werden. Die räumliche Anordnung der Teilgebiete $\mathbf{F}_u$, die um die vier Symmetrieachsen $\alpha_1, \ldots, \alpha_4$ liegen, ist in Abb. 6.21 dargestellt. Die Zugehörigkeit eines Bildpunktes (i, j) zu einem Teilgebiet $\mathbf{F}_u$ richtet sich nach dem minimalen (euklidischen) Abstand $d((i, j), \alpha_u)$ zwischen (i, j) und α_u:

$$(i, j) \in \mathbf{F}_v \quad \text{wenn} \quad d((i, j), \alpha_v) = \min_{u=1\ldots4} \left\{d((i, j), \alpha_u)\right\} \quad \text{für} \quad (i, j) \in \mathbf{F}(p).$$

Der mittlere Grauwert μ_u über das Teilgebiet $\mathbf{F}_u$ ist

$$\mu_u = \frac{1}{N(u)} \sum_{s=1}^{N(u)} g(u, s).$$

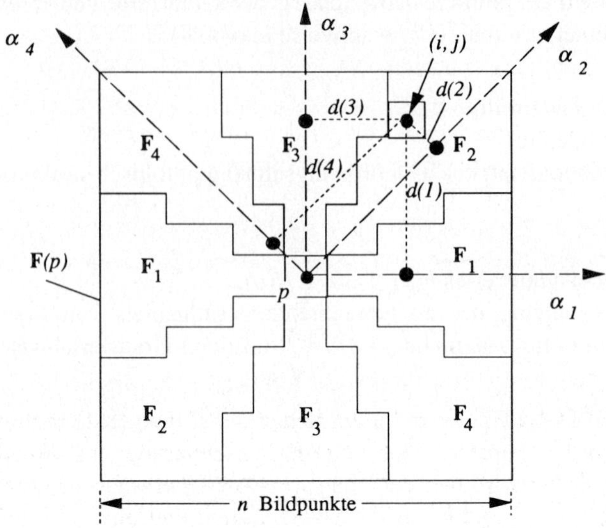

Abbildung 6.21: Teilgebiete F_u (u = 1...4) des Operatorfensters **F**(p) mit Symmetrieachsen α_u. Die Entfernungen $d(u)$ des allgemeinen Bildpunkts (i, j) zu den Symmetrieachsen sind dargestellt.

Die mittlere absolute Grauwertabweichung δ_u von μ_u in $\mathbf{F}_u$ ist

$$\delta_u = \frac{1}{N(u)} \sum_{s=1}^{N(u)} \left| g(u,s) - \mu_u \right|.$$

Die Bestimmung des R-ten kleinsten aus $N(u)$ Grauwerten bedarf keiner vollständigen Ordnung der $N(u)$ Grauwerte, weil sie schneller mit Hilfe der Prozedur *SELECT* (s. Abschnitt 3.4.4) durchgeführt werden kann. Kennzeichnet man mit

$$SELECT_R(x_1, x_2, \ldots, x_L), \quad R \leq L,$$

den mit *SELECT* bestimmten R-ten kleinsten Wert aus der Liste $(x_1, \ldots, x_L)$, so ist für $VAR = 1$ das Ergebnis des Operators

$$h(p) = SELECT_R\big(g(v,1), g(v,2), \ldots, g(v, N(v))\big) \text{ für } \delta_v = \min_{u=1\ldots4} \{\delta_u\}.$$

Für VAR= 2 ist in dieser Gleichung **min** durch **max** zu ersetzen.

(III) Die Rangordnungsoperatoren finden eine breite Anwendung als kantenerhaltende Glättungsoperatoren, besonders zum Zweck der Bildverbesserung und der Vorverarbeitung für die Bildsegmentierung. Von besonderer Bedeutung sind neben dem Medianoperator (Eingabe r = 0.5) auch der Minimum- und der Maximum-Operator (r = 0 bzw. r = 1) als Grundbausteine für die morphologischen Operatoren der Erosion und der Dilatation. Aber auch andere datenabhängige Rangordnungsoperatoren mit festem prozentuellem Rang r ($0 < r < 1$ und $r \neq 0.5$) erweisen sich oft als nützliche Bildverbesserungsoperatoren.

Ein Nachteil der Rangordnungsoperatoren mit quadratischen Fenstern ist, daß sie auch großflächige Muster tilgen können, deren kleinere Abmessung nicht größer als die Fensterbreite ist. Die Lokaladaption der Orientierung des Operatorfensters in Richtung der höchsten Homogenität der Grauwertfunktion (Parameter $VAR = 1$) zielt nun auf die Beseitigung dieses Nachteils. Die Richtungsadaption bewirkt nämlich, daß einerseits große Fenster verwendet werden können (gute Glättung), ohne daß andererseits längliche und dünne Muster eliminiert oder wesentlich geschrumpft werden. Dagegen ermöglicht die Variante mit $VAR = 2$ eine stärkere Glättung als mit einem Medianfilter.

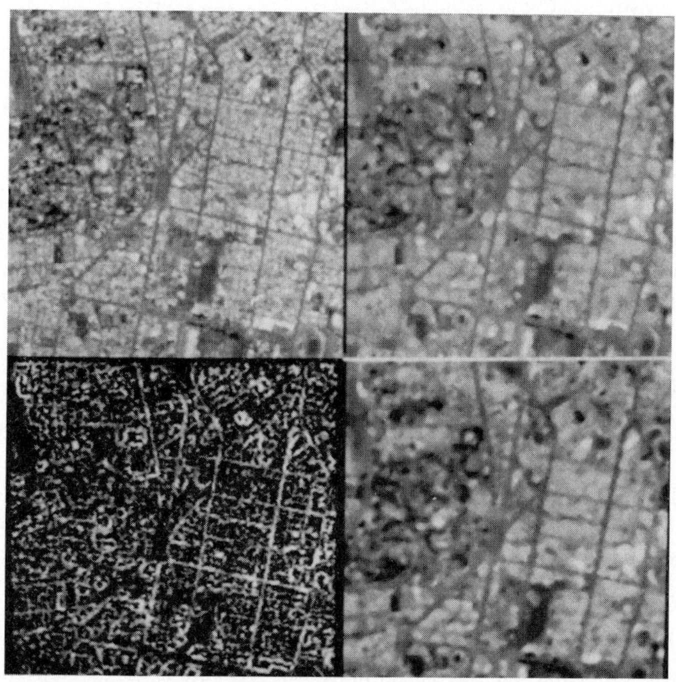

Abbildung 6.22: Beispiel der Wirkungsweise einiger Varianten des Rangselektionsfilters mit adaptivem Fenster in einer Anwendung auf die Detektion der geradlinigen Konfigurationen eines Luftbildes. Oben links: Originalbild. Oben rechts: Variante 1 für $n = 5$, $r = 0.5$. Unten links: Bilddifferenz zwischen der Variante 2 (mit $n = 7$ und $r = 0.7$) und dem Originalbild. Unten rechts: zweimal Variante 1, zuerst mit $n = 5$, $r = 0.5$ und dann mit $n = 3$, $r = 0$.

Für den hier vorgestellten Algorithmus wurden, wie in Abb. 6.21 gezeigt, keilförmige, nahezu eindimensionale Fenster verwendet, weil streng linienförmige Fenster eher für graphische Vorlagen als für die relativ unschärferen natürlichen Bilder geeignet sind. Außerdem wurde der Algorithmus vom Medianfilter auf beliebige Rangordnungsfilter erweitert.

Am Anfang des Programmlaufs müssen, nach Eingabe der Fenstergröße n, einige von n abhängigen Daten aufbereitet werden. So wird in einem $n \times n$-Datenfeld $DMIN(i, j)$, das ein geometrisches Abbild von $\mathbf{F}(p)$, $p = (x, y)$, darstellt, jedem Bildpunkt $q \in \mathbf{F}(p)$ der Wert u mit minimalem Abstand $d((i, j), \alpha_u)$, d.h. die Zugehörigkeit zum richtigen Teilgebiet $\mathbf{F}_u$, zugeordnet. Mit Hilfe dieser Information werden dann alle die Grauwerte $f(q)$ unterteilungsgerecht in das Datenfeld $g(u, s)$ (s. oben) untergebracht, damit μ_u und δ_u für $u = 1$ bis 4 berechnet werden können. Nach der Feststellung des Teilgebiets v mit minimalem bzw. maximalem δ_u-Wert, auf dem die Rangordnungsfilterung durchgeführt werden soll, wird die in (II) definierte Prozedur $Select_R$ auf die in $g(v, s)$ gespeicherten Grauwerten angewandt.

Die Abb. 6.22 soll einen Eindruck der Wirkungsweise einiger Varianten dieses Operators im Falle eines konkreten Anwendungsbeispiels vermitteln. Die Extraktion der geradlinigen Konfigurationen erfordert hier einerseits die Glättung des detailreichen Hintergrunds und andererseits eine Anpassung der Orientierung des Glättungsfensters an die lokale Linienstruktur, damit diese nicht getilgt wird. In Abb. 6.22 oben rechts ist das Ergebnis einer einfachen Medianfilterung wiedergegeben. In Abb. 6.22 unten links wird die Linienextraktion indirekt durch Bildsubtraktion angestrebt. Mit Hilfe eines Maximum-Operators in der Variante 2 erhält man zuerst ein Bild, aus dem gerade die dunklen linienhaften Strukturen eliminiert worden sind. Aus diesem Bild wird dann das Original subtrahiert. Schließlich wurde in der Abb. 6.22 unten rechts zuerst eine anisotrope Glättung durch Medianfilterung und dann ein anisotroper Minimum-Operator (beide in der Variante 1) zur Hervorhebung der dunklen Linienstruktur durchgeführt.

(IV) *Kontrollstruktur:* Fensteroperator in Abb. 3.8 (nicht-zentiert)

Erforderliche Datenfelder (oben bereits näher erläutert):

$g(u, s)$ mit $1 \leq u \leq 4$ und $1 \leq s \leq S_M$ für die nach Teilgebiet sortierten Grauwerte,

$DMIN(i, j)$ mit $1 \leq i,j \leq n_{max}$ und $1 \leq DMIN \leq 4$ für die Information über die Zuordnung der Bildpunkte (i, j) zu den Teilgebieten $\mathbf{F}_u$,

$\mu(u)$ für die mittleren Grauwerte in den Teilgebieten $\mathbf{F}_u$,

$\delta(u)$ für die mittleren Abweichungen in den Teilgebieten $\mathbf{F}_u$,

$D(u)$ als Zwischenspeicher für die Abstände zwischen einem gegebenen Bildpunkt und den Symmetrieachsen α_u.

Eingabe und Initialisierung:

```
Parametereingabe von n, R und VAR;
K := (n + 1) / 2;
for j := 1 to n do
    for i := 1 to n do begin
        D(1) := |j - K|;    D(2) := 0.7071·|i - j|;
        D(3) := |i - K|;    D(4) := 0.7071·|i + j - n - 1|;
        MIND := n_max;
```

```
        for z := 1 to 4 do
                if (D(z) < MIND) then begin
                        MIND := D(z);    Z := z
                        end {if};
        DMIN(i, j) := Z
        end {for}
```

Operatorkern:

```
                {F(i, j) mit 1 ≤ i, j ≤ n in v = h(x, y) überführen, vgl. Abb. 3.8}
                        {Umsortierung der Grauwerte nach Teilgebiet und
                                        Bestimmung der mittleren Grauwerte}
for z := 1 to 4 do begin
   g(z, 1) := F(K, K);
   N(z) := 2;                 {Initialisierung der Indizes der Elemente von F_z(p)}
   μ(z) := 0
   end {for};
for j := 1 to n do
   for i := 1 to n do
        if ((i ≠ K) ∨ (j ≠ K)) then begin
             g(DMIN(i, j), N(DMIN(i, j))) := F(i, j);
             μ (DMIN(i, j)) := μ (DMIN(i, j)) + F(i, j);
             N(DMIN(i, j)) := N(DMIN(i, j)) + 1
             end {if};
                {Bestimmung der mittleren Abweichung in den vier Teilgebieten}
for z := 1 to 4 do begin
   N(z) := N(z) – 1;  μ(z) := μ(z) / N(z);       δ(z) := 0
   end {for};
for u := 1 to 4 do begin
   for s := 1 to N(u) do        δ(u) := δ(u) + |g(u, s) – μ(u)|;
   δ(u) := δ(u) / N(u)
   end {for};
if (VAR = 1) then begin
   MIN := größte darstellbare Zahl;
   for u := 1 to 4 do
        if (δ(u) < MIN) then begin
             MIN := δ(u);               w := u
             end {if}
   end {then}
```

```
else begin
    MAX := 0;
    for u := 1 to 4 do
            if (δ(u) > MAX ) then begin
                    MAX := δ(u);     w := u
                    end {if}
    end {else}
R := 1 + integer [r (N(w) – 1)];
v := Select_R (g(w, 1), g(w, 2), ..., g(w, N(w)))
```

(V) Rangordnungsoperatoren für die Bildverbesserung und für die Vorverarbeitung für die Bildsegmentierung werden z.B. in

Wahl, F.M.: *Digitale Bildsignalverarbeitung*. Springer, Berlin, 1984.

Zamperoni, P.: *Methoden der digitalen Bildsignalverarbeitung*. Vieweg Verlag, Wiesbaden, 2. Auflage, 1991.

beschrieben und datenabhängige Rangordnungsoperatoren mit festem Rang in

van den Boomgaard, R.: *Threshold logic and mathematical morphology*. in: Cantoni, V. et al. (eds.): *Progress in Image Analysis and Processing*, World Scientific Publishing, Singapore, 1990, pp. 111-118.

Zamperoni, P.: *Variations on the rank-order filtering theme for grey-tone and binary image enhancement*. in: Proc. ICASSP'89, Glasgow, May 1989, pp. 1401-1404.

Anisotrope Medianfilter mit exakt eindimensionalen Fenstern wurden bereits in

Nieminen, A., Heinonen, P., Neuvo, Y.: *A new class of detail-preserving filters for image processing*, IEEE Trans. PAMI-**9** (1987), pp. 74-90.

untersucht. Das Prinzip der Adaption der Fensterrichtung in Abhängigkeit von den lokalen Bilddaten wurde auch in

Presetnik F.F., Filipovi'c, M.: *Adaptive median filtering of images degraded by speckle noise*, in Lacoume, J.L. et al. (eds.), Signal Processing IV: Theories and Applications, Elsevier, Amsterdam, 1988, pp. 651-654.

in Zusammenhang mit einer speziellen Anwendung verwendet.

6.5.8 Rangordnungstransformation (Kontraststreckung)

(I) Dieser Operator bewirkt eine umso stärkere Streckung des lokalen Kontrastes, je kleiner das Operatorfenster **F**(p) ist. Dies entspricht, wie unter Punkt (III) näher erläutert, einer lokalen Egalisierung der Grauwerte von **F**(p), d.h. ihre Spreizung über die gesamte Grauwertskala von 0 bis $G - 1$. Dadurch können Texturelemente und Details bis zu einer von der Fenstergröße bedingten untersten Ortsfrequenz gegenüber dem Hintergrund hervorgehoben werden.

Attribute:
Bilder: $M \times N$ -Grauwertbilder
Operator: Fensteroperator
Operatorkern: datenabhängig, ordnungsstatistisch
Eingaben:
Fenstergröße *n*.

(II) Für das Resultatsbild *h* gilt

$$h(p) = \frac{r-1}{a-1} \cdot (G-1) \quad \text{mit} \quad r = u + \mathbf{integer}\left(\frac{w}{2}\right)$$

wobei *u* bzw. *w* die Anzahl der Grauwerte *f*(*i*, *j*) mit (*i*, *j*) ∈ **F**(*p*) ist, für die *f*(*i*, *j*) < *f*(*p*) bzw. *f*(*i*, *j*) = *f*(*p*) gilt.

(III) Betrachtet man die Grauwertskala 0 ... *G* – 1 als kontinuierlich, so kann sie in *a* diskrete Grauwerte

$$g_z = \frac{G-1}{a-1} \cdot z \quad \text{mit} \quad z = 0, \ldots, a-1$$

gleichmäßig eingeteilt werden. In der Praxis werden die Werte g_z durch die Integer-Arithmetik auf ganze Zahlen abgerundet. Das Ergebnis der Rangordnungstransformation ist derjenige Grauwert g_r, der in der so diskretisierten Grauwertskala den gleichen Rang wie *f*(*p*) unter den *a* Grauwerten von **F**(*p*) hat. Somit wird der lokale Kontrast in **F**(*p*) auf die volle Grauwertskala gestreckt: lokale Minima ergeben $g_0 = 0$, lokale Maxima ergeben $g_{a-1} = G-1$. Daß dieser Operator eine lokale Grauwertegalisierung bewirkt, ist auch anhand der folgenden qualitativen Überlegung ersichtlich, die allerdings nur auf homogene Gebiete genau zutrifft. In jedem Bildfenster **F**(*f*, *p*) gibt es genau einen kleinsten, einen zweitkleinsten, usw. bis zu einem größten Grauwert. Nach der Rangordnungstransformation wird es genau einen Grauwert g_0, einen Grauwert $g_1, \ldots,$ einen Grauwert g_{a-1} geben, d.h. die Ergebnisgrauwerte sind auf die gesamte Grauwertskala gleichmäßig verteilt. Die im Abschnitt 5.1.4 erläuterte globale Grauwertegalisierung kann als ein Sonderfall der Rangordnungstransformation für *n* = *N* betrachtet werden. Die Ähnlichkeit zwischen den Gleichungen für *h*(*p*) in 5.1.4 mit *r* = 1 und hier in (II) besteht darin, daß in der zweiten anstelle von Summenhäufigkeiten die genauen Zahlen *r* –1 und *a* – 1 der Grauwerte von **F**(*f*, *p*) auftreten, die kleiner als *f*(*p*) bzw. kleiner als das lokale Maximum sind.

Die Bestimmung des Ranges *r* von *f*(*p*) ist jedoch dann nicht eindeutig, wenn es in **F**(*f*, *p*) mehrere Grauwerte gleich *f*(*p*) gibt. In diesem Fall wird hier die Lösung gewählt, die Hälfte dieser Werte als < *f*(*p*) und die Hälfte als > *f*(*p*) zu betrachten. Die Gleichung in (II) für *h*(*p*) berücksichtigt auch den Normalfall, daß der Wert *f*(*p*) einzeln auftritt.

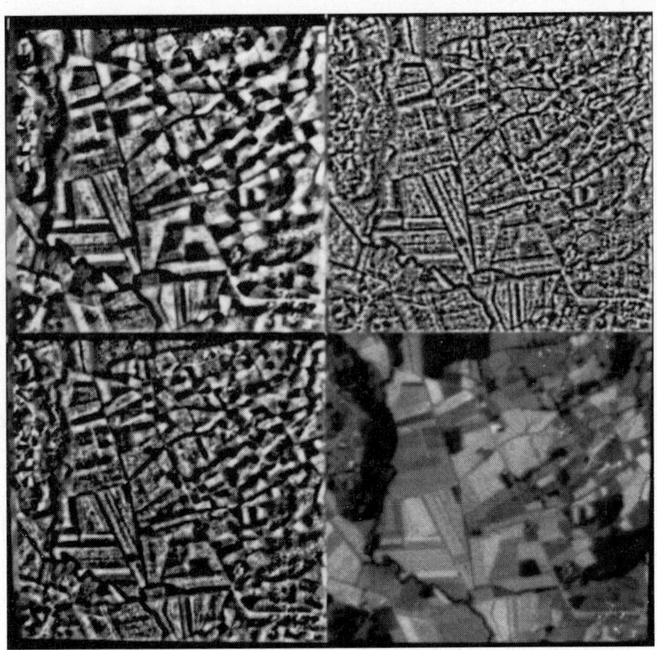

Abbildung 6.23: Beispiel der Anwendung der Rangordnungstransformation auf ein Luftbild: oben links: mit verschiedenen Fenstergrößen, oben rechts: 7 x 7, unten links: 13 x 13, unten rechts: 21 x 21.

Das Anwendungsbeispiel von Abb. 6.23 zeigt, daß der Detailverstärkungseffekt umso stärker ist, je kleiner das Fenster gewählt wird.

(IV) *Kontrollstruktur:* Fensteroperator in Abb. 3.6 (zentriert) mit $a = n^2$.

Eingabe:

Parametereingabe von *n*, *n* ungerade

Operatorkern:

{$F(z)$ mit $1 \leq z \leq a$ in $v = h(x, y)$ überführen, vgl. Abb. 3.6 }

$u := 0;$ $w := 0;$

for $z := 1$ **to** a **do begin**

if $(F(z) < F(a))$ **then** $u := u + 1;$

if $(F(z) = F(a))$ **then** $w := w + 1$

end *{for}*;

$r := u + w / 2;$

$v := [(r - 1)(G - 1)] / (a - 1)$

(V)

Zamperoni, P.: *Methoden der digitalen Bildsignalverarbeitung*. 2. Auflage, Vieweg Verlag, Wiesbaden, 1991.

Fahnestock, J.D., Schowengerdt, R.A.: *Spatially variant contrast enhancement using local range modification*. Optical Engineering **22** (1983), pp. 378-381.

Kim, V., Yaroslavskii, L.: *Rank algorithms for picture processing*. Computer Vision, Graphics, and Image Processing **35** (1986), pp. 234-258.

6.5.9 Anisotropiegesteuerte adaptive Rangordnungsfilter

(I) Die zwei hier beschriebenen Varianten eines adaptiven Rangordnungsfilters können zur Bildverbesserung und als Vorverarbeitungsstufen für die Bildsegmentierung, besondern von komplexen natürlichen Bildern, verwendet werden. Durch die Adaption können, in Abhängigkeit von den lokalen Bilddaten, verschiedenartige und ohne Adaptivität unvereinbare Anforderungen erfüllt werden:

- Glättung von stochastischem Rauschen (zur Bildverbesserung) und von Texturmustern (zur Segmentierung),
- Erhaltung bzw. Hervorhebung der Kantenschärfe und des Kantenkontrastes,
- Erhaltung von strukturierten Details mit Pixelbreite, wie z.B. dünne Linien.

In beiden Varianten ist das bereits im Abschnitt 6.6.1 definierte lokale Anisotropiemaß die Größe, die die Filteradaption steuert.

Als Variante 1 wird ein abgestufter Extremwertoperator (vgl. Abschnitt 6.3.1) betrachtet, dessen Resultatsgrauwert anisotropieabhängig ein beliebiges Element der Menge der nach Rang geordneten Grauwerte von $\mathbf{F}(f, p)$ (und nicht nur das Minimum oder das Maximum) sein kann.

Als Variante 2 wird ein adaptives „K-nächste-Nachbarn-Filter" betrachtet. Der Resultatsgrauwert ist der Mittelwert der K Grauwerte von $\mathbf{F}(f, p)$, deren Wert am nächsten zu $f(p)$ liegt, wobei K anisotropieabhängig ist.

Attribute:

Bilder: $M \times N$-Grauwertbilder

Operator: Fensteroperator

Operatorkern: ordnungsstatistisch, anordnungsabhängig, logisch strukturiert (bei Variante 1)

Eingaben:

Fenstergröße n,
Variante $VAR = 1$ oder $VAR = 2$.

(II) Man betrachte in $\mathbf{F}(p)$ die $T = 2(n - 1)$ digitalen Geraden, d.h. lineare, ein-Pixel-breite Segmente, die p beinhalten. Die Abb. 6.24 zeigt zwei solcher Segmente in einem 7×7-Fenster mit $T = 12$. Ferner bezeichne $M_t, t = 1, \ldots, T,$ das n-fache des mittleren Grauwertes des t-ten Segmentes. Z.B. gilt für $k = (n-1)/2$

$$M_1 = \sum_{w=-k}^{k} f(x+w, y-w) \quad \text{und} \quad M_{k+1} = \sum_{w=-k}^{k} f(x+w, y).$$

Auf die zur korrekten Adressierung der Bildpunkte jedes Segmentes erforderliche Kontrollstruktur wird unter den Punkten (III) und (IV) näher eingegangen. Man betrachte außerdem

$$MI = \min_{t=1\ldots T} \{M_t\} \quad \text{und} \quad MA = \max_{t=1\ldots T} \{M_t\}.$$

Ein Maß α der lokalen Anisotropie wird, wie im Abschnitt 6.6.1, wie folgt definiert:

$$\alpha = \begin{cases} \dfrac{MA - MI}{MA + MI}, & \text{wenn } MA \neq 0 \\ 0\,, & \text{sonst.} \end{cases}$$

Es gilt $0 \leq \alpha \leq 1$. Das Operatorergebnis $h(p)$ ist bei Variante 1

$$h(p) = F_{(R)},$$

wobei $1 \leq R \leq a$ gilt und $F_{(R)}$ ist der geordnete Grauwert mit Rang R,

$$R = \begin{cases} \langle c + \alpha(c-1) \rangle, & \text{wenn } f(p) > \left(F_{(a)} + F_{(1)}\right)/2 \\ \langle c - \alpha(c-1) \rangle, & \text{wenn } f(p) \leq \left(F_{(a)} + F_{(1)}\right)/2 \end{cases}, \quad \text{für } c = \frac{a+1}{2},$$

wobei das Zeichen $\langle\ \rangle$ „die nächste ganze Zahl zu" bedeutet. Bei Variante 2 gilt

$$h(p) = \frac{1}{K} \sum_{z=1}^{K} F_{(R_z)},$$

wobei $F_{(R_1)} \ldots F_{(R_K)}$ die K Grauwerte sind, die dem Wert bzw. dem Rang R_z nach am nächsten zu $f(p)$ liegen. Der Parameter K ist gegeben durch

$$K = \langle n + (1-\alpha)(a-n) \rangle.$$

(III) In der Literatur können zahlreiche Beispiele von adaptiven Rangordnungsfiltern, und speziell von *L*-Filtern (vgl. Abschnitt 6.5.6) mit adaptiven Koeffizienten, gefunden werden. Viele der dort vorgeschlagenen Methoden zielen auf eine optimale Abschätzung des ungestörten Grauwertes bei gegebenem Gütekriterium und unter Annahme eines Modells der Störung und bestimmen adaptiv die dafür erforderlichen Werte der Filterparameter (s. Arbeiten von *Bolon*, *Lee / Kassam* und *Restrepo / Bovik* in (V)).

In den meisten Fällen sind auch die Erhaltung der Kantenschärfe und die Unterdrückung von Impulsstörungen in den Optimierungsprozeß miteinbezogen (s. Arbeiten von *Bolon*, *Lee / Tantaratana*, *Petit* und *Pitas / Venetsanopoulos* in (V)).

Viele dieser Verfahren legen den Schwerpunkt auf die Güte der Abschätzung, d.h. sie leisten eine gute Glättung der stochastischen Störungen. Ihre Hauptnachteile sind jedoch die algorithmische Komplexität, wodurch sie sich in der Praxis als Bestandteile einer universellen und leicht anwendbaren Operatorenpalette schlecht eignen, und der Verlust von strukturierten Details, wie z.B. von dünnen Linien.

Im Vergleich mit diesen Filtern, weisen die hier beschriebenen Operatoren im allgemeinen eine schlechtere Glättung des Rauschens und eine vergleichbar gute Kantenwiedergabe auf, sind jedoch in der Erhaltung des Details und in der algorithmischen Einfachheit überlegen. Diese Eigenschaften sind in der Variante 1 durch einen Rangselektionsfilter (L-Filter mit nur einem Koeffizienten ungleich Null) gegeben. Ein Rangselektionsfilter ist zur Detailerhaltung erforderlich, weil eine lineare Kombination von mehreren Grauwerten im allgemeinen die Tilgung von schmalen Linien bewirkt. Andererseits kann mit einem Rangselektionsfilter der ungestörte Grauwert nicht so wirksam wie mit einem L-Filter mit a Koeffizienten ungleich Null abgeschätzt werden.

In der Variante 1 werden die detailerhaltenden Eigenschaften des Extremwert-Operators (vgl. Abschnitt 6.3.1) an Stellen mit hoher Anisotropie ($\alpha \approx 1$, z.B. bei dünnen Linien) ausgenutzt. Hier ist nach der obigen Formel, je nach dem Wert von $f(p)$, $h(p) \approx F_{(1)}$ oder $h(p) \approx F_{(a)}$, zur Erhaltung des Musters, das p beinhaltet, erforderlich. An Stellen mit minimaler Anisotropie ($\alpha \approx 0$, z.B. in Zonen nahezu konstanten Grauwertes) verhält sich der Operator wie ein Medianfilter ($R = c$), dessen Glättungseigenschaften gut für Impulsstörungen und für breit verteiltes Rauschen, jedoch mittelmäßig für normalverteiltes Rauschen sind, vgl. Arbeiten von *Bolon*, *Pitas / Venetsanopoulos*, *Melsa / Cohn* und *Restrepo / Bovik* in (V).

Der Operator der Variante 2 ist, im Vergleich mit der Variante 1, durch eine bessere Glättung und eine etwas schlechtere Erhaltung des Details charakterisiert. Die Grundidee dieses Operators basiert auf einem Bildmodell, in welchem die feinsten zu erhaltenden Strukturen in einem $n \times n$-Fenster gerade Segmente von $n \times 1$ Bildpunkten sind. Für diese Muster ist $\alpha \approx 1$, und, nach der oben angegebenen Formel, K gleich n. Die n Grauwerte, deren Mittelwert den Resultatswert ergibt, sind gerade diejenigen der Bildpunkte des $n \times 1$-Segmentes, das p enthält. Somit ergibt sich $h(p)$ aus der Mittelwertbildung nur innerhalb des Liniensegmentes. Für kleinere Werte von α wächst die Anzahl der Grauwerte, über welche gemittelt wird, bis zur maximalen Anzahl sämtlicher Grauwerte von $\mathbf{F}(f, p)$ für $\alpha = 0$, d.h. für ein Gebiet mit etwa gleichmäßigem Grauwert. Hier verhält sich der Operator wie ein Mittelwertfilter.

Das Anisotropiemaß α kann zunächst durch $0 \leq \alpha \leq 1$, $\alpha = 0$ für einen konstanten Grauwert in $\mathbf{F}(f, p)$ und $\alpha = 1$ für eine dünne weiße Linie auf schwarzem Hintergrund (oder umgekehrt), axiomatisch definiert werden. In der Arbeit von *Zamperoni* in (V) werden verschiedene Alternativen für eine analytische Definition von α erörtert. Die hier zugrundegelegte Definition weist, neben anderen Vorteilen, eine Abhängigkeit vom mittleren lokalen Grauwert auf. In Einklang mit der subjektiven Wahrnehmung werden Mustern mit gleichem Kontrast höhere α-Werte zugeordnet, wenn sie sich in dunkleren Bildgebieten befinden.

Die bei der Durchführung des Operators erforderliche Kontrollstruktur, um die Grauwerte jedes der T digitalen geraden Segmenten von **F**(p) korrekt zu adressieren und um dann die entsprechenden Mittelwerte $M_t\,(t = 1, \ldots, T)$ zu bilden, wird nun mit Hilfe der Abb. 6.24 kurz geschildert.

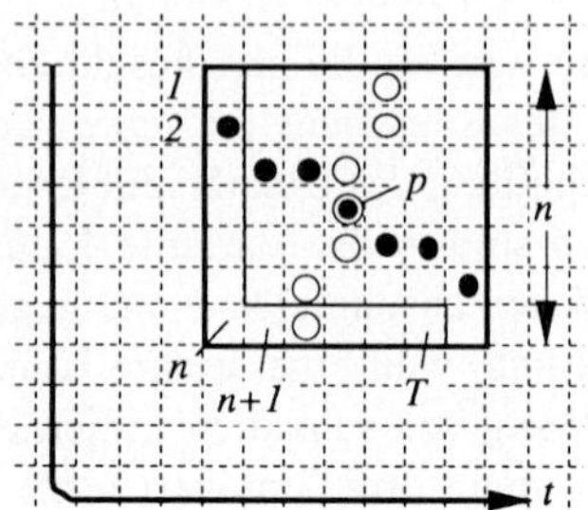

Abbildung 6.24: Operatorfenster **F**(p) mit n = 7 und k = 3. Von den insgesamt T = 12 möglichen digitalen geraden Segmenten durch p sind jene zwei, die den Werten 2 und $n + 2 = 9$ des Zählers t zugeordnet sind, graphisch hervorgehoben.

• $t = 2$ mit $\Delta Y = 1 + k - t = +2$,

○ $t = n + 2 = 9$ mit $\Delta X = t - n - k = -1$.

Jedes Segment ist einem Wert des Zählers t = 1, ..., T zugeordnet. Die Koordinaten $DX(z, t)$ und $DY(z, t)$ (im nicht zentrierten ij-Koordinatensystem) der Bildpunkte des mit t gekennzeichneten Segmentes werden für $z = -k, \ldots, +k$ und für $t = 1, \ldots, T$ berechnet und in entsprechende Speicherfelder abgelegt. Diese Berechnung erfolgt, wie aus der Abb. 6.24 ersichtlich, in zwei Teilen, nämlich für $t = 1, \ldots, n$ und für $t = n + 1, \ldots, T$. Mit Hilfe der Speicherfelder $DX(z, t)$ und $DY(z, t)$ werden dann die Grauwerte jedes einzelnen Segmentes abgerufen, die Mittelwerte $M_1, \ldots, M_T$ berechnet und dann die Extremwerte MI und MA berechnet.

Die Variante 1 erfordert nur eine Rangselektion, die Variante 2 dagegen eine vollständige Ordnung der Grauwerte. Obwohl es günstiger wäre, für die Variante 1 die Prozedur *SELECT* (vgl. Abschnitt 3.4.4) zu verwenden, wurde hier, aus Gründen der Einfachheit und der Übersichtlichkeit, für beide Varianten einheitlich die Prozedur *BUCKETSORT* (vgl. Abschnitt 3.4.7) verwandt, die eine vollständige Ordnung durchführt.

Die Abb. 6.25 zeigt Anwendungsbeispiele der Variante 1 in der oberen und der Variante 2 in der unteren Hälfte. Links sind zwei Original-Luftbilder wiedergegeben, wobei das untere ein SAR-Luftbild ist. Das verarbeitete Bild oben rechts wurde mit einem 9×9-, das Bild unten rechts mit einem 5×5-Fenster erhalten. Man kann erkennen, daß die texturhaltigen Flächen (unbebaute Gebiete oben, „speckle noise" unten) geglättet wurden, und daß die Kantenschärfe und die detailreichen Strukturen (Siedlungen, Straßen, Kanäle) erhalten geblieben sind.

(IV) *Kontrollstruktur:* Fensteroperator in Abb. 3.6 (zentriert) mit $a = n^2$ und $k = (n-1)/2$

Erforderliche Speicherbereiche:

$DX(-k \ldots k, 1 \ldots T_{max})$ und $DY(-k \ldots k, 1 \ldots T_{max})$ für die relativen Koordinaten der Pixel der Segmente 1 ... T, mit $T_{max} = 2 \cdot (n_{max} - 1)$, wobei n_{max} die größte vorgesehene Fensterbreite darstellt,

$F(1 \ldots a_{max})$, mit $a_{max} = n_{max}^2$ für die nach Rang geordneten Grauwerte von $\mathbf{F}(f, p)$,

$Q(1 \ldots G)$ als Speicherbereich für das lokale Grauwerthistogramm *hist*:.

Eingabe und Initialisierung:

```
Parametereingabe von n, n ungerade, und VAR; a = n²;
MED := (a + 1) / 2;
for u := 1 to G do    Q(u) := 0;
T := 2(n – 1);
for t := 1 to n do begin
    ΔY := 1 + k – t;
    for z := – k to k do begin
            DX(z, t) := z;                DY(z, T) := ⟨–(z ΔY) / k⟩
            end {for}
    end {for};
for t := n + 1 to T do begin
    ΔX := t – n – k;
    for z := – k to k do begin
            DX(z, t) := ⟨–(z ΔX) / k⟩;          DY(z, t) := z
            end {for};
    end {for}
```

Bemerkung: Das Zeichen $\langle\ \rangle$ bedeutet „nächste ganze Zahl zu".

Operatorkern:

```
                    {F(i, j) mit –k ≤ i, j ≤ k in v = h(x, y) überführen, vgl. Abb. 3.8}
MA := 0;    MI := n(G – 1);
for t := 1 to T do begin
    SUM := 0;
    for z := –k to k do
            SUM := SUM + F(DX(z, t), DY(z, t));
    if (SUM < MI) then MI := SUM;
    if (SUM > MA) then MA := SUM
    end {for};
α := (MA – MI) / (MA + MI);
```

```
      for j := – k to k do
         for i := – k to k do
                  Q(1 + F(i, j)) := Q(1 + F(i, j)) + 1;
      Z := 1;
      for u := 1 to G do
         if (Q(u) ≠ 0) then begin
L1                F(Z) := u – 1;          Z := Z + 1;       Q(u) := Q(u) – 1;
                  if (Q(u) > 0) then goto L1
                  end {if};
      if (VAR = 1) then begin
         if ((F(a) – F(0, 0)) < (F(0, 0) – F(1)))
                  then     R := ⟨α(MED – 1)⟩ + MED
                  else     R := MED – ⟨α(MED – 1)⟩;
         v := F(R)                                                  {Wert für h(p)}
         end {then}
      else begin
         K := n + ⟨(1 – α)(a – n)⟩;
         for z := 1 to a do
                  if (F(0, 0) = F(z)) then begin
                           RK := z;          goto L2
                           end {if};
L2       SUM := F(RK);   RO := RK + 1;    RU := RK – 1;
         for z := 2 to K do
                  if (RU < 1) then begin
                                    SUM := SUM + F(RO);    RO := RO + 1
                                    end {then}
                           else if (RO > a) then begin
                                    SUM := SUM + F(RU);    RU := RU – 1
                                    end {then}
                           else if ((F(RO) – F(RK)) < (F(RK) – F(RU))) then begin
                                    SUM := SUM + F(RO);    RO := RO + 1
                                    end {then}
                           else begin
                                    SUM := SUM + F(RU);    RU := RU – 1
                                    end {else};
         v := SUM / K                                               {Wert für h(p)}
         end {else}
```

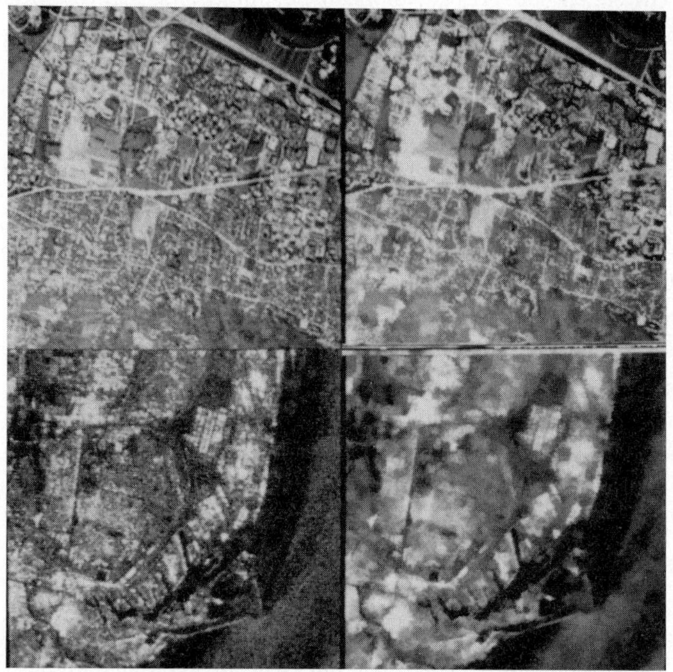

Abbildung 6.25: Anisotropiegesteuerte adaptive Rangordnungsfilter.
Oben: Variante 1, abgestufter Extremwert-Operator. Links: Original-Luftbild. Rechts: Ergebnis der Verarbeitung mit einem 7×7-Fenster.
Unten: Variante 2, Mittelwertbildung der K nächsten-Nachbarn. Links: originales SAR-Luftbild. Rechts: Ergebnis der Verarbeitung mit einem 7×7-Fenster.

(V) Von den zahlreichen Beispielen von adaptiven Rangordnungsfiltern, und speziell von L-Filtern (vgl. Abschnitt 6.5.6), sind im Zusammenhang mit den hier beschriebenen Operatoren besonders

Bolon, P.: *Filtrage d'ordre, vraisemblance et optimalité, des prétraitements d'image.* TS (Traitement du Signal) **9** (1992), pp. 225-250.

Lee, Y.H., Kassam, S.A.: *Generalized median filtering and related nonlinear filtering techniques*. IEEE Trans. ASSP-**33** (1985), pp. 672-683.

Restrepo, A.., Bovik, A.C.: *Adaptive trimmed mean filters for image restoration*. IEEE Trans. ASSP-**36** (1988), pp. 1326-1337.

zu erwähnen. Auch die Erhaltung der Kantenschärfe und die Unterdrückung von Impulsstörungen sind in *Bolon* (s. oben) sowie in

Lee, Y.H., Tantaratana, S.: *Decision-based order statistic filters*. IEEE Trans., ASSP-**38** (1990), pp. 406-420.

Petit, J.L.: *Amélioration d'image par filtrage statistique d'ordre adaptatif.* Dissertation, Universität Aix-Marseille, Nov. 1990.

Pitas, I., Venetsanopoulos, A.N.: *Nonlinear Digital Filters*. Kluwer Academic Publishers, Boston, 1990.

in den Optimierungsprozeß mit einbezogen. Das in der Literatur bereits bekannte Extremwertfilter wurde für Bildbearbeitungszwecke in

Lester, J.M., Brenner, J.F., Selles, W.D.: *Local transforms for biomedical image analysis*. Computer Graphics and Image Processing **13** (1980), pp. 17-30.

verwendet und in der hier betrachteten adaptiven Version in

Zamperoni, P.: *Adaptive rank order filters for image processing based on local anisotropy measures*. Digital Signal Processing **2** (1992), pp. 174-182.

vorgeschlagen. Zur Grauwertabschätzung in Anwesenheit von Rauschen mit verschiedenen Verteilungen ist zu verweisen auf die oben angegebenen Arbeiten von *Bolon*, *Pitas / Venetsanopoulos*, *Restrepo / Bovik* sowie auf

Melsa, J.L., Cohn, D.L.: *Decision and Estimation Theory*. McGraw-Hill, New York, 1978.

6.6 Operatoren zur Filterung linienhafter Muster

Die zwei Operatoren dieses Abschnittes betreffen linienhafte Muster, d.h. längliche Bildgebiete mit etwa konstantem Grauwert und mit einer im Vergleich mit der Fenstergröße *n* kleinen Linienbreite. Der erste Operator hat die Hervorhebung und der zweite die Tilgung der linienhaften Muster als Ziel.

6.6.1 Linienextraktion

(I) Dieser Operator dient zur selektiven Hervorhebung linienhafter Strukturen.

Attribute:

Bilder: $M \times N$ -Grauwertbilder, keine Zweipegelbilder
Operator: Fensteroperator
Operatorkern: datenabhängig, anordnungsabhängig

Eingaben:

Fenstergröße *n*,
Variante $VAR = 1$ oder $VAR = 2$.

(II) In **F**(*f, p*) werden die Grauwerte $F(i, j)$, $-k \le i, j \le k$, betrachtet (zentriertes *ij*-Koordinatensystem). Man betrachte ferner in **F**(*p*) vier gerade Streifen durch *p*, die einen Bildpunkt breit seien, nämlich einen waagerechten, einen senkrechten und zwei diagonale Streifen. Ihre mit dem Faktor *n* multiplizierten mittleren Grauwerte $M_z \, (1 \le z \le 4)$ sind

$$M_1 = \sum_{t=-k}^{k} F(t,0), \qquad M_2 = \sum_{t=-k}^{k} F(0,t),$$

$$M_3 = \sum_{t=-k}^{k} F(t,t) \quad \text{und} \quad M_4 = \sum_{t=-k}^{k} F(t,-t).$$

Es seien $MA = \max\limits_{z=1...4} \{M_z\}$ und $MI = \min\limits_{z=1...4} \{M_z\}$. Ein Maß α der lokalen Anisotropie wird wie folgt definiert:

$$\alpha = \begin{cases} 0, & \text{wenn } MA = 0 \\ \dfrac{MA - MI}{MA + MI}, & \text{sonst.} \end{cases}$$

Das Ergebnis des Operators ist dann

$$h(p) = \begin{cases} \alpha \cdot f(p), & \text{wenn } VAR = 1 \\ \alpha \cdot (G-1), & \text{wenn } VAR = 2. \end{cases}$$

(III) Das oben definierte Anisotropiemaß α ist gleich 0 in Gebieten konstanten Grauwertes und gleich 1 auf idealen geraden Linien, die einen Bildpunkt breit und mindestens n Bildpunkte lang sind. Durch die Eingabe von n kann man eine Selektion der zu extrahierenden Linienelemente nach Mindestlänge vornehmen. Dieses Anisotropiemaß unterscheidet nicht zwischen hellen und dunklen Linien. Als Multiplikator des Grauwertes $f(p)$ des aktuellen Bildpunktes eingesetzt, bewirkt α jedoch nur eine Erhaltung der hellen Linien, und zwar in einem Maß, das vom Grad der Übereinstimmung mit dem Modell abhängt. Um nur die dunklen Linien zu extrahieren, kann man ein Negativbild g des Originals ($g(p) = G - 1 - f(p)$) erzeugen und dann wie oben mit der Variante 1 verfahren. Die Variante 2 ist dagegen für den Fall geeignet, daß man in gleichem Maße an hellen und an dunklen Linien interessiert ist. Dann wird α nicht als Multiplikator des tatsächlichen Grauwertes, sondern des symbolischen Grauwertes $G - 1$ (weiß) eingesetzt. Die Variante 2 kann auch dann vorteilhaft verwendet werden, wenn Linien nur einer Art (entweder nur hell oder nur dunkel) und mit absolut niedrigem (für helle Linien) bzw. hohem (für dunkle Linien vor der Erzeugung des Negativbildes) Grauwert auftreten. Man erhält dann nämlich ein stärker kontrastiertes Linienbild, das keiner Nachbearbeitung zur Kontrastverstärkung bedarf. Die Abb. 6.26 unten zeigt ein Beispiel der Anwendung dieses Operators auf die Extraktion von Straßenzügen aus einem Luftbild.

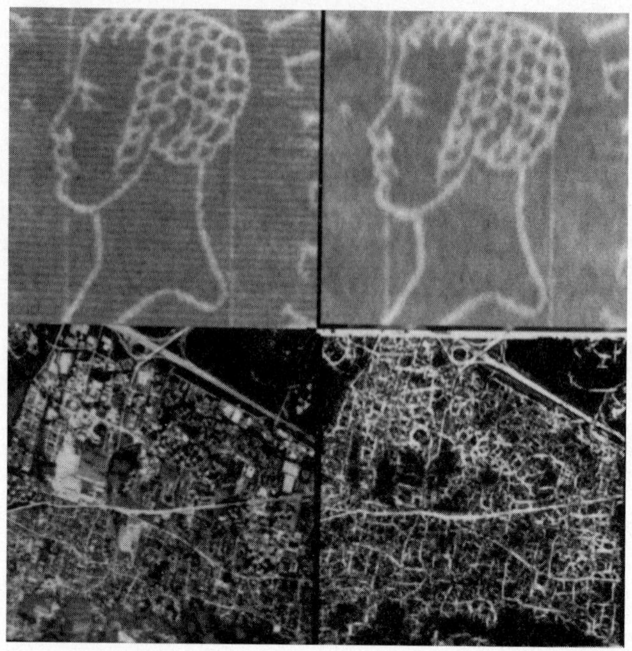

Abbildung 6.26: Beispiele von Operatoren zur Filterung linienhafter Strukturen. Oben: Unterdrückung waagerechter linienhafter Strukturen mit dem Operator von Abschnitt 6.6.2. Links: Original; rechts: Bearbeitung mit einem 5×7-Fenster. Unten: Linienextraktion mit dem Operator von Abschnitt 6.6.1, Variante 1. Links: Original; rechts: bearbeitet mit einem 9×9-Fenster.

(IV) *Kontrollstruktur:* Fensteroperator in Abb. 3.6 (zentriert) mit $k = (n-1)/2$

Eingabe und Initialisierung:

```
Parametereingabe von n, n ungerade, und VAR;
g := G - 1
```

Operatorkern:

```
                    {F(i, j) mit -k ≤ i, j ≤ k in v = h(x, y) überführen, vgl. Abb. 3.6}
for z := 1 to 4 do     M_z := 0;
for z := - k to k do begin
    M_1 := M_1 + F(z, 0);                M_2 := M_2 + F(0, z);
    M_3 := M_3 + F(z, z);                M_4 := M_4 + F(z, - z)
    end {for};
MA := max{M_1, M_2, M_3, M_4};
if (MA = 0) then     v := 0
```

else begin
$MI := \mathbf{min}\{M_1, M_2, M_3, M_4\}$;
if $(VAR = 1)$ **then** $g := F(0, 0)$;
$v := g \cdot [(MA - MI) / (MA + MI)]$
end *{else}*

(V) Zamperoni, P.: *Adaptive rank order filters for image processing based on local anisotropy measures*. Digital Signal Processing **2** (1992), pp. 174-182.

6.6.2 Unterdrückung linienhafter Störmuster

(I) Waagerechte oder senkrechte linienhafte Muster mit der Breite eines Bildpunktes werden als Störung betrachtet und von der Grauwertfunktion linear subtrahiert.

Attribute:

Bilder: $M \times N$-Grauwertbilder

Operator: Fensteroperator

Operatorkern: linear, anordnungsabhängig

Eingaben:

Fensterbreite m und Fensterhöhe n (beide ungerade),

Angabe, ob die zu eliminierende linienhafte Störung waagerecht ($VAR = 1$) oder senkrecht ($VAR = 2$) ist.

(II) In $\mathbf{F}(f, p)$ werden die Grauwerte $F(i, j)$, $1 \leq i \leq m$ und $1 \leq j \leq n$, betrachtet (nichtzentriertes ij-Koordinatensystem). Für das Resultatsbild h gilt

$$h(p) = \begin{cases} f(p) + \dfrac{1}{m \cdot n} \cdot \sum\limits_{q \in \mathbf{F}(p)} f(q) - \dfrac{1}{m} \cdot \sum\limits_{i=1}^{m} F\left(i, \dfrac{n+1}{2}\right), & \text{wenn } VAR = 1 \\ f(p) + \dfrac{1}{m \cdot n} \cdot \sum\limits_{q \in \mathbf{F}(p)} f(q) - \dfrac{1}{n} \cdot \sum\limits_{j=1}^{n} F\left(\dfrac{m+1}{2}, j\right), & \text{wenn } VAR = 2. \end{cases}$$

(III) In manchen Anwendungsfällen besteht der Wunsch, linienhafte Störungen, die bei der Bilderfassung systematisch entstehen, zu eliminieren. Ein typischer Fall dieser Art tritt bei Fernerkundungsbildern infolge systematischer Interferenzstörungen auf, s. Literaturhinwiese in (V). Diese Störungen können auf der Basis eines einfachen Bildmodells unterdrückt werden. Dieses Modell geht hier von waagerechten oder von senkrechten linienhaften Störungen mit einer im Vergleich zum Fenster bedeutend kleineren Linienbreite aus.

Um eine bessere Anpassung an den Bildinhalt zu ermöglichen, werden im allgemeinen auch nicht rechteckige Fenster mit $m \times n$ Bildpunkten vorgesehen. Nach dem zugrundegelegten Modell wird eine Abweichung zwischen dem mittleren Grauwert μ in $\mathbf{F}(f, p)$ und dem mittleren Grauwert μ_s eines (waagerechten bzw. senkrechten) einen Bildpunkt breiten Streifens durch p der zu eliminierenden Störung zugeschrieben. Daher wird der Wert von $f(p)$ um die Differenz $\mu - \mu_s$ korrigiert.

Die Fensterparameter m und n müssen so gewählt werden, daß das zugrundegelegte Störmodell der Bildstruktur möglichst gut entspricht. Bei waagerechten Störungen z.B. soll n um ein Vielfaches größer als die Linienbreite sein, damit das Auftreten der Störung den Wert von μ möglichst wenig beeinflußt. Im gleichen Falle kann außerdem, wenn die Störung aus kurzen oder abgebrochenen Linien besteht, $m < n$ gewählt werden, damit bezüglich der Störung das Fenster über ihre gesamte Breite homogen ist.

Die Abb. 6.26 oben zeigt ein Beispiel der Anwendung dieses Operators auf die Unterdrückung einer waagerechten linienhaften Störung mit unregelmäßiger Struktur (in diesem spezifischen Beispiel werden die Linien als Störung interpretiert, obwohl sie in Wirklichkeit nicht infolge einer Störung zustandekommen).

(IV) *Kontrollstruktur:* Fensteroperator in Abb. 3.6 (nicht-zentriert)

Eingabe und Initialisierung:

```
Parametereingabe von m und n, beide ungerade;
Eingabe von VAR;
b := (m + 1) / 2;      c := (n + 1) / 2
```

Operatorkern:

```
        {F(i, j) mit 1 ≤ i ≤ m und 1 ≤ j ≤ n in v = h(x, y) überführen, vgl. Abb. 3.6}
μ := 0;      μs := 0;
for j := 1 to n do begin
    μ1 := 0;
    for i := 1 to m do begin
        μ1 := μ1 + F(i, j);
        if ((VAR = 2) ∧ (i = b)) then   μs = μs + F(i, j)
        end {for}
    μ := μ + μ1;
    if ((VAR = 1) ∧ (j = c)) then   μs := μ1
    end {for};
μ := μ / (m·n);
if (VAR = 1) then μs := μs / m
    else      μs := μs / n;
v := F(0, 0) + μ − μs
```

(V)

Chavez, P.: *Simple high-speed digital image processing to remove quasi-coherent noise patterns*. U.S. Geological Survey Computer Center Division, internal report.

McDonnell, M.J.: *Box-filtering techniques*. Computer Graphics and Image Processing **17** (1981), pp. 65-70.

7 Globale Operatoren

Globale Operatoren, wie in Abschnitt 1.4.4 definiert, sind i.a. relativ aufwendig zu programmierende Bildtransformationen, die jedoch eine interssante Erweiterung einer Bibliothek von Bildbearbeitungsprozeduren darstellen. Für globale Operatoren ist kein fester Umgebungsbereich anzugeben, so daß die Werte $h(p)$ jeweils nur von Bildwerten des Eingabebildes f in diesem Umgebungsbereich von p abhängig sind. Für globale Operatoren kann kein Operatorkern „herausgelöst" werden, der identisch in nur einem Durchlauf durch das Eingabebild f in den verschiedenen Positionen anzuwenden ist. Wäre der Umgebungsbereich im Verhältnis zu M und N sehr groß gewählt, so würde sich die Anzahl der Randpunkte erhöhen, für die Sonderlösungen gefunden werden müssen. Im Falle globaler Operatoren ist es also i.a. besonders vorteilhaft, das gesamte Eingabebild f im Arbeitsspeicher verfügbar zu haben, da a-priori für Punkte p im Resultatsbild h keine Einschränkung bekannt ist, welche Bildausschnitte von f für die Berechnung von $h(p)$ ausreichend sind. Allerdings können einige globale Operatoren mit mehreren Durchläufen lokaler Operatoren durch das Eingabebild f bzw. durch die inzwischen berechneten Bilder realisiert werden. Im Falle topologischer Operatoren können schon wenige Durchläufe sequentiell realisierter lokaler Operatoren ausreichend sein, wobei durch die Sequentialität auch Informationen über das Bild hinweg „transportiert" werden können.

7.1 Topologische Operatoren

Als topologische Operatoren werden die Komponentenmarkierung und die Skelettierung betrachtet. Die Topologie von Bildsegmenten ist durch Zusammenhangseigenschaften ausgezeichnet. Ein Bildsegment mit mehreren Löchern, in denen wieder Bildsegmente eingebettet sind, ist z.B. topologisch wesentlich komplexer als ein Bildgebiet, welches zusammenhängend ist und keine Höhlen oder Löcher besitzt. Die Anzahl der Bildsegmente eines Bildes ist ein (einfaches) topologisches Merkmal. Bei der Komponentenmarkierung wird dieses Merkmal bildhaft repräsentiert, indem Bildsegmente mit genau einem (symbolischen) Grauwert markiert werden. Bei topologischen Abbildungen bleiben die topologischen Merkmale des gegebenen Bildes invariant. Verformungen von Bildsegmenten sind i.a. topologische Abbildungen. Die Erzeugung der Skelettlinien ist eine spezielle topologische Abbildung.

7.1.1 Komponentenmarkierung

(I) Jeder Bildpunkt eines *8*-zusammenhängenden Bildsegmentes in einem Zweipegelbild wird mit der gleichen Marke gekennzeichnet, und jedes Bildsegment erhält eine eigene Marke. Als Marken kann man z.B. Pseudofarben, vgl. Abschnitt 5.6.3, oder Grauwerte verwenden, die nur eine symbolische Bedeutung haben. Auf diese Weise kann jedes Bildsegment, auch wenn seine Form sehr komplex und verschlungen ist, visuell hervorgehoben und im Bild isoliert werden.

Attribute:

Bilder: Zweipegelbilder

Operator: global, topologisch, Realisierung in zwei Durchläufen mittels sequentieller lokaler Operatoren

Operatorkerne: logisch strukturiert

Eingaben:

Eingabe, ob die Äquivalenzliste der Marken auf den Terminal ausgegeben werden soll ($VAR = 1$) oder nicht ($VAR = 2$).

(II) An Stelle einer formalen mathematischen Definition sollen hier explizit die Operationen angegeben werden, die für jeden Bildpunkt des ersten Bilddurchlaufs (sequentiell, von unten links nach oben rechts) durchzuführen sind. Dabei werden nur die Komponentenpunkte berücksichtigt und die Hintergrundpunkte ignoriert. Außerdem bezeichnen wir mit u_1 (für den Hintergrund) und u_0 (für die Bildsegmente) die zwei im Originalbild auftretenden Grauwerte.

Es wird ein 3×3-Fenster für das sequentiell erzeugte Resultatsbild h verwendet. Die Fenstergrauwerte $\mathbf{F}(h, p)$ sind im zentrierten *ij*-Koordinatensystem mit $H(i, j)$, $-1 \leq i, j \leq 1$, gegeben, wobei $H(0, 0) = h(p)$ ist. Wenn $f(x, y) = u_0$ ist, so verwendet der Algorithmus neben dem Grauwert $f(x, y)$ des aktuellen Bildpunktes im zentrierten *ij*-Koordinatensystem auch die Grauwerte $H(-1, 0)$, $H(-1, -1)$, $H(0, -1)$, $H(1, -1)$ der bereits verarbeiteten *8*-Nachbarn p_1, p_2, p_3 und p_4 des Bezugspunktes $p = (x, y)$. Aufgrund der sequentiellen Verarbeitungsweise repräsentieren die o.g. Grauwerte keine Grauwerte mehr, sondern symbolische Grauwerte, die bereits zugeteilte Bildsegmentmarken darstellen.

Als Marken werden hier die symbolischen Grauwerte z, $1 \leq z \leq G-2$, verwendet, so daß keine Verwechselung mit den Grauwerten $u_0 = 0$ und $u_1 = G-1$ des originalen Zweipegelbildes möglich ist. Das Verfahren ist dann wie folgt zu beschreiben:

Es wird für den aktuellen Bildpunkt p geprüft, ob mindestens einer der Nachbarn $p_c (c = 1, \ldots, 4)$ bereits mit einer Marke gekennzeichnet ist.

(*a*) Wenn das nicht der Fall ist, dann erhält p die niedrigste noch nicht vergebene Marke;

(*b*) wenn dagegen ein oder mehrere Bildpunkte p_c bereits mit Marken z_r ($r = 1, \ldots, R \leq 4$) gekennzeichnet worden sind, dann erhält p die Marke z mit

$$z = \min_{r=1\ldots R} \{z_r\}.$$

Gleichzeitig wird in einer Äquivalenztabelle vermerkt, daß *z und* z_1 äquivalent sind, insofern sie das gleiche Bildsegment kennzeichnen.

(III) Das Programm ist auf ein verfügbares Bildverarbeitungssystem der einfachsten Art zugeschnitten, das jeden Grauwert mit $\log_2 G$ Bit darstellt. In diesem Fall hat man höchstens $G - 2$ Marken zur Verfügung, womit man höchstens ebensoviele Bildsegmente kennzeichnen kann. Falls mehr als $G - 2$ Bildsegmente im Bild enthalten sind, so können Marken z.B. mehrfach vergeben werden.

Im ersten Durchlauf werden die Marken verteilt. Wie aus einer näheren Analyse des Komponentenmarkierungsprozesses hervorgeht (s. Literaturhinweise), erhalten Bildsegmente mit nach unten und/oder nach links gerichteten Konkavitäten zunächst mehr als eine Marke. Durch die während des ersten Durchlaufs hergestellte Äquivalenztabelle kann man jedoch am Ende für jedes Bildsegment die Äquivalenzen der Marken zurückverfolgen und somit eine einheitliche Marke (z.B. diejenige mit dem niedrigsten Wert) für das gesamte Bildsegment bestimmen. Im Prinzip ist der Prozeß der Komponentenmarkierung nach dem ersten Durchlauf bereits abgeschlossen und man könnte das markierte Ergebnisbild anhand der Äquivalenztabelle aufschlüsseln. Zur besseren Übersichtlichkeit ist es jedoch üblich, in einem zweiten Durchlauf und mit Hilfe der Äquivalenztabelle die Marken so umzuverteilen, daß jedes Bildsegment einheitlich gekennzeichnet wird.

Index w	Marke $g1(w)$	Marke $g2(w)$
1	…	…
2	…	…
3	m	r
4	n	$m \rightarrow r$
…	…	…
…	b	$m \rightarrow r$
…	c	$n \rightarrow m \rightarrow r$
…	…	…
G_m		

Tabelle 7.1: Äquivalenztabelle der vorgegebenen Marken.

Die dargestellte Struktur der Äquivalenztabelle in Tab. 7.1 kann im Rechnerspeicher durch zwei Listen $g1(w)$ (Marke des Nachbarn des aktuellen Bildpunktes p) und $g2(w)$ (von p aus der Nachbarschaft übernommene Marke), mit $w = 1, 2, ..., G_m \leq G - 2$ und $g2(w) < g1(w)$, abgebildet werden.

Wie in Tab. 7.1 schematisch dargestellt, enthält die Äquivalenztabelle oft mehrere Paare äquivalenter Marken, die sich alle auf das gleiche Bildsegment beziehen. Nach dem ersten Durchlauf sollen nun die zwei Listen *g1(w)* und *g2(w)* so verarbeitet werden, daß für alle derartige Paare am Ende die in der rechten Spalte die niedrigste (d.h. die oberste in der Liste) Marke erscheint, die dem entsprechenden Bildsegment zugeteilt wurde. Durch diesen Vorgang reduziert sich die Anzahl der unterschiedlichen Marken von G_m auf Z.

Nach der Tabellenverarbeitung findet ein zweiter Bilddurchlauf statt, in dem die Marken *g1* durch die Marken *g2* der bearbeiteten Äquivalenzliste ersetzt werden. Somit wird eine eineindeutige Zuordnung zwischen Bildsegmenten und Marken hergestellt.

Wenn es im Eingabebild f nur wenige *8*-zusammenhängende Bildsegmente gibt, so beanspruchen die symbolischen Grauwerte $z = 1, 2,..., Z$ der insgesamt vergebenen Marken nur einen Bruchteil der Grauwertskala, was bei einer Monitorwiedergabe des markierten Bildes zu einer schlechten visuellen Unterscheidung zwischen den Bildsegmenten führen kann. In diesem Fall ist es vorteilhafter, das Ergebnisbild einer Kontraststreckung des Grauwertbereiches $0,..., Z$ auf die volle Grauwertskala $0,..., G-1$ zu unterziehen. Dazu geeignete Programme können aus den Abschnitten 5.1.2, 5.1.3 oder 5.1.4 entnommen werden.

Um diese Anforderung auch ohne eine nachträgliche Kontraststreckung zu erfüllen, werden in der unten angegebenen Programmdurchführung die endgültigen Markenwerte so festgelegt, daß sie auf die gesamte Grauwertskala möglichst gleichmäßig verteilt sind. Als Marken werden daher die symbolischen Grauwerte 1, $1+N_z$, $1+2N_z, \ldots, 1+(Z-1)N_z$, mit

$$N_z = \textbf{integer}\left[0.5+(G-2)/Z\right],$$

verwendet.

(IV) Für das binäre Eingabebild wird vorausgesetzt, daß der Hintergrund mit dem Grauwert $G-1$ und die zu markierenden Objekte mit dem Grauwert 0 dargestellt sind. Die Randpunkte des Eingabebildes müssen alle dem Hintergrund zugehören.

Kontrollstruktur: Fensteroperator in Abb. 3.6 (zentriert) (erster Durchlauf) mit sequentieller Verarbeitungsweise und $n = 3$ sowie Punktoperator (zweiter Durchlauf)

Erforderliche Speicherbereiche:

$g1(1...G_{max})$, $g2(1...G_{max})$, mit G_{max} hinreichend groß, z.B. 1000, für die zwei Listen der Äquivalenztabelle.

Eingabe :

```
in f Bildrand auf Hintergrundwert G – 1  setzen;
                {z.B. Prozedur BRESENHAM für zwei Zeilen und zwei Spalten}
Parametereingabe von VAR;
w := 1;                        {Initialisierung des Indexes der Äquivalenzliste}
z := 0      {symbolischer Grauwert der ersten zu vergebeneden Marke minus eins}
```

Operatorkern erster Durchlauf:

```
    {aus F(i, j)  −1 ≤ i, j ≤ +1, und H(i, j)  −1 ≤ i, j ≤ +1, wird v = h(x, y)  berechnet}
   if (f(p) ≠ G − 1)  then begin                                                   {Objekt}
      if (h(p1) = h(p2) = h(p3) = h(p4) = G − 1)  then begin
            z := z + 1;
      {wenn z = G − 2 wird, soll hier eine Meldung ausgegeben und der Programmlauf
                                                                    abgebrochen werden}
            v := z
            end {then}
      else begin
            v := min {h(p1), h(p2), h(p3), h(p4)};
            if not (h(p1) = h(p2) = h(p3) = h(p4)) then
                  for  c := 1  to 4 do begin
                        if ((v ≠ h(pc)) und (h(pc) ≠ G − 1)) then begin
                              for i := 1 to w do
                                    if ((v = g2(i)) ∧ (h(pc) = g1(i)))
                                                                    then goto L1;
                              w := w + 1;
      {wenn w = Gmax wird, soll hier eine Meldung ausgegeben und der Programmlauf
                                                                    abgebrochen werden}
                              g2(w) := v;          g1(w) := f(pc)
                              end {if}
L1                      end {for}
            end {else}
      end {then}
```

Vorbereitung des zweiten Durchlaufs:

```
   Z := z;          Gm := w;
   if (VAR = 1) then  Inhalt der Speicherbereiche g1 und g2 auf dem Monitor
                      ausgeben;
                                           {Listenverarbeitung der Äquivalenztabelle}
L2 flag := 0;
   for r := 1 to Gm do
      for s := 1 to Gm do
            if ((g1(r) = g2(s)) und (s > 1)) then begin
                  g2(s) := g2(r);     Z := Z −1;
                  flag := 1
                  end {then};
   if (flag = 1) then goto L2;
   Nz := ⟨[0.5 + (G − 2) / Z]⟩
```

Operatorkern – zweiter Durchlauf – Neuzuweisung der Marken:

{$v = h(x, y)$ in neuen Wert $v = h(x, y)$ überführen, vgl. Abb. 3.9}

for $r := 1$ **to** G_m **do**

  if ($v = g1(r)$) **then** $v := g2(r)$;

$v := N_z \cdot v$

(V) Das hier beschriebene Verfahren zur Komponentenmarkierung entspricht der klassischen Methode von

Rosenfeld, A., Kak, A.C.: *Digital Picture Processing,* Vol. 1 and 2. Academic Press, New York, 1982.

die auch in

Wahl, F.M.: *Digitale Bildsignalverarbeitung*. Springer, Berlin, 1984.

Zamperoni, P.: *Methoden der digitalen Bildsignalverarbeitung*. 2. Auflage, Vieweg Verlag, Wiesbaden, 1991.

dargelegt wurde. Ein komplizierteres und unter Umständen schnelleres Verfahren wird in

Dillencourt, M.B., Samet, H.: *Connected–component labeling of binary images*. Technical Report CS-TR-2303, University of Maryland, 1989.

vorgestellt.

7.1.2 Skelettierung von Zweipegelbildern

(I) Mit diesem Programm kann man eine *Skelettierung* eines Zweipegelbildes alternativ nach einer von zwei zur Auswahl stehenden Methoden durchführen. Die erste dieser Methoden ist langsamer, aber genauer; die zweite braucht weniger Iterationen, aber das dadurch erhaltene Skelett kann in einigen Fällen die gestellten Anforderungen (s. Punkte (i)...(v) unten) schlechter erfüllen.

Attribute:

Bilder: Zweipegelbilder

Operator: global, topologisch, Realisierung in mehreren Durchläufen

Operatorkern: anordnungsabhängig, logisch strukturiert

Eingaben:

Wahl zwischen der ersten (VAR = 1) und der zweiten Variante (VAR = 2).

(II) Für die Skelettierung ist es zweckmäßig, anstatt einer mathematischen Definition des Resultatsbildes eine qualitative Schilderung des Zieles der durchzuführenden Operationen im Hinblick auf die an das Resultatsbild gestellten Anforderungen zu geben.

Ziel der Skelettierung ist, aus einem Zweipegelbild ein Netz dünner Linien zu extrahieren, die etwa in der Mitte der Objekte verlaufen und eine Art „Skelett“ darstellen, welches als formbeschreibendes „Gerüst“ betrachtet werden kann. Obwohl es keine streng objektiven Kriterien zur Beurteilung der Güte des Resultatsbildes gibt, kann man an das zu extrahierende Skelett i.a. die folgenden Anforderungen stellen:

(i) Das Skelett soll aus Linien der Breite von einem Bildpunkt bestehen.

(ii) Die topologischen Zusammenhänge des Skelettes sollen denjenigen des Originalbildes entsprechen, d.h. die Anzahl der (z.B. nach der 8-Nachbarschaft) einfach zusammenhängenden Bildsegmente soll konstant bleiben.

(iii) Die Skelettlinien sollen in etwa in der Mitte der Objekte verlaufen.

(iv) Bei dicken oder zerklüfteten Objekten sollen nicht zu viele irrelevante „Skelettäste" entstehen (Rauschunempfindlichkeit).

(v) Das Ergebnis der Skelettierung soll nach einer bestimmten Anzahl von Durchläufen des Skelettierungsvorganges unverändert bleiben (Konvergenz).

Um diese Ziele zu erreichen, werden im Bild die „überflüssigen" Objektbildpunkte schrittweise getilgt. Diese sind die Bildpunkte p, deren Tilgung die Anzahl der *8*-zusammenhängenden Bildsegmente in einem 3×3-Fenster $\mathbf{F}(p)$ nicht verändert, und die keine Linienendpunkte sind.

(III) Um die Bedingung (iii) in (II) zu erfüllen, findet der Tilgungsvorgang in sukzessiven Durchläufen (Subzyklen) statt, in denen nur Objektbildpunkte jeweils auf dem Nord-, West-, Süd- und Ostrand der Bildsegmente auf ihre Tilgbarkeit geprüft werden. Als Tilgungskriterium kann der Wert einer Fensterfunktion wie die „connectivity number" oder die „crossing number" (für *4*-zusammenhängende Bildsegmente) dienen. Ist dieser Wert gleich 1, so kann man den Bildpunkt (falls er kein Linienendpunkt ist) tilgen, vgl. *Yokoi/Toriwaki/Fukumura* in (V).

In den hier vorgestellten Skelettierungsalgorithmen wurden dagegen äquivalente Tilgungskriterien verwendet, die, wie z.B. in den Arbeiten von *Arcelli/Cordella/Levialdi*, *Bourbakis*, *Chin/Wan/Stover/Iverson*, *Eckhardt/Maderlechner* und *Suzuki/Abe* (s. (V)) auf dem Vergleich von $\mathbf{F}(p)$ mit einem Satz von Standard-Konfigurationen basieren. Neben den „klassischen" Skelettierungsalgorithmen mit vier Subzyklen pro Durchlauf und 3×3-Fenstern (s. Arbeiten von *Arcelli/Cordella/Levialdi* und *Rosenfeld/Kak* in (V)) wurden schnellere Methoden mit zwei Subzyklen und einem Subzyklus, und erweiterten 3×4- bzw. 4×3-Fenstern entwickelt (s. Arbeiten von *Bourbakis* und *Chin/Wan/Stover/Iverson* in (V)). Neben diesen findet man in der Literatur zahlreiche komplexe Verfahren, die auf eine effektivere Suche der tilgbaren Bildpunkte zielen: in den Arbeiten von *Pavlidis*, *Arcelli / Sanniti di Baja* und *Xia* (s. (V)) werden die Bildsegmente auf eine Weise „geschält", die die Anforderungen (i) bis (v) in (II) berücksichtigt; in der Arbeit von *Piper* (s. (V)) geht der Skelettierungsalgorithmus nicht von den Bilddaten, sondern von einer lauflängencodierten Bilddarstellung aus. Die letzten Verfahren gehören ihrer Natur nach eindeutig nicht zu der Art Operatoren (ikonische Operatoren), die Gegenstand dieses Buches sind. Eine vergleichende Auswertung einiger bekannter Skelettierungsverfahren ist in *Tamura* (s. (V)) zu finden.

Die zwei hier in (III) und (IV) zur Auswahl angebotenen Skelettierungsverfahren wurden nach den folgenden Kritirien gewählt. Das langsamere Verfahren von *Arcelli/Cordella/Levialdi* (s. (V)) mit vier Subzyklen stellt ein Grundverfahren dar, das mit Sicherheit die Anforderungen (i) bis (v) erfüllt und das mit einem einfachen Programm realisierbar ist. Besonders wichtige Eigenschaft dieser Methode ist, daß das stabile Resultatsbild immer ein minimales Skelett ist, d.h. keinen tilgbaren Punkt mehr enthält. Diese Eigenschaft ist u.a. dann notwendig, wenn die Skelettierung dazu dienen soll, um das resultierende Skelettbild mit Hilfe eines Linienverfolgungsalgorithmus zu erfassen (Übergang von Raster- zu Vektordarstellung).

Der Algorithmus der zweiten Variante aus der Arbeit von *Chin/Wan/Stover/Iverson* (s. (V)) ist schneller, weil es keine Subzyklen gibt, und in jedem Durchlauf gleichzeitig tilgbare Bildpunkte aus Konturen in allen vier Richtungen erfaßt werden. Diese Variante zeigt jedoch auch eine stärkere Tendenz, die Anforderungen (iii) und (iv) nicht zu erfüllen, indem die Skelettlinie manchmal asymmetrisch und mit kurzen irrelevanten Ästen behaftet sein kann. Aus diesem Grund wird bereits in der o.g. Arbeit eine Nacharbeitung des Resultatsbildes empfohlen. Abb. 7.1 und Abb. 7.2 vermitteln einen qualitativen Eindruck der mit den zwei Varianten erhaltenen Skelettierungsergebnisse für das gleiche Originalbild.

Es wird vorausgesetzt, daß das Originalbild f zweipegelig ist mit den Grauwerten 0 (Hintergrund) und $u > 0$ (Objekte). Der Grauwert u wird programmintern in den Grauwert 1 umgewandelt. Daher kann man in der folgenden Abhandlung von einem Binärbild f mit den Grauwerten 0 und 1 ausgehen.

In der Variante 1 werden in Folge die Subzyklen 1 bis 4 durchgeführt und dann solange wiederholt, bis das Resultatsbild konvergiert. Das Eintreten dieser Situation ist aus dem Wert der Größe W_4 erkennbar, der auf 1 gesetzt wird, wenn vier hintereinanderfolgende Subzyklen durchgeführt worden sind, in denen kein Objektpunkt getilgt wurde. Immer dann, wenn im Laufe eines Subzyklus ein Bildpunkt getilgt wird, wird eine Variable W auf 1 gesetzt, die anzeigt, daß das Resultatsbild noch nicht konvergiert. W wird am Anfang jedes Subzyklus auf 0 rückgesetzt. Es ist wichtig zu bemerken, daß das Resultatsbild als noch nicht stabil betrachtet werden kann, solange noch nicht vier vollständige, änderungsfreie Subzyklen registriert werden.

In jedem Subzyklus werden all jene Objektbildpunkte getilgt, deren *8*-Umgebung einer der zwei für den jeweiligen Subzyklus (Nord-, Süd-, West- oder Ost-) gültigen Konfigurationen entspricht. Diese Konfigurationen werden Tab. 7.2 wiedergegeben. Dabei bezeichnet X einen Bildwert, der gleich 0 oder 1 sein darf.

In der Variante 2 gibt es keine Subzyklen, sondern Durchläufe, die alle gleich sind. In jedem Durchlauf werden die Objektpunkte getilgt, deren *8*-Umgebung einer der in Tab. 7.3 abgebildeten Konfigurationen A bis H entspricht, mit Ausnahme der Fälle, in denen eine solche Konfiguration in eine der erweiterten Konfigurationen $I\,(4\times3)$ oder $J\,(3\times4)$ eingebettet ist.

Für Variante 2 gilt eine einfachere Abbruchbedingung als für die Variante 1, weil alle die Subzyklen gleich sind. Wenn am Ende eines Durchlaufs die Größe W den Wert 0 hat, dann ist das Resultatsbild stabil.

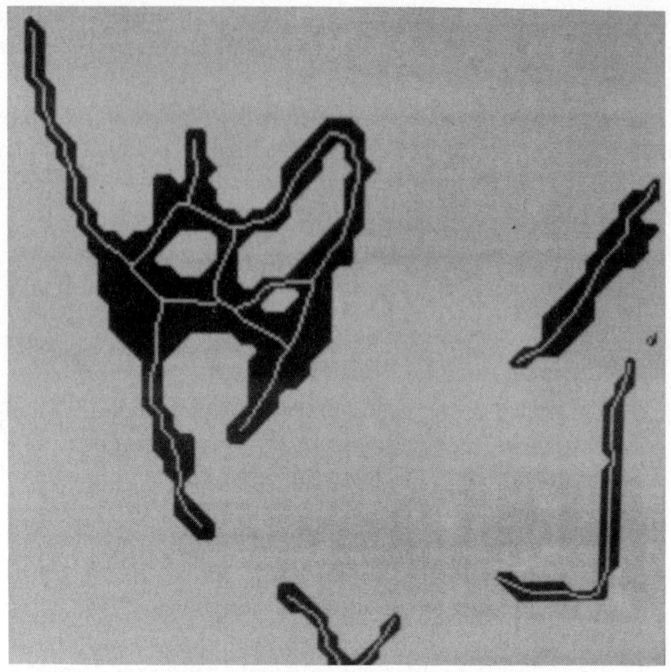

Abbildung 7.1: Skelettierungsbeispiel gemäß Variante 1.

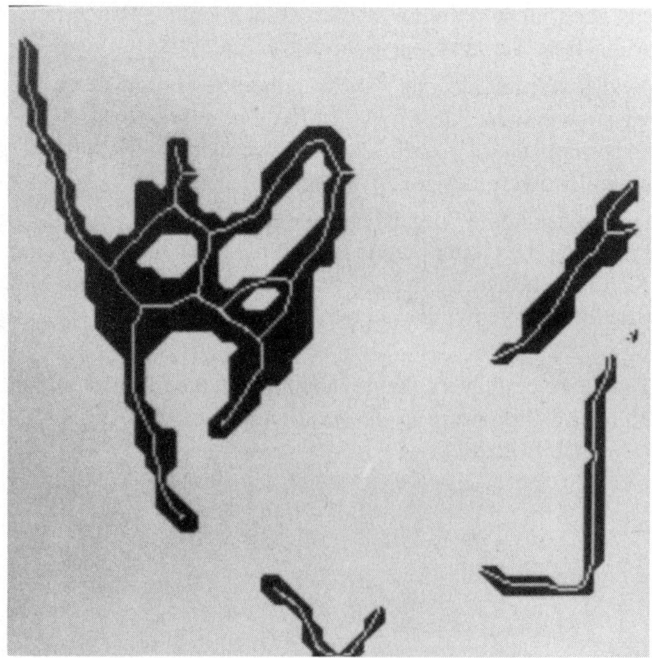

Abbildung 7.2: Skelettierungsbeispiel gemäß Variante 2.

Nord			Süd			West			Ost		
0	0	0	1	1	X	0	X	1	X	X	0
X	1	X	X	1	X	0	1	1	1	1	0
X	1	1	0	0	0	0	X	X	1	X	0
X	0	0	X	1	X	0	0	X	X	1	X
1	1	0	0	1	1	0	1	1	1	1	0
X	1	X	0	0	X	X	1	X	X	0	0

Tabelle 7.2: Konfigurationstabelle für Variante 1.

0	0	0	0	1	X	X	1	X	X	1	0	X	0	0	0	0	X
1	1	1	0	1	1	1	1	1	1	1	0	1	1	0	0	1	1
X	1	X	0	1	X	0	0	0	X	1	0	X	1	X	X	1	X
A			*B*			*C*			*D*			*E*			*F*		

X	1	X	X	1	X	X	X	X	X	X	1	X
0	1	1	1	1	0	0	*p*	1	0	X	*p*	X
0	0	X	0	0	X	X	X	X	X	X	1	X
										X	0	X
G			*H*			*I*				*J*		

Tabelle 7.3: Konfigurationstabelle für Variante 2.

Der Vergleich zwischen der *8*-Umgebung des aktuellen Bildpunktes und den jeweiligen Muster-Konfigurationen erfolgt in beiden Varianten in der gleichen Weise. Die zu vergleichenden Muster werden durch *8*-Bit-Binärzahlen symbolisch dargestellt und als Binärzahlen verglichen. Die Ausmarkierung der nicht zu berücksichtigenden Nachbarn (mit X markiert) wird mit Hilfe von Bit-Masken durchgeführt, die ebenfalls durch Binärzahlen dargestellt werden. Die *8*-Nachbarschaft $F(1),..., F(8)$ um dem Bildpunkt p mit der räumlichen Anordnung der Indizes $z = 1,..., 8$ gemäß Abb. 3.5,

4	3	2
5	*p*	1
6	7	8

kann durch die Binärzahl

$$Z = \sum_{z=1}^{8} F(z) \cdot 2^{z-1}$$

dargestellt werden.

In der Variante 2 muß man allerdings die erweiterten Nachbarschaften I und J berücksichtigen, deren 3×3-Kerne p als Bezugspunkt haben. Zu diesem Zweck muß für die Muster-Konfiguration J die Zeile $y-2$ aus dem Original- bzw. Zwischenergebnisbild in einen Speicherbereich $Q(1...M)$ eingelesen werden. Weil in beiden Varianten mehrere Bilddurchläufe notwendig sind, braucht man einen zusätzlichen Bildspeicher, um die Grauwerte des Zwischenergebnisbildes nach jedem Subzyklus bzw. nach jedem Durchlauf festzuhalten. Am Anfang wird das Originalbild in den Zwischenspeicher g umkopiert, und am Ende jedes Subzyklusses (bzw. Durchlaufs) wird das Zwischenergebnis vom Bild h in den Zwischenspeicher g zurückkopiert. In jedem Subzyklus spielt dann g die Rolle des Originalbildes, während zur Unterbringung des Resultatsbildes der Bildspeicher h verwendet wird.

(IV) Es wird das zentrierte ij-Koordinatensystem mit hier explizit angegebener Kontrollstruktur genutzt. Die folgenden Speicherbereiche und Datenfelder sind erforderlich:

$Q(1...M)$ für die Grauwerte der Zeile $y-2$, die für die Auswertung der erweiterten Umgebung J der Variante 2 benötigt werden,

$$NB1(1...8) = (192, 80, 12, 5, 3, 65, 48, 20),$$

entsprechend (Nord, Nord, Süd, Süd, West, West, Ost, Ost) und

$$NB2(1...8) = (81, 69, 21, 84, 80, 65, 5, 20),$$

entsprechend (A, B, C, D, E, F, G, H) für die Binärzahlen Z, die in codierter Form die Muster-Konfigurationen der Variante 1 bzw. der Variante 2 darstellen,

$$NB3(1, 2) = (1, 64)$$

für die 3×3-Kerne der erweiterten Umgebungen I und J der Variante 2,

$$MASK1(1...8) = (206, 87, 236, 117, 59, 93, 179, 213)$$

und

$$MASK2(1...8) = (95, 125, 245, 215, 87, 93, 117, 213)$$

für die Bit-Masken, die in Zusammenhang mit den Muster-Konfigurationen aus den Listen $NB1$ und $NB2$ zu verwenden sind

$$MASK3(1, 2) = (17, 68)$$

für die Bit-Masken zur Ausmaskierung der nicht zu berücksichtigenden Nachbarn in den erweiteterten Umgebungen der Variante 2.

Der Index c steuert in der Variante 1 die Auswahl der Muster-Konfigurationen und der Masken in den Listen $NB1$ und $NB2$ bzw. von $MASK1$ oder $MASK2$ in Abhängigkeit vom laufenden Subzyklus.

```
                                          {Eingabe und Intitialisierung}
      Bild f in den Zwischenspeicher g kopieren;
      PASS := 0;                          {Anzahl der durchgeführten Subzyklen}
      c := 1;                                        {Index-Initialisierung}
      W_4 := 0;
L1    W := 0;
      for y := 3 to N – 1 do begin
         for x := 2 to M – 2 do begin
                                                     {Beginn Operatorkern}
            if ((x = 2) ∧ (VAR = 2)) then begin
                  Zeile y – 2 des Bildes g in den Bereich Q(1...M) einlesen;
                  for r := 1 to M do                 {Binärbild erzeugen}
                        if (Q(r) ≠ 0) then Q(r) := 1
                  end {then};
            if (f(x, y) = 0) then       h(x, y) := 0
            else begin
                  8-Nachbarn von p in F(z), z = 1...8, gemäß Abb. 3.5 einlesen;
                  for z := 1 to 8 do                 {Binärbild erzeugen}
                        if (F(z) ≠ 0) then F(z) := 1;
                  Z := 0;
                  for z := 1 to 8 do        Z := Z + 2^(z−1) F(z);
                  if (VAR = 1) then
                        for z := c to c + 1 do
                              if (AND(Z, MASK1(z)) = NB1(z))
                                    then begin
                               {AND bezeichnet das Bit-AND, vgl. 5.5.1}
                                    W := 1;  h(x, y) := 0;
                                    goto L2
                                    end {then}
                  else begin
                        if
            ((AND(Z, MASK3(1)) = NB3(1) )  ∧  (f(x+2, y) = 0 ))
                              then goto L2;
                        if
            ((AND(Z, MASK3(2)) = NB3(2) )   ∧   ( Q(x) = 0  ))
                              then goto L2;
```

```
                        for z := 1 to 8 do
                            if (AND(Z, MASK2(z)) = NB2(z) )
                                then begin
                                    W := 1;  h(x, y) := 0;
                                    goto L2
                            end {then}
                        end {else}
                    end {else}
L2          end {for};                                   {Ende Operatorkern}
                                          {Vorbereitung des nächsten Durchlaufs}
        if ((VAR = 2) ∧ (W = 0)) then goto L3;
        if (W = 0)        then          W4 := W4 + 1
                          else          W4 := 0;
        if (W4 = 4) then goto L3;
        PASS := PASS + 1;
        c := 1+2·[Rest der Division von PASS durch 4];
        Zwischenergebnisbild h in den Zwischenspeicher g kopieren;
        goto L1
L3      end {for}
```

(V) Das Basis-Skelettierungsverfahren durch Tilgung von Objektbildpunkten in sukzessiven Subzyklen ist in

Rosenfeld, A., Kak, A.C.: *Digital Picture Processing*, Vol. 1 and 2. Academic Press, New York, 1982.

Zamperoni, P.: *Methoden der digitalen Bildsignalverarbeitung*. 2. Auflage, Vieweg Verlag, Wiesbaden, 1991.

Arcelli, C., Cordella, L., Levialdi, S.: *Parallel thinning of binary pictures*. Electronic Letters **11** (1975), pp. 148-149.

Arcelli, C., Cordella, L., Levialdi, S.: *More about a thinning algorithm*. Electronic Letters **16** (1980), pp. 51-53.

beschrieben. Zur Anwendung der „connectivity number" oder der „crossing number" als Tilgungskriterium vgl.

Yokoi S., Toriwaki, J., Fukumura, T.: *An analysis of topological properties of digitized binary pictures using local features*. Computer Graphics and Image Processing **4** (1975), pp. 63-73.

Tilgungskriterien, die auf Vergleichen mit Masken basieren, werden in den o.g. Arbeiten von *Arcelli* et al. und in

Bourbakis, N.G.: *A parallel-symmetric thinning algorithm*, Pattern Recognition **22** (1989), pp. 387-396.

Chin, R.T., Wan, H.K., Stover, D.L., Iverson, R.D.: *A one-pass thinning algorithm and its parallel implementation*. Computer Vision, Graphics, and Image Processing **40** (1987), pp. 30-40.

Eckhardt, U., Maderlechner, G.: *Parallel reduction of digital sets*. Siemens Forschungs- und Entwicklung-Berichte, Bd. **17** (1988), N. 4, pp. 184-189.

Suzuki, S., Abe, K.: *Binary picture thinning by an iterative parallel two-subcicle operation*. Pattern Recognition **20** (1987), pp. 297-307.

beschrieben. Schnellere Skelettierungsalgorithmen mit zwei oder mit einem Subzyklus statt vier Subzyklen pro Durchlauf wurden z.B. von *Bourbakis*, *Chin/Wan/Stover/Iverson* und *Suzuki/Abe* (s. oben) entwickelt. Der Skelettierungsansatz mittels „Schälvorgang" ist in

Pavlidis, T.: *A thinning algorithm for discrete binary images*. Computer Graphics and Image Processing **13** (1980), pp. 142-157.

Arcelli, C., Sanniti di Baja, G.: *A width-independent fast thinning algorithm*. IEEE Trans. PAMI-**7** (1985), pp. 463-474.

Xia, Y.: *Skeletonization via the realization of the fire front's propagation and extinction in digital binary shapes*. IEEE Trans. PAMI-**11** (1989), pp. 1076-1086.

vertreten. In

Piper, J.: *Efficient implementation of skeletonisation using interval coding*. Pattern Recognition Letters **3** (1985), pp. 389-397.

geht der Skelettierungsalgorithmus nicht von den Bilddaten, sondern von einer lauflängencodierten Bilddarstellung aus. Schließlich ist eine vergleichende Auswertung einiger bekannter Skelettierungsverfahren in

Tamura, H.: *A comparison of line thinning algorithms from digital geometry viewpoint*. Proc. 4th IJCPR, Kyoto, 1978, pp. 715-719.

zu finden.

7.1.3 Skelettierung von Grauwertbildern

(I) Mit diesem Programm kann man aus einem Grauwertbild ein linienhaftes Gebilde erzeugen, das in etwa aus den Mittellinien der hellen Bildbereiche besteht. Betrachtet man das Eingabebild als das Relief eines „Helligkeitsgebirges", so bleiben im Skelettbild nur die „Bergkämme" des Reliefs mit ihrer Originalhöhe erhalten.

Das Grauwertskelett ist eine skizzenhafte Darstellung des Bildinhaltes mit Hervorhebung der „Bergkämme", die für Zwecke der Bildanalyse genutzt werden kann. Aus dem Skelettbild ist keine Rekonstruktion des Eingabebildes möglich.

Attribute:

Bilder: Grauwertbilder

Operator: global, topologisch, Realisierung in mehreren Durchläufen mit Hilfe von lokalen Operatoren

Operatorkern: ordnungsstatistisch

(II) Für das Skelett eines Grauwertbildes kann man keine exakte Definition, sondern eher eine qualitative Beschreibung in Anlehnung an die angeforderten Eigenschaften (i) bis (v) in (I) von Abschnitt 7.1.2 geben. Hier muß jedoch besonders die Anforderung (i) gelockert werden, wogegen die Anforderung (ii) einer genauen Definition der Konnektivität für Grauwertbilder bedarf. Einige Skelettierungsverfahren für Grauwertbilder, vgl. Arbeiten von *Dyer/Rosenfeld* und *Wang/Abe* in (V), bauen auf solchen Definitionen auf. Die in Abhängigkeit vom Eingabebild stark schwankende Qualität der Ergebnisse scheint allerding die hohe algorithmische Komplexität dieser Verfahren nicht zu rechtfertigen. Die hier gewählte Lösung nach *Peleg/Rosenfeld* (s. (V)) ist algorithmisch einfacher und basiert auf der wiederholten Anwendung der Grundoperatoren der mathematischen Morphologie, nämlich der Erosion und der Dilatation (vgl. Abschnitt 6.5.2).

Wie bereits im Abschnitt 6.5.2 erläutert, werden Erosion und Dilatation für Grauwertbilder durch die Berechnung des Minimums bzw. des Maximums im Strukturelement realisiert. Als Strukturelement wird hier der digitale Einheitskreis verwendet, der aus p und den 8-Nachbarn von p besteht. Bezeichnet man mir $f^{(r)}$ das Ergebnisbild der r-maligen Dilatation des Eingabebildes f und mit $f^{(-r)}$ das Ergebnis der r-maligen Erosion, so gilt $f^{(-r+1)} \geq \left(f^{(-r)}\right)^{(1)}$, wobei das Zeichen $\geq$ sich auf Bildpunkte gleicher Koordinaten bezieht. Das Differenzbild

$$d_r(x, y) = f^{(-r+1)} - \left(f^{(-r)}\right)^{(1)},$$

dessen Grauwerte alle nichtnegativ sind, ist auch als „Zylinderhut-Transformation" bekannt (vgl. Abschnitt 2.7). Dieses Bild enthält all jene Bildpunkte, die in der r-ten Erosion unumkehrbar getilgt werden, d.h. alle die lokalen Maxima in einem Umkreis vom Radius r, oder mit anderen Worten, die Bildpunkte eines lokalen „Bergkamms". Angefangen mit $r = 1$ werden durch sukzessive Anwendungen des Zylinderhut-Operators die lokalen Maxima für $r = 1...R$ mit ihren Originalgrauwerten extrahiert und im Ergebnisbild h gesammelt. Die Kombination der einzelnen Teilergebnisse kann durch Summe, oder wie hier, durch die logische ODER-Verknüpfung für Grauwertbilder erfolgen:

$$h(x, y) = \max_{r=1...R} \{d_r(x, y)\}.$$

(III) Zur Durchführung des Verfahrens sind zwei Zwischenbildspeicher g_1 und g_2 erforderlich. In den ersten wird anfangs das Eingabebild kopiert und vor dem r-ten Durchlauf das entsprechende Eingabebild $f^{(r-1)}$ bereitgestellt. In g_2 wird im r-ten Durchlauf das Ergebnis der r-ten Erosion geschrieben. Dieses Bild wird dann, am Ende des r-ten Durchlaufs, in das Bild g_1 kopiert. Im unten angegebenen Programm wird vom ungünstigeren Fall eines zeilenweisen Einlesens der Bilder g_1 und g_2 ausgegangen (vgl. Abschnitt 3.2.3). Falls für diese Bildspeicher ein direkter Zugriff möglich ist, sind leicht durchführbare Vereinfachungen des Programms vorzunehmen.

Abbildung 7.3: Zwei Beispiele der Skelettierung für Grauwertbilder. Links: Originalbilder einer Luftaufnahme und einer Rose. Rechts: entsprechende Grauwertskelette nach zehn Operatordurchläufen.

Die Erosion und die nachfolgende Dilatation in 3×3-Fenstern werden hier beide während des gleichen Bilddurchlaufs durchgeführt. Dazu werden in einem 5×5-Fenster zuerst die Minima $MIN(i, j)$ in den in $(x + i, y + j)$, $-1 \leq i, j \leq +1$, zentrierten 3×3-Fenstern und dann $\mathbf{max}\{MIN(i, j)\}$ berechnet.

In der Abb. 7.3 sind zwei Beispiele der Bestimmung des Grauwertskelettes wiedergegeben.

(IV) *Kontrollstruktur:* speziell, in mehreren Durchläufen, hier explizit angegeben.

Erforderliche Speicherbereiche:

Zeilenspeicher $BUF(1...M, 1...5)$, $BUFIN(1...M)$, $BUFOUT(1...M)$ (bei zeilenweisem Einlesen sonst in die Kontrollstruktur miteinbezogen),

Array **data ind**(1, 2, 3, 4, 5): Initialisierungswerte der indirekt adressierten Zeilenindizes (vgl. Abschnitt 3.3.1, sonst in die Kontrollstruktur miteinbezogen),

Bildspeicher g_1 und g_2 für Zwischenergebnisse,

Zeilenspeicher $Z1(1...M)$ und $Z2(1...M)$ als Datenpuffer.

```
                                        {Eingabe und Initialisierung}
Anzahl R der Durchläufe eingeben;
Eingabebild f in den Bildspeicher g1 kopieren;
PA := 0;
for y := 1 to N do begin
   Zeile y des Resultatsbildes h in den Zeilenspeicher Z2(1...M) einlesen;
   for x := 1 to M do        Z2(x) := 0;
   Zeilenspeicher Z2(1...M) in die Zeile y von h schreiben
   end {for};
for y := 1 to 5 do
   Zeile y des Eingabebildes f in den Zeilenspeicher BUF(1...M, ind(y)) einlesen;
                                        {Anfang Bilddurchlauf}
L1 for y := 3 to N – 2 do begin
   Zeile y des Bildes h in den Zeilenspeicher Z2(1...M) einlesen;
   for x := 3 to M – 2 do begin
                                        {Beginn des Operatorkernes}
      MAX := 0;
      for j := – 1 to 1 do
            for i := – 1 to 1 do begin
                  MIN := G;
                  for i1 := –1 to 1 do
                        for j1 := –1 to 1 do
                              if (g1(x+i+i1, y+j+j1) < MIN)
                              then
                              MIN := g1(x+i+i1, y+j+j1);
                  if ((i = 0) ∧ (j = 0)) then Z1(x) := MIN;
                  if (MIN > MAX)   then   MAX := MIN
                  end {for};
      H := g1(x, y) – MAX;     BUFOUT(x) := max(H, Z2(x));
                                        {Ende des Operatorkerns}
      end {for};
   Zeilenspeicher BUFOUT(1...M) in die Zeile y von h schreiben;
   Zeilenspeicher Z1(1...M) in die Zeile y des Bildes g2 schreiben;
   if (y < N – 2) then begin
      Zeile y + 3 des Bildes g1 in den Speicher BUF(1...M, ind(1)) einlesen;
      rot := ind(1);
      for z := 1 to 4 do        ind (z) := ind(z + 1);
      ind(5) := rot
      end {then}
   end {for};
```

$PA := PA + 1;$
if ($PA < R$) **then begin**
Bild g_2 in das Bild g_1 kopieren;
goto L1
end *{then}*

(V)
Skelettierungsverfahren für Grauwertbilder wurden nach verschiedenen Ansätzen von

Dyer, C.R., Rosenfeld, A.: *Thinning algorithms for gray-scale pictures*. IEEE Trans. PAMI-**1** (1979), pp. 88-89.

Wang, C., Abe, K.: *A method for gray-scale image thinning: the case without region specification for thinning*. Proc. 11th Intern. Conf. on Pattern Recognition, Den Haag, 1992, pp. 404-407.

entwickelt. Die hier gewählte, etwas einfachere Lösung stammt aus

Peleg, S., Rosenfeld, A.: *A min-max medial axis transformation*. IEEE Trans. PAMI-**3** (1981), pp. 208-210.

7.2 Geometrische Konstruktionen

Als Eingabebild sei ein Zweipegel- oder Grauwertbild f angenommen, in dem spezielle Bildpunkte (z.B. Konturen) als Resultat einer Bildbearbeitung durch einen spezifischen Grauwert, z.B. den Grauwert $G - 1$, markiert werden sollen bzw. bereits im Eingabebild einige isolierte Bildpunkte $p_1, p_2, \ldots, p_n$ mit dem Grauwert $G - 1$ markiert sind, zu denen weitere geometrische Strukturen im Bild einzublenden sind. Falls Farbschirme verfügbar sind, so können diese Markierungen auch besser durch Farbwerte erfolgen.

7.2.1 Konturverfolgung

(I) Es werden Konturen von Objekten in einem Zweipegelbild f verfolgt und mit Hilfe des Konturcodes (*Freeman code*) als Datensatz in eine Datei abgelegt. Treten im Bild mehrere Objekte auf, so sucht das Programm jedes Objekt und berechnet den entsprechenden Konturcode. Das Eingabebild kann auch ein Grauwertbild sein. In diesem Fall wird mit Hilfe einer konstanten Grauwertschwelle zwischen Objektpunkten (Grauwert höher als der Schwellenwert) und Hintergrundpunkten (Grauwert nicht höher als der Schwellenwert) unterschieden. Aus der Ergebnisdatei kann das Originalbild fehlerfrei als Zweipegelbild rekonstruiert werden.

Attribute:

Bilder: Zweipegelbilder oder Grauwertbilder
Operator: global, geometrisch

Eingaben:

Binarisierungsschwelle S_1 für die Erkennung eines zuverlässigen Anfangspunktes der Kontur;

Binarisierungsschwelle $S_2 \le S_1$ für die Bestimmung des Nachfolgers eines Konturpunktes in der Konturverfolgungsphase,

Koordinatenwerte $Y_{min}, Y_{max}, X_{min}$ und X_{max} zur eventuellen Abgrenzung des Feldes, in welchem Objekte gesucht werden.

(II) Die Kontur eines binären Objektes ist die Menge aller Objektpunkte, die mindestens einen *4*-Nachbarn im Hintergrund besitzen (vgl. Abschnitt 1.1.1). Verfolgt man die Kontur von einem beliebigen Anfangspunkt an bis zum gleichen Punkt zurück, so erhält man eine Folge von Schritten, jeder Schritt in eine aus acht möglichen Richtungen (einen aus *8*-benachbarten Punkten bestehenden Pfad). Die Richtungen der Schritte können durch die Zahlen 0 bis 7, z.B. wie in Abb. 7.4 angegeben, dargestellt werden.

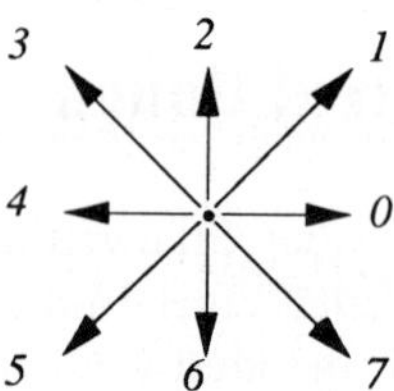

Abbildung 7.4: Codierung der Schritte in einer *8*-Nachbarschaft.

Somit kann die Kontur eines Objektes bzw. seine Form durch eine Zahlenfolge $r_1, r_2, \ldots, r_N$ mit $0 \le r_i \le 7, 1 \le i \le Z$, fehlerfrei beschrieben werden. Die zusätzliche Angabe der absoluten Koordinaten eines Konturpunktes (z.B. des Anfangspunktes) erlaubt es, auch die Lage des Objektes im Bildraster zu spezifizieren.

(III) Die Konturcodierung ist eine sehr leistungsfähige Methode, die in zahlreichen Aufgaben der Formanalyse, der Merkmalsextraktion, der datenreduzierenden Codierung und der geometrischen Transformationen für Zweipegelbilder Anwendung findet. Der Vorteil dieser Methode liegt darin, daß manche, selbst sehr komplexe Probleme der o.g. Arten durch numerische Manipulationen der Zahlenfolge des Konturcodes nach einfachen syntaktischen Regeln gelöst werden können. Die entsprechenden Algorithmen sind meistens sehr schnell und brauchen keinen Zugriff auf die Bilddaten. Bei geometrischen Transformationen und morphologischen Operationen erhält man die Konturkette der transformierten Objekte, die die genaue Objektrekonstruktion, s. unten, ermöglicht.

Der gesamte Vorgang der Bestimmung des Konturcodes besteht aus den zwei Phasen der Objektfindung und der Konturverfolgung. In der ersten Phase wird das Bild zeilenweise bis zur Findung eines zuverlässigen Konturanfangspunktes abgesucht. In der zweiten Phase wird die Kontur verfolgt und als Zahlenfolge in einem Speicherbereich abgelegt. Im Fall mehrerer Objekte alternieren Objektsuche und Konturverfolgung so lange, bis das gesamte Bild auf alle Objekte abgesucht worden ist.

Um den in Punkt (IV) angegebenen Konturverfolgungsalgorithmus zu erläutern, soll nun ein Überblick über die wichtigsten zu erfüllenden Anforderungen und über die gewählten Lösungsansätze gegeben werden:

1. Falls im Bild mehrere Objekte vorhanden sind, so müssen die entsprechenden Konturen als Zahlenfolgen hintereinander in die Ergebnisdatei abgelegt werden, wobei Anfang und Ende jeder Zahlenfolge erkennbar sein sollen. Bei der Objektsuche müssen bereits erfaßte Objekte, die von noch nicht abgesuchten Bildzeilen geschnitten werden, als solche erkannt und für den Vorgang der Objektsuche „unsichtbar" gemacht werden.
2. Es wird angenommen, daß die gesuchten Objekte hell auf dunklem Hintergrund sind. Es ist dann zweckmäßig, um mögliche Schwankungen der Hintergrund- und der Objektgrauwerte zu berücksichtigen, bei der Objektsuche einen höheren Schwellenwert S_1 zur Erkennung des ersten Objektpunktes und bei der Konturverfolgung einen niedrigeren Schwellenwert S_2 zur Bestimmung der Konturfortsetzung zu verwenden. Der Hysteresebereich $S_2 \ldots S_1$ soll dazu dienen, um die oben erwähnten Grauwertschwankungen aufzufangen.
3. Auch eventuelle Löcher in den Objekten sollen erfaßt und als solche gekennzeichnet werden. Die Lochkontur wird hier als die innere Kontur des Objektes definiert (s. auch Abb. 7.6). Sie besteht also aus Bildpunkten des Objektes. Die Objektkontur wird immer vor der Lochkontur in die Ergebnisdatei abgelegt, weil sie bei der Objektsuche immer als erste getroffen wird. Um die Programmkomplexität in Grenzen zu halten, wird hier die Einschränkung eingeführt, daß der erste getroffene Punkt einer Lochkontur nicht auch Element der Objektkontur sein darf.

Die Zahlenfolge des Konturcodes wird während der Konturverfolgung in einen Speicherbereich $E(1 \ldots L_{max})$ abgelegt, wobei L_{max} die maximale vorgesehene Konturlänge eines Objektes darstellt (Richtwert $L_{max} = 2000$ für eine Bildgröße von 512×512 Bildpunkten). Nach der Abarbeitung eines Objektes (bzw. eines Lochs) werden die Konturdaten vom Speicherbereich E in die Ergebnisdatei umgespeichert. Für den Speicherbereich E wurde das unten angegebene Datenformat festgelegt. Die in $E(1)$ enthaltene Information ermöglicht die für die Bildrekonstruktion erforderliche Trennung der Datensätze der einzelnen Objekte (bzw. Löcher), auch wenn sie unmittelbar hintereinander abgespeichert werden:

$E(1)$	Gesamtzahl der Konturschritte
$E(2)$	x-Koordinate des Anfangspunktes
$E(3)$	y-Koordinate des Anfangspunktes
$E(4)$	Kennzeichnung als Objekt oder als Loch
$E(5)$	Richtung r_1 des ersten Konturschrittes
$E(6)$	Richtung r_2 des zweiten Konturschrittes
...	...
...	...
$E(Z + 4)$	Richtung r_Z des letzten Konturschrittes

Die Verfolgung einer Kontur beliebiger Form legt nahe, die Bilddaten in wahlfreiem Zugriff verfügbar zu machen, was die Bereitstellung der Grauwerte $f(x, y)$ des Eingabebildes in einem zweidimensionalen Datenfeld im Arbeitsspeicher erfordert. Diese Kontrollstruktur wird hier vorausgesetzt. Im Prinzip sind auch andere Kontrollstrukturen mit zeilenweisem Datenaustausch möglich, die jedoch bei dieser Aufgabe aufgrund der unregelmäßigen Verschiebung des Fensters in vertikaler Richtung einen beträchtlichen Zeitaufwand für den Datenaustausch zur Folge hätten.

Um die Durchführung des gesamten Konturverfolgungsvorgangs von Punkt (IV) besser zu erläutern, ist in Abb. 7.5 ein Flußdiagramm angegeben.

Die zeilenweise Bildabtastung bei der Objektsuche erfolgt hier von oben nach unten (d.h. von $y = Y_{max}$ bis zu $y = Y_{min}$) und von links nach rechts (d.h. von $x = X_{min}$ bis zu $x = X_{max}$). Konturen bereits erfaßter Objekte sind bereits mit dem symbolischen Grauwert $G - 1$ markiert (die Grauwerte des Origninalbildes müssen vorher auf $G - 2$ begrenzt werden) und bleiben somit unberücksichtigt. Erst dann, wenn ein Übergang von einem Grauwert kleiner als S_2 zu einem Grauwert größer als S_1 auftritt, ist ein neues Objekt gefunden und die Phase der Konturverfolgung beginnt.

Am Anfang der Konturverfolgungsphase werden einige Variablen gesetzt bzw. initialisiert und später nach und nach aktualisiert, deren Bedeutung nun kurz erläutert werden soll:

- *X, Y* sind die Koordinaten des aktuellen Konturpunktes.
- *XK, YK* sind die Koordinaten des Anfangspunktes der Kontur.
- *ANF* ist gleich 1, wenn der aktuelle Konturpunkt der Anfangspunkt ist.
- *EZP* wird auf 1 gesetzt, wenn das Objekt als Einzelpunkt erkannt wird.
- *z* ist der Index des nächsten freien Speicherplatzes im Speicherbereich *E*.
- *ZUR* wird auf 1 gesetzt, wenn der erreichte Konturpunkt die gleichen Koordinaten wie der Anfangspunkt hat. Diese Situation impliziert nicht notwendigerweise, daß die ganze Kontur durchlaufen worden ist, wie z.B. wenn der Anfangspunkt (*XK, YK*) sich auf einem einen Pixel dünnen „Hals“ zwischen zwei Objektteilen befindet. Bei der hier verwendeten zeilenweisen Objektsuche kann dieser Fall nur bei Grauwertbildern dann auftreten, wenn der oberste linke Objektpunkt aufgrund seines zwischen S_1 und S_2 liegenden Grauwertes als Anfangspunkt nicht erkannt worden ist und die eigentliche Konturverfolgung erst an einer tiefer gelegenen Zeile einsetzt.

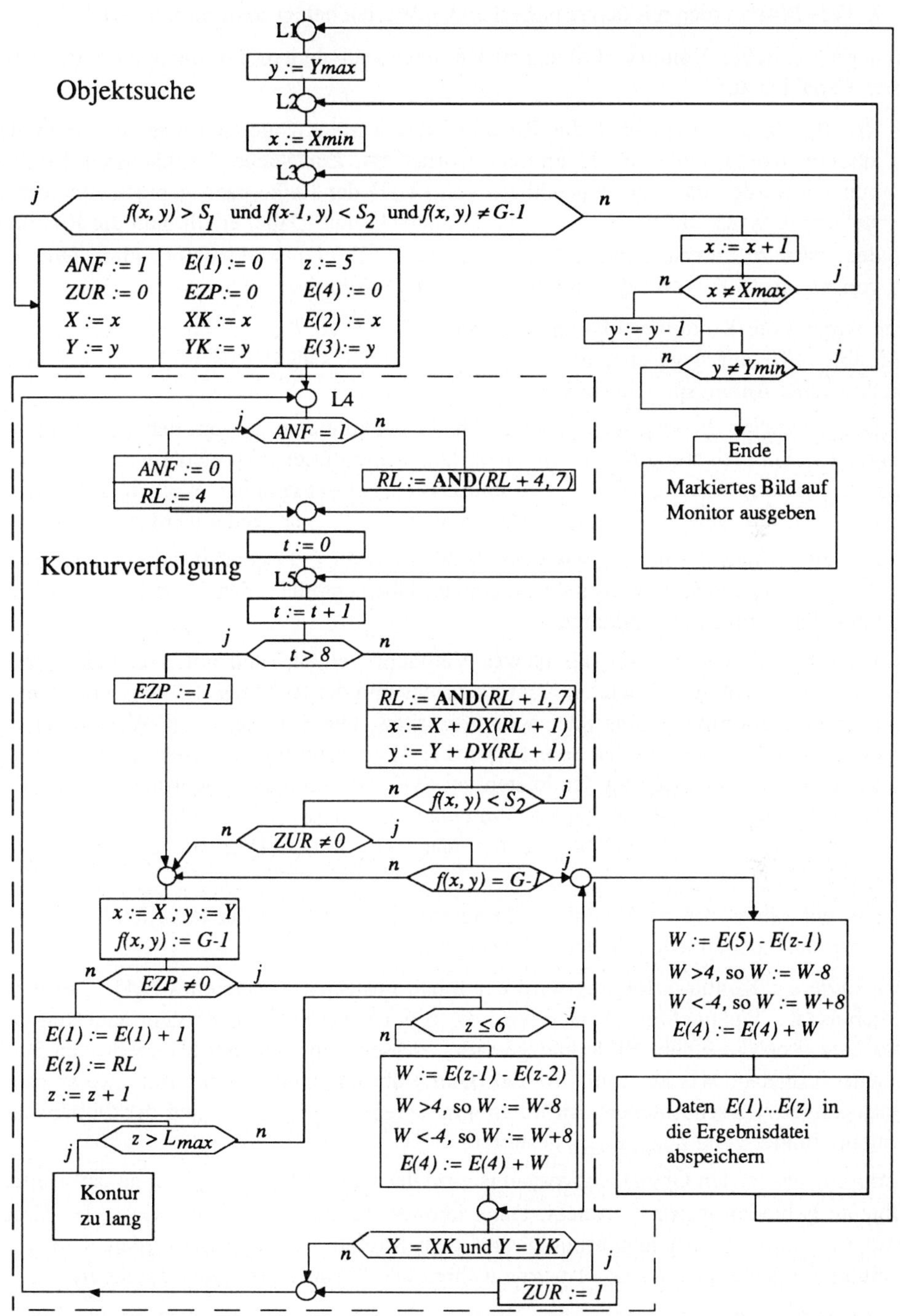

Abbildung 7.5: Flußdiagramm des Konturverfolgungsverfahrens. Mit **AND** wird die Operation Bit-AND bezeichnet, vgl. Abschnitt 5.5.1.

- $E(1) \dots E(4)$ werden mit den entsprechenden Werten belegt bzw. initialisiert.

In der eigentlichen Konturverfolgungsphase treten auch andere, im folgenden kurz erläuterte Variablen auf:

- RL, $0 \le RL \le 7$ bezeichnet die Richtung des letzten Konturschrittes, mit dem der aktuelle Konturpunkt (X, Y) erreicht worden ist. Zur Suche des nächsten Konturpunktes werden dann die *8*-Nachbarn von (X, Y) der Reihe nach geprüft, um festzustellen, ob ihr Grauwert die Schwelle S_2 überschreitet. Dabei erhält man die Richtung des ersten zu untersuchenden *8*-Nachbarn (von (X, Y) aus betrachtet) durch Drehung von RL um $180° + 45°$, d.h. durch die Modulo-*8*-Addition mit 5.

Am Anfang der Konturverfolgung wird ein fiktiver Wert $RL = 4$ angenommen und die Variable *ANF* auf 0 gesetzt, um darauf hinzudeuten, daß die nachfolgenden Konturpunkte keine Anfangspunkte sind.

- DX, DY stellen die vorzunehmenden x- bzw. y-Inkremente dar, um den Nachbarpunkt von (X, Y) in Richtung RL zu erreichen. Die Werte dieser Inkremente werden aus den zwei Look-up-Tabellen $DX(1 \dots 8)$ und $DY(1 \dots 8)$ entnommen. Weil RL zwischen 0 und 7 variiert, muß als Tabellenindex der Wert $RL + 1$ verwendet werden.
- t ist ein Zähler, der besagt, wieviele Nachbarn von (X, Y) geprüft worden sind, ohne den nachfolgenden Konturpunkt zu finden. Überschreitet t den Wert 8, so wird das Objekt als Einzelpunkt erkannt.
- W bezeichnet den Winkel (als ganzes Vielfache von 45° und mit Vorzeichen) zwischen der Richtung des letzten Konturschrittes und der Richtung des zum nächsten erkannten Konturpunkt führenden Konturschrittes. Die Summe der W-Werte über die gesamte Kontur wird in den Speicherplatz $E(4)$ abgelegt und am Ende der Konturverfolgung durch den Beitrag des letzten, zu (XK, YK) führenden Schrittes ergänzt. Der Endwert von $E(4)$ ist ein ganzes Vielfaches von 8 ($8 \cdot 45° = 360°$) und sein Vorzeichen besagt, ob die erfaßte Kontur einem Objekt ($E(4) \ge 0$) oder einem Loch ($E(4) < 0$) gehört.
- z ist ein Zähler, der die Anzahl der im Speicherbereich E von der aktuellen Kontur in Anspruch genommenen Speicherplätze darstellt.

Am Ende der Konturverfolgung wird der Inhalt des Speicherbereiches $E(1) \dots E(z)$ der Ergebnisdatei hinzugefügt. Danach wird die zeilenweise Suche nach dem nächsten Objekt bzw. Loch in einem Bildpunkt gestartet, dessen Lage anhand des erwarteten Bildinhalts festgelegt werden muß. In der Durchführung wurde hier vom „worst case" ausgegangen („geschachteltes" Auftreten von Objekten in Löchern) und der Objektsuchvorgang immer von (X_{min}, Y_{max}) gestartet.

Am Ende des letzten Objektsuchvorgangs wird der Punkt (X_{max}, Y_{min}), ohne daß weitere Objekte gefunden werden, erreicht. Dann können die im Originalbild durch den Grauwert $G - 1$ markierten Konturpunkte auf dem Monitor ausgegeben werden. Die Markierung mit dem Grauwert $G - 1$ wurde während der Konturverfolgung durchgeführt.

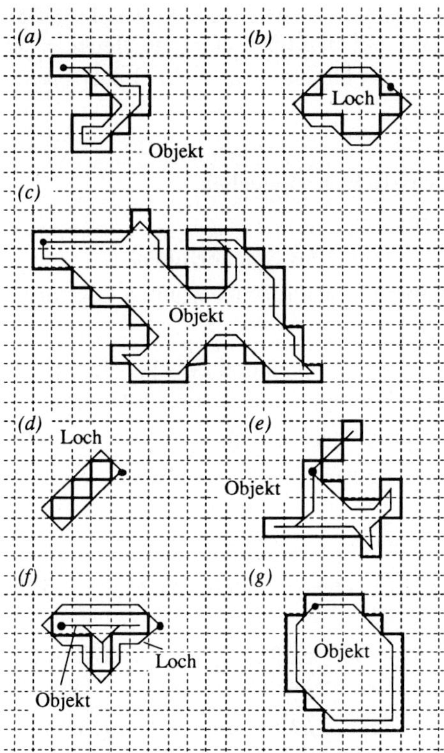

Abbildung 7.6: Beispiele von Objekten und Löchern mit Angabe des jeweiligen Konturpfades und des Anfangspunktes (•). In (*f*) sind beide Konturpfade des Bildgebietes dargestellt, einmal als Objekt und einmal als Loch betrachtet. In (*c*) und (*e*) wurde angenommen, daß bei der Kontursuche der erste Objektpunkt der obersten Zeile infolge von Grauwertschwankungen nicht als Konturanfangspunkt erkannt worden ist. Der im Speicherplatz *E*(4) erscheinende Wert des „Gesamtwinkels" beträgt 0 in (*a*), (*c*), (*e*) und (*f*), 8 in (*g*) und – 8 in (*b*) und (*d*).

Für Grauwertbilder, die nicht einfach über eine konstante Schwelle mit Hysterese, wie in (IV) angenommen, auf Zweipegelbilder zurückgeführt werden können, muß die Konturverfolgung auf der Basis komplexerer Bildmodelle gestaltet werden. Beispiele solcher Verfahren sind (V) angegeben.

Die Bildrekonstruktion mit Hilfe des Konturcodes ist eine Aufgabe der Computergrafik, auf die hier nicht näher eingegangen wird. Will man nur die Umrisse der erfaßten Objekte und Löcher erhalten, so kann der Konturpfad, angefangen vom Punkt (*XK, YK*) direkt gezeichnet werden. Wenn außerdem das Innere der Objekte mit einem gegebenen Grauwert markiert werden soll, so kann man zu diesem Zweck eine der bekannten Methoden zur Auffüllung einer geschlossenen Kurve (s. (V)) verwenden. Zu bemerken ist, daß Löcher immer nach den sie enthaltenden Objekten erfaßt werden. Bei der Rekonstruktion wird daher zuerst das gesamte Objekt z.B. mit dem Grauwert $G - 1$ gekennzeichnet und später werden die Löcher z.B. mit dem Grauwert 0 „übermalt".

Die Abb. 7.6 zeigt einige Beispiele von Objekten und Löchern mit den entsprechenden Konturpfaden. Zu bemerken ist, daß nach den getroffenen Vereinbarungen, je nachdem ob ein gegebenes Bildgebiet als Objekt oder als Loch interpretiert wird, sich unterschiedliche Konturpfade ergeben.

(IV) *Kontrollstruktur:* speziell, hier angegeben

Erforderliche Speicherbereiche:

$f(1 \ldots M, 1 \ldots N)$ für die Grauwerte der Eingabebildes,

$E(1 \ldots L_{max})$ für den Konturcode des jeweils erfaßten Objektes, mit dem oben festgelegten Format,

$DX(1 \ldots 8) = (1, 1, 0, -1, -1, -1, 0, 1)$ und $DY(1 \ldots 8) = (0, 1, 1, 1, 0, -1, -1, -1)$ als Look-up-Tabellen der Inkremente der x- und y-Koordinaten der 8-Nachbarn eines Konturpunktes (X, Y), bezogen auf (X, Y).

```
                                                          {Anfang Bildabtastung}
L1   y := Y_max;
L2   x := X_min;
L3   if (f(x, y) > S_1 und f(x - 1, y) < S_2 und f(x, y) ≠ G – 1) then begin
                                                          {Konturverfolgung}
                 ANF := 1;        EZP := 0;        ZUR := 0;
                 E(1) := 0;       z := 5;
                 X := x;          XK := x;         E(2) := x;
                 Y := y;          YK := y;
                 E(3) := y;       E(4) := 0;
L4               if (ANF = 1) then begin
                                       ANF := 0;        RL := 4
                                  end {then}
                         else
                                  RL := AND(RL + 4 , 7);
                                              {AND ist das Bit-AND, vgl. 5.5.1}
                 t := 0;
L5               t := t + 1;
                 if (t > 8) then    EZP := 1
                         else begin
                                  RL := AND(RL + 1, 7);
                                  x := X + DX(RL + 1);      y := Y + DY(RL + 1);
                                  if (f(x,y ) < S_2) then goto L5;
                                  if (ZUR ≠ 0) then
                                       if (f(x, y) = G – 1) then goto L6
                                  end {else};
                 x := X;   y := Y;
                 f(x, y) := G – 1;
```

```
        if (EZP ≠ 0) then goto L6;
        E(1) := E(1) + 1; E(z) := RL;        z := z + 1;
        if (z > L_max) then
                Meldung: „Kontur zu lang“ und Programmabbruch;
        if (z > 6) then begin
                W := E(z – 1) – E(z – 2);
                if (W > 4) then W := W – 8;
                if (W < – 4) then W := W + 8;
                E(4) := E(4) + W
                end {then}
        if (X = XK und Y = YK) then ZUR := 1;
        goto L4;
L6      W := E(5) – E(z – 1);
        if (W > 4) then W := W – 8;
        if (W < – 4) then W := W + 8;
        E(4) := E(4) + W;
        Daten E(1) ... E(z) in die Ergebnisdatei abspeichern;
        goto L1
        end {then}
    else begin
                                                        {Objektsuche}
        x := x + 1;
        if (x ≠ X_max) then goto L3;
        y := y – 1;
        if (y ≠ Y_min) then goto L2;
                                                        {Bildende erreicht}
        Bild mit markierten Konturen auf Monitor ausgeben
        end {else}
```

(V) Definition, Eigenschaften und Anwendung der Konturcodierung können in

Ballard, D.H., Brown, C.M.: *Computer Vision*. Prentice-Hall, Englewood Cliffs, 1982.

Pavlidis, T.: *Algorithmen zur Grafik und Bildverarbeitung*. Verlag Heise, Hannover, 1990.

Zamperoni, P.: *Methoden der digitalen Bildsignalverarbeitung*. 2. Auflage, Vieweg Verlag, Wiesbaden, 1991.

gefunden werden.

Spezielle Konturverfolgungsverfahren für Grauwertbilder, deren Objekte nicht mittels einer konstanten Grauwertschwelle isoliert werden können, sind z.B. in

Wahl, F.M.: *Digitale Bildsignalverarbeitung*. Springer, Berlin, 1984.

und in *Zamperoni* (s.o.) zu finden.

Auffüllungsalgorithmen für geschlossene Kurven werden in *Pavlidis* (s.o.) angegeben.

7.2.2 Delaunay-Triangulation und Voronoi-Diagramm

(I) Gegenüber dem in Abschnitt 7.2.2 der ersten Auflage dieses Handbuches betrachteten, asymptotisch zeitoptimalen, aber methodisch aufwendigen Verfahren zur Berechnung eines Voronoi-Diagramms wird hier ein relativ unkompliziert zu implementierendes Verfahren angegeben, welches $\mathbf{O}(n^2)$ Zeitkomplexität besitzt. Dieses Verfahren ist auf die Konstruktion der Delaunay-Triangulation ausgerichtet ($VAR = 1$) und liefert wahlweise zusätzlich ($VAR = 2$) das hierzu duale Voronoi-Diagramm bzw. nur das Voronoi-Diagramm ($VAR = 3$). Es wird das beschränkte Voronoi-Diagramm (d.h. keine Strahlen) dargestellt.

Attribute:

Bilder: Zweipegelbilder isolierter Bildpunkte, Grauwertbilder mit markierten isolierten Bildpunkten,

Operator: global, geometrisch.

Eingaben: Punktliste der isoliert liegenden Bildpunkte als Resultat vorhergehender Bildbearbeitungen oder interaktiv durch Auswahl signifikanter Punkte am Schirm,

Variante ($VAR = 1$, $VAR = 2$ oder $VAR = 3$).

(II) Für ein Punktmuster in der euklidischen Ebene, bestehend aus einer endlichen Anzahl von Punkten $p_1, p_2, \ldots, p_n$, ist die *Voronoi-Zelle* des Punktes p_i die Menge aller Punkte der reellen Ebene, die zu keinem anderen Punkt p_k der vorgegebenen Punktmenge dichter liegen als zu p_i.

Mit $\mathbf{P} = \{p_1, p_2, \ldots, p_n\}$ sei die gegebene Punktmenge bezeichnet. Die Voronoi-Zelle $\mathbf{V}(p_i)$ des Punktes p_i bezüglich $\mathbf{P}$ in der euklidischen Ebene ist eine abgeschlossene Menge. Sie ist der topologische Abschluß der Menge aller Punkte q der reellen Ebene, die zu p_i näher liegen als zu jedem anderen Punkt in $\mathbf{P}$. Formal ist

$$\mathbf{V}(p_i) = \{q\text{: } q \text{ in der reellen Ebene und } d_2(q, p_i) \le d_2(q, p_j), \text{ für alle } j = 1, 2, \ldots, n\}$$

die Voronoi-Zelle des Punktes p_i der gegebenen Menge $\mathbf{P}$. Dabei ist $d_2(q, p)$ der euklidische Abstand zwischen Punkten p und q. Prinzipiell könnte aber auch eine beliebige Metrik der euklidischen Ebene verwendet werden. Der euklidischen Metrik gemäß werden z.B. für zwei Punkte (d.h. Extremfall $n = 2$) die beiden Voronoi-Zellen durch die Mittelsenkrechte getrennt.

Die Voronoi-Zellen sind konvexe Gebiete. Der Punkt p_i ist jeweils in der Zelle $\mathbf{V}(p_i)$ enthalten. Der Rand einer Voronoi-Zelle ist ein geschlossener oder offener (mit je einem Strahl an beiden Enden abschließender) Streckenzug, der ein beschränktes oder unbeschränktes Gebiet umschreibt. In Abb. 7.7 liegt der Fall des beschränkten Gebietes für die Punkte 3 und 5 vor und der Fall des unbeschränkten Gebietes für die Punkte 1, 2, 4, 6, 7, welche genau die Extremalpunkte der konvexen Hülle der gegebenen Punktmenge sind.

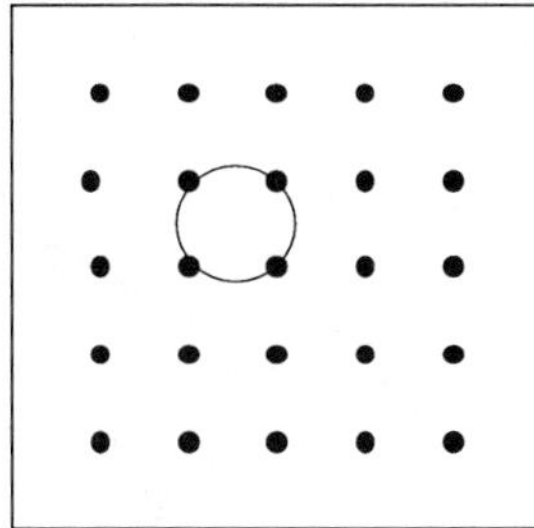

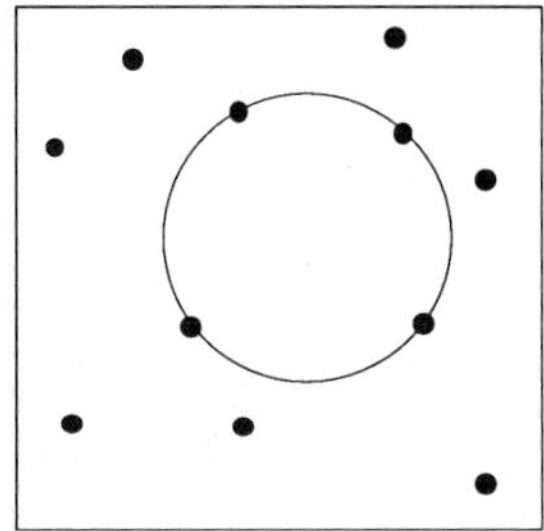

Abbildung 7.7: Beispiel eines Voronoi-Diagramms.

Die Gesamtheit aller Ränder der Voronoi-Zellen **V**(1), **V**(2), ..., **V**(n) bilden das *Voronoi-Diagramm* der gegebenen Punktmenge $\{p_1, p_2, \ldots, p_n\}$, welches also aus (unendlichen) Strahlen mit je einem *Voronoi-Punkt* (Endpunkt des Strahls) und aus Strecken mit je zwei *Voronoi-Punkten* (Endpunkte der Strecke) besteht.

Zwischen Punkten einer Punktmenge $\mathbf{P} = \{p_1, p_2, \ldots, p_n\}$ der reellen Ebene kann eine *Nachbarschaftsrelation* mittels des Voronoi-Diagramms definiert werden. Zwei Punkte p_i und p_k der Punktmenge sind genau dann *Voronoi-Nachbarn*, falls ihre Voronoi-Zellen $\mathbf{V}(p_i)$ und $\mathbf{V}(p_k)$ mindestens zwei Punkte gemeinsam haben, d.h. ihre Zellen nicht nur einen Voronoi-Punkt gemeinsam enthalten, sondern eine Strecke oder einen Strahl als gemeinsames Randstück besitzen.

Die Punktmenge **P** heißt *kreisfrei*, falls für vier Punkte der Punktmenge stets gilt, daß sie entweder nicht kozirkular sind (d.h. nicht auf einer gemeinsamen Kreislinie liegen) oder, falls sie kozirkular sind, so liegt im Innern der gemeinsamen Kreislinie ein weiterer Punkt aus **P**, vgl. Abb 7.8.

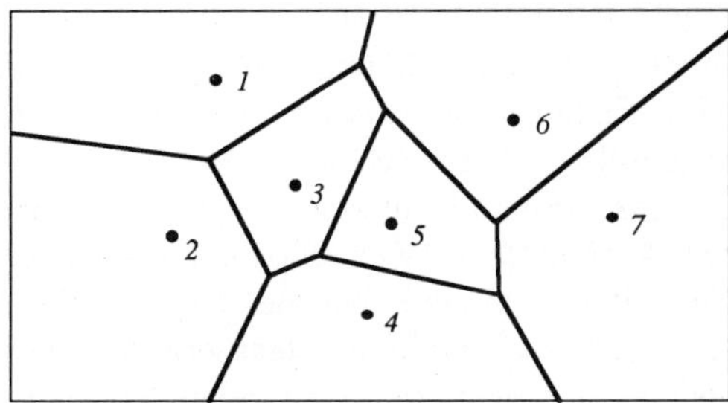

Abbildung 7.8: Zwei nicht kreisfreie Punktmengen.

Für eine kreisfreie Punktmenge entsteht durch die Verbindung von Voronoi-Nachbarn eine Triangulation der Ebene, die sogenannte *Delaunay-Triangulation*, vgl. Abb. 7.9.

Der Nachbarschaftsgraph der Voronoi-Nachbarschaft heißt *Voronoi-Dual*. Im kreisfreien Fall treffen sich niemals mehr als drei Voronoi-Zellen in einem Punkt. In diesem Fall ist das Voronoi-Dual die Delaunay-Triangulation der gegebenen Punktmenge **P**. Im nicht-kreisfreien Fall ist eine Triangulation zur Punktmenge **P** durch Hinzufügen von Kanten zum Voronoi-Dual zu erhalten. Die Spezifizierung von fehlenden Kanten kann i.a. beliebig erfolgen.

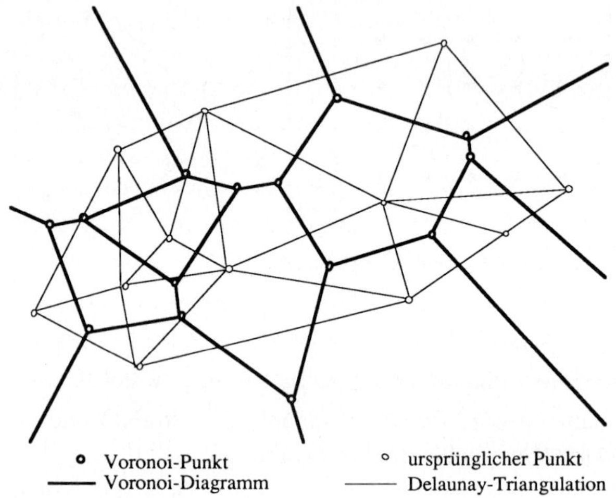

Abbildung 7.9: Delaunay-Triangulation und Voronoi-Diagramm.

(III) Die (isoliert liegenden) Punkte $p_1, p_2, ..., p_n$ können z.B. als Resultat einer Bildbearbeitung im Raster bzw. als Resultat einer Eintragung von Bildobjekten anhand von Merkmalspaaren in einen zweidimensionalen Merkmalsraum berechnet worden sein. Voronoi-Diagramme können im Gebiet der Bildanalyse für Bildsegmentierungen eingesetzt werden. Zum Beispiel können bei Zellaufnahmen mit unscharfen Zellgrenzen, in denen nur Zellkerne erkannt und durch Punkte p_i dargestellt werden, Voronoi-Diagramme als Näherungen für Zellgrenzen dienen. Voronoi-Diagramme können z.B. auch für Clusterungen von Bildpunkten von Interesse sein.

Die Strahlen eines Voronoi-Diagramms können ebenfalls durch Strecken repräsentiert werden, indem als zweiter Endpunkt, als *unechter Voronoi-Punkt*, ein Schnittpunkt mit einem die Punktmenge umschließenden Rechteck betrachtet wird. Allerdings ist es bei konkreten Anwendungen des Voronoi-Diagramms nicht immer erforderlich, diese Strahlen darzustellen. Mit dem Verfahren in (IV) werden diese Strecken nicht dargestellt, entsprechende Verfahrenserweiterungen sind aber gut möglich. Ein Voronoi- bzw. *echter Voronoi-Punkt* liegt auf dem Rand von mindestens drei Voronoi-Zellen, ein unechter Voronoi-Punkt dagegen nur auf dem Rand von zwei Voronoi-Zellen. Ein Voronoi-Diagramm ist durch Strecken bzw. durch Paare von Endpunkten (echte oder unechte

Voronoi-Punkte) eindeutig zu charakterisieren. Zu n Punkten $p_1, p_2, \ldots, p_n$ ist die Anzahl der echten Voronoi-Punkte maximal gleich $2n - 5$ und der Ränder (Strecken oder Strahlen) maximal gleich $3n - 6$. Voronoi-Diagramme bzw. Voronoi-Duals sind speziell geometrisch plazierte planare Graphen, vgl. Abb. 7.9.

Für die Berechnung des Voronoi-Diagramms einer Menge $\mathbf{P} = \{p_1, \ldots, p_n\}$ von n Bildpunkten könnte so vorgegangen werden, daß in mehreren Bilddurchläufen um jeden Punkt p_i mit „gleichmäßiger Geschwindigkeit wachsende" Gebiete erzeugt werden. Alle Bildpunkte, in denen sich „mindestens zwei wachsende Gebiete treffen", werden dem Voronoi-Diagramm zugeordnet. Der Wachstumsprozeß kann über fortgesetzte Dilatationen realisiert werden. Nachteilig ist hierbei, daß dieses Verfahren (auf seriellen Rechnern) sehr zeitaufwendig ist und die bei der Dilatation gewählte Nachbarschaft (*4*-Nachbarschaft, *8*-Nachbarschaft o.ä.) eine gewisse Metrik für digitale Punkte bestimmt (vgl. Abschnitt 1.1.1), die dann im Gegensatz zur euklidischen Metrik dem Voronoi-Diagramm zugrunde liegt. Eine durch Nachbarschaften definierte Metrik für digitale Punkte ist in keinem Falle mit der euklidischen Metrik d_2 identisch. Ferner ist das Voronoi-Diagramm bei diesem Verfahren nicht explizit als Resultat gegeben.

In (IV) erfolgt die Berechnung der Voronoi-Diagramme über einen „Umweg": Zunächst wird die Delaunay-Triangulation berechnet und hieraus das Voronoi-Diagramm.

Die (oben bereits definierte) Delaunay-Triangulation besteht aus *Delaunay-Dreiecken*, deren Eckpunkte aus **P** sind und auf deren Rand und in deren Inneren keine weiteren Punkte aus **P** liegen. Drei Punkte p_i, p_j, p_k einer kreisfreien Punktmenge **P** definieren genau dann ein solches Delaunay-Dreieck, falls kein weiterer Punkt aus **P** im Innern des durch p_i, p_j, p_k bestimmten Umkreises liegt (*Umkreiseigenschaft*). Im nicht-kreisfreien Fall können weitere Punkte auf der Kreislinie liegen. Die Delaunay-Triangulation kann damit direkt, ohne den Weg über das Voronoi-Diagramm zu gehen, definiert und berechnet werden.

Es seien einige geometrische Sachverhalte und Vereinbarungen angegeben, die im Delaunay-Triangulationsverfahren in (IV) genutzt werden.

Durch drei Punkte p_1, p_2, p_3 mit $p_i = (x_i, y_i)$ wird ein Dreieck $p_1\, p_2\, p_3$ definiert. Dieses Dreieck besitzt den Flächeninhalt

$$F = \frac{1}{2} \cdot |S(p_1, p_2, p_3)|$$

mit

$$S(p_1, p_2, p_3) = x_1(y_2 - y_3) + x_2(y_3 - y_1) + x_3(y_1 - y_2).$$

Der Funktionswert $S(p_1, p_2, p_3)$ ist negativ oder positiv, abhängig vom Umlaufsinn (Uhrzeigersinn oder Gegenuhrzeigersinn) des Dreiecks $p_1\, p_2\, p_3$.

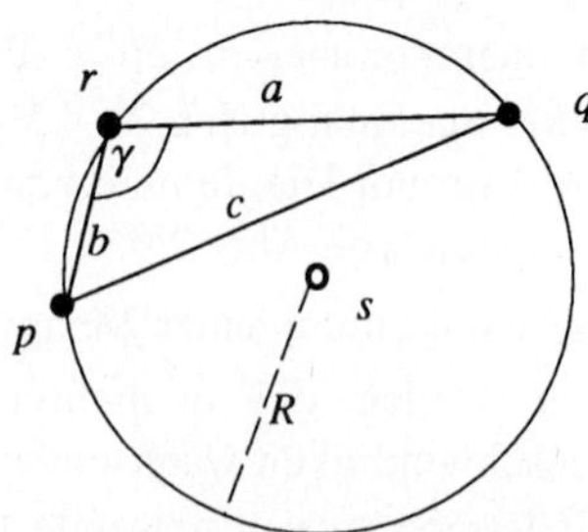

Abbildung 7.10: Wird zu einer Delaunay-Kante *pq* durch den Punkt *r* ein Delaunay-Dreieck definiert, so ist der Umkreismittelpunkt *s* ein echter Voronoi-Punkt.

In Abb. 7.10 ist ein Dreieck *pqr* dargestellt. Es hat die Seitenlängen a, b und c, die Strecke *pq* hat dabei die Länge c. Es sei angenommen, daß *pq* eine Strecke der Delaunay-Triangulation ist. Der Umkreisradius R und der Peripheriewinkel γ erlauben eine eindeutige Bestimmung eines dritten Punktes r, so daß *pqr* ein Delaunay-Dreieck ist. Hierzu ist der Wert $R \cdot \mathbf{cos}\, \gamma$ zu minimieren (positiver Umlaufsinn der Dreiecke) oder zu maximieren (negativer Umlaufsinn der Dreiecke). Wegen

$$\mathbf{cos}\, \gamma = \frac{a^2 + b^2 - c^2}{2ab} \quad \text{und} \quad R = \frac{abc}{4F}$$

ist diese Minimierung oder Maximierung äquivalent zur Minimierung oder Maximierung von

$$\frac{c\left(a^2 + b^2 - c^2\right)}{8 \cdot F}.$$

Da $c / 8$ eine Konstante ist (die Strecke *pq* bleibt während der Extremwertbestimmung fest gewählt), folgt insgesamt, daß die Strecken *pr* und *qr* genau dann auch Strecken der Delaunay-Triangulation einer kreisfreien Punktmenge **P** sind, falls

$$K(p, q, r) = \frac{a^2 + b^2 - c^2}{S(p, q, r)}$$

gegenüber allen anderen Werten $K(p, q, t)$ minimal (positive S-Werte) bzw. maximal (negative S-Werte) ist, wobei t ein beliebiger Punkt aus **P** ungleich p und q sei. Falls r auf dem Thales-Kreis mit Durchmesser *pq* liegt, d.h. $\gamma = \pi / 2$, ist $K(p, q, r) = 0$. Für r innerhalb dieses Thales-Kreises ist $a^2 + b^2 - c^2 < 0$.

Es sei nun angenommen, daß das Dreieck *pqr* bereits ein Delaunay-Dreieck ist. Der Umkreismittelpunkt s ist ein (echter) Voronoi-Punkt – der zu p, q und r *zugehörige* Voronoi-Punkt. Vereinfachend sei

$$G(p, q, r) := a^2 + b^2 - c^2$$

gesetzt, wobei a, b, c für p, q, r die genannte geometrische Bedeutung haben. Durch S wird für das Dreieck *pqr* ein positiver oder negativer Umlaufsinn festgelegt. Dieser kann zum Beispiel durch $U = +1$ oder $U = -1$ formal angegeben sein. Für ein Dreieck *pqr* bzw. *qrp* bzw. *rpq* mit dem Umlaufsinn *U* besitzt das Dreieck *qpr* bzw. *prq* bzw. *rqp* den Umlaufsinn $-U$. Im rechtwinkligen Dreieck *pqr* mit Hypothenuse *pq* ist $G(p, q, r)$ gleich 0.

Delaunay-Kanten bilden mit einem zugehörigen Voronoi-Punkt ein *Delaunay-Paar*. Im Fall des Dreieckes *pqr* mit dem Umlaufsinn *U* in Abb. 7.10 sind dies die Paare $[qp,s]$, $[pr,s]$ und $[rq,s]$. Die Kanten sind in diesen Delaunay-Paaren für den Umlaufsinn $-U$ angegeben. Bei der Berechnung des Delaunay-Diagramms wird eine *Delaunay-Liste* **L** erzeugt, die jeweils gewisse Delaunay-Paare enthält.

Für drei Punkte p_1, p_2, p_3, mit $p_i = (x_i, y_i)$ und $y_1 \neq y_2$, besitzt der Mittelpunkt *s* des Umkreises die Koordinaten

$$x_s = \frac{\left(y_3^2 - y_1^2 + x_3^2 - x_1^2\right)(y_2 - y_1) - \left(y_2^2 - y_1^2 + x_2^2 - x_1^2\right)(y_3 - y_1)}{2 \cdot \left[(x_1 - x_2)(y_3 - y_1) - (x_1 - x_3)(y_2 - y_1)\right]}$$

$$y_s = \frac{x_1 - x_2}{y_2 - y_1} \cdot x_s + \frac{y_2^2 - y_1^2 + x_2^2 - x_1^2}{2(y_2 - y_1)}.$$

Falls $y_2 = y_1$, so muß $y_1 \neq y_3$ sein und es gilt

$$y_s = \frac{x_1 - x_3}{y_3 - y_1} \cdot x_s + \frac{y_3^2 - y_1^2 + x_3^2 - x_1^2}{2(y_3 - y_1)}.$$

Diese Formeln sind durch Schnittpunktbetrachtung von zwei Mittelsenkrechten, etwa zu den Strecken $p_1\,p_2$ und $p_1\,p_3$, zu erhalten.

(IV) Gegenüber asymptotisch zeitoptimalen, aber methodisch aufwendigen Verfahren zur Berechnung eines Voronoi-Diagramms wird hier ein relativ unkompliziert zu implementierendes Verfahren angegeben, welches $\mathbf{O}(n^2)$ Zeitkomplexität besitzt. Dieses Verfahren ist auf die Konstruktion der Delaunay-Triangulation ausgerichtet (formal dann durch $VAR = 1$ repräsentiert) und liefert wahlweise zusätzlich ($VAR = 2$) das hierzu duale Voronoi-Diagramm bzw. nur das Voronoi-Diagramm ($VAR = 3$). Es wird das beschränkte Voronoi-Diagramm (d.h. keine Darstellung von Strahlen) berechnet.

Das Verfahren könnte prinzipiell so optimiert werden, daß für Bildpunkte $p_1, p_2, \ldots, p_n$ mit ganzzahligen Koordinaten nur *integer*-Arithmetik erforderlich ist. Da moderne Rechner aber zunehmend auf *floating-point*-Arithmetik basieren, soll diese Optimierung hier zugunsten eines einfacher nachvollziehbaren Verfahrens vernachlässigt werden (vgl. hierzu andernfalls in der ersten Auflage des Buches).

Als Eingaben seien eine Punktliste der isoliert liegenden Bildpunkte und die Variante ($VAR = 1$, $VAR = 2$ oder $VAR = 3$) gegeben.

Es sei vorausgesetzt, daß mindestens drei verschiedene Punkte p_1, p_2, p_3 in der Menge **P** gegeben sind. Das Verfahren liefert die Delaunay-Triangulation, falls die Menge **P** kreisfrei ist. Für nicht kreisfreie Mengen **P** wird gleichfalls eine Triangulation erzeugt, wobei Vielecke des Voronoi-Duals in einer bestimmten Reihenfolge trianguliert werden. Falls für nicht-kreisfreie Mengen tatsächlich das Voronoi-Dual gewünscht wird, so müssen im Verfahren Veränderungen vorgenommen werden (s. Bemerkung am Ende von (IV)).

Es sei **L** eine Delaunay-Liste, die während der Berechnung Delaunay-Paare enthält. In dieser Liste können Elemente eingefügt und gelöscht werden. Die Organisation der Liste (z.B. einfach verkettet, Stack) bestimmt die Reihenfolge der Konstruktion. Die Liste **L** ist zu Beginn leer.

Die Punkte $p_1, p_2, ..., p_n$ seien in einem Feld **ARR** gegeben. Für $p_i = (x_i, y_i)$ sei **ARR**$(i, 1) = x_i$ und **ARR**$(i, 2) = y_i$. Es ist günstig, die Punkte in **ARR** nach Zeilen- oder Spaltenkoordinate sortiert zu haben, um im Verfahren das vollständige Durchmustern von **ARR** bei der Suche nach dem nächsten Voronoi-Punkt auf der Grundlage dieser Sortierung einzuschränken. Bei grafischen Eingaben kann oft vorausgesetzt werden, daß die Punkte in **P** z.B. in Abtastreihenfolge bestimmt werden. Damit ist **P** bzw. **ARR** bereits sortiert. Zur einfacheren Darstellung des Verfahrens wird allerdings hier auf solche weitergehenden Verfahrensoptimierungen verzichtet.

Für das Zeichnen von Voronoi- oder Delaunay-Kanten im Bildraster ist die Strecken-Routine BRESENHAM (Abschnitt 3.4.10) mit Attributen für unterschiedliche Grauwerte oder unterschiedliche Strichdicke einzusetzen.

```
procedure DELAUNAY (ARR: point_array);
   var L: point-list;
begin {DELAUNAY}
                          {Initialisierung der Delaunay-Liste L mit drei Delaunay-Paaren}
   p sei ein Punkt aus P, z.B. gleich (ARR(1, 1), ARR(1, 2));
   q sei der nächste Nachbar von p in P;
                                   {hierzu ist i.a. ein Durchlauf durch ARR erforderlich}
   if für alle Punkte i mit S(p, q, i) > 0 wird gemäß Minimierung vonWerten
         K(p, q, i) ein dritter Punkt r gefunden
   then U := + 1                                              {positiver Umlaufsinn}
   else    if gemäß Maximierung von Werten K(p, q, i), für Punkte i mit
              S(p, q, i) < 0, wird ein dritter Punkt r gefunden
           then U := – 1                                      {negativer Umlaufsinn}
           else    stop;                           {alle Punkte in P sind kollinear}
   es sei das Delaunay-Dreieck pqr bestimmt worden mit dem Umkreismittelpunkt
         (Voronoi-Punkt) s;
   Delaunay-Paare [qp, s], [pr, s] und [rq, s] in L einfügen;
                               {Orientierung der Kanten somit entgegen Umlaufsinn U}
   if (VAR ≤ 2) then zeichne Delaunay-Kanten qp, pr und rq;
```

```
                        {Konstruktion von Delaunay- und/oder Voronoi-Diagramm}
while (Liste L ist nicht leer) do begin
        das Delaunay-Paar [pq,v] sei aus der Liste L;
        [pq,v] in L löschen;
  {Suche des nächsten Voronoi-Nachbars in jener Halbebene der reellen Ebene,}
     {welche durch die Gerade durch die Punkte p und q begrenzt ist und die}
      {den bisher zu p und q bestimmten dritten Delaunay-Punkt nicht enthält}
        if (U = + 1) then K := +∞ else K := −∞,               {K := U * ∞}
        k := 0;               {Initialisierung des Pointers für den dritten Punkt}
        flag := 0;
        for i := 1 to n do                          {Pointer i auf Punkte in ARR}
            if (i nicht Pointer auf p oder q) then begin
                r ist der Punkt (ARR(i, 1), ARR(i, 2));
                G := G(p, q, r);   S := S(p, q, r);
                if ((U = + 1 und S > 0 und G / S < K) oder
                 (U = – 1 und S < 0 und G / S > K)) then begin
   {G / S ist für positives U zu minimieren und für negatives U zu maximieren}
                    flag := 1;         k := i;
                    K := G/S
                    end {then}
                end {then};
        if (flag = 1) then begin
                                     {Behandlung des neuen Voronoi-Nachbars}
            r := Punkt mit Index k;
            s := Umkreismittelpunkt zu p, q, r;                {Voronoi-Punkt s}
            if (VAR ≤ 2) then
                zeichne Delaunay-Kanten pr und rq;
            if (VAR ≥ 2) then zeichne Voronoi-Kante vs;
            if (existiert u , so daß [pr, u] oder [rp, u] bereits in L)
                then begin
                    if (VAR ≥ 2) then zeichne Voronoi-Kante su;
                    [pr, u] bzw. [rp, u] in L streichen
                    end {then}
                else Delaunay-Paar [pr, s] in L einfügen
                                      {Kante entgegen der Orientierung U};
```

```
                **if** (existiert u, so daß [rq, u] oder [qr, u] bereits in L)
                    then begin
                        if (VAR ≥ 2) then zeichne Voronoi-Kante su;
                        [rq, u] bzw. [qr, u] in L streichen
                        end {then}
                    else Delaunay-Paar [rq, s] in L einfügen
                                    {Kante entgegen der Orientierung U}
                end{then}
            end {while}
        end {DELAUNAY}
```

Im Verfahren sind Mehrfachzeichnungen von Delaunay-Kanten möglich, die durch Ausführung von Tests (Kanten *pr* bzw. *rq* bereits vorhanden?) vor dem Zeichnen zu vermeiden sind. Diese Mehrfachzeichnun sind aber praktisch vernachlässigbar.

Falls für nicht-kreisfreie Mengen **P** das Voronoi-Dual berechnet werden soll, so ist die Bestimmung des neuen Voronoi-Nachbars durch eine Bestimmung aller Punkte r zu ersetzen, für die $K(p, q, r)$ das Minimum ($U = +1$) bzw. das Maximum ($U = -1$) annimmt, da in diesem Fall der Punkt r nicht eindeutig bestimmt sein muß. Für die Erzeugung der Strahlen des Voronoi-Diagramms ist im Algorithmus auch der Fall $flag = 0$ weiter zu betrachten (Mittelsenkrechte zu pq mit einem Fensterrand schneiden, für den Schnittpunkt s (einen unechten Voronoi-Punkt) muß für $U = +1$ z.B. $S(p, q, s) > 0$ gelten, Strecke vs als „Strahl-Markierung" zeichnen).

(V) Das hier dargelegte $\mathbf{O}(n^2)$-Verfahren wird in der Arbeit

Hufnagl, P., Schlosser, A., Voss, K.: *Ein Algorithmus zur Konstruktion von Voronoidiagramm und Delaunaygraph*. Bild und Ton **38** (1985), pp. 241 - 245.

beschrieben. Allgemein sei zur berechenbaren Geometrie (*computational geometry*) verwiesen auf

Preparata, F.P., Shamos, M.I.: *Computational Geometry*. Springer, New York, 1985.

7.2.3 Hough-Transformation für Geraden

(I) Für Bildpunktmuster sind Teilgruppen von Bildpunkten zu bestimmen, die näherungsweise kollinear liegen.

Attribute:

Bilder: Zweipegelbilder, Grauwertbilder mit markierten Bildpunkten, Kantenbilder, Skelettbilder

Operator: global, geometrisch

Eingabe:

Punktliste der relevanten Bildpunkte als Resultat vorhergehender Bildbearbeitungen, Kantenpunkte während einer Kantendetektion, Skelettpunkte während einer Bildskelettierung u.a.m.

(II) Allgemein sind geometrische Objekte (Geraden, Kreise, Quadrate ...) im Ortsraum durch Parameter zu charakterisieren. Der entsprechende Parameterraum ist der *Hough-Raum* der betrachteten geometrischen Objekte. Ein Punkt im Ortsraum kann auf einer Menge von geometrischen Objekten liegen, z.B. auf allen Geraden, die durch ihn hindurch gehen. Ein Punkt im Ortsraum definiert derart eine Parametermenge (z.B. Parameter aller Geraden im Ortsraum, die durch den Punkt verlaufen) im Hough-Raum, z.B. wie in Abb. 7.11 für die Geradendarstellung $y = ax + b$ gezeigt.

Für Punkte, die im Ortsraum mit demselben Objekt inzident sind („im selben Objekt liegen"), liegt die Parametrisierung dieses Objektes in der Schnittmenge der Parametermengen dieser Punkte im Hough-Raum. Die allgemeine Aufgabe kann so beschrieben werden, daß Bildpunkte zu gruppieren sind, die (in etwa) einem geometrischen Objekt der betrachteten Klasse „entsprechen". Der allgemeine Lösungsweg besteht aus folgenden Schritten:

(1) Für jeden Bildpunkt sind die entsprechenden Parametermengen im Hough-Raum zu bestimmen. Die Parameter sind dafür zu diskretisieren.

(2) Für Parametermengen sind die Durchschnitte zu betrachten. Jeder Punkt in einer Durchschnittsmenge (im Hough-Raum) ist mit der Anzahl von Bildpunkten zu bewerten, für die er eine mögliche Parameterkombination ist

(3) Die Punkte im Hough-Raum mit einer hinreichend hohen Bewertung sind mit einem „erkannten" Objekt im Ortsraum zu identifizieren.

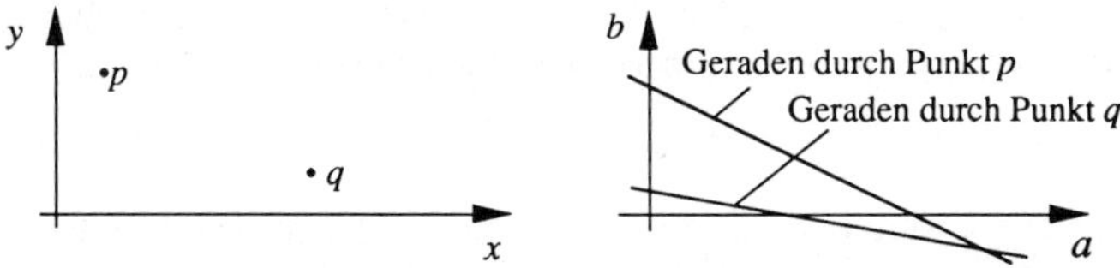

Abbildung 7.11: Punkte im Ortsraum und Parametermengen im Hough-Raum.

Hier sind nun speziell kollineare Bildpunkte im $d\alpha$-Raum zu bestimmen. Im Anwendungsfall sind z.B. einzelne Kantenpunkte durch Strecken zu approximieren. Die zu betrachtenden geometrischen Objekte sind hier Geraden. Für diese Objekte werden zur Parameterdarstellung die Parameter (d, α) der Hesseschen Normalform

$$d = x \cdot \cos \alpha + y \cdot \sin \alpha$$

verwendet, vgl. Abb. 7.12.

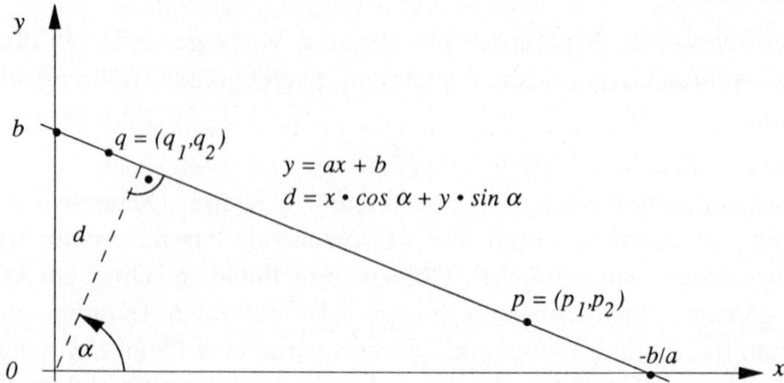

Abbildung 7.12: Eine Gerade $d = x \cdot \mathbf{cos}\,\alpha + y \cdot \mathbf{sin}\,\alpha$ im Ortsraum durch zwei Bildpunkte p und q.

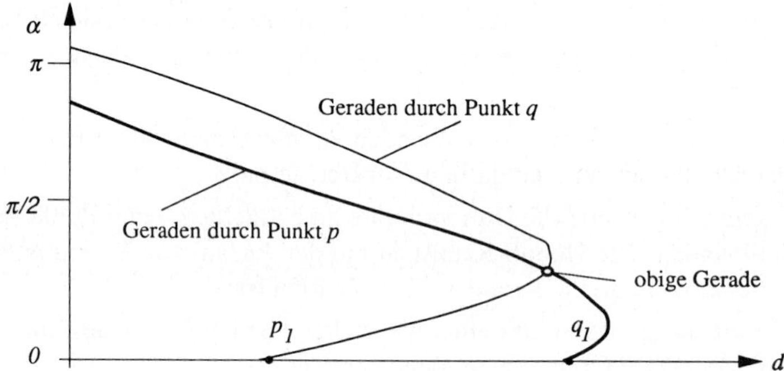

Abbildung 7.13: Die Parametermengen im $d\alpha$-Raum sind Kurven. Ihr Schnittpunkt charakterisiert eine Gerade, auf der die den Kurven entsprechenden Bildpunkte liegen.

Eine Gerade $y = ax + b$ durch Punkte p und q im Ortsraum (xy-Raum) entspricht dem Schnittpunkt der Kurven $d = p_1 \cdot \mathbf{cos}\,\alpha + p_2 \cdot \mathbf{sin}\,\alpha$ und $d = q_1 \cdot \mathbf{cos}\,\alpha + q_2 \cdot \mathbf{sin}\,\alpha$ im Hough-Raum ($d\alpha$-Raum). Der Vorteil des $d\alpha$-Raumes ist, daß er gegenüber dem ab-Raum von Abb. 7.11 (d.h. andere Parametrisierungsmöglichkeit von Geraden) einen kompakteren Bereich im Hough-Raum definiert, in dem die zu betrachtenden Schnittpunkte liegen (für senkrechte Geraden kann z.B. a unbeschränkt ansteigen).

Für die Anwendung der Hough-Transformation für die Bestimmung kollinearer Punkte wird der $d\alpha$-Raum als Hough-Raum verwendet. Im Verfahren sind folgende Schritte auszuführen:

(a) Die möglichen Werte von d und α diskretisieren, z.B. α in Stufen zu 5° von 0° bis 180°. Für d ist d_{max} abzuschätzen (Bilddiagonale; bei 512×512-Bildern z.B. d_{max} = 724.08) und eine Diskretisierung festzulegen, z.B. in Stufen zu 3 von 0 bis 723. Im Hough-Raum mit Koordinaten Hx = 1, ..., Hx_max und Hy = 1, ..., Hy_max, vgl. Abb. 7.14, werden berechnete Bilder erhalten, deren „Grauwert" im Punkt (d, α) der

Anzahl der betrachteten Bildpunkte im Ortsraum entspricht, durch die eine Gerade mit Parametern (d, α) verlaufen könnte.

(*b*) Im Eingabebild *f* ist eine Detektion relevanter Punkte durchzuführen.

(*c*) Wahlweise: Für f ist der jeweils interessante Bildausschnitt festzulegen (z.B. ein $m \times m$-Fenster), in dem kollineare Punkte bestimmt werden sollen.

(*d*) Für alle Kantenpunkte (p_1, p_2) des jeweiligen Ausschnittes ist die Kurve

$$d = p_1 \cdot \mathbf{cos}\, \alpha + p_2 \cdot \mathbf{sin}\, \alpha$$

zu berechnen. Im Hough-Raum ist der Grauwert in allen Punkten um + 1 zu erhöhen, durch die diese Kurve (in etwa) verläuft.

(*e*) Zur Auswertung des Hough-Raumes sind einzelne Punkte mit einem hohem „Grauwert“ zu suchen bzw. lokale Häufungen hoher Grauwerte, für die ein „Zentrum“ zu berechnen ist. Die berechneten Approximationen (d.h. Punktmuster durch Geraden) sind evtl. zu bewerten und (*e*) ist mit veränderten Parametern zu wiederholen, um möglichst eindeutige Ergebnisse (z.B. nicht dichtliegende, in etwa parallele Geraden) zu erhalten.

(*f*) STOP oder zurück zu Schritt (*c*).

Im Algorithmus in (IV) wird zunächst die Initialisierung des Hough-Raumes (auch *Akkumulator-Feld* genannt) gemäß (*a*) vorgenommen, dann werden die Punkte (*d*) und (*e*) spezifiziert. Zu Punkt (*b*) kann etwa ein Kantenoperator (s. z.B. Abschnitt 6.2) oder eine anderweitige Bildpunktauswahl gewählt werden. Die Fensterauswahl ((*c*) zu (*f*) und evtl. im neuen Fenster wieder fortsetzen) ist auf der Grundlage von a-priori-Abschätzungen sinnvoller Streckenlängen vorzunehmen.

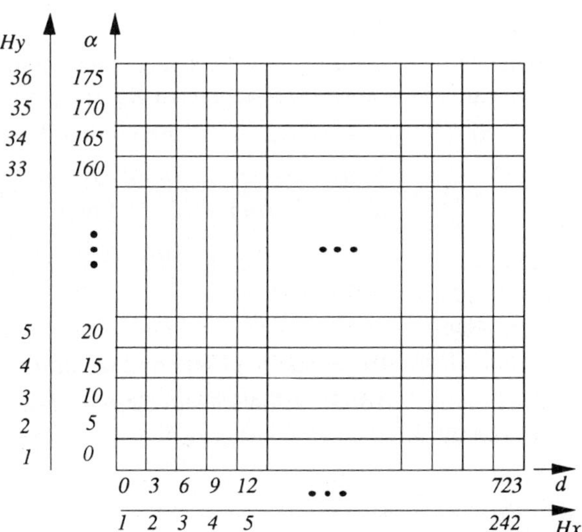

Abbildung 7.14: Beispiel eines Hough-Raumes für 512×512-Bilder mit *Hx_max* = 242 und *HY_max* = 36.

(IV) *Kontrollstruktur:* speziell, hier angegeben

Erforderliches Datenfeld: Hough(1...*Hx_max*, 1...*Hy_max*) für *integer*-Werte

Eingaben und Initialisierung des Hough-Raumes

```
Parameter MAX_NUM und S_inkr (s. unten) eingeben;
α_step := 5;    d_step := 3;        {Beispiele von Schrittweiten}
Hx_max := d_max / d_step;
Hy_max := 180 / α_step;
{hier kann auch eine Betrachtung des Vollkreises, d.h. 360 anstelle von 180, sinnvoll
   sein, wenn z.B. zwischen „oberhalb der Geraden“ und „unterhalb der Geraden“
                                                    unterschieden werden soll}
array Hough(1...Hx_max, 1...Hy_max): integer;
for Hx := 1 to Hx_max do
      for Hy := 1 to Hy_max do
            Hough(Hx, Hy) := 0
```

Eintragen aller relevanten Bildpunkte (x, y) in den Hough-Raum (z.B. während einer Kantenpunkt-Detektion in einem Stack aufsammeln)

```
MAX := 0;                          {Zähler für Maximalwert im Hough-Raum}
for alle im Ortsraum detektierten Punkte (x, y) do
      for Hy := 1 to Hy_max do begin
{Variation möglicher α-Werte, jedem α-Wert ist eindeutig ein d-Wert zugeordnet}
            α := (Hy − 1) · α_step;                          {α in Grad}
            d := x · cos α + y · sin α;          {evtl. α in rad umrechnen}
            Hx := integer(d / d_step + 1.5);
{ganzzahlig gerundete Hx-Koordinate zum d-Wert, d beginnt bei 0, deshalb zusätzlich
          zur Addition von 0.5 wegen der Rundung auch Addition von 1}
            if ((Hx ≥ 1) und (Hx ≤ Hx_max)) then begin
                  Hough(Hx, Hy) := Hough(Hx, Hy) + 1;
                  if MAX < Hough(Hx, Hy) then
                              MAX := Hough(Hx, Hy)
                  end {then}
            else
                  Parameter in obiger Initialisierung inkorrekt,
                  z.B. maximale Bilddiagonale d_max überprüfen
            end {for}
```

Geradendetektion im Hough-Raum

im Hough-Raum evtl. eine Bildwertagglomeration durchführen (falls nur eine geringe Anzahl Punkte (x, y) verfügbar war, so z.B. benachbarte Werte durch Addition in ein lokales Maximum überführen, dabei *MAX* als maximalen Wert des Hough-Raumes aktualisieren);

```
S := MAX / 2;              {Beispiel für initialen Schwellenwert im Hough-Raum}
repeat
    NUM := 0;                                    {Anzahl erzeugter Geraden}
    S := S + S_inkr;
      {Parameter S_inkr zur schrittweisen Erhöhung des Schwellenwertes,
                                                  z.B. S_inkr = MAX / 10 }
    for Hx := 1 to Hx_max do
        for Hy := 1 to Hy_max do
            if Hough(Hx, Hy) ≥ S then begin
                α := (Hy − 1) · α_step;                   {α in Grad}
                d := (Hx − 1) · d_step;
                Gerade d := x · cosα + y · sinα im xy-Raum
                (z.B. als Grafik dem Eingabebild über-
                lagern) zeichnen;
                NUM := NUM + 1
            end {then}
until NUM ≤ MAX_NUM
    {Parameter MAX_NUM als a-prori vorgegebene maximal gewünschte Anzahl
                                                  erzeugter Geraden}
```

Hier im Programm wird eine spezielle Vorgehensweise zur Anpassung der gewünschten Anzahl von zu bestimmenden Geraden realisiert. Die Bewertung der Geraden kann aber auch nach anderen Gesichtspunkten als nur der Anzahlbetrachtung erfolgen (z.B. Ausschluß von in etwa parallel verlaufenden Geraden oder Ausschluß von Geraden, zu denen die „definierenden" Punkte (x, y) zu dicht zueinander liegen). Bei der Eintragung der Punkte (x, y) in den Hough-Raum können auch zu (Hx, Hy) z.B. jeweils jene vier Punkte (x, y) mit maximaler bzw. minimaler x- oder y-Koordinate vermerkt werden, die zum Wertzuwachs in (Hx, Hy) beigetragen haben. Diese zugeordneten Punkte im Ortsraum können dann zur Berechnung von Endpunkten approximierender Strecken genutzt werden.

(V)

Ballard, D.H., Brown, C.M.: *Computer Vision*. Prentice-Hall, Englewood Cliffs, 1982.

Haralick, R.M., Shapiro, L.G.: *Computer Vision, Volume I*. Addison-Wesley, Reading 1992.

Leavers, V.F.: *Shape Detection in Computer Vision Using the Hough Transform*. Springer, Berlin, 1992.

7.3 Signaltheoretische Operatoren

Globale Filterungen mittels Fourier-, Walsh-, Hadamard-, DCT (Discret Cosine Transform) oder anderen Transformationen wurden in der Literatur der Bildbearbeitung sehr ausführlich behandelt, man vergleiche z.B.

Gonzalez, R.C., Wintz, P.: *Digital Image Processing*. Addison-Wesley, Reading, USA, 1987.

Pratt, W.K.: *Digital image processing*. Wiley, New York, 1978.

Wahl, F.M.: *Digitale Bildsignalverarbeitung*. Springer, Berlin, 1984.

Hier sollen nur die zweidimensionalen Fourier- und Walsh-Transformationen dargelegt werden. Diese können auch auf Bildfenstern eingesetzt werden. Allerdings basiert die Fourier-Transformation auf „kontinuierlich verlaufenden" Basisfunktionen. Im Falle von kleinen Fenstern, z.B. $n, m \leq 64$, ist i.a. die Walsh-Transformation zu bevorzugen. Für die Codierung stehender Bilder wird oft die DCT mit kleinen Fenstern (16×16 etwa) verwandt.

7.3.1 Fourier-Transformation

(I) Durch die (diskrete) Fourier-Transformation wird ein Grauwertbild f in eine komplexwertige Matrix **F** bzw. ein komplexwertiges Bild F überführt, welches die Zusammensetzung des Ausgangsbildes aus Schwingungsanteilen in verschiedenen Frequenzen darstellt. Das Eingabebild f wird derart im *Frequenzbereich* dargestellt. Den $M \times N$ Grauwerten $f(x, y)$ werden $M \times N$ komplexe Bildwerte $F(x, y) = a + i \cdot b$ zugeordnet, welche durch zwei $M \times N$-Grauwertbilder F_1, F_2 repräsentiert werden können: das Bild F_1 für den Realteil a und das Bild F_2 für den Imaginärteil b.

Dabei ist allerdings zu beachten, daß die Zahlen a und b reell sind und auch negative Werte annehmen können. Die Grauwertskala ist entsprechend für F um $G/2$ versetzt zu verwenden; die (ganzzahligen) Grauwerte sind Approximationen der reellen Werte a und b. Falls die Real- und Imaginärteile der Fourier-Transformierten nicht als Grauwertbilder behandelt werden sollen, sondern als Matrizen reeller Zahlen nur die Rolle von Zwischenresultaten spielen, so braucht keine Verschiebung der Grauwertskala zu erfolgen.

Im Fourier-transformierten Bild können die berechneten Werte unmittelbar als Merkmale interpretiert werden. Die Fourier-transformierten Bilder erlauben auch einen interessanten „neuen Blick" auf die Strukturen (z.B. Texturen) des Eingabebildes. Besonders interessant wird die Fourier-Transformation i.a. aber erst im Zusammenhang mit bestimmten Modifizierungen im Frequenzbereich und anschließender Rücktransformation in das Bildraster. Hierzu folgen in den nächsten beiden Abschnitten einige Anleitungen. Dabei ist das hier behandelte Programm auch für den Fall interessant, daß das Eingabebild f bereits komplexwertig ist, also durch zwei Grauwertbilder f_1 und f_2 für Real- und Imaginärteil repräsentiert wird.

Bei Variante 1 ($VAR = 1$) wird f als (normales) Grauwertbild verwendet, bei Variante 2 ($VAR = 2$) wird f als komplexwertig angenommen.

Attribute:

Bilder: $N \times N$-Grauwertbilder, $N \times N$-komplexwertige Matrizen, N als Zweierpotenz
Operator: global, signaltheoretisch

Eingaben:

Variante $VAR = 1$ oder $VAR = 2$.

(II) Für eine Matrix **f** von $M \times N$ reellen oder komplexen Zahlen $\mathbf{f}(0, 0)$, $\mathbf{f}(0, 1),\ldots$, $\mathbf{f}(M-1, N-1)$ bildet die *Fourier-Transformation* auf eine $M \times N$-Matrix **F** ab und ist durch folgende Gleichungen

$$\mathbf{F}(u, v) = \frac{1}{M \cdot N} \sum_{x=0}^{M-1} \sum_{y=0}^{N-1} \mathbf{f}(x, y) \cdot \mathbf{exp}\left[-i2\pi\left(\frac{xu}{M} + \frac{yv}{N}\right)\right]$$

definiert, wobei $u = 0, 1,\ldots, M-1$ und $v = 0, 1,\ldots, N-1$ sowie $i = \sqrt{-1}$ die imaginäre Einheit ist.

(III) Die Division in den Transformationsgleichungen durch $N \cdot M$ kann auf Hin- und Rücktransformation verteilt werden. Oben wurde eine mögliche Variante angegeben. Es kann auch z.B. zunächst nur durch N und erst bei der inversen Transformation durch M dividiert werden.

Die Fourier-Transformation ist separierbar. Es gilt

$$\mathbf{F}(u, v) = \frac{1}{M} \sum_{x=0}^{N-1} \left[\frac{1}{N} \cdot \sum_{y=0}^{N-1} \mathbf{f}(x, y) \cdot \mathbf{exp}\left(\frac{-i2\pi yv}{N}\right)\right] \cdot \mathbf{exp}\left(\frac{-i2\pi xu}{M}\right)$$

$$= \frac{1}{N} \sum_{y=0}^{M-1} \left[\frac{1}{M} \cdot \sum_{y=0}^{N-1} \mathbf{f}(x, y) \cdot \mathbf{exp}\left(\frac{-i2\pi xu}{M}\right)\right] \cdot \mathbf{exp}\left(\frac{-i2\pi yv}{N}\right)$$

für beliebige Werte von u und v. Damit ist diese Transformation von $M \times N$-Matrizen wie folgt zu realisieren: Zunächst sind die eindimensionalen Transformationen für Zeilen oder Spalten (vgl. Prozedur *FFT* in Abschnitt 3.4.8) auszuführen. Für das resultierende Bild sind dann die Spalten oder Zeilen wieder mit der eindimensionalen Transformation zu bearbeiten. Es genügt also, die *FFT*-Prozedur für Vektoren wiederholt aufzurufen, um Matrizen zu transformieren.

Die Prozedur *FFT* in 3.4.8 wurde für den Fall angegeben, daß N eine Zweierpotenz ist. Entsprechend wird dies hier für die Zeilen- und Spaltenanzahlen M und N vorausgesetzt. Zur Vereinfachung sei ferner $N = M$ angenommen.

Für $VAR = 2$ sei f durch zwei $N \times N$-Matrizen bzw. $N \times N$-Felder **f1**(0 ... $N-1$, 0 ... $N-1$) für den Realteil und **f2**(0 ... $N-1$, 0 ... $N-1$) für den Imaginärteil gegeben, das Resultat F wird in **f1** und **f2** bereitgestellt, womit die ursprünglichen Eingabewerte von f überschrieben werden („Transformation am Ort"). Für $VAR = 1$ sei f in der $N \times N$-Matrix **f1** gegeben und die $N \times N$-Matrix **f2** zu Beginn identisch Null. Die reellwertigen Matrizen **f1** und **f2** sind in der komplexwertigen Matrix **f = (f1, f2)** zusammengefaßt.

Durch das folgende Verfahren wird die Fourier-Transformation in der speziellen Form für N als Zweierpotenz und gemäß der Reihenfolge

$$\mathbf{F}(u,v) = \sum_{x=0}^{N-1}\left[\frac{1}{N}\cdot\sum_{y=0}^{N-1}\mathbf{f}(x,y)\cdot\mathbf{exp}\left(\frac{-i2\pi yv}{N}\right)\right]\cdot\mathbf{exp}\left(\frac{-i2\pi xu}{N}\right)$$

ausgeführt (nur einmal Division durch N).

Falls durch Hauptspeicherbeschränkung nur eine zeilenweise Transformation möglich ist, so sind zwischenzeitlich Transpositionen der Matrizen **f1** und **f2** erforderlich: Die beiden Eingabematrizen für f werden zunächst zeilenweise transformiert, wobei auch durch N dividiert wird, anschließend werden die Matrizen transponiert (d.h. die Spalten gehen in Zeilen über) und die zeilenweise Transformation wird wiederholt, wobei diesesmal nicht durch N dividiert wird. Damit genügt ein zeilenweiser Bildzugriff. Die Fourier-Transformierte müßte nun noch einmal transponiert werden, um wieder korrekt angeordnet zu sein. Da aber i.a. eine inverse Fourier-Transformation folgt, für die dann entsprechend eine Transposition zusätzlich erforderlich wäre, kann auf je eine Transposition verzichtet werden. Bei der Darstellung der Forier-Transformierten muß man sich aber dessen bewußt sein bzw. doch noch eine weitere Transposition ausführen.

Falls die beiden Matrizen **f1** und **f2** in wahlfreiem Zugriff im Hauptspeicher verfügbar sind, so kann auf die Transposition verzichtet werden und in einem zweiten Durchlauf spaltenweise transformiert werden. Hierzu ist die *FFT*-Prozedur aus 3.4.8 sowohl für zeilen- als auch für spaltenweise Transformation entsprechend bereitzustellen. Im folgenden Verfahren wird auf Transposition verzichtet.

Eine komplexe Zahl $z = a + i \cdot b$ kann auch eineindeutig durch Amplitude (den Betrag $\sqrt{a^2 + b^2}$ von z) und Phase (Winkel zu einer fixierten Koordinatenachse, z.B. $\mathbf{arctan}(b/a)$) dargestellt werden. Entsprechend kann auch als Resultat der Fourier-Transformation ein Grauwertbild h_1 für die Amplitude und ein Bild h_2 für die Phase stehen. Hier kann für Betrag und Phase immer ein nicht-negativer Wert angenommen werden, d.h. im Fall der Resultatsdarstellung durch Grauwertbilder ist die Verschiebung der Grauwertskala hier nicht erforderlich. Im folgenden Verfahren wird allerdings die Repräsentation durch Real- und Imaginärteil verwendet.

(IV) Es ist zu beachten, daß der Indexbereich bei der Fourier-Transformation in den Matrizen **f1** und **f2** jeweils von Null an gezählt wird! Für die im Buch durchgängig verwendete Koordinatenschreibweise von Eins an für Bilder f bedeutet dies eine Verschiebung beim Einlesen der f-Werte in die Matrizen.

```
if (VAR = 1) then begin
    Einlesen von f in die Matrix f1: f(x, y) in f1(x - 1, y – 1);
    Initialisierung der Matrix f2 mit dem konstanten Wert 0;
    end (then}
else begin
    Einlesen des Realteils von f in die Matrix f1;
    Einlesen des Imaginärteils von f in die Matrix f2
    end {else};
for y := 0 to N – 1 do begin
    Aufruf der Prozedur FFT für Zeile y in der Matrix f = (f1, f2);
    Resultate durch N teilen und wieder in Zeile y von f zurückschreiben
    end {for};
for x := 0 to N – 1 do begin
    Aufruf der Prozedur FFT für Spalte x in der Matrix f = (f1, f2);
    Resultate wieder in Spalte x von f zurückschreiben
    end {for}
```

Die resultierenden Matrizen **f1** und **f2** können in Grauwertbilder F_1 und F_2 ausgelesen werden, wobei eine Koordinatenverschiebung um 1 und eine Verschiebung der Grauwertskala um $G/2$ zu beachten ist.

(V)

Gonzalez, R.C., Wintz, P.: *Digital Image Processing*. Addison-Wesley, Reading, USA, 1987.

Pratt, W.K.: *Digital Image Processing*. Wiley, New York, 1978.

Wahl, F.M.: *Digitale Bildsignalverarbeitung*. Springer, Berlin, 1984.

7.3.2 Inverse Fourier-Transformation für Filterungen

(I) Die Fourier-Transformation ist eine eineindeutige Abbildung. Sie ist durch die inverse Fourier-Transformation eindeutig umkehrbar. Für ein Grauwertbild f wird für Bildwertmodifizierungen (Filterungen) folgender Grundablauf sinnvoll sein:

(1) Ausführung der Fourier-Transformation, das Resultat erscheint in Matrizen **f1** und **f2** (vgl. 7.3.1),

(2) Modifizierung der Frequenzanteile des Bildes f durch Änderung von Werten in den Matrizen **f1** und **f2**,

(3) Rücktransformation der Matrizen **f1** und **f2** in ein Grauwertbild g mittels der inversen Fourier-Transformation.

Das Bild g ist dann das durch *Fourier-Filterung* aus f entstandene Bild. Das selbe Resultat könnte auch unmittelbar in der Bildebene durch eine Faltung des Bildes f mit einer gewissen Faltungsfunktion erzielt werden, wobei allerdings nicht auf den schnellen *FFT*-

Algorithmus zurückgegriffen werden kann und auch die Interpretation der Faltungsfunktion bezüglich der Frequenzanteile nicht unmittelbar möglich ist. Nach dem Faltungssatz ist die Faltung von f mit einer Faltungsfunktion h auch so zu realisieren, daß zunächst für f und h die Fourier-Transformierten F und H berechnet werden, diese dann im Spektralbereich multipliziert werden und das Resultat mittels inverser Fourier-Transformation wieder in den Ortsbereich abgebildet wird.

In diesem Abschnitt wird die Ausführung der inversen Fourier-Transformation dargelegt. Falls Fourier-Transformation und inverse Fourier-Transformation verfügbar sind, so wird bereits ein gewisser experimenteller Filterentwurf wichtige Einsichten bringen (nichtzentrierte Darstellung im Sinne von Abschnitt 7.3.3):

Modifizierung von niedrig-frequenten Anteilen des Bildes f durch Änderung von Werten in den Matrizen **f1** und **f2** mit Koordinaten dicht bei $(0, y)$, $(N-1, y)$, $(x, 0)$ bzw. $(x, N-1)$ oder

Modifizierung von hoch-frequenten Anteilen des Bildes f durch Änderung von Werten in den Matrizen **f1** und **f2** mit Koordinaten dicht bei $(N/2, N/2)$.

Bei einer Null-Setzung niedrig-frequenter Anteile (*Hochpaß-Filter*) werden z.B. Detailinformationen (Textur, Einzelpunkte, feine Linien, steile Kantenanstiege) hervorgehoben, bei einer Null-Setzung hochfrequenter Anteile (*Tiefpaß-Filter*) werden Detailinformationen verloren und das Bild unscharf gemacht.

Attribute:

Bilder: $N \times N$-komplexwertige Matrizen, N als Zweierpotenz
Operator: global, signaltheoretisch

Eingabevorbereitung:

Ausführung von Modifizierungen der Matrizen **f1** und **f2** vor der inversen Fourier-Transformation

(II) Allgemein ist die inverse *Fourier-Transformation* für eine Matrix **F** von $M \times N$ komplexen Zahlen $\mathbf{F}(0, 0)$, $\mathbf{F}(0, 1), \ldots, \mathbf{F}(M-1, N-1)$ durch die Gleichungen

$$\mathbf{f}(x, y) = \sum_{u=0}^{M-1} \sum_{v=0}^{N-1} \mathbf{F}(u, v) \cdot \mathbf{exp}\left[i2\pi \left(\frac{xu}{M} + \frac{yv}{N} \right) \right]$$

definiert, wobei $x = 0, 1, \ldots, M-1$ und $y = 0, 1, \ldots, N-1$. Dabei kann eine anschließende Division durch M, N oder $M \cdot N$ zur Normierung der Resultate wichtig sein, um bei Hin- und Rücktransformation insgesamt als Normierung die Division durch $N \cdot M$ zu erhalten.

(III) Die inverse Fourier-Transformation ist ebenfalls separabel, es gilt

$$\mathbf{f}(x,y)=\sum_{u=0}^{M-1}\left[\sum_{v=0}^{N-1}\mathbf{F}(u,v)\cdot\mathbf{exp}\left(\frac{i2\pi yv}{N}\right)\right]\cdot\mathbf{exp}\left(\frac{i2\pi xu}{M}\right)$$

$$=\sum_{v=0}^{N-1}\left[\sum_{u=0}^{M-1}\mathbf{F}(u,v)\cdot\mathbf{exp}\left(\frac{i2\pi xu}{M}\right)\right]\cdot\mathbf{exp}\left(\frac{i2\pi yv}{N}\right)$$

für beliebige Werte von x und y. Speziell sei angenommen, daß bei der inversen Transformation noch eine Division durch N erfolgen soll und **F** eine $N\times N$-Matrix komplexer Zahlen ist, wobei $M = N$ im Sinne von 3.4.8 als Zweierpotenz vorausgesetzt wird. Im folgenden Verfahren wird die inverse Fourier-Transformation gemäß

$$\mathbf{f}(x,y)=\sum_{u=0}^{N-1}\left[\frac{1}{N}\cdot\sum_{v=0}^{N-1}\mathbf{F}(u,v)\cdot\mathbf{exp}\left(\frac{i2\pi yv}{N}\right)\right]\cdot\mathbf{exp}\left(\frac{i2\pi xu}{N}\right)$$

realisiert.

Für eine komplexe Zahl $z=a+i\cdot b$ sei $z^*=a-i\cdot b$ die zu z *konjugiert-komplexe* Zahl. Es gilt

$$\mathbf{f}^*(x,y)=\sum_{u=0}^{N-1}\left[\frac{1}{N}\cdot\sum_{v=0}^{N-1}\mathbf{F}^*(u,v)\cdot\mathbf{exp}\left(\frac{i2\pi yv}{N}\right)^*\right]\cdot\mathbf{exp}\left(\frac{i2\pi xu}{M}\right)^*$$

$$=\sum_{u=0}^{N-1}\left[\frac{1}{N}\cdot\sum_{v=0}^{N-1}\mathbf{F}^*(u,v)\cdot\mathbf{exp}\left(\frac{-i2\pi yv}{N}\right)\right]\cdot\mathbf{exp}\left(\frac{-i2\pi xu}{N}\right)$$

und mithin, daß die inverse Fourier-Transformation mit dem Programm für die Fourier-Transformation realisiert werden kann, indem zunächst für **F** die konjugiert-komplexen Werte gebildet werden, dann $\mathbf{F}^*$ transformiert wird, wobei $\mathbf{f}^*$ erhalten wird. Falls also das Resultat bereits nur reellwertig ist (was kaum zu erwarten ist), so ist keine weitere Operation erforderlich. Falls die komplexen Werte in **f** weiter zu bearbeiten sind, so sind die Werte in **f2** mit – 1 zu multiplizieren. Für die Repräsentation der komplexwertigen Resultate $\mathbf{f}^*$ als Grauwertbild ist dagegen die Bildwertberechnung durch Betragsbildung sinnvoll, wofür die Multiplikation mit – 1 im Imaginärteil nicht zuvor ausgeführt werden muß.

(IV) Wahlweise Ausführung von Filteroperationen in der Fourier-Transformierten
F = *(F1, F2);*

Einlesen des Realteils *F1* von *F* in die Matrix **f1**;

Einlesen des mit – 1 multiplizierten Imaginärteils *F2* von *F* in die Matrix **f2**;

for $y := 0$ **to** $N-1$ **do begin**

Aufruf der Prozedur FFT für Zeile y in der Matrix **f = (f1, f2)**;

Resultate durch N teilen und wieder in Zeile y von **f** zurückschreiben

end *{for};*

for $x := 0$ **to** $N-1$ **do begin**

Aufruf der Prozedur *FFT* für Spalte x in der Matrix **f = (f1, f2)**;

Resultate wieder in Spalte **x** von *f* zurückschreiben

end{*for*}

Wahlweise: Multiplikation der Werte in **f2** mit – 1 oder Berechnung des Betrages der komplexen Werte von **f** und Abbildung dieser Werte in die normierte Grauwertskala $\{0, 1, ..., G-1\}$

Falls mit Matrizen-Transpositionen gearbeitet wird (d.h. nur zeilenweise Transformationen), so ist bei Hin-und Rücktransformation insgesamt eine geradzahlige Anzahl von Transpositionen auszuführen, um das Ergebnisbild *g* in korrekter Anordnung zu erhalten.

(V) Für den Entwurf von Filteroperationen existiert eine äußerst umfangreiche Literatur, vgl. z.B.

Gonzalez, R.C., Wintz, P.: *Digital Image Processing*. Addison-Wesley, Reading, USA, 1987.

Pratt, W.K.: *Digital Image Processing*. Wiley, New York, 1978.

Wahl, F.M.: *Digitale Bildsignalverarbeitung*. Springer, Berlin, 1984.

für Diskussionen von Fourier-Filtern.

7.3.3 Spektrum

(I) Das Fourier-Spektrum $|F|$ ist der Betrag der Fourier-Transformierten F eines Ausgangsbildes *f*, der in verschiedener Form (ohne Änderung: $VAR = 1$, mit logarithmischer Transformation der Werte: $VAR = 2$) als Grauwertbild repräsentiert werden kann. Zum Beispiel sind durch isolierte helle Stellen (*peaks*) im derart berechneten Bild einzelne Frequenzen detektierbar, die im Ausgangsbild *f* besonders vertreten sind. Diese Peaks können auf spezielle wellenförmige Störmuster hindeuten, die bei einer Filterung (mittels 7.3.2) zu beseitigen sind. Für eine bessere visuelle Bewertung des Spektrums ist es günstig, das Spektrum im Bildraster zentriert darzustellen ($ZEN = 1$). Im nicht-zentrierten Fall ($ZEN = 0$) sind die niedrigfrequenten Anteile am Rand der Matrix dargestellt. Im zentrierten Fall sind diese um $(N/2, N/2)$ dargestellt und in den vier Ecken der Matrix die hochfrequenten Anteile im Ausgangsbild *f*. Im Spektrum sind gewisse „Hauptorientierungen" im Eingabebild um 90° gedreht, vgl. die Vorzugsrichtung bei „Stroh" in Abb. 7.15.

Attribute:

Bilder: reellwertige (Grauwertbilder) oder komplexwertige Bilder

Operator: global, signaltheoretisch

Eingaben:

Ohne ($VAR = 1$) oder mit logarithmischer Transformation ($VAR = 2$).

Zentrierte ($ZEN = 1$) oder nicht zentrierte Darstellung ($ZEN = 0$).

(II) Für ein $N \times N$-Grauwertbild f sei $F = (F_1, F_2)$ die Fourier-Transformierte, vgl. 7.3.1. Dann heißt $|F|$ das *Fourier-Spektrum* von *f*,

$$|F(x,y)| = \sqrt{F_1(x,y)^2 + F_2(x,y)^2},$$

wobei $1 \leq x, y \leq N$.

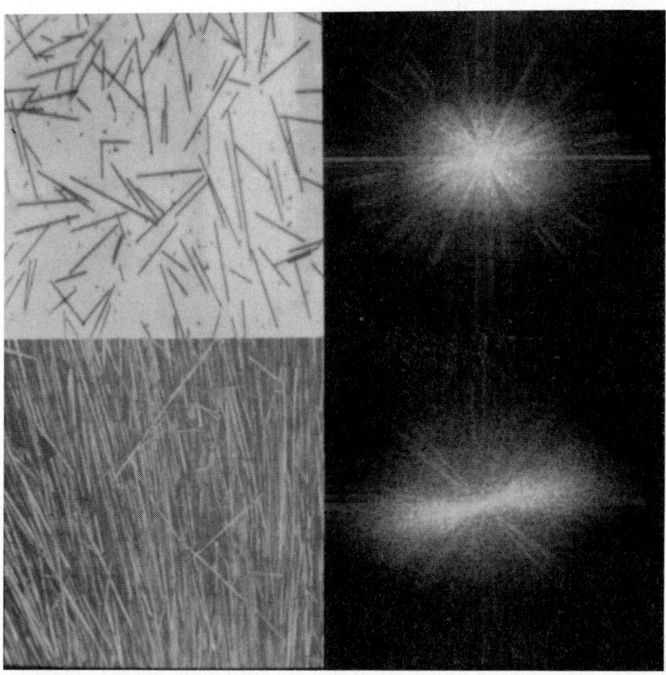

Abbildung 7.15: Zwei Originalbilder (oben: Glasfasern, deren Orientierung in etwa gleichverteilt ist; unten: Stroh, das eine Vorzugsorientierung besitzt) und ihre Spektren, die zur besseren Visualisierung zentriert und logarithmisch verstärkt wurden.

(III) Bei einer Multiplikation der Werte $f(x, y)$ in f mit $(-1)^{x+y}$ („Schachbrett") und anschließender Fourier-Transformation ist die derart berechnete Fourier-Transformierte gegenüber der ursprünglichen genau um $N/2$ in Zeilen- und Spaltenrichtung verschoben, d.h. in zentrierter Position ohne weitere Wertänderungen gegenüber der ursprünglichen Fourier-Transformierten. Die Werte im Spektrum werden in der Grauwertskala dargestellt, wobei hier i.a. der Fall eintritt, daß nur einige niedrigfrequente Anteile in f zu signifikanten Werten im Spektrum führen, alle anderen Werte aber dicht bei Null liegen. Für eine bessere Visualisierung der spektralen Werte ist eine logarithmische Transformation

$$\mathbf{log}\left(1+|F(x,y)|\right)$$

sinnvoll.

(IV) **if** ($ZEN = 0$) **then**

Einlesen von *f* in die Matrix **f1**: $f(x, y)$ in $\mathbf{f1}(x-1, y-1)$

else

Einlesen von *f* mit Multiplikation: $(-1)^{x+y} \cdot f(x, y)$ in $\mathbf{f1}(x-1, y-1)$;

Initialisierung der Matrix **f2** mit dem konstanten Wert 0;

for $y := 0$ **to** $N-1$ **do begin**

Aufruf der Prozedur *FFT* für Zeile *y* in der Matrix **f** = (**f1**, **f2**);

Resultate durch *N* teilen und wieder in Zeile *y* von **f** zurückschreiben

end *{for}*;

for $x := 0$ **to** $N-1$ **do begin**

Aufruf der Prozedur *FFT* für Spalte *x* in der Matrix **f** = (**f1**, **f2**);

Resultate wieder in Spalte *x* von **f** zurückschreiben

end *{for}*;

if ($VAR = 1$) **then**

Beträge von *f* in *h* eintragen:

$$\sqrt{\mathbf{f1}(x, y)^2 + \mathbf{f1}(x, y)^2} \text{ in } h(x+1, y+1) \text{ einlesen}$$

else

logarithmisch transformierte Beträge in *h* eintragen:

$$h(x+1, y+1) := \mathbf{log}\left(1 + \sqrt{\mathbf{f1}(x, y)^2 + \mathbf{f1}(x, y)^2}\right);$$

Darstellung des Spektrums *h* auf dem Schirm

Das berechnete Spektrum *h* wird üblicherweise mit $VAR = 2$ (logarithmisch „angehoben") und mit $ZEN = 1$ (in zentrierter Position) dargestellt, vgl. Abbildung 7.14.

7.3.4 Walsh-Transformation

(I) Mittels der Walsh-Transformation wird ein $N \times N$-Grauwertbild *f* eineindeutig auf eine $N \times N$-Matrix **W** mit reellen Werten (auch negative Werte möglich !) abgebildet, welche die Zusammensetzung des Ausgangsbildes aus verschiedenen Sequenzen darstellt. Das Eingabebild *f* wird derart im *Sequenzbereich* dargestellt. Die Matrix **W** kann als Bild dargestellt werden (Normierung der Matrixwerte auf die Grauwertskala erforderlich). Durch Modifizierungen der Werte in **W** und anschließende inverse Walsh-Transformation können, analog zur Fourier-Filterung, vgl. Abschnitt 7.3.2, die Bildwerte in *f* verschiedenen Sequenzmodifikationen unterzogen werden.

Im Walsh-transformierten Bild **W** können die berechneten reellen Werte auch unmittelbar als Merkmale interpretiert werden.

Bei Variante 1 ($VAR = 1$) wird nur die Walsh-Transformation ausgeführt und **W** als Bild dargestellt, bei Variante 2 ($VAR = 2$) wird eine vom Nutzer bestimmte Walsh-Filterung durchgeführt. Bei jeder dieser Varianten sind verschiedene Untervarianten möglich, s. (IV).

Attribute:

Bilder: $N \times N$-Grauwertbilder, N als Zweierpotenz vorausgesetzt
Operator: global, signaltheoretisch

Eingaben:

Variante $VAR = 1$ oder $VAR = 2$.

(II) Es sei $N = 2^m$. Für eine Matrix **f** von $N \times N$ reellen Zahlen $\mathbf{f}(0,0)$, $\mathbf{f}(0,1),\ldots,$ $\mathbf{f}(N-1, N-1)$ bildet die *Walsh-Transformation* auf eine $N \times N$-Matrix **W** mit reellen Werten ab und ist durch folgende Gleichungen

$$\mathbf{W}(u, v) = \frac{1}{N} \sum_{x=0}^{N-1} \sum_{y=0}^{N-1} \mathbf{f}(x, y) \prod_{i=0}^{m-1} (-1)^{B(m, i, x, y, u, v)}$$

definiert, wobei $u, v = 0, 1, \ldots, N-1$ und

$$B(m, i, x, y, u, v) = b_i(x) b_{m-1-i}(u) + b_i(y) b_{m-1-i}(v)$$

gilt. Dabei ist $b_k(w)$ das k-te Bit in der Binärrepresentation einer nicht-negativen ganzen Zahl w, vgl. Abschnitt 3.4.9. Für die *inverse Walsh-Transformation* für eine Matrix **W** von $N \times N$ reellen Zahlen $\mathbf{W}(0, 0)$, $\mathbf{W}(0, 1)$, ..., $\mathbf{W}(N-1, N-1)$ gilt

$$\mathbf{f}(x, y) = \frac{1}{N} \sum_{u=0}^{N-1} \sum_{v=0}^{N-1} \mathbf{W}(u, v) \prod_{i=0}^{m-1} (-1)^{B(m, i, u, v, x, y)}$$

für $x, y = 0, 1, \ldots, N-1$.

(III) Die Division in den Transformationsgleichungen durch N wurde einheitlich auf Hin- und Rücktransformation verteilt. Falls die Werte in **f** ganzzahlig sind, so sind die Werte in **W** vor der Division durch N ebenfalls ganzzahlig.

Walsh-Transformation und (identische) inverse Walsh-Transformation sind separierbar. Die Funktion $B(m, i, x, u)$ wurde in Abschnitt 3.4.9 definiert. Es gilt

$$\begin{aligned} \mathbf{W}(u, v) &= \frac{1}{N} \sum_{x=0}^{N-1} \left[\sum_{y=0}^{N-1} \mathbf{f}(x, y) \prod_{i=0}^{m-1} (-1)^{B(m, i, y, v)} \right] \prod_{i=0}^{m-1} (-1)^{B(m, i, x, u)} \\ &= \frac{1}{N} \sum_{y=0}^{N-1} \left[\sum_{x=0}^{N-1} \mathbf{f}(x, y) \prod_{i=0}^{m-1} (-1)^{B(m, i, x, u)} \right] \prod_{i=0}^{m-1} (-1)^{B(m, i, y, v)} \end{aligned}$$

für beliebige Werte von u und v. Damit ist diese Transformation von $N \times N$-Matrizen wie folgt zu realisieren: Zunächst sind die eindimensionalen Transformationen für Zeilen oder Spalten (vgl. Prozedur *FWT* in Abschnitt 3.4.9) auszuführen. Für die resultierende Matrix sind dann die Spalten oder Zeilen wieder mit der eindimensionalen Transformation zu bearbeiten. Es genügt also, die *FWT*-Prozedur für Vektoren wiederholt aufzurufen, um Matrizen zu transformieren.

Die Prozedur *FWT* in 3.4.9 wurde für den Fall angegeben, daß N eine Zweierpotenz ist. Entsprechend wird dies hier für die Zeilen- und Spaltenanzahlen N vorausgesetzt (Zur Vereinfachung wurde $N = M$ angenommen.).

(IV) Es ist zu beachten, daß der Indexbereich bei der Walsh-Transformation in der Matrix **f** jeweils von Null an gezählt wird! Für die im Buch durchgängig verwendete Koordinatenschreibweise von Eins an für Bilder f bedeutet dies eine Verschiebung beim Einlesen der f-Werte in die Matrizen.

Einlesen von f in die Matrix **f**: $f(x, y)$ in $\mathbf{f}(x-1, y-1)$;

{Walsh-Transformation}

for $y := 0$ **to** $N-1$ **do begin**

Aufruf der Prozedur *FWT* für Zeile y in der Matrix **f**;

Resultate wieder in Zeile y von **f** zurückschreiben

end *{for}*;

for $x := 0$ **to** $N-1$ **do begin**

Aufruf der Prozedur *FWT* für Spalte x in der Matrix **f**;

Resultate wieder in Spalte x von **f** zurückschreiben

end *{for}*;

alle Elemente in **f** durch N teilen und wieder in **f** zurückschreiben;

if (*VAR* = 1) **then begin**

{bildhafte Darstellung der Walsh-Transformierten}

Untervariante 1: Ausgabe des Betrages der Elemente in **f**, Werte kleiner 0 werden auf 0, Werte größer G–1 werden auf G–1 gesetzt, oder

Untervariante 2: Bestimmung von Maximum und Minimum in **f** und Skalierung der **f**-Werte auf 0 ... $G-1$ anhand der berechneten Werte für Maximum und Minimum oder

Untervariante 3: Darstellung von $\log_2\left(|\mathbf{f}|+1\right)$ mit geeigneter Skalierung

end *{then}*

else begin

{Filteroperation}

Untervariante 1: Modifizierung von niedrig-sequenten Anteilen des Bildes f durch Änderung von Werten in der Matrix **f** mit Koordinaten dicht bei $(0, y)$, $(N-1, y)$, $(x, 0)$ bzw. $(x, N-1)$ oder

Untervariante 2: Modifizierung von hoch-sequenten Anteilen des Bildes f durch Änderung von Werten in der Matrix **f** mit Koordinaten dicht bei $(N/2, N/2)$;

{inverse Walsh-Transformation}

for $y := 0$ **to** $N-1$ **do begin**
Aufruf der Prozedur *FWT* für Zeile y in der Matrix **f**;
Resultate wieder in Zeile y von **f** zurückschreiben
end *{for}*;
for $x := 0$ **to** $N-1$ **do begin**
Aufruf der Prozedur *FWT* für Spalte x in der Matrix **f**;
Resultate wieder in Spalte x von **f** zurückschreiben
end *{for}*;
alle Elemente in **f** durch N teilen und wieder in **f** zurückschreiben
end *{else}*

(V) Gonzalez, R.C., Wintz, P.: *Digital Image Processing*. Addison-Wesley, Reading, USA, 1987.

Glossar

Die zusammengestellten Grundbegriffe sollen weitgehend intuitiv, aber dennoch konzis in kurzer Form erläutert werden. Diese Begriffe werden sich im wesentlichen nur auf die Teildisziplin der Bildbearbeitung beschränken. Einige darüber hinausgehende Begriffe wurden aus Gründen der Aufgabencharakterisierung der digitalen Bildbearbeitung innerhalb des Gesamtgebietes der digitalen Bildverarbeitung mit angegeben.[1] Einige mathematische Begriffe sind auch deshalb eingefügt, um formale Bezeichnungen zu vereinbaren.

In einem lebendigen Gebiet wie dem der digitalen Bildverarbeitung sind die Begriffe nicht starr fixiert. Unter möglichen Varianten wird hier im Glossar ein Vokabular festgelegt, das im Buch einheitlich verwendet wird. Verweise auf entsprechende Abschnitte des Buches erfolgen nach dem Zeichen ♦.

Speziell sind zu Begriffen, die als Ziel-Beschreibungen bei Operatoren dienen können, nach dem Zeichen ♦ die zugehörigen Abschnitte angegeben, in denen Operatoren definiert sind, die mit dieser Ziel-Beschreibung eventuell angesprochen sein können.

Abbild (*image*): Die zweidimensionale Projektion einer dreidimensionalen *Szene*[2] ist ein Abbild. Im Fachgebiet *Szenenanalyse* werden Abbilder bezüglich inhaltlicher Interpretationen dreidimensionaler Szenenstrukturen untersucht. ♦ Vorwort zur ersten Auflage.

Abstand, euklidischer (*euclidean distance*): Der euklidische Abstand zweier Punkte $p_1 = (x_1, y_1)$ und $p_2 = (x_2, y_2)$ der Ebene wird mit $d_2(p_1, p_2)$ bezeichnet und ist durch

$$d_2(p_1, p_2) = \sqrt{(x_1 - x_2)^2 + (y_1 - y_2)^2}$$

definiert, vgl. auch Manhattan- und Maximum-Metrik ♦ 1.1.1.

Abtastreihenfolge (*grid scan order*): Video-Bilder im Vollbild-Format werden zeilenweise von links nach rechts und von oben nach unten abgetastet. Diese Abtastreihenfolge ist im *xy*-Koordinatensystem der *Bildebene*, wie es im Buch einheitlich verwendet wird,

---

[1] Bei der Verwendung der englischen Worte *image* und *picture* haben wir uns dazu entschieden, dem Wort *picture* den höheren Allgemeinheitsgrad zuzuordnen und das Wort *image* nur im Zusammenhang mit *3D*-Bildanalysen zu verwenden. Diese Festlegung hat nur praktische Gründe, um im Rahmen dieses Buches Eindeutigkeit zu erreichen; sie erhebt nicht den Anspruch, eine allgemeingültige Empfehlung zu geben.

[2] Die kursiv hervorgehobenen Worte sind im Glossar definiert.

in der Zeilenreihenfolge umgekehrt: Die Abtastreihenfolge der *Pixel* beginnt unten in Zeile $y = 1$ und endet oben in Zeile $y = N$, jeweils von $x = 1$ nach $x = M$ in jeder Zeile. ♦ 3.1.4, 3.3

Agglomeration (*agglomeration*): Durch Agglomeration (Zusammenballung) können einzelne *Bildpunkte* in Abhängigkeit von ihren *Bildwerten* und von sonstigen lokalen *Merkmalen* schrittweise zu größeren *Bildgebieten* zusammengefaßt werden, vgl. *Regionenwachstum*. ♦ 6.4, 6.5.3 bis 6.5.7

Amplitudenskalierung (*amplitude scaling*): Veränderung des Wertebereiches einer Größe (z.B. *Grauwertes*) mittels einer Transformation, die im Definitionsbereich dieser Größe einheitlich anzuwenden ist. ♦ 5.1.1, 5.1.2, 5.1.3

Analog/Digital-Wandler (*AD-converter*): Die von einer Kamera zum Rechner übertragenen *Bilder* werden im Analog/Digital-Wandler in eine digitale Form (*Bilddaten*) überführt. Gegenwärtig ist hierbei die Generierung von etwa 10 Millionen *Pixeln* je Sekunde typisch. Im Analog/Digital-Wandler werden die analogen Bilder sowohl in der Fläche (Bildrasterung) als auch in der Grauwertskala (Bildquantisierung) diskretisiert. ♦ 1.1.1, 1.1.2

Artefakt (*artifact*): In der Musteranalyse werden im Prozeß der Bildgewinnung und *Bildbearbeitung* entstandene (d.h. künstliche) *Bildobjekte*, die inhaltlich nicht in Zusammenhang mit dem Bildinhalt stehen, als Artefakte bezeichnet. ♦ 6.1.7

Auflösung (*resolution*): Vereinfacht ist die Auflösung durch die Anzahl der *Bildpunkte* je *Bild* (z.B. 512×512) definiert. Die bei einer Bildaufnahme vorliegende Auflösung kann exakter durch die im Bild unterscheidbaren Bildstrukturen charakterisiert werden (Können isolierte Musterelemente bzw. Konfigurationen noch mittels digitaler Bilderfassung separiert werden?). Die Auflösung bei der Bildaufnahme und Bilddigitalisierung kann eindeutig beschrieben werden, indem für eine einzelne *Bildzelle* die entsprechende physikalische Größe (z.B. 5×5 mm^2 bei 3 m Abstand) im Raum der dargestellten Szenenobjekte angegeben wird. Diese Auflösung im *Ortsbereich* (*spatial resolution*) kann aus der Geometrie der Bildaufnahmesituation ermittelt werden. Im digitalen Bild kann durch *Glättung* der *Grauwerte* von einer hohen Auflösung schrittweise zu geringeren Auflösungen übergegangen werden, wobei *Details* im Bild verschwinden. ♦ 1.1.1

Bezugspunkt (*reference point*): Punkt im *Bildraster*, der die relative Position eines *Fensters* charakterisiert.

Bild (*picture*): Ein Bild ist eine zweidimensionale Anordnung f von skalaren oder vektoriellen Meßwerten $f(x, y)$. Bei einem fotografischen Bild erfolgt der „Meßprozeß" beispielsweise optisch-analog mit dem Resultat unterschiedlicher Farbintensitäten in den *Bildpunkten*. In der *digitalen Bildverarbeitung* werden Bilder als Eingabeinformation verwendet, wobei für einen Bildpunkt (x, y) ein *Bildwert* $f(x, y)$ einer visuell zu erfassenden Eigenschaft entspricht, welche durch spezielle bildgebende Techniken (Mikroskopie, Elektronenmikroskopie, Entfernungssensor, Echokardiographie, Infrarot-Meßtechnik, taktiler Sensor, Computertomographie u.a.m.) realisiert wird. Bildarten wurden in Abschnitt 1.1. zusammenfassend dargelegt. Bezüglich des zu interpretierenden Bildinhaltes ist zwischen *Abbildern* (*images*) und *Mustern* (*patterns*) zu unterscheiden. Ein Bild f ist eine Funktion, die gewissen Punkten (x, y) der reellen Ebene Bildwerte $f(x, y)$ zuordnet. Die Menge aller Punkte (x, y), für die f definiert ist, wird *Bildträger* genannt. Falls der Bildträger ein Gebiet der reellen Ebene ist, so wird von *analogen Bildern* gesprochen. Falls der Bildträger ein *Bildraster* von $M \times N$ Bildpunkten ist, so spricht man von *diskreten Bildern.* Bei einer Betrachtung der Bilder als informationelle Einheit (Signaltheorie) werden die Sprechweisen *kontinuierliches Bildsignal* und *diskontinuierliches Bildsignal* bevorzugt. Bei einem *digitalen Bild* wird ein Bildraster und ein endlicher Wertebereich für die Bildwerte $f(x, y)$ vorausgesetzt. ♦ 1.1

Bild, analoges (*analog picture*): s. *Bild.*

Bild, diskretes (*discrete picture*): s. *Bild.*

Bild, ikonisches (*iconic picture*): Ein ikonisches *Bild* ist eine unmittelbare bildhafte Repräsentation der *Bilddaten,* i.a. als zweidimensionales Array von *Grauwerten.* Bei *Bildtransformationen* können die Eingabebilder allgemein in dieser Repräsentation vorausgesetzt werden, für die Resultatsbilder kann durch eine spezielle Codierung der *Bilddaten* bzw. spezielle Datenstrukturen auch eine nicht-ikonische Repräsentation realisiert werden. ♦ 1.1

Bildanalyse (*picture analysis*): Die Bildanalyse ist eine Teildisziplin der *digitalen Bildverarbeitung,* welche auf der Grundlage der Erkennung von Bildmerkmalen auf die inhaltliche Interpretation von *Bilddaten* ausgerichtet ist. Je nachdem, ob die Bildinhalte zweidimensional oder dreidimensional zu interpretieren sind, sind bildanalytische Aufgaben in die Fachgebiete der *Musteranalyse* oder der *Szenenanalyse* einzuordnen.

♦ Vorwort zur ersten Auflage

Bildbearbeitung (*picture processing*): Die Bildbearbeitung ist eine Teildisziplin der *digitalen Bildverarbeitung,* welche die Berechnung von *Bilddaten* aus Bilddaten zum Gegenstand hat. Diese *Bildtransformationen* erfolgen mit spezifischen inhaltlichen Zielen (*Bildsegmentierung, Bildverbesserung, Bildrestauration* u.a.m.). Die Bildbearbeitung ist i.a. eine Vorverarbeitung für die *Bildanalyse,* vgl. Abb. 1. ♦ gesamtes Buch

Bildbearbeitung, parallele (*parallel picture processing*): Unter Nutzung von Parallelprozessoren, Parallelspeichern oder Transputern können auf *Bildern* mehrere Operationen gleichzeitig ausgeführt werden. Beispielsweise sind Array-Prozessoren spezielle Parallelprozessoren, die in allen $m \times n$ *Bildpunkten* eines *Bildfensters* (= Position des Arrays) die gleichzeitige Ausführung der selben Operation erlauben, z.B. die Addition von $f(i, j)$ und von $f(i+1, j)$. Durch parallele Bildbearbeitung können rechentechnische Realisierungen parallelisierbarer Prozesse wesentlich beschleunigt werden. Die für Bildbearbeitungsaufgaben üblicherweise verwendeten Rechner arbeiten jedoch seriell (s. unten), d.h. auch in einer parallelen Bildbearbeitung können Fensteroperationen nur jeweils an einem Bildpunkt durchgeführt werden. Die Reihenfolge der Abarbeitung der Bildpunkte beeinflußt allerdings nicht das Ergebnis eines parallelen Bildbearbeitungsvorganges. ♦ 3.2.2, 3.2.3

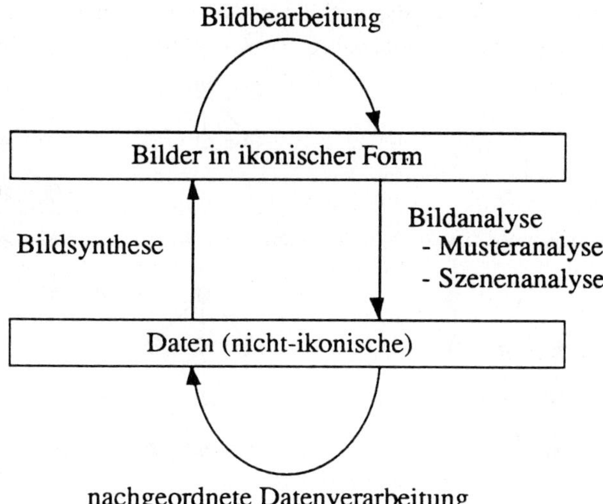

Abbildung 1: Alle Teildisziplinen der digitalen Bildverarbeitung: In der Bildbearbeitung werden speziell Berechnungen von Bildern aus Bildern betrachtet.

Bildbearbeitung, serielle (*serial picture processing*): Im Unterschied zur *parallelen Bildbearbeitung* werden bei der seriellen (traditionellen) Bildbearbeitung auszuführende Rechenschritte in strikter linearer Folge (ohne Gleichzeitigkeit) ausgeführt. Bei dieser seriellen Arbeitsweise brauchen keine möglichen Parallelisierungen berücksichtigt zu werden, wodurch natürlich auch eine eventuelle Möglichkeit der Beschleunigung verlorengeht. ♦ 3.2.2, 3.2.3

Bildcodierung (*picture coding*): Bei einer Bildcodierung werden *Bilddaten* gemäß einer Codiervorschrift in eine weniger Speicherplatz beanspruchende Datenmenge überführt, aus welcher die Original-Bilddaten mittels Decodierungsvorschrift wieder (in etwa) rekonstruiert werden können. Bildcodierungen sind für Speichereinsparungen und schnellere Bilddaten-Übertragungen von Bedeutung. ♦ 7.2.1, 7.3

Bilddaten (*pictorial data*): Diese in unterschiedlicher Datenstruktur repräsentierten bildhaften Informationen sind im Rechnerspeicher in unmittelbarer (ikonischer) oder codierter Form abgelegt. Für Bilddaten ist ein großer Speicherbedarf typisch. Eine Codierung von Bilddaten erfolgt i.a. mit der Zielstellung, den Speicherbedarf zu senken. ♦ 3.2

Bildebene (*picture plane*): Teilmengen der Bildebene sind die geometrischen Träger der Bildinformationen. Die digitale Bildebene oder diskrete Bildebene besteht aus *Bildzellen*, welchen jeweils ein *Bildwert* zugeordnet wird. Diese Bildzellen werden durch *Bildpunkte* adressiert (z.B. Mittelpunkte quadratischer Bildzellen). Zur bequemen Handhabung von *Bilddaten* wird in der Bildebene i.a. ein homogenes quadratisches Gitter vorausgesetzt, wobei hier die Bildzellen den Gitterzellen entsprechen. Zwischen den Bildpunkten bzw. Bildzellen wird eine Nachbarschaftsrelation bzw. Berandungsrelation vorausgesetzt, vgl. Abb. 2. ♦ 1.1.1

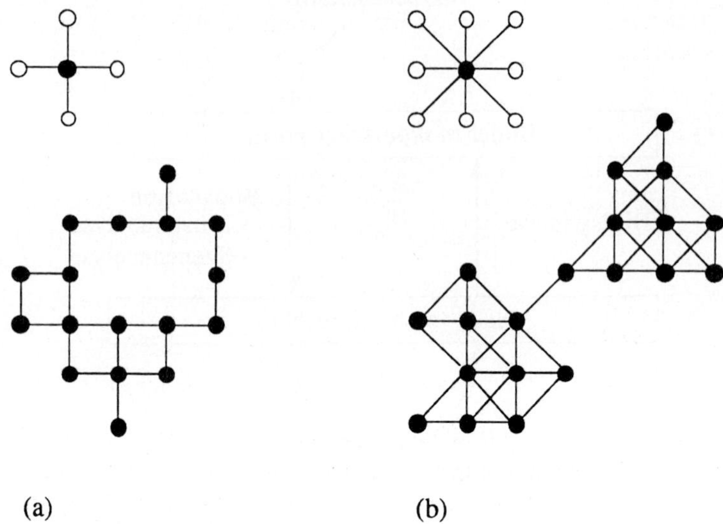

Abbildung 2: (a) Darstellung der *4*-Nachbarschaft und einer *4*-zusammenhängenden Menge von Bildpunkten; (b) Darstellung der *8*-Nachbarschaft und einer *8*-zusammenhängenden Menge von Bildpunkten, die nicht *4*-zusammenhängend ist.

Bildfenster (*window*): Bildausschnitt mit fixiertem *Bezugspunkt*. ♦ 1.2.2

Bildgebiet (*region*): Ein Bildgebiet ist eine zusammenhängende Teilmenge der *Bildebene*, die keine Löcher bzw. Höhlen besitzt. Zur Präzisierung der Zusammenhangs-Definition wird von einer fixierten Nachbarschaftsrelation zwischen den *Bildpunkten* ausgegangen, vgl. Abb. 2. Die über (a) dargestellte Menge von Bildpunkten besitzt ein Loch und ist somit kein Bildgebiet, aber ein *Bildsegment*. ♦ 1.1.1

Bildjustierung (*registering*): Durch Bildjustierung werden mehrere *Bilder*, die zumindest in Teilbereichen die selben *Bildobjekte* darstellen (z.B. Luftbilder zu verschiedenen Zeitpunkten vom selben Ort), geometrisch so transformiert, daß anschließend alle Bildpunkte (x, y) im gemeinsamen Bildbereich jeweils demselben Bildobjektpunkt entsprechen. ♦ 4.3

Bildmatrix (*picture matrix*): Ikonische Daten werden i.a. als $M \times N$-Bildmatrix repräsentiert, wobei als Matrixelement in der Position (x, y) der *Bildwert* $f(x, y)$ eingetragen ist. Für mehrkanalige Bilder (n Kanäle) werden dreidimensionale $M \times N \times n$-Bildmatrizen verwendet, wobei in der Position (x, y, i) der Bildwert $f_i(x, y)$ eingetragen ist. ♦ 3.2

Bildmodell (*picture model*): Ein Bildmodell ist eine vereinfachte Beschreibung eines realen *Bildes* mit Hilfe von idealen *Bildsegmenten*. Dabei ist jedes Segment im Sinne eines zu spezifizierenden Einheitlichkeitskriteriums homogen. In strukturellen Bildmodellen wird die Grauwertfunktion in jedem Segment durch eine segmentspezifische analytische

Funktion von x, y angenähert. In statistischen Bildmodellen ist ein homogenes Segment durch die Konstanz gegebener statistischer Merkmale (z.B. Mittelwert, Streuung, Cooccurrence-Matrix, Prädiktionskoeffizienten) gekennzeichnet. ♦ 5.4.2, 5.5.2, 5.5.3, 6.4.3, 6.6.1, 6.6.2

Bildobjekt (*picture object*): Die in den zu bearbeitenden oder zu analysierenden *Bildern* durch Bildausschnitte dargestellten Objekte werden als Bildobjekte bezeichnet. Ein Bildobjekt ist also die zweidimensionale Projektion eines Objektes der zwei- oder dreidimensional zu interpretierenden Umwelt, die mit den Bilddaten dargestellt wird. In Mikroskopbildern können Bildobjekte z.B. Zellkerne, Gewebegebiete oder *Artefakte* sein. In *Abbildern* der *Szenenanalyse* sind Bildobjekte Gruppierungen von *Bildgebieten*, die in ihrer Gesamtheit das projektive Abbild eines Szenenobjektes ausmachen. ♦ 2.5

Bildoperator (*picture operator*): Synonym für *Bildtransformation*. ♦ 1.4

Bildpunkt (*picture point*): Ein Bildpunkt ist durch seine Ortskoordinaten (x, y) in der *Bildebene* definiert. Diese Koordinaten beziehen sich i.a. auf ein rechtwinkliges Koordinatensystem in der Bildebene. Zwischen Bildpunkten besteht eine Nachbarschaftsrelation, die für die digitale Bildebene fest vorzugeben ist. ♦ 1.1.1

Bildraster (*picture grid*): s. *Bild*.

Bildrestauration (*picture restoration*): Im Verlaufe der Gewinnung von *Bilddaten* erfolgen gewisse *Verfälschungen*, die durch eine Bildrestauration aufgehoben werden sollen. Eine ideale Umkehrung der Verfälschungen ist nur möglich, falls der Bildaufnahmekanal mathematisch beschreibbar ist. Eine Bildrestauration wird durch eine oder mehrere *Bildtransformationen* erreicht. ♦ 6.1, 6.3, 6.5

Bildsegment (*picture segment*): Ein Bildsegment ist eine zusammenhängende Teilmenge der *Bildebene*. Gegenüber dem *Bildgebiet* kann ein Bildsegment auch Löcher bzw. Höhlen besitzen. ♦ 1.1.1

Bildsegmentierung (*picture segmentation*): Ein *Bild* kann in disjunkte *Bildsegmente* zerlegt werden, indem Ränder von *Bildsegmenten* bestimmt werden oder Bildsegmente nach flächenorientierten Kriterien (z.B. *Textur*) berechnet werden. ♦ 5.5, 6.4, 6.5.2, 6.5.9

Bildsignal, diskontinuierliches (*discontinuous pictorial signal*): s. *Bild*, *Eingabesignal*.

Bildsignal, kontinuierliches (*continuous pictorial signal*): s. *Bild*, *Eingabesignal*.

Bildspeicher (*frame buffer*): Ein Frame ist ein vollständiger Bildschirminhalt, der im Bildspeicher in ikonischer Form bereitgestellt wird. Für eine Visualisierung eines Frames auf dem Schirm wird dieses in die *Bildwiederholspeicher*[3] übernommen. Eine Eigenschaft eines Bildspeichers ist i.a., daß hierzu nur die Bildwiederholspeicher innerhalb des Bildspeichers neu adressiert werden, also innerhalb des Bildspeichers tatsächlich kein Umspeichern erfolgt. Durch spezielle technische Lösungen können durch den Bildspeicher bestimmte Operationen zwischen mehreren Frames parallelisiert und damit be-

[3] Für Grauwertbilder genügt z.B. ein Bildwiederholspeicher, für Farbbilder werden drei Bildwiederholspeicher verwendet.

schleunigt werden. Spezielle Bildspeicher sind ein Merkmal von Spezialsystemen für die *digitale Bildverarbeitung*. ♦ 3.3

Bildträger (*picture domain*): s. *Bild*.

Bildtransformation (*picture transform*): Bildtransformationen sind Abbildungen von *Bilddaten* in Bilddaten. Durch eine Bildtransformation werden jeweils aus einem *Bild* (bzw. aus mehreren Bildern) gemäß einer bestimmten Vorschrift ein oder mehrere neue Bilder erzeugt. Bei der *Fouriertransformation* werden beispielsweise aus einem *Grauwertbild* zwei Grauwertbilder berechnet, welche den Imaginär- bzw. Realteil der berechneten komplexen Zahlen zusammenfassen. Die für Bildtransformationen zu realisierende Vorschrift kann unterschiedlich algorithmisch umgesetzt werden. Zum Beispiel stellt die *Schnelle Fouriertransformation* eine spezielle algorithmische Realisierung der Fouriertransformation dar. ♦ 1.4

Bildtransformation, affine (*affine picture transform*): Die Abbildung der *Bilddaten* basiert auf einer linearen Koordinatentransformation. Aufgrund der Diskretheit der *Bildpunkte* und der Beschränktheit des Bildrasters sind *Bildwert*-Zuordnungen zu berechnen. ♦ 4.3

Bildverarbeitung, digitale (*computer vision*): Die digitale Bildverarbeitung ist jener Teilbereich der Informatik, der auf analytische Fragestellungen im Zusammenhang mit bildhaften Daten ausgerichtet ist. Im Unterschied hierzu ist die Computergrafik auf Fragestellungen für synthetisch erzeugte *Bilddaten* orientiert. Die *Bildbearbeitung* und die *Bildanalyse* sind die beiden wesentlichen Teildisziplinen der digitalen Bildverarbeitung, vgl. Abb. 1. ♦ Vorwort zur ersten Auflage

Bildverbesserung (*picture enhancement*): Als Ziel einer Bildverbesserung ist allgemein die bessere visuelle oder rechnerinterne Erkennbarkeit von Bildstrukturen bzw. -mustern zu nennen. Eine Bildverbesserung wird durch eine oder mehrere *Bildtransformationen* erreicht, die z.B. auf die Beseitigung von *Verfälschungen* ausgerichtet sind. ♦ 5.1, 5.4, 6.1, 6.3, 6.5, 6.6.2

Bildwert (*picture value*): Für ein *Bild* f ist $f(x, y)$ der Bildwert im *Bildpunkt* (x, y) bzw. in der durch (x, y) adressierten *Bildzelle*. Dieser Bildwert ist i.a. ein *Grauwert*. Bei Farbbildern wird besser von Farbwerten für die einzelnen Farbkanäle gesprochen. In Entfernungsbildern wird durch den Bildwert die Entfernung zwischen Bildpunkt in der *Bildebene* und Objektpunkt im dreidimensionalen Raum repräsentiert. ♦ 1.1.2, 1.1.3

Bildwiederholspeicher (*picture refresh memory*): Für die Darstellung von *ikonischen Bildern* auf einem Bildschirm werden diese in die zugehörigen Bildwiederholspeicher des Schirms übertragen. Für Farbbilder sind mindestens drei Bildwiederholspeicher für die drei Farbkanäle erforderlich; für jeden Bildwiederholspeicher regelt eine *Look-Up-Tabelle* die Zuordnung von ganzen Zahlen im Speicher zu Farbwerten auf dem Schirm. ♦ 5.6.3

Bildzelle (*picture cell*): *Bildpunkte* repräsentieren eine vereinfachte Sicht auf die eigentlich in der Bildebene zweidimensional ausgedehnt vorliegenden elementaren Bildelemente, die z.B. als Gitterquadrate mit einem Bildpunkt als Mittelpunkt geometrisch präzisiert werden können. Die bei einer Zerlegung der *Bildebene* verwendeten elementaren flächigen Bildelemente werden als Bildzellen bezeichnet. Ein *Pixel* $(x, y, f(x, y))$ ist als Zusammenfassung eines gemessenen *Bildwertes* $f(x, y)$ in der durch (x, y) adressierten Bildzelle beschreibbar. ♦ 1.1.1

Binärbild (*binary picture*): In einem Binär- oder *Halbtonbild* b sind für die *Bildwerte* $b(x, y)$ nur die Werte 0 oder 1 zugelassen. ♦ 5.3, 6.1.7, 6.1.8, 7.1.1, 7.1.2

Binarisierung (*binarization*): Durch Binarisierung wird ein *Grauwertbild* in ein *Binär-* oder *Zweipegelbild* überführt, indem bestimmte *Grauwerte* auf den Wert 0 und die restlichen Grauwerte auf den Wert 1 (im Binärbildfall) oder $G-1$ (üblicher Wert bei Zweipegelbildern) abgebildet werden. Diese Unterscheidung der Grauwerte kann z.B. einfach durch einen *Schwellenwert* erfolgen. ♦ 5.3, 6.1.8

Binarisierungsschwelle (*binarization threshold*): Eine Binarisierungsschwelle S, $0 \leq S < G-1$, definiert eine einfache *Binarisierung* eines *Grauwertbildes* f in ein *Binär-* oder *Zweipegelbild* b gemäß

$$b(x, y) = \begin{cases} 0, & \text{falls } f(x, y) \leq S \\ G-1, & \text{falls } f(x, y) > S \end{cases}$$

♦ 5.3

Binomialfilter (*binomial filter*): Spezielles lineares *Filter*, dessen diskrete Impulsantwort ($n \times n$-Faltungskern) als Produkt eines $1 \times n$-Spaltenvektors und eines $n \times 1$-Zeilenvektors erhalten wird. Diese Vektoren haben beide als Komponenten die Binomialkoeffizienten

$$C(n-1, i) = \binom{n-1}{i} \quad \text{mit} \quad i = 0, \ldots, n-1$$

♦ 6.1.3

CCD-Kamera (*charge coupled device camera*): Für Bildverarbeitungssysteme werden bevorzugt CCD-Kameras für die Bildeingabe verwendet. In der CCD-Kamera werden die durch das Vorsatz-Objektiv erhaltenen *analogen Bilder* auf ein diskretes Sensorfeld abgebildet, welches im einfachen Fall nur eine Zeile ist (Zeilen-Kamera), aber i.a. als Matrix angeordnet ist (Matrix-Kamera). ♦ 1.1.1, 1.1.2

Co-occurrence-Matrix (*co-occurrence matrix*): In einer Co-occurrence-Matrix $((a_{ij}))_d$ werden für $0 \leq i, j \leq G-1$ für ein gegebenes *Bild* f mit a_{ij} die Häufigkeiten von Ereignissen folgender Art erfaßt: „In einem *Bildpunkt* p des *Bildrasters* **R** ist in f der *Grauwert* i eingetragen, und zu p existiert ein Punkt $q \in \mathbf{R}$ im Abstand d zu p (z.B. Abstand gemäß Maximum-Metrik oder Manhattan-Metrik), in dem in f der Grauwert j eingetragen ist". Die Co-occurrence-Matrix hat die Größe $G \times G$. In einem Bild mit größeren Gebieten fast konstanter Grauwerte wird sich in der Co-occurrence-Matrix eine deutliche Hauptdiagonale ausprägen. Für die Co-occurrence-Matrizen sind Merkmale zu definieren (z.B. Anteil der Hauptdiagonal-Werte relativ zur Summe aller Einträge), die die *Grauwertverteilung* in f charakterisieren. Für ein Bild f kann eine Variation der Werte d und eine entsprechende Änderung der Co-occurrence-Matrizen ein Analysemittel sein. Für die Definition von Co-occurrence-Matrizen sind vielfältige Variationen möglich (z.B. Abstandsrelation durch spezielle Lagerelationen ersetzen). ♦ 1.3.2

Cursor-Position (*cursor position*): Im Bildschirm ist i.a. ein Cursor zur Markierung eines bestimmten *Bildpunktes* zu plazieren. Dieser Cursor kann auf dem Schirm sichtbar oder unsichtbar sein. Die Cursor-Postion dient bei verschiedenen Bildbearbeitungsprozeduren als Positionshalter, z.B. als relativer *Bezugspunkt* zur Plazierung von *Fenstern*. ♦ 1.2.2.

Daten, ikonische (*iconic data*): *Bilddaten* in unmittelbarer bildhafter Repräsentation (z.B. *Bildmatrix*, Liste aller Bildwerte gemäß *Abtastreihenfolge*) werden als ikonische Daten bezeichnet. ♦ 1.1

Detail (*detail*): Sammelbegriff für feine Bildstrukturen mit Ortsfrequenzen nahe zur Grenze der *Bildauflösung*. Dabei kann es sich um Einzellinien, periodische Muster, *Textur* oder stochastisches Rauschen handeln. ♦ 6.1.7

Dichtefunktion (*density function*): Eine diskrete Zufallsgröße ξ kann nur endlich viele bzw. abzählbar unendlich viele Werte $a_1, a_2, a_3, \ldots$ annehmen. Es sei

$$p_i = P(\{\xi = a_i\})$$

die Einzelwahrscheinlichkeit, daß ξ den Wert a_i annimmt. Die Funktion ϕ,

$$\phi(i) = p_i,$$

ist die Dichtefunktion der diskreten Zufallsgröße ξ. Mit dem Grauwert*histogramm* ist eine Schätzung der Dichtefunktion für die Zufallsgröße „*Bildwert*" gegeben. ♦ 1.3.2

Differenzoperator (*change detection*): Für justierte *Bilder* (vgl. *Bildjustierung*) können in *Bildpunkten* (x, y), die in den beteiligten Bildern denselben Bildobjektpunkt bezeichnen, durch Differenzenbildung Unterschiede zwischen den beteiligten Bildern detektiert werden. Ein Differenzoperator beruht allgemein auf der Berechnung lokaler Unterschiede in zwei Bildern in jeweils identischen Bildpunkten (x, y). Die einfachste Realisierung ist eine Bildsubtraktion. ♦ 2.7, 5.4.3

Digitalisierung (*digitization*): *Analoge Bilder* (Eingabesignale) werden durch Digitalisierung sowohl bezüglich des Trägers (Rasterung) als auch bezüglich der *Bildwerte (Quantisierung)* auf eine endliche *Bilddaten*-Struktur abgebildet. ♦ 1.1

Diskretisierung (*discretization*): Synonym für *Digitalisierung*.

Diskretisierungsrauschen (*discretization noise*): Zufällige Schwankungen der Bildfunktion zwischen diskreten *Bildwerten*, die auf Vorhandensein von additivem, mit dem Bildinhalt unkorreliertem Rauschen vor der *Digitalisierung* zurückzuführen sind. In binarisierten *Bildern* auch als zweipegelige Störmuster, die dort auftreten können, wo die Bildfunktion vor der *Binarisierung* etwa den Wert der Schwelle S annimmt und von additivem Rauschen überlagert ist. Das Rauschen bewirkt dann, daß S mehrfach und ohne Zusammenhang mit dem Bildinhalt über- oder unterschritten wird. Dadurch werden rauschbedingte Grauwertschwankungen um S auf die Amplitude der gesamten Grauwertskala verstärkt. ♦ 5.3.1, 6.1.7

DTP-System (*desktop publishing system*): Ein DTP-System ist ein Arbeitsplatzrechner, der mit einem hochauflösenden Schirm und einem grafikfähigen Drucker ausgestattet ist und insgesamt die Gestaltung von Textvorlagen erlaubt, die auch Grafiken und Bilder (Grauwert- oder Farbbilder) enthalten können. Für Bildmontage, Bildeditionen oder Bildgenerierungen stehen im DTP-System verschiedene Funktionen bereit. Eine objektorientierte Nutzeroberfläche des DTP-Systems erlaubt eine unkomplizierte Arbeit mit dem System. Die erzeugten Ausdrucke können als „druckreife Vorlagen" charakterisiert werden. ♦ 2

Eingabesignal (*input signal*): Bildsignale (vgl. *zweidimensionale Signalverarbeitung*) können nach der Art des Signalträgers (Gebiet der reellen Ebene oder des *Bildrasters*) als kontinuierliche oder als diskontinuierliche Signale bezeichnet werden. In der digitalen *Bildbearbeitung* werden ausschließlich diskontinuierliche Signale im Rechner behandelt, *kontinuierliche Bildsignale* können jedoch als Vorlage angenommen werden, die per *Digitalisierung* in diskontinuierliche Signale überführt werden. Diese kontinuierlichen Vorlagen werden als Eingabesignal bezeichnet. ♦ 1.1

Erhöhung der Bildschärfe (*sharpening*): Verbesserung der Sichtbarkeit der Bildstrukturen mit hohen Ortsfrequenzen (*Details, Textur*) und/oder des *Kantenanstieges*.
♦ 6.3, 6.5.1, 6.5.4, 6.5.7, 6.5.8, 6.5.9

Falschfarbe (*false colour*): Farbe, die nicht der Färbung der aufgenommenen *Bildobjekte* entspricht, sondern die lediglich bei der Bildwiedergabe durch eine *Look-Up-Tabelle* festgelegt wird. ♦ 1.1.3, 5.6.3

Faltung (*convolution*): Für zwei *Bilder* f und g der Größe $M \times N$ ist die Faltung $f * g$ wieder ein Bild der Größe $M \times N$ mit

$$(f * g)(x, y) = \frac{1}{M \cdot N} \sum_{i=1}^{M} \sum_{j=1}^{N} f(x-i, y-j) \cdot g(i, j)$$

für $1 \leq x \leq M$ und $1 \leq y \leq N$. Dabei wird das Bild f (z.B.) in periodischer Wiederholung angenommen, so daß f auch außerhalb des *Bildrasters* definiert ist. In der *Bildbearbeitung* werden i.a. Faltungen von Bildern f mit kleineren Bildern g, etwa der Größe $m \times n$, betrachtet:

$$(f * g)(x, y) = \frac{1}{m \cdot n} \sum_{i=1}^{m} \sum_{j=1}^{n} f(x-i, y-j) \cdot g(i, j)$$

für $1 \leq x \leq M$ und $1 \leq y \leq N$.
♦ 3.1.3, 6.1.1, 6.1.2, 6.1.3, 6.2.2, 6.2.4, 6.2.5, 6.6.2

Faltungskern (*convolution kernel*): Für *Faltungen* $f * g$ sei angenommen, daß das *Bild f* beliebig wählbar sei, die Funktion g aber fixiert ist. Damit ist eine *Bildtransformation* T_g, mit

$$T_g(f) = f * g,$$

definiert. Die Funktion g wird Faltungskern genannt. ♦ 3.1.3

(a)

1	1	2	1	1
1	2	3	2	1
2	3	5	3	2
1	2	3	2	1
1	1	2	1	1

(b)

−4	−2	0	2	4
−4	−2	0	2	4
−4	−2	0	2	4
−4	−2	0	2	4
−4	−2	0	2	4

(c)

−4	−4	2	3	4
−7	−2	1	2	3
−5	−3	0	3	5
−3	−1	1	2	1
−2	1	2	4	3

Abbildung 3: Der Faltungskern bei (a) hat vier Symmetrieachsen (horizontal, vertikal, zweimal diagonal), der bei (b) hat eine Symmetrieachse (horizontal) und der bei (c) keine.

Faltungskern, punktsymmetrischer (*point-symmetric convolution kernel*): Ein *Faltungskern* g der Größe $m \times n$, mit m und n ungerade, der bezüglich des Mittelpunktes $((m+1)/2, (n+1)/2)$ gewisse Symmetrie-Eigenschaften in den Funktionswerten $g(i, j)$ besitzt, wird punktsymmetrisch genannt, vgl. Abb. 3. ♦ 6.1.1, 6.1.2, 6.1.3

Faltungsoperator (*convolution operator*): Durch einen *Faltungskern* g wird ein Faltungsoperator T_g definiert, mit

$$T_g(f) = f * g,$$

für beliebige *Bilder f*. ♦ 3.1.3

Farbdiagramm (*color diagram*): Auf Karten dargestellte Normfarben, die für die Einstellung bzw. Kalibrierung von Farbkameras zu nutzen sind. Eine Darstellung von zwei Farbdiagrammen (und einem Grauwertdiagramm) ist in Abbn. 1.8 und 1.9 gegeben. Dort wird im oberen Bildteil jeweils die KODAK-Grauwertskala und das KODAK-Farbdiagramm gezeigt, die in Fotoläden erhältlich sind. Im unteren Bildteil ist der ColorChecker[4] von Macbeth dargestellt, auf dem das in Tab. 1 angegebene Farmuster aufgetragen ist. ♦ 1.1.3

[4] ColorChecker ist ein eingetragenes Warenzeichen von Macbeth, Division of Kollmorgen Corporation.

Dark Skin	Light Skin	Blue Sky	Foliage	Blue Flower	Bluish Green
Orange	Purplish Blue	Moderate Red	Purple	Yellow Green	Orange Yellow
Blue	Green	Red	Yellow	Magenta	Cyan
White	Neutral 8	Neutral 6.5	Neutral 5	Neutral 3.5	Black

Tabelle 1: Farbmuster des ColorCheckers von Macbeth.

Fenster (*window*): Ein Fenster ist eine „rechteckige Teilmenge" des *Bildrasters*. Allgemeiner könnten auch beliebig geformte Teilmengen des Bildrasters als Fenster verwendet werden. ♦ 1.2.1

Fensterfunktion (*window function*): Für *Bildfenster* **F**(*f, p*) definierte Funktion, die i.a. genau einen (neuen) *Bildwert* liefert, der in der Position p im Resultatsbild einzutragen ist. ♦ 1.3

Fensteroperator (*window operator*): Synonym für *lokalen Operator*.

Filter, 2D- (*spatial filter*): Bei einem 2D-Filter werden die *Bilddaten* in ikonischer Form, d.h. in ihrer zweidimensionalen Anordnung, betrachtet. Für das Resultatsbild h ist der Wert $h(x, y)$ von dem Bildwert $f(x, y)$ sowie von den Bildwerten in einer gewissen Umgebung $U(x, y)$ um den Bildpunkt (x, y) im Eingabebild f abhängig, wobei i.a. der Wert $h(x, y)$ von dem Wert $f(x, y)$ besonders stark beeinflußt wird. Lineare 2D-Filter können durch Faltung mit einem Faltungskern g (Filterfunktion) realisiert werden. Bei globalen 2D-Filtern besteht für mindestens einen Wert $h(x, y)$ eine potentielle Abhängigkeit von allen Eingangswerten des Bildes f. ♦ 1.4.3, 1.4.4

Filterkoeffizient (*filter coefficient*): Die bei linearen Filtern für die *Faltung* verwendeten Funktionen g bestehen aus endlich vielen diskreten Funktionswerten, die auch Filterkoeffizienten genannt werden. Bei einer 2D-Faltung besteht g aus $m \times n$ Filterkoeffizienten $g(i, j)$. ♦ 1.3.3, 6.1.1

Fouriertransformation (*Fourier transform*): Die (eindimensionale) Fouriertransformation ist eine signaltheoretisch begründete Transformation von Vektoren reeller Daten. Auf der Grundlage der Vektor-Transformationen können mehrdimensionale Fouriertransformationen eingeführt werden, welche z.B. auch für die Transformation von (zweidimensionalen) *Bilddaten* eingesetzt werden können. ♦ 1.4.4, 3.4.8, 7.3.1, 7.3.2

Fouriertransformation, schnelle (*fast Fourier transform, FFT*): Bei dieser speziellen algorithmischen Realisierung der *Fouriertransformation* werden anstelle von $\mathbf{O}(n^2)$ arithmetischen Operationen gemäß Transformationsformel durch rekursive Vorgehensweise nur $\mathbf{O}(n \cdot \log n)$ arithmetische Operationen für n reelle Eingabedaten benötigt. ♦ 3.4.8, 7.3.1

Frequenz (*frequency*): Koordinate im *Spektralbereich*.

Gauß-Tiefpaß (*gaussian low-pass*): Lineares *Tiefpaßfilter*, dessen *Filterkoeffizienten* den Werten einer innerhalb des *Fensters* etwa auf 0 abklingenden Gauß-Funktion entsprechen. Der Gauß-Tiefpaß hat einen *punktsymmetrischen Faltungskern.* ♦ 6.1.3, 6.2.4, 6.3.2

Glättung (*smoothing*): Durch eine Angleichung der *Grauwerte* (Glättung) eines *Bildes* werden „Ausreißer" (*outliers*) unterdrückt, rauschbedingte zufällige Grauwertschwankungen eingeebnet und *Textur*muster abgeschwächt. Ein meistens unerwünschter Nebeneffekt der Glättung ist, daß steile *Kanten* in flachere Kanten umgeformt, *Details* gelöscht werden usw. Für die Glättung der Grauwerte können globale 2D-*Filter* oder *lokale Operatoren* eingesetzt werden. ♦ 6.1, 6.4, 6.5.1, 6.5.3, 6.5.4, 6.5.5, 6.5.6, 6.5.7, 6.5.9

Gleichverteilung (*uniform distribution*): Eine diskrete Zufallsgröße ξ ist auf einer Menge $\{p_1, p_2, \ldots, p_n\}$ von möglichen Werten (z.B. Grauwerte) der Zufallsgröße gleichverteilt, falls für $1 \le i \le n$ stets

$$P(\{\xi = p_i\}) = \frac{1}{n}$$

gilt. Eine diskrete gleichverteilte Zufallsgröße hat den Erwartungswert

$$E(\xi) = \frac{1}{n} \sum_{i=1}^{n} p_i$$

und die Streuung

$$\sigma^2 = \frac{1}{n} \sum_{i=1}^{n} \left[p_i - \frac{1}{n} \left(\sum_{i=1}^{n} p_i \right) \right]^2 ,$$

wobei für die Werte p_i die Addition entsprechend zu definieren ist (z.B. bei *Grauwerten* als übliche Addition). ♦ 5.1.4, 5.2.2

Gradationsfunktion (*grading function*): Durch eine Gradationsfunktion werden *Grauwerte* auf Grauwerte abgebildet. Das Diagramm dieser Funktion heißt Gradationskurve oder *Grauwertkennlinie.* ♦ 5.1.2, 5.1.3, 5.1.4, 6.5.8

Gradient (*gradient*): Der Gradient einer Funktion $u = f(x, y)$ im Punkt (x, y) ist ein Vektor

$$[\mathbf{grad}\ f](x, y) = \left(\frac{\partial f(x, y)}{\partial x}, \frac{\partial f(x, y)}{\partial y} \right),$$

der durch eine bestimmte Richtung und eine bestimmte Länge definiert ist. Als Vektor in der *xy*-Ebene besitzt er die Steigung

$$\frac{\frac{\partial f}{\partial y}}{\frac{\partial f}{\partial x}},$$

die i.a. in der *Bildverarbeitung* für ein *Bild f* kurz als Gradient bezeichnet wird, und die durch die entsprechende Gradientenrichtung (als Vektor in der *xy*-Ebene)

$$\mathbf{arctan}\left(\frac{\frac{\partial f}{\partial y}}{\frac{\partial f}{\partial x}}\right).$$

charakterisiert wird. Für die approximative Bestimmung der Ableitungen

$$\frac{\partial f}{\partial x} \text{ und } \frac{\partial f}{\partial y}$$

für diskrete Bilder f werden i.a. *lokale Operatoren* eingesetzt. ♦ 1.1.2, 6.2.2

Grauwert (*grey level*): Der Grauwert ist eine ganze Zahl u im Bereich $0, 1, \ldots, G-1$, welche einem bestimmten Grauton eines *Bildpunktes* entspricht. Der maximale Grauwert $G-1$ wird mit dem Grauton „Weiß" identifiziert, der minimale Grauwert 0 mit dem Grauton „Schwarz". ♦ 1.1.2

Grauwertagglomeration (*grey value agglomeration*): Zusammenballungsprozeß zwischen *Bildpunkten*, der im wesentlichen von den *Grauwerten* gesteuert wird. ♦ 6.1.6, 6.4, 6.5.7

Grauwertbild (*grey level picture*): Ein skalares *Bild f* mit *Bildwerten* $f(x, y)$ in der Grauwertmenge $\{0, 1, \ldots, G-1\}$ heißt Grauwertbild. ♦ 1.1.

Grauwertdynamik (*grey level dynamics*): Der Anteil *Max - Min* des insgesamt verfügbaren Grauwertbereiches $0, 1, \ldots, G-1$, der von einem gegebenen *Bild* effektiv beansprucht wird. *Max* und *Min* sind der größte bzw. der kleinste im Bild oder in einem Bildausschnitt auftretende *Grauwert*. ♦ 5.1

Grauwertkennlinie (*grey value input-output function, transfer function*): Bei einer Grauwerttransformation werden *Grauwerte u*, $0 \leq u \leq G-1$, auf Grauwerte $t(u)$, $0 \leq t(u) \leq G-1$, abgebildet. Das Diagramm der *Gradationsfunktion t* wird Grauwertkennlinie genannt. ♦ 1.3.3, 5.1.2, 5.1.3, 5.1.4, 6.5.8

Grauwertverteilung (*grey level distribution*): Eine Zufallsgröße ξ der *Grauwerte* im *Bildraster* **R** kann für einzelne *Bilder* bzw. für Klassen von Bildern betrachtet werden. Die Zufallsgröße ξ bildet im ersten Falle ab in die Menge $\{0, 1, \ldots, G-1\}$ und besitzt die Verteilung

$$P_\xi(\mathbf{B}) = P\left(\xi^{-1}(\mathbf{B})\right)$$

für $\mathbf{B} \subseteq \{0, 1, \ldots, G-1\}$. Dabei ist $\xi^{-1}(\mathbf{B})$ die Menge aller *Bildpunkte* (Teilmenge von **R**), in denen ξ einen Wert aus **B** annimmt und P als Wahrscheinlichkeitsmaß eine auf Teilmengen von **R** definierte Funktion. Im einfachsten Falle (**B** als Einermenge) werden Punktverteilungen $P_\xi(u) = P("\xi = u")$ mit $0 \le u \le G-1$ betrachtet, für welche Grauwert*histogramme* als Schätzwerte berechnet werden. ♦ 1.3.2

Grundrichtung (*main direction*): Für Elementarschritte im *Bildraster* wird jeweils eine Menge von Richtungen fixiert, so daß in einer dieser Richtungen der nächstgelegene Gitterpunkt jeweils als *Nachbar* betrachtet wird. Der *8*-Nachbarschaft entsprechen z.B. die Grundrichtungen $i \cdot (\pi / 4)$, $0 \le i \le 7$, die auch einfach mit Richtungscodes $0, 1, \ldots, 7$ bezeichnet werden. ♦ 1.1.1, 7.2.1

Halbtonbild (*halftone picture*): s. *Binärbild.*

Halbtonbild-Erzeugung (*halftoning*): Bei Bildausgaben auf einem Drucker oder einem Schirm sind oft nur binäre Grautöne (Schwarz und Weiß) möglich. Um dennoch die ursprüngliche Grauwertstruktur visuell wahrnehmbar zu gestalten, werden *Grauwerte* auf binäre Muster (z.B. der Größe 3×3) abgebildet, womit für eine fehlende Grautonauflösung eine höhere Ortsauflösung eingesetzt wird. Falls keine höhere Ortsauflösung sinnvoll oder möglich ist, so ist das ursprüngliche *Grauwertbild* in ein *Binärbild* gleicher Auflösung zu überführen, in dem visuell der Eindruck des Grauwertbildes (nach Möglichkeit) erhalten bleibt. ♦ 2.2, 5.3.4, 6.1.8

Hintergrund (*background*): In *Bildern* werden *Bildsegmente*, die keine zu analysierenden *Bildobjekte* darstellen, einheitlich als Hintergrund zusammengefaßt. ♦ 5.4.1, 5.4.2, 6.3.2

Histogramm (*histogram*): Ein Histogramm ist im engeren Sinne nur eine bestimmte grafische Repräsentation von Klassenhäufigkeiten durch Balkendiagramme. In der *Bildverarbeitung* wird der Histogramm-Begriff jedoch zunehmend mit Klassenhäufigkeiten identifiziert, und dabei besonders mit der Grauwerthäufigkeit (Grauwerthistogramm), die als Abschätzung der globalen oder der lokalen *Grauwertverteilung* verwendet wird.
♦ 1.3.2, 5.1.4

Hochpaßfilter (*high-pass filter*): Filter, das die tiefen Ortsfrequenzen abschwächt und die hohen hervorhebt. ♦ 6.3.2, 6.3.3, 6.3.4, 6.5.8, 6.5.9

Homogenität (*homogeneity*): Bedeutet als Prädikat eines Segmentes, daß dieses Segment unter subjektiven Gesichtspunkten (z.B. *Grauwertverteilung, Textur*) als etwas Einheitliches betrachtet wird. ♦ 6.1.4, 6.1.5, 6.5.9

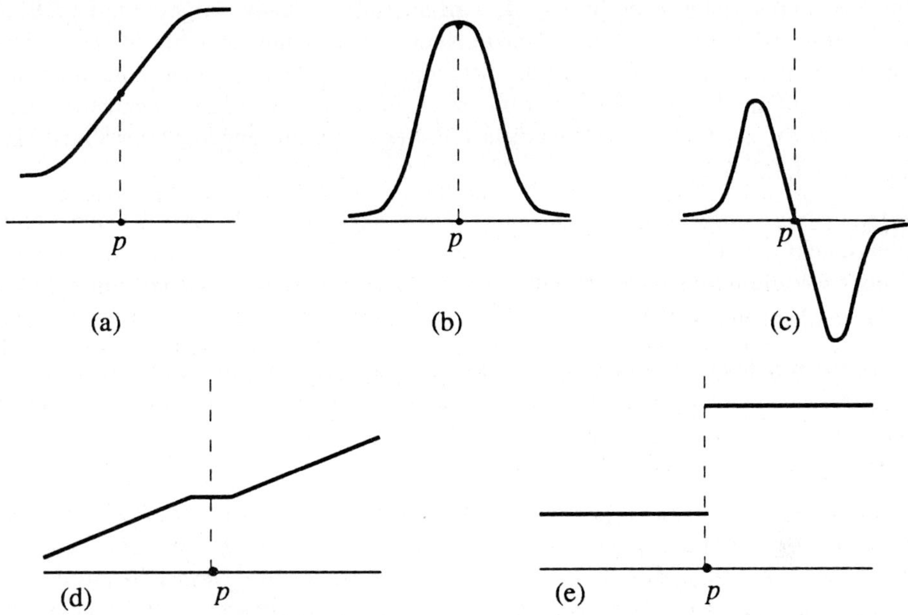

Abbildung 4: (a) Schnittprofil einer linearen Kante, (b) dessen erste Ableitung und (c) dessen zweite Ableitung, wobei die Kantenposition p als Fixpunkt eingetragen ist. (d) Kante zwischen zwei „schräg liegenden" Bildgebieten und (e) ideale Kante als „Unstetigkeitsstelle".

Hülle, konvexe (*convex hull*): Für eine Punktmenge **A** ist die konvexe Hülle *CH*(**A**) der Durchschnitt aller konvexen Mengen, die die Menge **A** enthalten. Anschaulich kann man die konvexe Hülle mit einem **A** umspannenden Gummiband vergleichen. In der euklidischen Geometrie ist die Menge *CH*(**A**) gleich der Vereinigung aller Strecken *pq* für Punkte *p, q*, die auf Strecken liegen, welche jeweils zwei Punkte aus **A** verbinden. In der digitalen Geometrie (für das *Bildraster*) existieren verschiedene Spezifizierungen des Begriffs „konvexe Menge" und mithin verschiedene Spezifizierungen des Begriffs „konvexe Hülle". ♦ 6.4.2, 7.2.2

Hysterese (*hysteresis*): Beibehaltung eines Zustandes bzw. „Vererbung" eines Zustandes nach Aufhören der Ursache. ♦ 5.3.1

Isotropie (*isotropy*): Die Invarianz der Bildbeschaffenheit bezüglich Rotationen wird als Isotropie bezeichnet. Im *Bildraster* **R** ist es sinnvoll, zur Abschätzung dieser Invarianz nur Rotationen um Vielfache von 45° zu betrachten. ♦ 6.5.7, 6.5.9, 6.6.1, 6.6.2

Kante (*edge*): Im *Grauwertbild* ist eine Kante allgemein gesprochen durch eine starke Grauwertänderung zwischen zwei dicht beieinander liegenden *Bildsegmenten* charakterisierbar. Der Idealfall einer linearen Kante zwischen zwei Grauwertplateaus ist in Abb. 4. (a) dargestellt. In realen Grauwertbildern sind Kanten i.a. unregelmäßig im Grauwertverlauf bzw. mit verschiedenen Störungen behaftet. Die durch die Kante getrennten Bildsegmente sind ebenfalls i.a. nicht durch gleichförmige *Grauwerte* beschreibbar bzw.

können ebenfalls gestört sein. In Abb. 4. wird bei (d) eine Kante dargestellt, die z.B. als „Wendepunkt" des Schnittprofils charakterisiert werden kann, und bei (e) eine ideale Kante, die eine „Unstetigkeitsstelle" des Schnittprofils ist. Diese beiden Situationen stellen auch Idealfälle dar und sollen hier die mögliche Vielfalt von Kanten andeuten. Kanten sind formal als Muster zu behandeln (Bildsegmente mit zugeordneter Eigenschaft „Kante"). ♦ 1.1.2, 6.2

Kantenanstieg (*edge slope*): Für eine *Kante* sind senkrecht zur Kantenrichtung Anfangspunkt p und Endpunkt q der Kante zu markieren, vgl. Abb. 5. Die durch p und q definierte Gerade besitzt einen Anstieg, der als Approximation des Kantenanstieges verwendet werden kann. ♦ 6.2

Kantenanstieg, steilerer (*steeper edge slope*): Ein steilerer *Kantenanstieg* entspricht schmaleren Kantenbereichen. Durch die Vergrößerung des Kantenanstieges können *Kanten* i.a. besser lokalisiert werden, vgl. Abb. 5. ♦ 6.3.1, 6.3.4

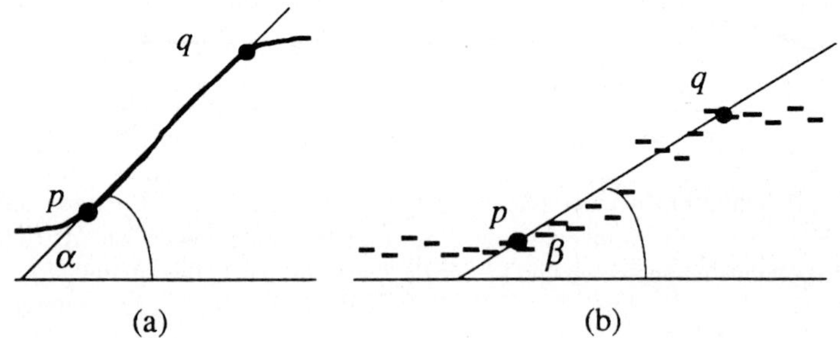

Abbildung 5: (a) Schnittprofil einer linearen Kante mit Anstieg $\tan\alpha$ und (b) einer nicht-linearen Kante mit Schätzwert $\tan\beta$ für den Anstieg, Kante (a) besitzt den steileren Kantenanstieg $\tan\alpha$.

Kantenbild, analoges (*analog edge-picture*): Ein *Grauwertbild*, in dem das Ergebnis eines *Kantenoperators* im entsprechenden *Bildpunkt* als *Grauwert* dargestellt ist. Sowohl der *Kantenanstieg* als auch die Kantenhöhe tragen zu diesem Grauwert bei. ♦ 6.2

Kantenextraktion (*edge extraction*): Mittels Kantenextraktion werden im *digitalen Bild Bildmerkmale* mit der zugeordneten Eigenschaft „Kantenwert" oder „Kantenstärke" berechnet. Dies kann als *Bildtransformation* erfolgen, indem die berechneten *Bildmerkmale* z.B. durch einen fixierten *Grauwert* markiert werden. Resultat einer Kantenextraktion kann ein *analoges Kantenbild* sein. ♦ 6.2

Kantenoperator (*edge operator*): Eine *Bildtransformation* zur *Kantenextraktion* wird Kantenoperator genannt. ♦ 6.2

Komponente (*component, blob*): Synonym für *Bildsegment* (bevorzugt im Kontext der Beschreibung von Bildstrukturen, die aus mehreren nicht-zusammenhängenden Bildsegmenten bestehen). ♦ 1.1.1

Konkavität (*concavity*): Eine Punktmenge heißt nicht-konvex bzw. konkav, falls zwei Punkte p, q der Punktmenge existieren, zu denen die Strecke pq nicht vollständig in der

Punktmenge liegt. Ein Randabschnitt von *p* nach *q* eines *Bildsegmentes* ist eine Konkavität (konkave Einbuchtung), falls die Strecke *pq* das Bildsegment nur in *p* und *q* schneidet. ♦ 6.4.2

Kontrast (*contrast*): Begriff aus der Fernsehtechnik. Differenz zwischen dem maximalen und dem minimalen *Grauwert* in einem *Bildsegment*, z.B. im gesamten *Bild* (globaler Kontrast) oder in einem *Fenster* (lokaler Kontrast). ♦ 5.1.2, 5.1.3

Kontrastverstärkung (*contrast enhancement*): Durch die Vergrößerung des Bildwertabstandes zwischen *Hintergrund* und *Objekt* erfolgt eine Kontrastverstärkung. Hierzu können z.B. Objekt-Bildwerte auf ein einheitlich höheres Niveau gesetzt werden. Die Erhöhung des *Kontrastes* erfolgt z.B. um eine bessere Sichtbarkeit bestimmter Bildstrukturen zu erzielen oder um aufnahmebedingte Fehler zu kompensieren. Der Verstärkungsfaktor kann konstant über das gesamte *Bild* oder lokaladaptiv sein. ♦ 5.1, 6.3.1, 6.3.3, 6.3.4, 6.5.8, 6.5.9

Kontur (*contour*): Eine Kontur ist eine einfache geschlossene Kurve, die ein *Bildgebiet* begrenzt. Im digitalen *Bild* ist eine Kontur eine endliche Folge benachbarter *Bildpunkte*, die z.B. mittels *Konturverfolgung* zu bestimmen ist. ♦ 7.2.1

Konturfindung (*contour detection*): *Konturen* können durch *parallele* oder *sequentielle Bildbearbeitung* berechnet werden. Für Parallelverfahren ist typisch, daß zunächst einzelne „Kandidaten" für Konturpunkte (z.B. Kantenpunkte) bestimmt werden, die dann mittels iterativer Verfahren wie Relaxation o.ä. in (geschlossene) Konturen zu überführen sind. Für sequentielle Verfahren sind verschiedene Varianten der *Konturverfolgung* typisch. ♦ 7.2.1

Konturpolygon (*contour polygon*): *Konturen* in *digitalen Bildern* sind Folgen benachbarter Gitterpunkte $p_1 p_2 \ldots p_n p_1$. Durch die lineare Approximation dieser Gitterpunktfolgen mittels einfacher Polygone werden Konturpolygone berechnet, die i.a. wesentlich weniger Eckpunkte besitzen als die Kontur ursprünglich Gitterpunkte. ♦ 1.1.1

Konturverfolgung (*contour tracing*): Diese Verfahren sind auf das „Umfahren" von *Bildgebieten* ausgerichtet. Mit einem Initialpunkt beginnend wird schrittweise eine Folge benachbarter Gitterpunkte aufgebaut, die letztendlich eine Kontur des betrachteten Bildgebietes ergeben soll. ♦ 7.2.1

Konvexität (*convexity*): Eine Punktmenge **A** ist genau dann konvex, falls für zwei Punkte $p, q \in \mathbf{A}$ stets die Strecke *pq* vollständig in **A** enthalten ist. In der digitalen Geometrie ist der Streckenbegriff auf verschiedene Art zu präzisieren. Ein Randabschnitt von *p* nach *q* eines Bildsegmentes ist eine Konvexität, falls das durch den Randabschnitt von *p* nach *q* und die Strecke *pq* begrenzte Teilsegment konvex ist. ♦ 6.4.2

Linearfilter, nichtrekursives (*non-recursive linear filter, FIR-filter*): Nichtrekursives *Filter*, dessen Ergebnis eine lineare Kombination von Originalgrauwerten ist. ♦ 3.1.3, 6.1.1, 6.1.2, 6.1.3, 6.2.4, 6.3.2, 6.6.2

Linearfilter, rekursives (*recursive linear filter, IIR-filter*): Linearfilter, dessen Ergebnis eine lineare Kombination sowohl von Originalgrauwerten als auch von Ergebnisgrauwerten ist. ♦ 3.2.2, 3.2.3, 6.1.1, 6.2.5

Look-Up-Tabelle (*look-up-table*): In einer Look-Up-Tabelle wird ein funktionaler Zusammenhang $H(a_i) = b_i$ für den direkten Zugriff bereitgestellt. Der Wert $H(a_i)$ kann hier sofort erhalten werden, indem er aus der Position a_i in der für H zuständigen Tabelle als b_i ausgelesen wird. Zum Beispiel können in einer Look-Up-Tabelle für die speicherinternen *Grauwerte* $0, 1, \ldots, G-1$ der *Bilddaten* jeweils Farbwerte $b_0, b_1, \ldots, b_{G-1}$ für eine Visualisierung der Bilddaten bereitgestellt werden. Ein Grauwert $a_i = i$ in den Bilddaten wird hierbei durch den Farbwert b_i auf dem Schirm repräsentiert. Die Bilddarstellung auf monochromen oder Farb-Bildschirmen wird durch derartige Look-Up-Tabellen gesteuert, welche jeweils für einen *Bildwiederholspeicher* (für die Grauwertskala bzw. die drei darstellbaren Farbkanäle) vorzugeben sind. Diese Steuerung der Bildschirm-Darstellung erlaubt ein schnelles Umschalten zwischen verschiedenen Bilddarstellungen durch eine zeitgünstig zu realisierende Neubelegung der Look-Up-Tabellen. ♦ 5.1.4, 5.6.3

Mathematische Morphologie (*mathematical morphology*): Gebiet der digitalen Bildbearbeitung, dessen Methoden auf den Grundoperationen der Erosion und der Dilatation und auf ihren Kombinationen in verschiedenen Reihenfolgen aufbauen. Erosion und Dilatation, ursprünglich als mengentheoretische Operationen für Binärbilder definiert, können für Grauwertbilder erweitert werden. Zur Definition der Grundoperationen gehört die Angabe eines *Strukturelementes*. ♦ 6.5.2

Mehrschwellenverfahren (*multi-level thresholding*): Bei diesem *Punktoperator* werden mehrere Schwellen innerhalb der Grauwertskala 0, 1,..., G - 1 vorgegeben. Ein *Grauwert* $f(x, y)$ zwischen zwei Schwellen wird auf einen für das Grauwertintervall fixierten Grauwert abgebildet. ♦ 5.5

Merkmal (*feature*): Ein Merkmal stellt eine Eigenschaft eines betrachteten *Bildpunktes* oder eines *Bildsegmentes* (z.B. eines *Fensters*) dar. Merkmale können kontinuierliche oder diskrete skalare Größen (z.B. *Grauwert*, *Gradient*, ein definiertes Anisotropiemaß) oder binäre Prädikate (z.B. „der Grauwert ist kleiner/größer als 51", „das *Bildgebiet* ist konvex/nicht konvex", „der *Bezugspunkt* ist ein/kein Einzelpunkt") sein. Um einen Bildpunkt p zu charakterisieren, sind i.a. mehrere Merkmale erforderlich, die in einem angemessenen Fenster $\mathbf{F}(p)$ mit p als Bezugspunkt ausgewertet werden. Ein Merkmalsvektor faßt mehrere in p ausgewertete Merkmale zusammen und bildet p in einen mehrdimensionalen Merkmalsraum ab. ♦ 1.1.2

Muster (*pattern*): Im (zweidimensionalen) *Bild* sind bestimmten *Bildsegmenten* Eigenschaften wie „*Kante*", „Linie", „homogen texturierte Fläche", „Ecke" u.a.m. zuzuordnen. Für ein gegebenes Bild sind Muster jeweils Bildsegmente mit zugeordneten Eigenschaften. Diese Muster sind „Elementarbausteine" für eine inhaltliche Interpretation des Bildes: Aus „Kanten" können z.B. Linienzeichnungen von Objekträndern entwickelt werden. ♦ 1.1.2

Musteranalyse (*pattern analysis*): Die Musteranalyse ist jenes Fachgebiet der *Bildanalyse*, das auf die Interpretation von Bildstrukturen im Raum zweidimensionaler *Objekte* ausgerichtet ist (z.B. Schriftzeichen, Mikroskopbilder, Fernerkundung der Erde). Die Bildstrukturen werden als bildhafte Informationen über „ebene" *Bildobjekte* betrachtet. ♦ Vorwort zur ersten Auflage

Mustervergleich (*template matching*): Beim Vergleich eines *Bildfensters* $\mathbf{F}(f, p)$ mit einem *Muster* gleicher Größe wird bestimmt, wie gut Bildfenster und Muster „übereinstimmen". Vergleiche von Mustern mit Bildfenstern $\mathbf{F}(f, p)$ in beliebiger relativer Position p können z.B. mittels Kreuzkorrelation bestimmt werden. ♦ 6.2.2, 6.6.1, 7.1.2

Nachbarschaftsoperator (*neighbourhood operator*): Falls das plazierte *Fenster* $\mathbf{F}(p)$ nur aus p und den Nachbarn (*6*-Nachbarn, *8*-Nachbarn u.a.m.) des Gitterpunktes p besteht, so wird ein auf dem Fenster **F** basierender *Fensteroperator* auch speziell Nachbarschaftsoperator genannt. ♦ 1.1.1, 1.4.3

Nachbar eines Bildpunktes (*neighbour of a picture point*): Diskrete *Bildpunkte* sind Gitterpunkte; Gitterpunkten kann eine gewisse homogene Gitterkantenstruktur überlagert werden (quadratisches Netz, quadratisches Netz mit Gitterzellen, Diagonalen, hexagonales Netz usw.). Zwei Bildpunkte sind genau dann benachbart, falls zwischen ihnen eine Gitterkante verläuft. ♦ 1.1.1

Objekt (*object*): Im Unterschied zum *Hintergrund* werden alle im *Bild* interessierenden *Bildpunkte* i.a. kurz als Objektpunkte bezeichnet. Diese Kurzbezeichnung ist dann typisch, wenn „Objekte" isoliert in einem gleichförmig texturierten Hintergrund „eingebettet" sind (d.h. keine Objektüberlappungen, keine Objektanlagerungen usw.). ♦ 2.5

Operator, ikonischer (*iconic operator*): Synonym für Bildtransformation.

Operator, lokaler (*local operator*): Bei einem lokalen Operator ist ein *Fenster* **F** fixiert, so daß jeder neu berechnete Bildwert $h(x, y)$ des Resultatsbildes h nur von *Pixeln* innerhalb eines *Bildfensters* $\mathbf{F}(f, (x, y))$ des Eingabebildes f abhängig ist. ♦ 1.4.3, 6

Operatorkern (*operator kernel*): Synonym für *Fensterfunktion* (bei *lokalen Operatoren*).

Ortsbereich (*spatial domain*): Synonym für *Bildebene*.

Ortsfrequenzbereich (*spatial frequency domain*): Definitionsbereich des Ergebnisses der zweidimensionalen *Fouriertransformation* eines *Bildes*. ♦ 7.3.1

Ortskoordinate (*picture coordinate*): *xy*-Koordinaten der *Bildebene*, *xyi*-Koordinaten bei mehrkanaligen Bildern mit *Bildwerten* $f(x, y, i)$ bzw. *xyt*-Koordinaten bei Bildfolgen mit Bildwerten $f(x, y, t)$. ♦ 1.1.1, 1.1.3

Pixel (*picture element*): Ein Bildelement eines (digitalen) *Bildes* wird als Pixel bezeichnet. Ein Pixel $(x, y, f(x, y))$ faßt die *Ortskoordinaten* (x, y) und den *Bildwert* $f(x, y)$ zusammen. ♦ 1.1.2, 1.1.3

Postereffekt (*poster effect*): Durch eine Einschränkung der Grauwertskala entstehen *Bildsegmente* mit konstantem *Grauwert*. Ein *Bild* f wird hierbei in ein Bild h mit „flächigen Bildstrukturen" überführt. ♦ 2.9, 5.5

Punktoperator (*point operator*): Bei einem Punktoperator ist das Resultat $h(x, y)$ im *Bildpunkt* (x, y) nur vom *Pixel* $(x, y, f(x, y))$ des Eingabebildes f abhängig. ♦ 1.4.2, 5

Quantil (*quantile*): Für eine diskrete Zufallsgröße i mit *Verteilungsfunktion* $\Phi(i)$ ist ein q-Quantil derjenige Wert von i, für welchen $\Phi(i) = q$. Zum Beispiel ist der 0.5-Quantil der Median. ♦ 6.1.6

Quantisierung (*quantization*): Bei einer Quantisierung wird der Wertebereich von Meßwerten in eine endliche Anzahl von Teilbereichen unterteilt, von denen jeder durch einen einzigen zugeordneten Wert (i.a. aus dem Teilbereich) repräsentiert wird. ♦ 1.1.2

Rand (*boundary*): Ein „streifenförmiger" Bildausschnitt, der ein *Bildsegment* von einem anderen trennt, kann als Rand bezeichnet werden. Diese Pixelmenge (oder Bildausschnitt) kann eine *Kante* sein, der Grenzbereich zwischen zwei unterschiedlich texturierten Gebieten u.a.m. Geschlossene Ränder können durch *Konturen* approximiert werden, z.B. durch Verdünnung der Ränder. ♦ 6.2

Rangordnungsfilter (*rank-order filter*): *Fensterfunktion* der nach Rang geordneten Grauwerte $u_i, i = 1, \ldots, a$ eines Bildfensters $\mathbf{F}(f, p)$. Die durch die Fensterfunktion angegebene Verknüpfung besteht nicht zwischen Grauwerten von Bildpunkten mit vorgegebenen Lagen im Fenster, sondern zwischen Grauwerten mit vorgegebenen Rängen 1 bis a. Bei der Realisierung eines Rangordnungsfilters kann der erste Schritt eine vollständige Ordnung der Grauwerte in $\mathbf{F}(f, p)$ sein (vgl. Prozeduren QUICKSORT, BUBBLESORT und BUCKETSORT) oder durch eine Auswahl von Grauwerten mit bestimmten Rängen (vgl. Prozedur SELECT) realisiert werden. Die sogenannten L-Filter, in welchen die Fensterfunktion eine gewichtete Summe ist, sind Beispiele von Rangordnungsfiltern. ♦ 6.5

Rauschunterdrückung (*noise suppression*): Herabsetzung einer eventuell vorhandenen und mit dem Bildinhalt unkorrelierten additiven und/oder multiplikativen Komponente eines *Grauwertbildes*.
♦ 6.1, 6.5

Region (*region*): Synonym für *Bildgebiet*.

Regionenbildung (*picture parsing*): *Segmentierung* mittels Einteilung in *Bildgebiete*.
♦ 6.1.4, 6.1.5, 6.1.6, 6.4, 6.5.5, 6.5.7, 6.5.9

Regionenwachstum (*region growing*): Bei diesem Segmentierungsverfahren wird jeweils bei einem Startpunkt (*seed*) begonnen und dann schrittweise ein größeres Gebiet gebildet, indem benachbarte Pixel mit hinzugeführt werden, falls insgesamt eine bestimmte Einheitlichkeitsbedingung (z.B. spezielle *Textur*) weiterhin erfüllt ist. ♦ 6.4

Regression (*regression*): Für zwei Zufallsvariable ξ_1 und ξ_2 ist eine Funktion G eine Regression von ξ_2 bezüglich ξ_1 falls $G(\xi_1)$ eine Approximation der statistischen Abhängigkeit von ξ_2 bezüglich ξ_1 darstellt. Für einen Korrekturterm $K(\xi_1, \xi_2)$ ist ξ_2 als Summe zweier Zufallsvariabler,

$$\xi_2 \equiv G(\xi_1) + K(\xi_1, \xi_2),$$

zu betrachten. Oft wird die spezielle Funktion

$$g(\xi_1) \equiv E(\{\xi_2 \mid \xi_1\})$$

als Regression von ξ_2 bezüglich ξ_1 verwendet, welche die quadratische Abweichung

$$E\left(\left\{K(\xi_1, \xi_2)^2\right\}\right)$$

minimiert. ♦ 5.4.2

Regression, lineare (*linear regression*): Als Regressionsfunktion $G(\xi_1)$ kann oft bereits die lineare Funktion

$$G(\xi_1) = \alpha_{12} + \beta_{12} \cdot \xi_1$$

verwendet werden. Hierbei sind

$$\alpha_{12} = E(\xi_2) - \varrho_{12} \cdot \frac{\sigma_1}{\sigma_2} \cdot E(\xi_1) \quad \text{und} \quad \beta_{12} = \varrho_{12} \cdot \frac{\sigma_1}{\sigma_2}$$

die Regressionskoeffizienten, wobei

$$\varrho_{12} = (\sigma_1 \sigma_2)^{-1} E(\{\xi_1 - E(\xi_1)\} \cdot \{\xi_2 - E(\xi_2)\})$$

den Korrelationskoeffizienten und σ_1, σ_2 die Standardabweichungen bezeichnen. Der Korrelationskoeffizient ϱ_{12} kann als Qualitätsmaß für eine „beste" lineare Approximation verwendet werden. ♦ 5.4.2

Regressionsebene (*linear best fit*): Bei der *linearen Regression* einer Zufallsvariablen bezüglich einer anderen ist durch die Regressionsfunktion G eine Gerade definiert. Falls eine Zufallsvariable bezüglich zweier anderer Zufallsvariablen zu approximieren ist, so wird mit der Regressionsfunktion G entsprechend eine Ebene definiert. In der *Bildbearbeitung* stellt sich oft die Aufgabe, den Grauwertverlauf in einem *Bildsegment* durch eine lineare Funktion, d.h. durch eine Raumebene, zu nähern. ♦ 5.4.2

Schwellenoperator (*thresholding*): Ein Schwellenoperator transformiert *Grauwertbilder* in *Zweipegelbilder*; er basiert auf einer Schwelle S mit $0 \le S \le G-1$. *Grauwerte* u im Eingabebild werden auf $G-1$ abgebildet, falls $u > S$ gilt. Anderenfalls wird ihnen der Wert 0 zugeordnet. ♦ 5.3, 5.5, 6.3.2

Schwellenwert (*threshold*): Durch einen Schwellenwert wird ein Wertebereich in zwei Teilmengen zerlegt, z.B. jene Menge aller Werte, die kleiner oder gleich dem Schwellenwert sind, und in jene Menge aller Werte, die größer als dieser Schwellenwert sind. ♦ 5.3, 5.5, 6.3.2

Segmentierung (*segmentation*): Durch Segmentierung werden *Bilder* in disjunkte *Bildsegmente* zerlegt (z.B. *Hintergrund* und *Objekte*), wobei für die Bildsegmente gewisse Einheitlichkeitsbedingungen erfüllt sind. Eine Segmentierung gemäß fortgesetzer Aufteilung ist ein Split-Verfahren, eine Segmentierung gemäß fortgesetzter Zusammenfügung benachbarter Bildsegmente ist ein Merge-Verfahren. ♦ 6.2, 6.4, 6.5.7, 6.5.9

Sequenz (*sequency*): Koordinate im Transformationsbereich der Walshtransformation. Bei der 2D-Walshtransformation werden Bilder aus dem *Ortsbereich* (mit Ortskoordinaten x, y) in den Sequenzbereich (mit Sequenzen u, v) abgebildet.

Signalverarbeitung, zweidimensionale (*2D* signal processing): Die informationelle Kopplung zwischen technischen Systemen erfolgt über Signale, die durch einen Träger und einen Signalinhalt ausgezeichnet sind. Für Bildsignale ist der Träger eine Teilmenge der zweidimensionalen reellen Ebene, z.B. das *Bildraster*. Signale mit zweidimensionalem Träger sind der Gegenstand der zweidimensionalen Signalverarbeitung. *Bilder* sind als Bildsignale zu bezeichnen, falls mit ihnen Nachrichten (Informationen) übertragen werden sollen. Die Codierung und Entstörung von Bildsignalen sind typische Aufgaben der zweidimensionalen Signalverarbeitung. ♦ 1.1, 1.4

Solarisationseffekt (solarization): Dieser Effekt wird durch *Punktoperatoren* erzielt, die Grauwerttransformationen gemäß der in Abb. 6 gezeigten *Gradationsfunktion* t realisieren. Im Photolabor kann dies durch Lichteinfall während der Entwicklung (Solarisation) vergleichbar erreicht werden. ♦ 5.1.3

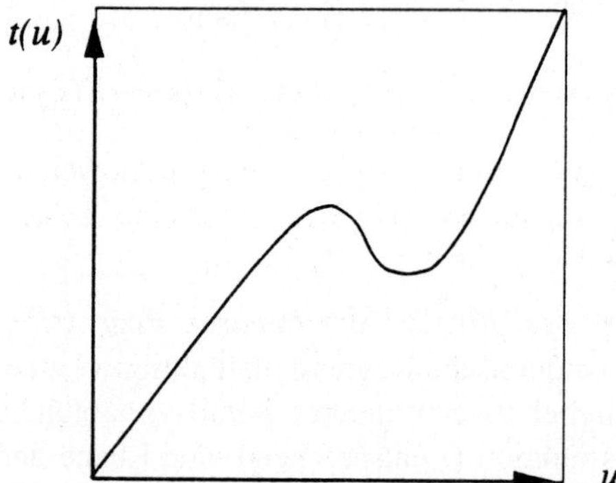

Abbildung 6: Typischer Verlauf einer Gradationsfunktion t zur Erlangung eines Solarisationseffektes.

Spalttiefpaß (*box-filter*): *Tiefpaßfilter*, in dem die Koeffizienten des *Faltungskernes* alle gleich sind. ♦ 6.1.2

Spektralbereich (*spatial frequency domain*): Bei der *2D-Fouriertransformation* werden *Bilder* aus dem *Ortsbereich* (mit Ortskoordinaten x, y) in den Spektralbereich (mit spektralen Koordinaten bzw. *Frequenzen* u, v) abgebildet, durch die inverse Fouriertransformation erfolgt die Abbildung aus dem Spektralbereich in den Ortsbereich. ♦ 7.3.1

Spektrum (*spectrum*): Für die *Fouriertransformation* werden im Spektrum die Beträge der komplexen Zahlen der Fouriertransformierten zusammengefaßt. Im Fall der zweidimensionalen Fouriertransformation wird ein *Grauwertbild* in ein komplexwertiges Bild transformiert, welches in Form eines 2D-Spektrums wieder als Grauwertbild dargestellt werden kann. ♦ 7.3.3

Strukturelement (*structuring element*): Bei der Definition der Grundoperationen der *mathematischen Morphologie* muß die Menge der Rasterbildpunkte angegeben werden, die auf Inklusion bzw. auf Schnitt mit den Objekten des Eingabebildes geprüft werden soll. Eine solche Bildpunktmenge heißt Strukturelement und ist u.a. durch die Angabe der Lage ihres Bezugspunktes (der nicht notwendigerweise zum Strukturelement gehört) beschrieben. Als Strukturelement wird häufig der „Einheitskreis" in der *8*-Metrik (3×3-Fenster) mit Bezugspunkt in der Fenstermitte verwendet. ♦ 6.5.2

Szene (*scene*): Eine Szene repräsentiert einen Ausschnitt der dreidimensionalen Umwelt, der mittels Verfahren der *digitalen Bildverarbeitung* zu analysieren ist. Je nach Anwendungsgebiet kann man von Straßenszenen, Laborszenen, industriellen Szenen usw. sprechen. Szenen werden in der digitalen Bildverarbeitung anhand von (zweidimensionalen) Projektionen, den *Abbildern* (*images*), untersucht. ♦ Vorwort zur ersten Auflage

Szenenanalyse (*image understanding*): Die Szenenanalyse ist jenes Fachgebiet der *Bildanalyse*, das auf die Interpretation von Bildstrukturen im dreidimensionalen Objektraum ausgerichtet ist (z.B. maschinelles Sehen für Roboter, Elektronenmikroskopie, 3D-Bildanalysen in der Medizin). Als Eingabedaten dienen *Abbilder* von *Szenen*, die insbesondere bezüglich der Entfernungswerte zu untersuchen sind.
♦ Vorwort zur ersten Auflage

Textur (*texture*): Oberflächen der Umwelt sind mit bestimmten Texturen versehen, die z.B. durch Wiederholungen von geometrischen Texturelementen (z.B. Mauerwerk, Textilien in Vergrößerung) oder durch zufällige Verteilungen von Texturelementen (z.B. Gras, Moos, Laubwerk) charakterisiert werden können. In Analogie werden in *Bildern* die Bildwertanordnungen in Bildausschnitten als Textur betrachtet, falls sie gewissen geometrischen oder statistischen Gesetzmäßigkeiten genügen (vgl. Abb. 7). Die Beschreibung einer Textur ist von der Auflösung abhängig; in großer Auflösung unregelmäßig erscheinende Texturen können in geringer Auflösung regelmäßig erscheinen und umgekehrt. ♦ 2.1, 6.3.2, 6.3.3, 6.5.8

Tiefpaßfilter (*low-pass filter*): Filter, das die hohen Ortsfrequenzen abschwächt und die tiefen hervorhebt. ♦ 6.1, 7.3.2

Transformationskennlinie (*transfer function*): Synonym für *Grauwertkennlinie*.
♦ 5.1.2, 5.1.3, 5.1.4

Verfälschung (*distorsion*): Eine Verfälschung von *Bilddaten* im Prozeß der Bildgewinnung kann bei der Bildaufnahme, der Bildübertragung oder der Bilddigitalisierung erfolgen; i.a. überlagern sich verschiedene Verfälschungen dieser drei Teilprozesse. Eine Verfälschung kann durch eine signaltheoretische Modellierung der Bildaufnahmetechnik, geometrische Transformationen der *Bildebene* oder durch angenommene Überlagerungen von Bilddaten durch Störmuster charakterisiert werden. Zum Beispiel können bei der Verwendung von *CCD-Matrix-Kameras* einzelne Bildzeilen vollständig ausfallen oder einzelne Sensorelemente ein unterschiedliches Meßverhalten haben. Bei einer Bildfernübertragung, z.B. vom Satellit zur Erde, können verschiedene Schwingungen als Überlagerungsmuster auf den Bildern auftreten. *Vignettierungen*, Einflüsse der Bildentwicklung bei Hardcopy-Vorlagen oder Abweichungen von einer idealen Ablenkung des Kathodenstrahls bei Videokameras sind weitere Beispiele von Verfälschungen bzw. deren Ursache. ♦ 5.1, 6.1, 6.3, 6.5, 6.6.2

Verteilungsfunktion (*distribution function*): Für eine diskrete Zufallsgröße ξ mit der *Dichtefunktion* ϕ,

$$\phi(i) = p_i = P(\{\xi = a_i\})$$

ist mit

$$\Phi(i) = \sum_{a_j \leq a_i} \phi(j)$$

die Verteilungsfunktion von ξ gegeben. Mit dem Summenhistogramm der *Grauwerte* ist eine Schätzfunktion für die Verteilungsfunktion der Zufallsgröße „Grauwert" gegeben.
♦ 1.3.2, 5.1.4

Vignettierung (*shading*): Randabschattungen in fotografischen Vorlagen bzw. in Video-Bildern, die auf den Einfluß des Objektivs oder der Szenenbeleuchtung zurückzuführen sind, werden Vignettierung genannt. Diese Störung ist z.B. bei Mikroskopbildanalysen typisch. ♦ 5.4.1, 5.4.2, 6.3.2

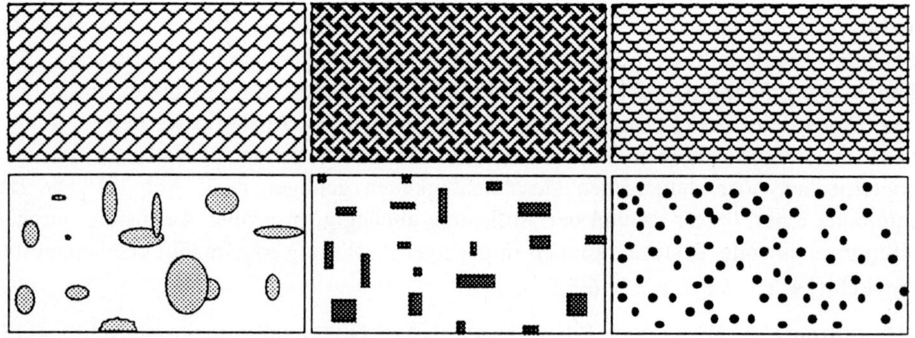

Abbildung 7: Texturbeispiele (oben) für Wiederholungen geometrischer Texturelemente und (unten) für zufällige Verteilungen von Texturelementen. Vgl. auch Abb. 2.1 für (synthetische) Grauwerttexturen.

Vorverarbeitung (*preprocessing*): Die *Bildbearbeitung* hat oft die Aufbereitung des Bildmaterials für nachfolgende *Bildanalyse*-Prozesse zum Ziel. In diesem Sinne kann die Bildbearbeitung oft als Vorverarbeitung angesehen werden. Zwischen Bildvorverarbeitung und Bildanalyse bestehen i.a. enge inhaltliche Wechselbeziehungen.
♦ Vorwort zur ersten Auflage

Zusammenhang (*connectivity*): Eine Bildpunktfolge $p_1, p_2, \ldots, p_n$ bildet einen Weg von p_1 nach p_2, falls für $1 \leq i < n$ jeweils p_i ein *Nachbar* von p_{i+1} ist. Eine Bildpunktmenge **A** ist genau dann zusammenhängend, falls für zwei Punkte p, q aus **A** stets ein Weg von p nach q existiert, der nur Punkte aus **A** enthält. Der Zusammenhang ist durch die zugrundegelegte Nachbarschaftsdefinition (*4*- oder *8*-Nachbarschaft) charakterisiert. ♦ 1.1.1

Zweipegelbild (*two-value picture*): In einem Zweipegelbild f sind für die *Bildwerte* $f(x, y)$ nur zwei Werte, z.B. 0 und $G-1$, zugelassen. Spezialfälle sind *Binärbilder* (nur Werte 0 und 1) und *Halbtonbilder* (zwei Bildwerte, die Schwarz und Weiß entsprechen). ♦ 6.1.7, 7.1.2

Sachwortverzeichnis

Industrielle Bildverarbeitung

von Reiner Schmid

1995. Ca. 200 Seiten (Nachrichtentechnik) Kartoniert.
ISBN 3-528-04945-6

Aus dem Inhalt: Signalwandlung – Grundlegende Verfahren der Bildsignalverarbeitung – Farbverarbeitung – Klassifikationsverfahren – Neurale Netze – Beleuchtungstechniken – 3D-Erkennung – Bewegungsdetektion – Bildcodierung – Koordinatentransformation – Hardwareaspekte.

Das Lehrbuch führt in die grundlegenden Verfahren und Methoden der Bildverarbeitung ein. Zahlreiche Übungsaufgaben mit Lösungshinweisen ergänzen das Buch.

Über den Autor: Prof. Reiner Schmid lehrt an der Fachhochschule Furtwangen.

Verlag Vieweg · Postfach 58 29 · 65048 Wiesbaden

Methoden der digitalen Bildsignalverarbeitung

von Piero Zamperoni

Aus dem Englischen übersetzt von Walter Steckelmacher.

*2., überarbeitete Auflage 1991. VIII, 263 Seiten
mit 146 Abbildungen. Kartoniert.
ISBN 3-528-13365-1*

Aus dem Inhalt: Digitalisierte Bilder – Punktoperatoren – Lokale Operatoren – Merkmalextraktion aus Bildern – Globale Bildoperationen – Bildmodelle, Bildnäherung und Bildsegmentierung – Morphologische Operatoren.

Dieses Buch wendet sich an Informatiker, Ingenieure und Naturwissenschaftler in Studium und Praxis, die Anwender von Bildverarbeitungssystemen sind. Es vermittelt praxisnahe Grundlagen und eine umfassende Methodenpalette zur Lösung von Aufgaben. Im Mittelpunkt des Buches stehen:

- Operatoren zur Bildverbesserung
- Merkmalextraktion aus Bildern
- Bildanalyse, morphologische Operatoren
- Modelle, Näherung und Segmentierung

Verlag Vieweg · Postfach 58 29 · 65048 Wiesbaden

vieweg